Esporte e atividade física na infância e na adolescência

E77   Esporte e atividade física na infância e na adolescência : uma abordagem multidisciplinar / [organizado por] Dante De Rose Jr. ; Alessandro H. Nicolai Ré ... [et al.]. – 2. ed. – Porto Alegre : Artmed, 2009.
256 p. ; 25 cm.

ISBN 978-85-363-1796-0

1. Educação física e treinamento – Educação. I. De Rose Jr., Dante. II. Ré, Alessandro H. Nicolai.

CDU 796:37

Catalogação na publicação: Renata de Souza Borges CRB-10/Prov-021/08

Esporte e atividade física na infância e na adolescência

uma abordagem multidisciplinar

2ª edição

Dante De Rose Jr.

e colaboradores

Reimpressão 2011

2009

© Artmed Editora S.A., 2009

Capa
Paola Manica

Preparação do original
Juliana Escalier Ludwig Gayer

Leitura final
Carolina Rübensam Ourique

Supervisão editorial
Laura Ávila de Souza

Projeto e editoração
Armazém Digital® Editoração Eletrônica – Roberto Carlos Moreira Vieira

Reservados todos os direitos de publicação, em língua portuguesa, à
ARTMED® EDITORA S.A.
Av. Jerônimo de Ornelas, 670 - Santana
90040-340 Porto Alegre RS
Fone (51) 3027-7000 Fax (51) 3027-7070

É proibida a duplicação ou reprodução deste volume, no todo ou em parte, sob quaisquer formas ou por quaisquer meios (eletrônico, mecânico, gravação, fotocópia, distribuição na Web e outros), sem permissão expressa da Editora.

SÃO PAULO
Av. Embaixador Macedo Soares, 10.735 - Pavilhão 5 - Cond. Espace Center
Vila Anastácio 05095-035 São Paulo SP
Fone (11) 3665-1100 Fax (11) 3667-1333

SAC 0800 703-3444

IMPRESSO NO BRASIL
PRINTED IN BRAZIL

AUTORES

Dante De Rose Jr.: Doutor em Psicologia Social pelo Instituto de Psicologia da Universidade de São Paulo (USP). Professor Livre-Docente pela Escola de Educação Física e Esporte da USP. Professor Titular e Diretor da Escola de Artes, Ciências e Humanidades da USP.

Alessandro H. Nicolai Ré: Doutor em Educação Física pela Escola de Educação Física e Esporte da USP. Membro do Laboratório de Treinamento e Esporte para Crianças e Adolescentes e do Grupo de Estudos e Pesquisa em Esporte e Treinamento Infanto-Juvenil da Escola de Educação Física e Esporte da USP.

Alex Antonio Florindo: Pós-Doutor em Nutrição e Saúde Coletiva pelo Departamento de Nutrição da Faculdade de Saúde Pública da USP. Doutor em Saúde Pública – subárea de Epidemiologia – pela Faculdade de Saúde Pública da USP. Professor Doutor da Escola de Artes, Ciências e Humanidades da USP.

Aline Bigongiari: Fisioterapeuta. Mestre em Educação Física pela Universidade São Judas Tadeu. Professora do Curso de Fisioterapia da Universidade São Judas Tadeu.

Ana Maria Pellegrini: Professora Livre-Docente pela Universidade Estadual Paulista (UNESP). Professora Titular do Instituto de Biociências da UNESP – Rio Claro.

Antonio Carlos Simões: Doutor em Ciência pela Escola de Comunicações e Artes da USP. Professor Titular e Coordenador do Laboratório de Psicossociologia do Esporte (LAPSE/GEPPSE) da Escola de Educação Física e Esporte da USP. Psicólogo/Pedagogo.

Antonio Prista: Professor Catedrático da Faculdade de Ciências de Educação Física e Desporto da Universidade Pedagógica, Maputo, Moçambique.

Cláudia Lúcia de Moraes Forjaz: Professora Livre-Docente pela Escola de Educação Física e Esporte da USP. Docente da Escola de Educação Física e Esporte da USP.

Crivaldo Gomes Cardoso Jr.: Mestre em Educação Física pela Escola de Educação Física e Esporte da USP. Professor Substituto da Disciplina de Crescimento e Desenvolvimento Humano da UNESP.

Cynthia Y. Hiraga: Doutora em Ciências da Motricidade (PhD) pela University of Tasmania, Austrália. Professora Doutora da Escola de Artes, Ciências e Humanidades da USP.

Evelyn Helena Corgosinho Ribeiro: Licenciada e Bacharel em Educação Física pela Universidade Camilo Castelo Branco. Professora de Educação Física da Secretaria de Estado da Educação do Governo do Estado de São Paulo.

Fabiana de Sant'Anna Evangelista: Doutora em Ciências pela Universidade Federal de São Paulo (UNIFESP). Professora Doutora da Escola de Artes, Ciências e Humanidades da USP.

Hermes Ferreira Balbino: Doutor em Educação Física pela Universidade Estadual de Campinas (UNICAMP). Pesquisador do Grupo de Estudos Psicopedagógicos em Educação Motora (GEPEM) e do Grupo de Estudo e Pesquisa em Psicopedagogia (GEPESP) da UNICAMP.

Léia Priszkulnik: Doutora em Psicologia Clínica pelo Instituto de Psicologia da USP. Professora Doutora do Departamento de Psicologia Clínica do Instituto de Psicologia da USP. Psicanalista.

Luis Mochizuki: Professor Livre-Docente pela Escola de Artes, Ciências e Humanidades da USP. Doutor em Educação Física pela Escola de Educação Física e Esporte da USP. Coordenador do Curso de Ciências da Atividade Física e Professor Associado da Escola de Artes, Ciências e Humanidades da USP.

Márcia Greguol Gorgatti: Doutora em Biodinâmica do Movimento Humano pela Escola de Educação Física e Esporte da USP. Professora Adjunta do Departamento de Esporte da Universidade Estadual de Londrina. Coordenadora de natação da Associação Esporte Atitude para pessoas com deficiência. Professora dos cursos de pós-graduação da Universidade Gama Filho e do Centro Universitário das Universidades Metropolitanas Unidas (UniFMU).

Maria Tereza Silveira Böhme: Doutora em Ciências do Esporte pela Universidade Justus Liebig – Giessen, Alemanha. Professora Titular da Escola de Educação Física e Esporte da USP. Coordenadora do Laboratório de Treinamento e Esporte para Crianças e Adolescentes do Departamento de Esporte da Escola de Educação Física e Esporte da USP.

Osvaldo Luiz Ferraz: Doutor em Educação pela Faculdade de Educação da USP. Professor Doutor do Departamento de Pedagogia do Movimento do Corpo Humano da Escola de Educação Física e Esporte da USP.

Patrícia Junqueira Grandino: Doutora em Educação pela USP. Professora Doutora da Escola de Artes, Ciências e Humanidades da USP. Psicóloga.

Paula Korsakas: Mestre em Pedagogia do Movimento Humano pela Escola de Educação Física e Esporte da USP. Sócia-consultora da Interação Assessoria e Consultoria em Esporte e Psicologia.

Pedro Winterstein: Professor Livre-Docente pela UNICAMP. Professor Associado da Faculdade de Educação Física da UNICAMP.

Renata Garrido Cosme: Mestranda em Educação Física pela Escola de Educação Física e Esporte da USP – Laboratório de Biomecânica do Movimento Humano.

Renato de Moraes: Doutor em Cinesiologia pela University of Waterloo, Canadá. Professor Doutor da Escola de Artes, Ciências e Humanidades da USP.

Ricardo Ricci Uvinha: Doutor em Ciências da Comunicação (Turismo e Lazer) pela Escola de Comunicação e Artes da USP. Professor Livre-Docente pela Escola de Artes, Ciências e Humanidades da USP. Coordenador do Bacharelado em Lazer e Turismo da Escola de Artes, Ciências e Humanidades da USP. Líder do Grupo Interdisciplinar de Estudos do Lazer (CNPq/GIEL) da USP.

Roberto Rodrigues Paes: Professor Livre-Docente pela UNICAMP. Professor Associado da Faculdade de Educação Física da UNICAMP. Diretor Executivo da Fundação de Desenvolvimento da UNICAMP.

Rubens Venditti Jr.: Mestre em Pedagogia do Movimento pela UNICAMP. Professor da Universidade Adventista de São Paulo (UNASP) e das Faculdades Integradas Metropolitanas de Campinas (METROCAMP).

Victor Matsudo: Professor Livre-Docente pela Universidade Gama Filho. Coordenador Científico do Centro de Estudos do Laboratório de Aptidão de São Caetano do Sul (CELAFISCS).

PREFÁCIO

Escrever sobre criança, esporte e atividade física continua sendo polêmico e, ao mesmo tempo, desafiador. Na primeira edição deste livro, buscou-se trazer ao leitor textos com abordagens variadas sobre a realidade esportiva de nossas crianças e adolescentes, escritos com muita competência por profissionais renomados e jovens ávidos por demonstrar os conhecimentos obtidos ao longo de uma recente carreira acadêmica.

Nesta segunda edição, foi mantida a proposta de unir a experiência de especialistas da área ao entusiasmo de novos talentos, mas apenas isso não parecia suficiente. Era preciso trazer atualizações que levassem em consideração as mudanças ocorridas nos últimos anos na prática esportiva infantojuvenil.

Desse modo, foi elaborado um projeto que certamente ampliará a discussão e provocará novas demandas para o desenvolvimento do assunto. Todos os autores que participaram da primeira edição colaboraram novamente, trazendo uma perspectiva atualizada sobre temas relacionados a pedagogia, fisiologia, psicologia, sociologia, treinamento e medicina esportiva. Além disso, diversos novos autores foram convidados a participar, aumentando o número de capítulos e, consequentemente, a abrangência do livro. Temas importantes e atuais, como aprendizagem motora, coordenação motora, postura, obesidade, atividade física para portadores de necessidades especiais e lazer, são agora contemplados.

Como já havia mencionado no prefácio da edição anterior, o tema em questão é amplo e complexo, motivo pelo qual seria impossível abordá-lo integralmente em um único volume. Ainda há muito a ser discutido, mas o resultado desta nova edição certamente constitui uma grande contribuição para os estudos da área, auxiliando os profissionais a estabelecerem propostas de atividades condizentes com as diferentes condições dos jovens, fundamentadas no que há de mais moderno e científico.

Dante De Rose Jr.
Organizador

SUMÁRIO

1 A criança que a psicanálise freudiana descortina: considerações 11
Léia Priszkulnik

2 Atividade física e saúde em crianças e adolescentes 23
Alex Antonio Florindo, Evelyn Helena Corgosinho Ribeiro

3 O esporte, a criança e o adolescente: consensos e divergências 45
Osvaldo Luiz Ferraz

4 O esporte infantil: as possibilidades de uma prática educativa 61
Paula Korsakas

5 A pedagogia do esporte e os jogos coletivos 73
Roberto Rodrigues Paes, Hermes Ferreira Balbino

6 A psicossociologia do vínculo do esporte – adultos,
crianças e adolescentes: análise das influências 85
Antonio Carlos Simões

7 Esporte, competição e estresse: implicações na infância
e na adolescência 103
Dante De Rose Jr.

8 A motivação para as práticas corporais e para o esporte 115
Pedro Winterstein, Rubens Venditti Jr.

9 Aprendizagem motora implícita em crianças e adolescentes 137
Renato de Moraes

10 Coordenação motora: da teoria à prática 149
Cynthia Y. Hiraga, Ana Maria Pellegrini

11 Aspectos fisiológicos do crescimento e do desenvolvimento:
influência do exercício físico... 159
Cláudia Lúcia de Moraes Forjaz, Antonio Prista,
Crivaldo Gomes Cardoso Jr.

12 O talento esportivo e o processo de treinamento a longo prazo 171
Maria Tereza Silveira Böhme, Alessandro H. Nicolai Ré

13 Postura na infância e na adolescência:
características biomecânicas e do comportamento motor 185
Aline Bigongiari, Renata Garrido Cosme, Luis Mochizuki

14 Lesões e alterações osteomusculares na criança e
no adolescente atleta.. 197
Victor Matsudo

15 Atividade física e peso corporal na infância e na adolescência 211
Fabiana de Sant'Anna Evangelista

16 Atividades físicas e esportivas para crianças e
adolescentes com deficiência 223
Márcia Greguol Gorgatti

17 Aspectos sobre a relevância do campo do lazer na adolescência 235
Ricardo Ricci Uvinha

18 As atividades físicas como forma de mediação das
relações intergeracionais na escola 245
Patrícia Junqueira Grandino

A CRIANÇA QUE A PSICANÁLISE FREUDIANA DESCORTINA: CONSIDERAÇÕES

Léia Priszkulnik

A criança, pelo menos a maioria das que vivem em sociedades industrializadas, tem como principal ocupação a escola. O fato de ela precisar frequentar a escola, ser educada e se preparar gradualmente para a vida adulta aparece como "natural" e inquestionável.

Atualmente, a criança está no centro dos estudos de várias áreas do conhecimento: não só a psicologia, mas também a medicina, a biologia, a pedagogia, a psicanálise, a educação física, a história, a sociologia, entre outras, pesquisam e escrevem sobre ela. Mas qual a ideia de criança que permeia todos esses trabalhos? A criança como "um adulto em miniatura", como "uma tábula rasa", como "um ser inocente" ou como "um ser plenamente feliz"? Essa criança que vem sendo estudada sempre existiu?

O presente capítulo visa buscar algumas respostas a essas indagações, e, para isso, o caminho a ser trilhado passa por alguns aspectos considerados na história da criança no Ocidente e nos escritos de Freud.

A CRIANÇA NO OCIDENTE

Com o passar dos séculos, o conceito de criança e de infância modificou-se de acordo com visões de mundo peculiares a um determinado tempo e lugar. A ideia que temos hoje de criança não é um dado atemporal. Pode-se dizer que é uma "invenção" da modernidade. Segundo o historiador francês Philippe Ariès (1981), no decorrer da História, a criança tem ocupado diferentes posições ante as expectativas dos pais e da sociedade.

Tomando como ponto de partida a sociedade medieval, Ariès (1981, p. 156) afirma que, nesse período, "assim que a criança tinha condições de viver sem a solicitude constante de sua mãe ou de sua ama", ela passava a fazer parte do grupo dos adultos, participando das mesmas atividades e frequentando os mesmos espaços. Não havia uma preocupação com a educação escolar. A diferença e a passagem entre o mundo da criança e o mundo do adulto não se constituíam em problema, já que a criança, independente da mãe, passava a integrar o grupo dos adultos, no qual fazia seu aprendizado para a vida. Consequentemente, a transmissão dos conhecimentos prescindia de instituições especializadas e de textos escritos. Em relação a isso, o autor escreve (Ariès, 1981, p. 229):

> Não havia lugar para a escola nessa transmissão através da aprendizagem direta de uma geração a outra. [...] E a escola era na realidade uma exceção, e o fato de mais tarde ela ter-se es-

tendido a toda a sociedade não justifica descrever por meio dela a educação medieval; seria considerar a exceção como a regra. A regra comum a todos era a aprendizagem direta.

Com o passar do tempo, a situação começa a se modificar e aparece a consciência de separar e distinguir a criança do adulto. Ariès assinala que é entre os educadores e os moralistas do século XVII, preocupados com a disciplina e a racionalidade dos costumes, que vemos formar-se um outro sentimento da infância. Assim, "o apego à infância e à sua particularidade [se exprime nesse momento] por meio do interesse psicológico e da preocupação moral" (Ariès, 1981, p. 162). A criança passa a ser vista como imperfeita, e, com isso, surge a necessidade de conhecê-la melhor para poder corrigi-la e torná-la um adulto honrado. Vários textos do fim do século XVI e do século XVII incluem observações sobre a psicologia infantil. A educação, então, nos estabelecimentos de ensino, torna-se um importante meio de formação moral e intelectual por meio de uma disciplina rígida, que adota o castigo corporal (até surras) quando necessário. A preocupação maior é, segundo Ariès (1981, p. 163), "fazer dessas crianças pessoas honradas e probas e homens racionais".

Com a crescente preocupação moral e uma farta literatura moral e pedagógica, uma nova noção se impõe, a da "inocência infantil". Ariès (1981, p. 140) mostra como a concepção moral da infância insistia na sua fraqueza, "associava sua fraqueza à sua inocência, verdadeiro reflexo da pureza divina, e colocava a educação na primeira fileira das obrigações humanas". Assim, essa noção aparece para "proteger" a criança, e, em consequência disso, as leituras recomendadas "revelam uma nova preocupação com o pudor e um novo cuidado em evitar afrontas à castidade e à civilidade da linguagem" (Ariès, 1981, p. 135); e as relações e os contatos recomendados revelam a necessidade de se evitar associá-la "a brincadeiras que giravam em torno de temas sexuais" (Ariès, 1981, p. 129). Ou seja, as conversas e os contatos físicos associados a assuntos sexuais passam a ser proibidos para não "corromper" a criança em sua inocência.

Ariès (1981, p. 164) aponta que os moralistas e os educadores do século XVII mostravam-se também preocupados com o cuidado corporal, mas o objetivo é moral: "um corpo mal-enrijecido inclinava à moleza, à preguiça, à concupiscência, a todos os vícios".

Por surgir a preocupação de separar e distinguir a criança do adulto, os critérios usados para marcar a diferença em relação ao mundo dos adultos merecem ser destacados. Como bem assinala Ariès (1981, p. 181), a diferença começa "pelo sentimento mais elementar de sua fraqueza, que a rebaixava ao nível das camadas sociais mais inferiores", ou seja, começa pela humilhação; essa "preocupação em humilhar a infância para distingui-la e melhorá-la se atenuaria ao longo do século XVIII". Também nesse século, o sentimento de a criança ser uma frágil criatura de Deus que precisa, ao mesmo tempo, ser preservada e disciplinada passa para a vida familiar. Além disso, surge também a preocupação com o corpo que goza de boa saúde, ou seja, com a higiene e a saúde física da criança. Para apontar o novo lugar que a criança passa a ocupar na família, Ariès (1981, p. 164) escreve:

> Tudo o que se referia às crianças e à família tornara-se um assunto sério e digno de atenção. Não apenas o futuro da criança, mas também sua simples presença e existência eram dignas de preocupação – a criança havia assumido um lugar central na família.

A partir do século XVIII, vários pensadores começam a chamar a atenção para a infância. Segundo Martins (2008, p. 138),

> [...] pensadores como Rousseau, Madame d'Épinay e Pestalozzi chamaram a atenção para a especificidade e as necessidades da infância, denunciando práticas e métodos educativos inadequados para a compreensão das crianças e para o seu desenvolvimento físico, moral e intelectual. Esses autores desenham uma nova imagem da criança semelhante à semente de uma árvore, promessa de futuro, contanto que bem orientada e conduzida. As publicações desses autores e o método educativo proposto por eles encontraram guarida ainda no século XVIII, mas foi no século seguinte que suas ideias foram aplicadas pelas escolas e principalmente pelos pais, que começaram a ver suas crianças de uma forma mais afetiva.

Uma das consequências dessa preocupação com a educação da criança é a organização da escola nos moldes mais próximos da que prevalece atualmente, ou seja, o início da separação dos alunos por idade e em classes regulares; a correspondência entre idade e classe escolar torna-se cada vez mais rigorosa nos anos subsequentes, ou melhor, "a preocupação com a idade se [torna] fundamental no século XIX e em nossos dias", como afirma Ariès (1981, p. 166).

No século XIX, novas concepções de criança e de educação se consolidam. A infância encarada como fraqueza que necessita da humilhação para ser melhorada cede lugar à ideia de a criança precisar ser preparada para a vida adulta, preparação que exige cuidados e uma formação com disciplina rigorosa e efetiva, sem as surras de antigamente, mas ainda recorrendo a castigos corporais mais suaves. Com isso, a importância moral e social da educação aumenta e a formação metódica da criança em instituições especializadas é adaptada às novas finalidades. A infância, então, acaba sendo prolongada até quase toda a duração do ciclo escolar. Ariès (1981, p. 233) assinala que "nossa civilização moderna, de base escolar, [é] então definitivamente estabelecida".

> A partir do século XVIII, a educação e a saúde passam a ser as duas principais preocupações dos pais em relação aos filhos. A família passa a se organizar em torno da criança.

Assim, a partir do século XVIII, Ariès destaca que a educação e a saúde passam a ser as duas principais preocupações dos pais em relação aos filhos. A família passa a "se organizar em torno da criança e [erguer] entre ela e a sociedade o muro da vida privada" (Ariès, p. 278), aparecendo, assim, a família moderna.

No final do século XIX, a ciência que se desenvolve começa a mostrar uma criança mortalmente atingida pelas doenças infecciosas e vítima do regime escolar. A higiene infantil, então, inicia o combate à mortalidade, e os novos conhecimentos começam a questionar os princípios educativos. Inicia-se uma série de estudos e pesquisas tendo a criança como temática, ou seja, a criança passa a ser objeto específico de estudo das várias áreas do conhecimento. Outro fato importante é a instituição da escolaridade primária obrigatória, que é adotada, mais ou menos a partir de 1890, nos países ocidentais atingidos pela industrialização crescente.

Vale a pena ressaltar que no Brasil essa história tem alguns aspectos característicos. Como aponta Del Priore (1999, p. 10), entre nós, tanto a escolarização quanto a emergência da vida privada chegaram com grande atraso. Comparado aos países ocidentais, onde o capitalismo instalou-se no alvorecer da Idade Moderna, o Brasil, país pobre, apoiado inicialmente no antigo sistema colonial e posteriormente em uma tardia industrialização, deixou sobrar pouco espaço para tais questões. Sem a presença de um sistema econômico que exigisse a adequação física e mental dos indivíduos a uma nova forma de trabalho, os instrumentos que permitiriam tal adaptação não foram implementados com a mesma eficácia.

Assim, no Brasil, a expansão da educação começa sobretudo a partir de 1930, época em que também algumas condições estão concorrendo para a implantação definitiva do processo de industrialização no país.

Voltando à escolaridade obrigatória, com ela e com o funcionamento regular das classes, surge um grupo de crianças que se mostra com dificuldades acentuadas em acompanhar as exigências da escola. Essa nova categoria de criança, a criança com problemas de leitura e de escrita, desperta o interesse de profissionais como pedagogos, professores, psicólogos e até médicos, tanto que

> as primeiras observações e descrições sobre distúrbios de leitura e de escrita são realizadas por médicos no final do século XIX. Consequentemente, as primeiras teorias elaboradas se caracterizam por um pensamento organicista, em que as pesquisas de alterações anatomofisiológicas, de fatores inatos e de herança genética têm papel preponderante, e por uma busca de classificação centrada na ordenação de nosografias precisas. Os primeiros trabalhos realizados sob o ponto de vista dos processos de aprendizagem começam a florescer no século XX, com o estudo sistemático da criança, por meio de investigações acerca de seu desenvolvimento, seu pensamento e sua inteligência (Priszkulnik, 1997, p. 134).

> **Os primeiros trabalhos realizados sob o ponto de vista dos processos de aprendizagem começam a florescer no século XX, com o estudo sistemático da criança, por meio de investigações acerca de seu desenvolvimento, seu pensamento e sua inteligência.**

Nesse período, final do século XIX e início do século XX, Freud, com a psicanálise, abre um campo de investigação antes desconhecido. Introduz a noção de inconsciente, abalando a confiança que a cultura ocidental deposita na razão, e "descobre" a sexualidade infantil, provocando também abalo na concepção que o ser humano tem dele mesmo. A neuropsiquiatria infantil começa a buscar uma semiologia realmente característica da criança e diferente da do adulto. No campo da psicologia, os estudos sistemáticos sobre crianças realmente florescem nas primeiras décadas do século XX. A partir de 1930, os estudos científicos começam a enfocar os problemas e as inadaptações da, então, "criança escolar".

O século XX vai assistir à extraordinária aceleração das descobertas científicas e à utilização dos instrumentos tecnológicos decorrentes. Da máquina de escrever ao microcomputador, do telefone sem fio à internet, da penicilina ao Prozac®, do raio X à tomografia computadorizada, etc. Todo esse conhecimento científico e seus efeitos tecnológicos "passaram a fazer parte das forças econômicas produtivas da sociedade e trouxeram mudanças sociais de grande porte na divisão social do trabalho, na produção e na distribuição dos objetos, na forma de consumi-los" (Chauí, 1996, p. 285).

Como exemplo, pode-se citar o desenvolvimento de novos medicamentos. Essas novas drogas têm aparecido com uma velocidade espantosa e têm corroborado com a ideia de que qualquer sofrimento humano pode e deve ser tratado, quase que exclusivamente, pelo uso de um medicamento apropriado. Essa situação tem alterado a forma do ser humano (criança e adulto) relacionar-se com seu corpo, com suas dores, com suas dificuldades, etc.

É importante ressaltar também o papel da mídia em relação aos medicamentos. As novidades são lançadas pelos laboratórios e pelos centros de pesquisas com muito alarde. Essas novidades prometem curar a depressão, a impotência sexual, a obesidade, o pânico, o transtorno do déficit de atenção, etc., e até problemas do cotidiano de qualquer ser humano, como a timidez ou a ansiedade. As informações são difundidas maciçamente e acabam sendo assimiladas, muitas vezes, sem qualquer crítica, terminando por influenciar o público em geral e membros de várias profissões (inclusive a médica). Melman (2008) salienta a excessiva utilização de psicotrópicos atualmente e como a hipermedicação "contém mais riscos do que vantagens", principalmente para as crianças, sobretudo no que diz respeito ao uso precoce, recomendado pelos laboratórios, de neurolépticos (inibidores das funções psicomotoras). O autor ainda adverte para "as implicações nefastas tanto sobre o desenvolvimento quanto sobre o estado físico da criança".

Nesse final do século XX e início do século XXI, pode-se afirmar que a criança se torna ainda mais o centro das atenções e das preocupações dos adultos. A educação, a saúde, o bem-estar, as relações entre pais e filhos, etc. são assuntos constantes em periódicos científicos, em revistas semanais, em artigos de jornais, em reportagens na televisão e em *sites* na internet. Esses especialistas, muitas vezes, indicam como tratar a criança, como falar com ela, como agir com ela, etc., e essas indicações, frutos de pesquisas científicas, podem interferir de tal maneira no relacionamento entre adulto e criança que acabam levando muitos pais a desconfiarem de sua competência para educar um filho e muitos professores a desconfiarem de sua competência para ensinar um aluno.

> Nesse final do século XX e início do século XXI a educação, a saúde, o bem-estar, as relações entre pais e filhos, etc. são assuntos constantes em periódicos científicos, em revistas semanais, em artigos de jornais, em reportagens na televisão e em *sites* na internet.

Hoje, os espaços que a criança ocupa se ampliaram. Ela pode ser vista na escola, na rua, no parque de diversão, mas também em um programa de televisão, na propaganda de um produto de consumo, em um desfile de moda, em um filme de cinema. Nossa sociedade de consumo vem percebendo que a criança pode ser um bom consumidor e, também, um excelente agente para induzir o consumo. Por estar exposta à mídia, ela tem acesso aos anúncios de produtos e, também, a informações que antes eram vedadas a ela (pedofilia, estupro, assassinato, sexualidade, etc.).

Atualmente, o ciclo escolar se estende por vários anos, e a escola é o lugar privilegiado para formar a criança e torná-la um adulto preparado para enfrentar os desafios do novo milênio. Mas existem cada vez mais pais que, além da escola, praticamente obrigam seus filhos a aprender uma segunda ou terceira língua, aprender computação, praticar algum esporte, o que faz com que algumas crianças tenham o dia repleto de atividades.

A história atual da criança, no Brasil e no mundo, tem evidenciado contradições relevantes. Como escreve Del Priore (1999, p. 8):

> Existe uma enorme distância entre o mundo infantil descrito pelas organizações internacionais, pelas não governamentais ou pelas autoridades e aquele no qual a criança encontra-se cotidianamente imersa. O mundo do qual a "criança deveria ser" ou "ter" é diferente daquele onde ela vive, ou, no mais das vezes, sobrevive. O primeiro é feito de expressões como "a criança precisa", "ela deve", "seria oportuno que", "vamos nos engajar para que", etc., até o irônico "vamos torcer para". No segundo, as crianças são enfaticamente orientadas para o trabalho, o ensino, o adestramento físico e moral, sobrando-lhes pouco tempo para a imagem que normalmente se lhes está associada: aquela do riso e da brincadeira.

> O mundo do qual a "criança deveria ser" ou "ter" é diferente daquele onde ela vive, ou, no mais das vezes, sobrevive.

CONTRIBUIÇÕES DA PSICANÁLISE FREUDIANA

Freud, com a psicanálise, traz um novo discurso sobre o ser humano, não como indivíduo (objeto da ciência), mas marcado pelo inconsciente, por essa "outra cena" ao mesmo tempo inquietante e familiar, um ser humano passível de sonhar, amar, desejar, construir crenças, odiar, culpar-se, etc.

Para Chauí (1996, p. 169), com a noção de inconsciente surge algo desconhecido – ou só indiretamente conhecido – para a consciência, algo sobre o qual a consciência nunca poderá refletir diretamente e que determina tudo que a consciência e o sujeito sentem, falam, dizem e pensam. Com a noção de inconsciente, Freud descobre "uma poderosa limitação às pretensões da consciência para dominar e controlar a realidade e o conhecimento".

O inconsciente freudiano não deve ser pensado como o lugar da irracionalidade em oposição à racionalidade da consciência. Ele tem seus atributos e sua lógica própria (lógica do inconsciente), que diferem marcadamente das leis da atividade psíquica consciente (lógica do consciente). O inconsciente freudiano designa um sistema psíquico que possui um modo próprio de funcionamento (processo primário, deslocamento e condensação) e opera segundo leis próprias (desconhece o tempo, a negação, a contradição). A melhor maneira para se admitir a existência do inconsciente é prestando atenção nas suas formações. Nasio (1999, p. 33) escreve de forma clara sobre isso.

> As formações do inconsciente apresentam-se diante de nós como atos, falas ou imagens inesperadas, que surgem abruptamente e transcendem nossas intenções e nosso saber consciente; esses atos podem ser condutas corriqueiras, por exemplo, os atos falhos, os esquecimentos, os sonhos, ou mesmo o aparecimento repentino desta ou daquela ideia, ou a invenção improvisada de um poema ou de um conceito abstrato, ou ainda certas manifestações patológicas que fazem sofrer, como os sintomas neuróticos ou psicóticos; (...) os produtos do inconsciente são sempre atos surpreendentes e enigmáticos para a consciência do sujeito.

Com a "descoberta" da sexualidade infantil (perverso-polimorfa), Freud provoca uma enorme onda de protestos. Ele mesmo se refere a isso, assinalando que

> Freud aponta para um sujeito que escapa ao controle da educação.

> a infância era encarada como *inocente* e isenta dos intensos desejos do sexo, e não se pensava que a luta contra o demônio da *sensualidade* começasse antes da agitada idade da puberdade; tais atividades sexuais ocasionais, conforme tinha sido impossível desprezar nas crianças, eram postas de lado como indícios de degenerescência ou de depravação prematura, ou como curiosa aberração da natureza; poucos dos achados da Psicanálise tiveram tanta contestação universal ou despertaram tamanha explosão de indignação como a afirmativa de que a função sexual se inicia no começo da vida e revela sua presença por importantes indícios mesmo na infância (Freud, 1976, p. 46-47).

A "descoberta" da sexualidade infantil, sem indícios de degenerescência ou de depravação prematura ou como curiosa aberração da natureza, provoca, então, protestos e espanto na sociedade conservadora do final do século XIX, já que até essa época a criança era vista como um símbolo de pureza, um ser assexuado. Assim, para escândalo da comunidade científica e da moralidade cristã-vitoriana de então, a sagrada associação entre a criança e a inocência fica abalada. Mais ainda, ao propor uma criança dotada de uma sexualidade (perverso-polimorfa), Freud aponta para um sujeito que escapa ao controle da educação, pois não é possível domesticar as pulsões (pulsões de vida – pulsões sexuais e de autoconservação – e pulsões de morte – tendem para a redução completa das tensões).

O conceito de sexualidade, para Freud, é bem específico. A sexualidade está separada de uma ligação estreita com os órgãos sexuais e o sexo genital, e é considerada uma função corpórea mais abrangente que visa basicamente ao prazer e que pode vir, ou não, a servir às finalidades de reprodução. Laplanche e Pontalis (1976, p. 619), no verbete sobre sexualidade, resumem nitidamente o conceito.

> Na experiência e na teoria psicanalíticas, *sexualidade* não designa apenas as atividades e o prazer que dependem do funcionamento do aparelho genital, mas toda uma série de excitações e de atividades presentes desde a infância que proporcionam um prazer irredutível na satisfação de uma necessidade fisiológica fundamental (respiração, fome, função de excreção, etc.) e que se encontram a título de componentes na chamada forma normal de amor sexual.

Assim, para a psicanálise, o ser humano não tem seu destino sexual garantido (p. ex., a heterossexualidade), pois ele depende das vicissitudes de sua própria vida e de sua estruturação inconsciente, ou seja, o destino sexual humano não é igual para todos.

O conceito freudiano de sexualidade questiona a noção de instinto sexual como uma sequência estereotipada de ações em que o objeto visado é mais rígido e mais fixo (sentido biológico), e propõe a noção de pulsão sexual, em que o objeto não é fixo, nem os fins são "naturais", característica da sexualidade humana. Com suas reflexões no campo da sexualidade infantil, Freud descobre o corpo erógeno: o corpo representado investido sexualmente; o corpo representado originário, ou a imagem que se tem do corpo, marcado pela pulsão, "no qual as manifestações somáticas surgem articuladas à fantasmática do sujeito e suas vicissitudes" (Cukiert; Priszkulnik, 2000, p. 57).

Como consequência, a noção de corpo para a psicanálise tem uma especificidade que merece ser mencionada, pois difere da noção de corpo para a biologia.

> O corpo biológico é um corpo objetivado (objeto da ciência), um organismo, para ser estudado em termos de suas funções (digestão, respiração, etc.), do funcionamento específico dos vários órgãos e seus tecidos, do funcionamento das células. O corpo, para a Psicanálise, é um corpo tecido e marcado pela sexualidade e pela linguagem (Priszkulnik, 2000, p. 20).

Freud, portanto, propõe uma nova leitura da corporeidade, que acaba oferecendo uma nova leitura da construção do sujeito humano.

A psicanálise freudiana enfatiza a palavra e o poder da palavra. Freud (1976a, p. 214) destaca isso quando escreve:

> Não desprezemos a palavra; afinal de contas, ela é um instrumento poderoso; é o meio pelo qual transmitimos nossos sentimentos a outros, nosso método de influenciar outras pessoas; as palavras podem fazer um bem indizível e causar terríveis feridas.

A palavra nomeia, ordena, alivia, consola, cura; chega a criar quando nomeia algo. O poder da palavra e o fato de o sujeito humano estar inserido na linguagem e falar merecem, de Jacques Lacan, um nome de peso no universo psicanalítico, um desenvolvimento teórico considerável.

Esse autor, seguindo o espírito da obra freudiana, mostra de forma enfática a importância da linguagem para a constituição do sujeito humano, já que somos humanos porque falamos. O inconsciente, como formulado por Freud, revela-se na fala, mesmo que o sujeito não queira e além de seu conhecimento consciente, ou seja, a linguagem opera fora de nosso controle consciente. Para estudar o discurso humano, já que o humano é um sujeito falante, Lacan (1985) recorre à linguística e ao signo linguístico (esse signo comporta duas faces, o significado ou o conceito da palavra e o significante ou a imagem acústica do som material), reexamina o campo da linguagem e centra esse campo sobre o conceito de significante. Procurando articular o inconsciente freudiano e a linguagem, Lacan (1985, p. 139) afirma que o inconsciente é "estruturado, tramado, encadeado, tecido de linguagem; e não somente o significante desempenha ali um papel tão grande quanto o significado, mas ele desempenha ali o papel fundamental".

Um significante pode produzir várias significações, ou seja, uma mesma imagem acústica pode querer dizer coisas diferentes para sujeitos diferentes; posso querer dizer uma palavra com determinada significação, mas quando falo, falo sem saber e sempre mais do que sei (além do conhecimento consciente); portanto, ao falar, posso estar dando à palavra uma significação diferente daquela que realmente queria dar. Quem ouve pode dar à mesma palavra uma outra significação, bem diferente da minha, da qual também não tem conhecimento. Essa situação também abala a ilusão do ser humano de saber perfeitamente o que está falando, de ter certeza que o outro está entendendo plenamente o que está sendo falado e de ter a convicção de que é possível uma comunicação sem ambiguidades. A fala tem a característica de ser inevitavelmente ambígua.

Lacan, nas suas formulações, também se refere ao corpo marcado pela linguagem, o corpo que pode ser "tocado" por meio da palavra. Essa ideia de a palavra poder "tocar" e modificar o corpo aparece em Freud (1972, p. 297), em um texto em que discorre sobre o tratamento psíquico.

> [...] um leigo sem dúvida achará difícil compreender de que forma os distúrbios patológicos do corpo e da mente podem ser eliminados por "meras" palavras. Ele achará que lhe estão pedindo que acredite em mágica.

A CRIANÇA PARA FREUD

Com esses parâmetros – inconsciente, sexualidade, corpo, linguagem –, como pensar a criança na perspectiva de psicanálise freudiana?

A criança que Freud (1976b, p. 139) descortina, portadora de sexualidade, "é capaz da maior parte das manifestações psíquicas do amor, por exemplo, a ternura, a dedicação e o ciúme", vive conflitos e contradições. Ela é um sujeito desejante, está submetida às leis da linguagem que a determinam, demandando amor e não só os objetos que satisfaçam suas necessidades. Não é a criança "inocente", aquele ser em quem o "demônio da sensualidade" não provoca abalos, inquietações e perturbações.

A construção desse sujeito humano criança começa antes mesmo de ela nascer biologicamente. Antes de vir ao mundo, já é falada pelos outros, já é marcada pelo desejo inconsciente dos pais e ocupa um lugar no imaginário deles (esses pais têm as marcas de seus pais, estes últimos têm as marcas dos respectivos pais, e assim sucessivamente); ela é esperada de determinado jeito, já representa algo para ambos os pais em função da história de cada um, já tem um lugar marcado simbolicamente. Ao nascer, encontra essa trama inevitável, e é inevitável pelo fato de o ser humano pertencer a uma dada filiação, a uma dada sociedade, a uma dada cultura. Portanto, nasce inserida na linguagem e em um determinado contexto familiar e socioeconômico-cultural. Essa criança freudiana, que já existe antes mesmo do nascimento biológico, persiste no adulto, porque o que Freud acentua é a importância das impressões nos primeiros anos de vida para a compreensão dos distúrbios futuros.

Se pensarmos na palavra criança, ela também é uma criação da linguagem, e vimos como essa noção se modifica no decorrer da História, e como a noção de criança, nos dias atuais, está muito ligada à "criança escolar". Então, a criança freudiana está aquém e além da criança estudada, por exemplo, pela biologia e também está aquém e além da criança escolar.

Demora algum tempo para a criança ter acesso à sua própria fala, para dispor de uma função simbólica própria. Mas isso não significa que não se possa conversar com ela. Ela nasce inserida na linguagem e, portanto, precisará aprender a falar; os adultos que não conversam com crianças pequenas pela simples razão de acreditarem que elas não entendem o sentido das palavras estão equivocados; é evidente que o vocabulário delas é mais reduzido, entretanto, quando nos dirigimos a elas com palavras mais simples, não só entendem o que está sendo dito, como as palavras dirigidas a elas adquirem um sentido "humanizador" (somos seres humanos porque falamos). Resgatar a criança por meio de sua fala possibilita separá-la das concepções que os adultos possam estar fazendo dela.

A criança freudiana nasce com o corpo-organismo que passará pelas etapas de desenvolvimento e de maturação estudadas pela biologia. Entretanto, irá construindo seu corpo de modo que seja tecido e marcado pela sexualidade e pela linguagem (dependente das vicissitudes de sua própria vida e de sua estruturação inconsciente). Esse corpo, muitas vezes, não coincide com o corpo-organismo e pode chegar a alterar seu funcionamento.

Freud observa que o nascimento de uma criança nunca corresponde exatamente ao que os pais esperam dela, pois o que eles esperam é a perfeição. Refere-se a isso escrevendo que os pais

> acham-se sob a compulsão de atribuir todas as perfeições ao filho [...] e de ocultar e esquecer todas as deficiências dele. [...] A criança concretizará os sonhos dourados que os pais jamais realizaram. [...] O amor dos pais, tão comovedor e no fundo tão infantil, nada mais é senão o narcisismo dos pais renascido, o qual, transformado em amor objetal, inequivocamente, revela sua natureza anterior (Freud, 1974, p. 108).

Assim, os pais sempre idealizam a criança. Esperam que ela seja inteligente, educada, obediente, boa aluna, asseada, ordeira, etc., enfim, uma supercriança que se transformará em um superadulto. Como é impossível para qualquer ser humano atingir a perfeição, quanto mais se espera de uma criança, mais ela pode fracassar, e esse fracasso pode ser até "saudável", na medida em que fracassar diante de um ideal inatingível é uma condição para se buscar um caminho próprio, para buscar usufruir suas características específicas e singulares.

A psicanálise sublinha que idealizar o outro (criança, aluno, amigo, cônjuge, etc.) é inevitável, uma vez que qualquer relação com o outro traz a marca do narcisismo, faz parte da constituição do sujeito humano, e ninguém se livra ou se "cura" dele.

Outro aspecto importante que merece ser enfatizado na relação entre a criança e o adulto é a amnésia infantil. Freud se refere a essa questão, conhecida e explicada pela ciência como uma imaturidade funcional da criança para registrar as suas impressões, apresentando uma explicação específica. Laplanche e Pontalis (1976, p. 52), no verbete amnésia infantil, escrevem de maneira clara que é a

> amnésia que geralmente cobre os fatos dos primeiros anos de vida. [Para Freud] ela resulta do recalcamento que incide na sexualidade infantil e se estende à quase totalidade dos acontecimentos da infância. O campo abrangido pela amnésia infantil encontraria o seu limite temporal [por volta dos 5 ou 6 anos].

A amnésia infantil distancia o adulto da própria infância e é inevitável. É inevitável também que essa distância da própria infância afaste o adulto da criança a ponto de esta se tornar um enigma para ele. Assim, a psicanálise afirma que a criança é sempre um enigma para o adulto (como o adulto também é um enigma para a criança), pois a criança sempre interpela o adulto (como o adulto também sempre interpela a criança). Muitas vezes, para encontrar soluções para lidar com a criança, o adulto busca respostas nos livros que a descrevem, em experiências já conheci-

---

Os pais sempre idealizam a criança. Esperam que ela seja inteligente, educada, obediente, boa aluna, asseada, ordeira, etc., enfim, uma supercriança que se transformará em um superadulto. Como é impossível para qualquer ser humano atingir a perfeição, quanto mais se espera de uma criança, mais ela pode fracassar, e esse fracasso pode ser até "saudável", na medida em que fracassar diante de um ideal inatingível é uma condição para se buscar um caminho próprio, para buscar usufruir suas características específicas e singulares.

das, etc., que podem trazer algum resultado, mas, na maioria das vezes, acabam dificultando que ele perceba a criança (sujeito) na sua singularidade. Quanto mais angústia a interpelação da criança provocar, mais o adulto recorrerá a qualquer solução para conter essa angústia. Assim, aceitar que ela é sempre um enigma para o adulto significa reconhecer que a relação com a criança não está resguardada de contradições, de choques e de conflitos, e pode-se até tentar buscar conhecimentos, por exemplo, nas teorias, mas para servirem de inspiração.

O pensamento do adulto sobre a criança implica necessariamente as concepções e preconceitos dele em relação a ela. Construir um ideal para a criança supõe obrigatoriamente construir um ideal para o adulto. Se existe a ideia da criança como um "adulto em miniatura", o adulto é o padrão a ser atingido e, consequentemente, a criança pode ser vista como "inferior" enquanto não atingir o padrão esperado. Se a criança é vista como uma "tábula rasa", é vista como um "pedaço de barro" (algo "menor") que precisa ser moldado pelo adulto provedor e protetor. Assim, independentemente de como a criança é vista, existe o padrão de adulto a ser atingido. Dito de outra maneira, o adulto idealiza a criança sem perceber que também está construindo um ideal para ele; pode ser um ideal de pai ou de mãe, de professor(a), de trabalhador(a), de atleta, etc.

> O adulto idealiza a criança sem perceber que também está construindo um ideal para ele; pode ser um ideal de pai ou de mãe, de professor(a), de trabalhador(a), de atleta.

É importante ressaltar que muito do que foi escrito até aqui em relação aos pais aplica-se da mesma forma aos professores, pois esses são adultos e estão em posição de educadores (os pais também estão em posição de educadores, além de provedores e protetores). O professor idealiza a criança e espera que ela seja um aluno inteligente, disciplinado, estudioso, obediente, etc. Ele também pode se sentir interpelado pela criança e buscar respostas prontas nas diversas teorias ou valer-se de soluções preestabelecidas. Como profissional que lida com a criança, sua concepção em relação a ela também pode influenciar sua atitude diante dos adultos; se a criança é vista como um ser "menor", ele pode assumir o papel de "defensor perpétuo da infância" e, dessa forma, hostilizar e culpar os adultos responsáveis por ela pelas dificuldades e sofrimentos que ela apresenta; se a criança é vista como um ser "muito especial", ele pode considerar que suas necessidades e seus desejos estão acima de tudo e que os adultos têm o dever de dedicar-se integralmente a ela, mesmo em detrimento de suas próprias vidas, o que também pode levá-lo a hostilizar e culpar os adultos responsáveis por ela por todas as dificuldades que ela tenha. Essas duas situações evidenciam, de novo, que determinada concepção de criança envolve, necessariamente, determinada concepção de adulto.

Finalmente, podemos destacar que a relação entre a criança e o adulto é marcada por possibilidades e por impossibilidades. É possível, se o adulto procurar ultrapassar suas concepções e vencer seus preconceitos, tentar enxergar a criança "concreta" que está na sua frente, tentar fazê-la falar em vez de só falar por ela e para ela, tentar encará-la como ser humano, com peculiaridades que não a tornem "melhor" ou "pior" que ele. É impossível porque nenhum ser humano consegue se "curar" da amnésia infantil, porque nenhum ser humano consegue anular suas concepções e seus preconceitos e porque a comunicação entre os seres humanos é marcada por ambiguidades.

CONSIDERAÇÕES FINAIS

A psicanálise, ao trazer um novo discurso sobre o ser humano, destaca que qualquer relação entre sujeitos implica desentendimentos, choques entre ideias, sentimentos de amor e ódio, culpas, ternura mútua, enfim, toda a vasta gama de emoções e afetos que existem em cada um de nós. Consequentemente, a relação entre sujeitos não ocorre sem tropeços, e esses tropeços são inevitáveis por sermos sujeitos marcados pelo inconsciente (o inconsciente freudiano), por nossas relações serem mediadas pela linguagem.

Freud, pela amplitude e audácia de suas especulações, contestou e continua contestando, por meio de sua obra, tabus sociais, culturais, religiosos e científicos. Afinal, ele descortina uma concepção de criança muito peculiar, inclusive contestando a concepção de as crianças viverem um período calmo e tranquilo ao enfatizar que elas também vivem conflitos e contradições diante de questões essenciais do ser humano em relação a si mesmas e aos grandes mistérios da vida e do universo.

REFERÊNCIAS

ARIÈS, P. *História social da criança e da família*. 2.ed. Rio de Janeiro: LTC, 1981.

CHAUÍ, M. *Convite à filosofia*. 7. ed. São Paulo: Ática, 1996.

CUKIERT, M.; PRISZKULNIK, L. O corpo em psicanálise: algumas considerações. *Psychê*, v. 4, n. 5, p. 53-63, 2000.

DEL PRIORE, M. Apresentação. In: DEL PRIORE, M. (Org.). *História das crianças no Brasil*. São Paulo: Contexto, 1999. p. 7-17.

FREUD, S. A questão da análise leiga. In: _____. *Edição standard brasileira das obras psicológicas completas de Sigmund Freud*. Rio de Janeiro: Imago, 1976a. v. 20, p. 205-293.

_____. O esclarecimento sexual das crianças. In: _____. *Edição standard brasileira das obras psicológicas completas de Sigmund Freud*. Rio de Janeiro: Imago, 1976b. v. 9, p. 135-144.

_____. Sobre o narcisismo: uma introdução. In: _____. *Edição standard brasileira das obras psicológicas completas de Sigmund Freud*. Rio de Janeiro: Imago, 1974. v. 14, p. 85-119.

_____. Tratamento psíquico (ou mental). In: _____. *Edição standard brasileira das obras psicológicas completas de Sigmund Freud*. Rio de Janeiro: Imago, 1972. v. 7, p. 293-327.

_____. Um estudo autobiográfico. In: _____. *Edição standard brasileira das obras psicológicas completas de Sigmund Freud*. Rio de Janeiro: Imago, 1976c. v. 20, p. 13-92.

LACAN, J. *O seminário*. Rio de Janeiro: J. Zahar, 1985. Livro 3: As psicoses.

LAPLANCHE, J.; PONTALIS J.-B. *Vocabulário da psicanálise*. 3. ed. Lisboa: Moraes, 1976.

MARTINS, A. P. V. Vamos criar seu filho: os médicos puericultores e a pedagogia materna no século XX. *Hist. Ciênc. Saúde – Manguinhos*, v. 15, n. 1, p. 135-154, jan./mar. 2008.

MELMAN, C. A psicanálise não promete a felicidade. *Revista Veja*, São Paulo, 23 abr. 2008. Entrevista concedida a Ronaldo Soares.

NASIO, J.-D. *O prazer de ler Freud*. Rio de Janeiro: J. Zahar, 1999.

PRISZKULNIK, L. A escola, a criança e a clínica psicanalítica. In: *Anais do* ENCONTRO SOBRE PSICOLOGIA CLÍNICA, 1., 1997, SÃO Paulo. *Anais*...São Paulo: Universidade Presbiteriana Mackenzie, 1997. p. 133-135.

_____. Clínica(s): diagnóstico e tratamento. *Psico. – USP*, v. 11, n. 1, p. 11-28, 2000.

ATIVIDADE FÍSICA E SAÚDE EM CRIANÇAS E ADOLESCENTES

Alex Antonio Florindo
Evelyn Helena Corgosinho Ribeiro

As atividades físicas fazem parte do desenvolvimento humano, e muitos benefícios começam com a sua prática na fase da infância e da adolescência. Na atualidade, observamos uma mudança no estado nutricional, com aumento, desde a adolescência, de casos de excesso de peso e obesidade e, evidentemente, aumento de agravos e doenças crônicas não transmissíveis, em grande parte causados por mudanças no estilo de vida, com níveis insuficientes de atividades físicas e alimentação inadequada. Por isso, torna-se imprescindível estudar os níveis de atividades físicas e seus fatores associados em crianças e adolescentes, bem como as estratégias de intervenção para maximizar as atividades físicas nessa população. Este capítulo fará uma breve revisão de agravos e doenças crônicas não transmissíveis em crianças e adolescentes no Brasil, discutirá as novas recomendações de atividades físicas para essa faixa etária, as prevalências e os fatores associados às atividades físicas, bem como os benefícios imediatos e na idade adulta, finalizando com as estratégias de intervenção para se maximizar os níveis de atividades físicas em crianças e adolescentes.

PROBLEMAS DE SAÚDE EM CRIANÇAS E ADOLESCENTES NO BRASIL

A obesidade entre crianças e adolescentes tem aumentado de forma alarmante em diversos países de renda média no mundo, e no Brasil não é diferente. A prevalência de excesso de peso entre crianças e adolescentes brasileiros (6 a 18 anos) aumentou de 4% na década de 1970 para mais de 13% em 1997 (World Health Organization, 2004), ou seja, um aumento de mais de 200%. Diversos inquéritos transversais têm mostrado prevalências alarmantes de excesso de peso e obesidade em algumas cidades brasileiras.

Em 1998, Guedes e Guedes realizaram um estudo transversal com o objetivo de descrever as prevalências de excesso de peso e obesidade em 4.289 crianças e adolescentes de 7 a 17 anos do município de Londrina (PR). A obesidade foi determinada pela quantidade de gordura em relação ao peso corporal superior a 20% para os meninos e 30% para as meninas, e o ponto de corte estabelecido para o excesso de peso foi estar no valor ou acima do percentil 85 do índice de massa corporal relativo à idade e ao sexo, utilizando como critério as tabelas do National Health and Nutrition Examination Survey. Os autores encontraram prevalência de excesso de peso de 12,3% nas meninas e 11,3% nos meninos e prevalência de obesidade de 13,7% nas meninas e 12,3% nos meninos.

> A obesidade é considerada um dos principais problemas de saúde pública de crianças e adolescentes de países como o Brasil.

Abrantes, Lamounier e Colosino (2002) estudaram a prevalência de obesidade entre crianças e adolescentes com idade entre 0 e 19 anos das regiões Sudeste e Nordeste do Brasil, utilizando dados da pesquisa sobre padrões de vida realizada pelo Instituto Brasileiro de Geografia e Estatística (IBGE) em 1996 e 1997. Por meio da classificação do índice de massa corporal relativo à idade e ao sexo, usando como critério as tabelas da World Health Organization (1995), com a classificação de excesso de peso com valores iguais ou superiores ao percentil 85 e, para obesidade, valores iguais ou superiores ao percentil 95, os autores encontraram uma prevalência de excesso de peso de 6,6% no Nordeste e 10,4% no Sudeste. Quanto à obesidade, a região Sudeste apresentou maior prevalência de obesidade entre crianças (11,9% vs. 8,2%), enquanto a região Nordeste apresentou maior prevalência de obesidade em adolescentes (4,2% vs. 1,7%).

Além dos graves problemas que o excesso de peso e a obesidade podem provocar já na própria fase de infância e adolescência, a maior preocupação é que esse problema pode persistir na idade adulta. Como se não bastasse o excesso de peso e a obesidade serem problemas importantes nessa faixa etária, outros fatores de risco muito comuns em pessoas adultas também já estão afetando adolescentes. Cali e Caprio (2008) argumentam que complicações metabólicas e cardiovasculares associadas com a obesidade são apresentadas já na infância, como a resistência à insulina e a hipertensão arterial.

Freedman e colaboradores (1999) utilizaram pontos de corte derivados de estudos nacionais e examinaram a relação da obesidade com fatores de risco cardiovascular em crianças e adolescentes. A amostra foi composta por 9.165 escolares dos Estados Unidos (Louisiana), com idade entre 5 e 17 anos, avaliados em sete estudos transversais conduzidos pelo *Bogalusa Heart Study* – estudo de base comunitária sobre fatores de risco cardiovascular na infância e na adolescência – entre 1973 e 1994. A obesidade foi definida pelo índice de massa corporal acima do percentil 95, de acordo com dados combinados de cinco pesquisas nacionais conduzidas entre 1963 e 1994 (*Health Examination Survey II e III; National Health and Nutrition Examination Surveys I, II e III*). Pontos de corte para níveis elevados de colesterol total, lipoproteína de baixa densidade (LDL), triglicerídeos e lipoproteínas de alta densidade (HDL) foram definidos como ≥ 200 mg/dL, ≥ 130 mg/dL, ≥ 130 mg/dL e < 35 mg/dL, respectivamente (American Academy of Pediatrics, 1998). As prevalências encontradas foram de 11% para obesidade, 7% para triglicerídeos elevados e 10% para colesterol total elevado. As crianças obesas tiveram 2,4 vezes a chance de terem colesterol elevado em comparação com as crianças com peso normal, bem como para níveis elevados de LDL, com três vezes mais chances, e níveis elevados de triglicerídeos, com sete vezes mais chances na comparação com as crianças e adolescentes com o peso normal.

Moura e colaboradores (2004) avaliaram a prevalência de pressão arterial elevada em uma amostra de 1.253 crianças e adolescentes entre 7 e 17 anos de Maceió

(AL). A pressão arterial elevada foi determinada quando a medida da pressão arterial sistólica e/ou diastólica apresentou-se igual ou maior que a encontrada no percentil 95 nas tabelas de referência do *Update on the 1987 Task Force Report on High Blood Presssure in Children and Adolescents* (Task, 1996). Observou-se prevalência de 9,4% de pressão arterial elevada quando as medidas foram avaliadas de forma isolada e prevalência de 7,7% quando considerada apenas a média das duas medidas. Encontrou-se maior prevalência de pressão arterial elevada entre os escolares e adolescentes classificados com excesso de peso seguindo as classificações do Center for Disease Control and Prevention (2001).

Souza e colaboradores (2004) avaliaram 39 crianças e adolescentes obesos, entre 5 e 16 anos, para identificar a presença de resistência à insulina e estabelecer relações entre essa resistência, idade, sexo, triglicerídeos, colesterol, acantose nigricans e histórico familiar de diabete melito tipo II. Como critério de inclusão, as crianças e os adolescentes tinham que apresentar índice de massa corporal igual ou superior ao percentil 95 para sexo e idade, seguindo os critérios do Center for Disease Control and Prevention (2001). Todos os participantes foram submetidos ao teste de tolerância à glicose oral e foi calculado o Homeostatic Model Assessment-Insulin Resistance (HOMA). Diabete melito tipo II e intolerância à glicose foram determinados como glicemia de jejum maior ou igual a 126 mg/dL e glicemia 120 minutos pós-sobrecarga de glicose maior ou igual a 140 mg/dL. Os resultados mostraram que 5,1% apresentavam diabete melito tipo II, 15,4%, intolerância à glicose e 90,8%, índice HOMA.

> Problemas comuns em adultos, como pressão arterial elevada, estão começando a aparecer já nos adolescentes.

Franca e Alves (2006) descreveram a prevalência de dislipidemia e excesso de peso entre 414 crianças e adolescentes de 5 a 15 anos do estado de Pernambuco. Os resultados mostraram que 29,7% foram classificados como dislipidêmicos (perfil lipídico caracterizado por altos níveis de triglicerídeos, colesterol total e colesterol LDL), e, entre as crianças e adolescentes avaliados, 18,9% e 12,4% apresentavam níveis plasmáticos de triglicerídeos mais altos que os recomendados para a faixa etária.

Um outro grave problema é o tabagismo, que é considerado o maior fator de risco para todas as doenças crônicas. Estudo realizado em 5.914 adolescentes com 18 anos em 2000 mostrou prevalência de 15,6% de fumantes, e por volta de 50% dos fumantes com 18 anos experimentaram cigarro na adolescência (Menezes; Hallal; Horta, 2007).

A Tabela 2.1 apresenta as principais características dos estudos citados. Ressalta-se que são dados preocupantes de problemas anteriormente mais comuns em pessoas adultas, cuja prevalência, hoje comum em crianças e adolescentes, é considerada alarmante.

ATIVIDADES FÍSICAS PARA CRIANÇAS E ADOLESCENTES

A recomendação atual para a prática de atividade física na adolescência é de que todo jovem deveria envolver-se, diariamente, por cerca de 60 minutos ou mais em atividades físicas moderadas e/ou vigorosas pelo menos cinco vezes por semana (Strong et al., 2005; Pate et al., 2002). Essas atividades físicas devem ser desenvolvidas de forma apropriada, divertida e conter uma grande variedade de movimentos (Strong et al., 2005).

Essa recomendação tem origem no United Kingdom Expert Consensus Group e foi confirmada como ideal no estudo

TABELA 2.1 Estudos de fatores de risco e doenças crônicas realizados com amostras de adolescentes em diversas regiões do Brasil

Autores	N	Idade	Local	Fator de risco	Prevalência
Guedes e Guedes (1998)	4.289	7 - 17 anos	Londrina (PR)	Obesidade	♀ 13,7% ♂ 12,3%
				Excesso de peso	♀ 12,3% ♂ 11,3%
Abrantes, Lamounier e Colosimo (2002)	7.260	0 - 19 anos	Regiões Sudeste e Nordeste do Brasil	Obesidade – crianças	Nordeste: 8,2% Sudeste: 11,9%
				– adolescentes	Nordeste: 4,2% Sudeste: 1,7%
				Excesso de peso – adolescentes	Nordeste: 6,6% Sudeste: 10,4%
Moura e cols. (2004)	1.253	7 - 17 anos	Maceió (AL)	Pressão arterial elevada	9,41%
				Diabete melito tipo II	5,1%
Souza e cols. (2004)	39	5 - 16 anos	São José do Rio Preto (SP)	Intolerância à glicose	15,4%
				Resistência à insulina	90,8%
Franca e Alves (2006)	414	5 - 15 anos	Recife (PE)	Dislipidemia	29,7%
Menezes, Hallal e Horta (2007)	5.915	18 anos	Pelotas (RS)	Tabagismo	15,6%

> Crianças e adolescentes devem realizar pelo menos 60 minutos de atividades físicas moderadas ou vigorosas cinco vezes por semana.

realizado por Pate e colaboradores (2002). Os autores realizaram um estudo com o objetivo de determinar a porcentagem de crianças e jovens em certa população que atingiam as recomendações para prática de atividade física. Foram pesquisados 375 estudantes de Massachusetts (EUA) da 1ª a 12ª séries que utilizaram acelerômetro (CSA, modelo 7164) por sete dias consecutivos. Os participantes foram avaliados quanto à prática de atividade física de acordo com as recomendações apresentadas no Quadro 2.1.

Observou-se que 91,7% dos estudantes atingiram o objetivo 22.6 e 69,3% atingiram o objetivo 22.7 do *Healthy People 2010*, enquanto apenas 2,4% dos participantes atingiram a recomendação do *United Kingdom Expert Consensus Group*. Nesse sentido, os autores concluíram que o objetivo 22.6 apresenta um padrão mui-

QUADRO 2.1 Recomendações de atividades físicas e definições operacionais estabelecidas para o estudo

Fonte	Recomendação	Definição operacional
Healthy People 2010 Objetivo 22.6	Atividade física moderada $\geq$ 30 minutos/dia em 5 ou mais dias por semana	Intensidade $\geq$ 3 METs
Healthy People 2010 Objetivo 22.7	$\geq$ 20 minutos/dia de atividade física vigorosa que promova melhora e manutenção da capacidade cardiorrespiratória em 3 ou mais dias por semana	Intensidade $\geq$ 6 METs 20 minutos contínuos
United Kingdom Expert Consensus Group	$\geq$ 60 minutos/dia de atividades físicas moderadas ou vigorosas em 5 ou mais dias por semana	Intensidade $\geq$ 3 METs

Fonte: Pate e cols. (2002).

to baixo de exigência, já que a maioria dos jovens atingiu a recomendação, enquanto o objetivo 22.7 não é adequado para jovens, porque recomenda uma forma de atividade física mais comum entre adultos e difere das formas de atividades físicas realizadas por crianças e adolescentes. A recomendação do United Kingdom Expert Consensus Group foi considerada como a ideal para crianças e adolescentes e tem sido adotada em estudos de diversos países, incluindo o Brasil (Figura 2.1).

> Alguns estudos realizados no Brasil mostraram que mais de 50% das crianças e dos adolescentes não atingiram as recomendações atuais de atividade física.

Um dos primeiros estudos de base populacional utilizando esse ponto de corte em adolescentes no Brasil foi realizado por Hallal e colaboradores (2006). Por meio de um estudo de coorte, os autores descreveram os níveis de atividades físicas no deslocamento e no lazer, e os fatores associados em 4.452 adolescentes entre 10 e 12 anos de idade da cidade de Pelotas (RS). Dentre os 4.413 adolescentes que frequentavam a escola, 72,8% faziam uso do transporte ativo (caminhada ou bicicleta) para chegar até ela. O deslocamento ativo para a escola foi maior em crianças e adolescentes com baixo nível socioeconômico, que moravam em casas, que estudavam em escolas públicas e cujas mães eram inativas no lazer e obesas. Além disso, crianças e adolescentes que tinham o menor tercil de índice de massa corporal e que não usavam o computador regularmente também se deslocavam mais ativamente para a escola. As modalidades esportivas mais praticadas foram futebol para os meninos e voleibol para as meninas. Entre todas as crianças avaliadas, 99,1% participavam das aulas regulares de educação física escolar; 13,6% praticavam atividades físicas com instrutor dentro da escola; e 15,8% participavam de atividades físicas com instrutor fora da escola. Quanto às atividades físicas no lazer, os

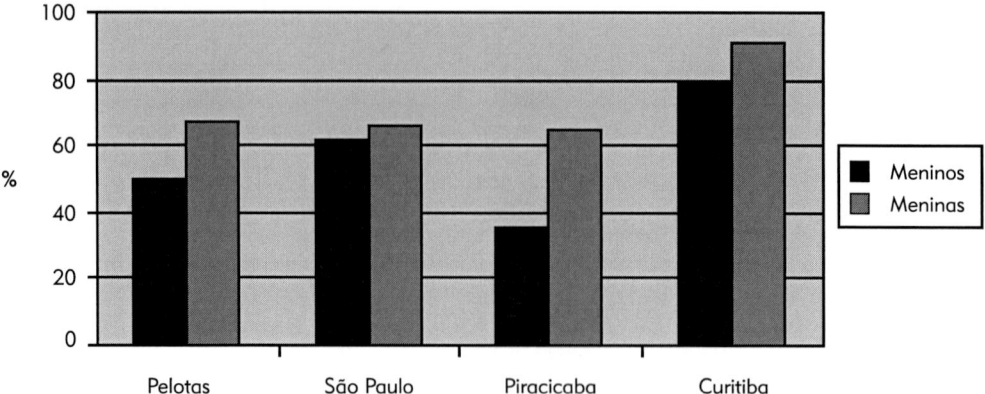

Figura 2.1 Proporção de crianças e adolescentes que não atingiram as recomendações de pelo menos 300 minutos por semana de atividades físicas em alguns estudos realizados no Brasil.

meninos praticavam mais do que as meninas, os adolescentes de maior nível socioeconômico praticavam mais em comparação com os adolescentes de menor nível, quem teve a mãe ativa no lazer praticou mais em comparação com quem não teve, e quem jogou *videogame* por mais de uma hora por dia foi mais ativo em relação a quem não jogou ou jogou menos de uma hora por dia.

Ceschini, Florindo e Benício (2007) avaliaram a prevalência de inatividade física e fatores associados entre 775 adolescentes (14 a 19 anos), estudantes de uma escola pública localizada em uma região com alto índice de vulnerabilidade juvenil, no município de São Paulo. O questionário utilizado para avaliar o nível de atividade física foi composto por questões referentes à prática de exercícios físicos ou esportes fora da escola e atividades físicas de deslocamento para a escola. Os resultados mostraram que 77,9% dos adolescentes relataram caminhar ou ir de bicicleta para a escola. As principais modalidades praticadas no lazer foram futebol, treinamento com pesos e caminhada. A prevalência de adolescentes que não atingiram as recomendações, considerando os 300 minutos por semana, foi de 64,3% e foi maior nos adolescentes com idade entre 16 e 19 anos (em comparação com adolescentes de 14 a 15 anos), nos alunos que estavam cursando o terceiro ano do ensino médio, em níveis socioeconômicos mais altos, nos adolescentes que relataram fumar cigarros, usar bebidas alcoólicas, em adolescentes que não participavam das aulas de educação física escolar, que não tinham incentivo dos pais, que permaneciam mais do que três horas assistindo televisão e que jogavam uma hora ou mais de *videogame* diariamente. Alguns resultados encontrados nesse estudo, como a utilização do *videogame* por mais de uma hora ao dia e o nível socioeconômico da família, foram similares aos resultados encontrados no estudo com adolescentes de 10 a 12 anos da cidade de Pelotas (Hallal et al., 2006a). É interessante ressaltar que a maior parte das atividades físicas praticadas pelos adolescentes teve contribuição do deslocamento ativo, pois, caso este não fosse considerado, a prevalência de adolescentes que não atingiriam as recomendações aumentaria para 84,4% (Ceschini; Florindo; Benício, 2007).

Seabra e colaboradores (2008) realizaram uma revisão bibliográfica para rever alguns aspectos do estado atual do conhecimento acerca da influência de determinantes de âmbito demográfico, biológico e sociocultural das atividades físicas de adolescentes. Os autores identificaram um declínio na atividade física com o avanço da idade. Apesar da opinião generalizada da importância da escola, muito particularmente da disciplina de educação física e o seu professor, na promoção e desenvolvimento de estilos de vida saudáveis, os autores observaram que os resultados disponíveis na literatura atual são ainda controversos e não permitem obter conclusões esclarecedoras acerca da possível influência do professor de educação física sobre a atividade física de seus alunos. De acordo com os autores, os meninos apresentaram maior participação em atividades físicas (principalmente atividades esportivas e de intensidade vigorosa), enquanto as meninas parecem preferir atividades de lazer e baixa intensidade. Os resultados acerca da associação entre nível socioeconômico e atividade física não são suficientemente esclarecedores, provavelmente devido à grande variabilidade dos métodos utilizados para avaliar o nível socioeconômico. O suporte social oferecido pela família e pares representa um fator significativo no envolvimento e na participação de crianças e adolescentes em comportamentos saudáveis como a prática de atividades físicas. Os resultados demonstram que, com o decorrer da idade, a influência da família em relação à atividade física dos adolescentes tende a diminuir, enquanto a dos pares costuma aumentar.

> Os meninos são mais ativos no lazer e no deslocamento do que as meninas.

Romero (2007) estudou as relações entre atividades físicas e o índice de massa corporal em 328 adolescentes (meninas e meninos) com idade entre 10 e 15 anos, estudantes de escolas públicas do

> Estudos no Brasil mostram que os adolescentes de menor nível socioeconômico se deslocam mais a pé ou de bicicleta, enquanto os de maior nível socioeconômico são mais ativos no lazer e na prática de esportes e exercícios físicos.

município de Piracicaba, SP. A análise de atividade física mostrou que 54,9% dos adolescentes não atingiram as recomendações dos 300 minutos por semana, sendo 65% do sexo feminino e 35% do sexo masculino.

Reis e colaboradores (2008, no prelo) avaliaram a associação da prática de atividade física entre adolescentes e a percepção dos mesmos em relação às características ambientais dos parques públicos de Curitiba (PR). A amostra foi composta por 1.718 adolescentes (671 rapazes e 979 moças) de 14 a 18 anos. Foram classificados como ativos os adolescentes que praticavam 60 minutos de atividade física moderada ou vigorosa em cinco ou mais dias da semana. Os adolescentes informaram o número de dias por semana que praticavam atividades físicas em parques e o o tempo de percurso (caminhando) até o local. As características ambientais percebidas pelos adolescentes que poderiam influenciar a prática de atividade física foram avaliadas por meio de questões sobre as facilidades do parque, segurança, comportamento social dos outros frequentadores e acessibilidade. A análise das atividades físicas mostrou que 78,3% dos rapazes e 90,9% das moças não atingiram as recomendações dos 300 minutos de atividades físicas moderadas ou vigorosas por semana. Mais da metade dos rapazes (54,4%) e 46,2% das moças relataram a existência de um parque a menos de 30 minutos de caminhada. As principais características ambientais percebidas pelos adolescentes e que foram associadas com o não engajamento na prática de atividade física em parques públicos foram: ter pessoas da mesma idade, dificuldade para se chegar ao parque, falta de espaço para a atividade, falta de equipamentos, não ter oferta de diferentes atividades para escolher a que mais agrade, comportamento dos outros usuários, pouca iluminação.

Os resultados dos estudos realizados em diversas cidades do Brasil mostram que mais de 50% dos adolescentes não atingem as recomendações atuais de atividades físicas, fato muito preocupante e que merece atenção das políticas públicas para essa faixa etária.

> Não fumar, não consumir álcool e ter apoio da família, além da existência de estruturas ambientais, como locais adequados, são fatores que contribuem para que crianças e adolescentes sejam mais ativos no lazer.

Quanto aos diferentes fatores sociais, demográficos e de estilo de vida associados às atividades físicas, os estudos mostraram que: os meninos são mais ativos que as meninas; o deslocamento ativo (por meio de caminhada e bicicleta) é mais comum em crianças e adolescentes de menor nível socioeconômico e é o que determina mais o total de atividades físicas praticadas; fatores como não fumar e não consumir álcool contribuem para a atividade física; os mais jovens e os que têm apoio da família são mais ativos. Porém, quando se analisa somente as atividades físicas no lazer, adolescentes de nível socioeconômico mais alto são mais ativos, além dos que recebem incentivo da família, sem contar que a estrutura ambiental de locais adequados é primordial para o aumento do nível de atividades físicas no lazer como um todo, contando esportes e exercícios físicos nessa faixa etária.

BENEFÍCIOS IMEDIATOS DA ATIVIDADE FÍSICA EM CRIANÇAS E ADOLESCENTES

Nas últimas duas décadas, observou-se um aumento no número de estudos que investigaram os efeitos da prática de atividades físicas na prevenção e na reabilitação de doenças crônicas e seus fatores de risco na infância e na adolescência. Alguns estudos foram selecionados para a discussão neste capítulo (Tabela 2.2).

Um dos benefícios imediatos de maior magnitude que a prática de atividades físicas oferece para crianças e adolescentes é a melhora na aptidão física relacionada à saúde. Benefícios advindos da melhora na aptidão cardiorrespiratória, força muscular, flexibilidade e composição corporal contribuem para a melhora das atividades da vida diária nessa faixa etária.

Cooper e colaboradores (2006) avaliaram a relação entre transporte ativo para a escola e aptidão cardiorrespiratória de crianças com média de idade de 9,7 anos (dp = 0,5 anos) e adolescentes com média de idade de 15,5 anos (dp = 0,4 anos). A aptidão cardiorrespiratória foi determinada por cicloergômetro com aumento progressivo da carga até a exaustão. Os participantes responderam a um questionário computadorizado que incluía itens relativos às atividades físicas, como o modo como se locomoviam de casa para a escola e o tempo total desse deslocamento. Além disso, as atividades físicas foram mensuradas por acelerometria. O ponto de corte estipulado para estimar atividade física total diária de intensidade moderada e vigorosa foi de 3 mil contagens de movimentos por minuto. Entre as crianças, a forma mais comum de transporte de casa para a escola foi a bicicleta (38,3%), seguida de caminhada (25,8%), carro (23,2%) e ônibus/trem (12,6%). A bicicleta também foi a forma de transporte

TABELA 2.2 Resumo dos estudos que investigaram os benefícios imediatos da atividade física para crianças e adolescentes

Autores	N	Idade	Tipo de estudo	Variável	Conclusão
Fernandez e cols. (2004)	28	15-19 anos	Ensaio clínico randomizado e controlado	Obesidade	Exercício aeróbio e anaeróbio são efetivos na redução da gordura corporal.
Mello, Luft e Meyer (2004)	38	7-13 anos	Ensaio clínico randomizado	Obesidade	Aumento do nível de atividade física e redução do índice de massa corporal.
Cooper e cols. (2006)	919	Crianças: 9,7±0,5 anos Adolescentes: 15,5±0,4 anos	Transversal	Aptidão física	Pedalar para ir à escola contribui para uma melhor aptidão cardiovascular em jovens.
Baquet e cols. (2001)	551	11-16 anos	Ensaio clínico randomizado e controlado	Aptidão física	Treinamento aeróbio de intensidade alta contribui de forma significativa para melhora da aptidão aeróbia e da força muscular.
Kontulainen e cols. (2002)	99	12,5±1,5 anos	Ensaio clínico controlado	Massa mineral óssea	Um ganho adicional na massa mineral óssea, alcançado por meio de um treinamento de saltos, é mantido por menos de um ano após o término do mesmo.
Molt e cols. (2004)	4.594	–	Ensaio clínico randomizado	Saúde mental	Mudanças ocorridas de forma natural na atividade física encontram-se negativamente relacionadas com mudanças nos sintomas depressivos.
Bonhauser e cols. (2005)	198	15 anos	Ensaio clínico randomizado e controlado	Saúde mental	Um programa de intervenção com objetivo de elevar a atividade física de adolescentes de baixo nível socioeconômico promove benefícios significativos na aptidão física e na saúde mental dos participantes.

(continua)

TABELA 2.2 Resumo dos estudos que investigaram os benefícios imediatos da atividade física para crianças e adolescentes (*continuação*)

Autores	N	Idade	Tipo de estudo	Variável	Conclusão
Castelli e cols. (2007)	259	–	Transversal	Desempenho acadêmico	Existe associação positiva e significativa entre melhor condicionamento aeróbio e menor índice de massa corporal com desempenho acadêmico.
Ewart, Young e Hagberg (1998)	99	–	Ensaio clínico randomizado	Pressão arterial	O exercício aeróbio promove reduções na pressão arterial sistólica e apresenta-se como uma estratégia possível e efetiva na promoção da saúde para garotas com alto risco de hipertensão arterial.
Basaram e cols. (2006)	62	10,04 ±2,1 anos	Ensaio clínico randomizado e controlado	Asma	Oito semanas de exercício submáximo regular oferecem efeitos benéficos na qualidade de vida de crianças com asma.

mais comum entre os adolescentes (65,6%), seguida de caminhada (20,8%), ônibus/trem (10,8%) e carro (2,8%). As crianças e os adolescentes que fizeram uso da bicicleta para ir à escola apresentaram aptidão cardiorrespiratória significativamente melhor do que os estudantes que faziam uso de carro, ônibus ou trem.

> As atividades físicas na adolescência melhoram a aptidão cardiorrespiratória e a força muscular.

Baquet e colaboradores (2001) analisaram os efeitos de um programa de treinamento aeróbio de alta intensidade com duração de 10 semanas em diferentes componentes da aptidão física de 551 adolescentes entre 11 e 16 anos. Os adolescentes foram divididos em dois grupos (treinamento e controle). O grupo controle realizou três horas semanais de educação física (jogos como handebol e *badminton*). O grupo treinamento participou de duas horas semanais de educação física e foi submetido a uma hora adicional de sessões específicas de treinamento intervalado, com execuções de exercícios de curta duração de 10 segundos em alta intensidade com base nos resultados do teste de corrida de vai e vem de 20 metros. Todos os participantes foram submetidos a testes para avaliar a aptidão física nas capacidades de flexibilidade, agilidade, velocidade, aptidão cardiorrespiratória e força muscular antes e após o período de intervenção. Os resultados mostraram que, tanto para os meninos quanto para as meninas, o treinamento de alta intensidade contribuiu de forma significativa para melhora da aptidão aeróbia e da força muscular.

Além da melhora na aptidão física relacionada à saúde como benefício imediato, alguns estudos mais recentes têm procurado discutir o quanto as atividades físicas podem contribuir na prevenção e reabilitação da obesidade, que, como foi discutido anteriormente, é um dos principais problemas de saúde pública de crianças e adolescentes na atualidade.

Summerbell e colaboradores (2003) avaliaram as evidências científicas quanto aos efeitos das intervenções de estilo de vida no tratamento da obesidade infantil no período de 1985 a 2001. Foram selecionados 18 ensaios clínicos randomizados e controlados com 975 participantes. Os autores não puderam chegar a uma conclusão segura quanto ao papel da atividade física no tratamento da obesidade na adolescência, devido principalmente às limitações metodológicas e à qualidade dos dados dos estudos originais. Outro trabalho de revisão sistemática mostrou que são poucos os estudos longitudinais que mostram que a atividade física atua na prevenção da obesidade em crianças e adolescentes (Reichert et al., 2009, no prelo). Porém, alguns estudos no Brasil têm mostrado que as atividades físicas podem contribuir na reabilitação desse problema em crianças e adolescentes.

Em estudo realizado com 28 adolescentes obesos entre 15 e 19 anos de idade, Fernandez e colaboradores (2004) observaram que tanto o exercício aeróbio quanto o anaeróbio foram efetivos no tratamento da obesidade, no aumento da massa livre de gordura e na redução da gordura corporal. Durante o estudo, os adolescentes foram alocados em três grupos:

1. treinamento anaeróbio: treinamento intervalar em bicicleta ergométrica (12 execuções de 30 segundos);
2. treinamento aeróbio: realizado também com a utilização de bicicleta ergométrica e seguindo recomendação para perda de massa gorda do American College of Sports Medicine, que recomenda trabalhar com aproximadamente 60 a 70% do consumo máximo de oxigênio;
3. grupo controle: não treinou.

Para todos os grupos foram oferecidas orientações nutricionais. Os autores concluíram que, independentemente do tipo de exercício físico escolhido para o tratamento da obesidade, a intensidade da atividade física deve ser sempre progressiva, já que crianças e adolescentes não treinados e/ou inativos fisicamente não são capazes de realizar atividades de alta intensidade no início do tratamento.

> Alguns estudos no Brasil mostram que as atividades físicas contribuem para a prevenção e, principalmente, para a reabilitação da obesidade na adolescência.

Mello, Luft e Meyer (2004) realizaram um estudo com o objetivo de testar duas diferentes estratégias de reabilitação da obesidade infantil em crianças e adolescentes de 7 a 13 anos. Os participantes foram divididos em dois grupos: atendimento ambulatorial individualizado e programa de educação em saúde em grupo. O programa ambulatorial foi conduzido no ambulatório de suporte nutricional pediátrico do Hospital de Clínicas de Porto Alegre. Para esses participantes, foi assegurada uma consulta mensal, quando eram pesados, medidos e orientados quanto à alimentação e ao aumento da atividade física. O programa de educação foi composto por encontros mensais com aulas expositivas de 45 minutos. Após as aulas, os participantes eram divididos em quatro grupos, de acordo com sexo e idade, e realizavam atividades como revisão da aula e do compromisso do encontro anterior, realização de uma tarefa relacionada com o tema da aula, planejamento de objetivos para o próximo mês e atividades livres. Os resultados mostraram que houve redução dos níveis de inatividade física, do índice de massa corporal e do consumo energético total no grupo do atendimento ambulatorial, e os participantes do grupo do programa de educação apresentaram aumento na prática esportiva, na frequência de caminhada, na prática de atividades físicas de finais de semana e redução da inatividade física, do colesterol total, do índice de massa corporal e do consumo energético total.

Outros problemas crônicos, como hipertensão arterial, também têm a contribuição imediata da reabilitação por meio da prática de atividades físicas. Torrance e colaboradores (2007) realizaram revisão bibliográfica com o objetivo de reunir atuais evidências existentes na literatura que descrevam a influência negativa da obesidade na pressão arterial e seus determinantes em crianças. Uma das evidências encontradas na revisão foi que pelo menos 40 minutos de atividades físicas aeróbias moderadas ou vigorosas, de 3 a 5 vezes por semana, parecem promover melhora na função vascular e reduzir a pressão arterial em crianças obesas.

Ewart, Young e Hagberg (1998) avaliaram o efeito do exercício aeróbio na pressão arterial de 99 adolescentes afro-americanas com alto risco de hipertensão. Adolescentes com pressão arterial acima do percentil 67 foram alocadas em dois grupos: Projeto Heart com exercícios aeróbios e instruções didáticas ou educação física padronizada. A intervenção consistiu em exercícios aeróbios e instruções didáticas durante um semestre. Foram mensuradas a pressão arterial e a aptidão cardiorrespiratória por meio de teste submáximo de *step*. Ao final do estudo, os autores observaram que as participantes do grupo de exercício aeróbio apresentaram melhora na aptidão cardiorrespiratória e maior redução nos valores da pressão arterial sistólica quando comparadas ao grupo de educação física padronizada e concluíram que esses tipos de exercícios físicos são estratégias efetivas na promoção da saúde para garotas com alto risco de hipertensão arterial.

Outro benefício imediato das atividades físicas está relacionado com a maximização do pico de massa óssea, variável extremamente importante para a prevenção de doenças futuras, como a osteoporose. Segundo Ortega e colaboradores (2008), recomenda-se iniciar a prática esportiva ou o exercício físico na infância e manter esse hábito durante a adolescência para obter o máximo de benefício na manutenção da massa óssea futura.

Kontulainen e colaboradores (2002) avaliaram o efeito imediato e um ano após o término de uma intervenção de nove meses de exercícios físicos de saltos no ganho de massa óssea e *performance* física de 99 meninas com média de idade no início do estudo de 12,5 anos (dp = 1,5 anos). As participantes foram divididas em dois grupos, treinamento e controle, e submetidas a testes e medidas que avaliaram antropometria, maturação sexual, ingestão de cálcio, desempenho muscular, aptidão motora e massa mineral óssea. A intervenção consistiu em duas sessões semanais, com duração de 50 minutos cada, de treinamento de *step*, sendo acrescidos saltos adicionais no final de cada sessão. Os resultados mostraram que as participantes do grupo treinamento apresentaram aumento de 4,9% na massa mineral óssea da espinha lombar quando comparadas às participantes do grupo controle, indicando que o pico de massa óssea pode ser maximizado com a prática de atividades físicas.

Problemas respiratórios, como a asma, sem dúvida afetam a saúde e a qualidade de vida de muitas crianças e adolescentes que vivem principalmente nos grandes centros urbanos, e algumas pesquisas buscaram verificar os benefícios imediatos das atividades físicas nesse tipo de problema. Em revisão sistemática realizada com o objetivo de reunir evidências sobre os efeitos do treinamento físico na função pulmonar, nos sintomas, na aptidão cardiopulmonar e na qualidade de vida em crianças e adolescentes com asma, Ram, Robinson e Black (2000) evidenciaram que o treinamento físico não tem efeito na função pulmonar em descanso de crianças e adolescentes com asma e concluíram que o exercício físico melhora a capacidade cardiopulmonar sem alterar a função pulmonar, além de ter efeitos significativos na melhora da qualidade de vida de crianças com asma.

> As atividades físicas na infância e na adolescência contribuem para diminuir os níveis de pressão arterial e maximizar o pico de massa óssea na adolescência.

Basaran e colaboradores (2006) investigaram o efeito de exercícios físicos submáximos na qualidade da função pulmonar de crianças asmáticas. Foram estudadas 62 crianças com média de idade de 10 anos (dp = 2,1 anos) alocadas aleatoriamente em dois grupos: exercício físico e controle. O grupo exercício físico foi submetido a um programa de treinamento de basquetebol que incluía atividades moderadas e intensas. Durante dois meses, o programa foi desenvolvido em uma frequência de três vezes por semana, com duração de uma hora por sessão. As sessões eram constituídas de aquecimento (15 minutos), treinamento submáximo de basquetebol (30 a 35 minutos) e relaxamento com exercícios de flexibilidade (10 minutos). A qualidade de vida foi avaliada por meio do questionário PAQLQP, um instrumento específico para asmáticos que inclui 23 itens que avaliam atividade de locomoção, sintomas e estado emocional. Um programa diário de exercícios respiratórios para serem realizados em casa, fundamentado em técnicas de relaxamento e respiração, foi sugerido para os dois grupos. Não houve mudança significativa na função pulmonar em nenhum grupo; porém houve mudanças benéficas na qualidade de vida de crianças com asma no grupo que praticou exercícios físicos.

O estudo dos benefícios imediatos das atividades físicas na saúde mental de crianças e adolescentes é um dos grandes desafios na área de atividade física e saúde, pois a literatura ainda é muito escassa. De acordo com Ortega e colaboradores (2008), após resumir os estudos relativos à aptidão física e à saúde em pessoas jovens, as pesquisas sugerem que melhoras na aptidão cardiorrespiratória possuem efeitos positivos a curto e longo prazo na depressão, na ansiedade, nos estados de humor e na autoestima dos jovens, estando também associada a um melhor desempenho acadêmico nessa faixa etária.

Molt e colaboradores (2004) examinaram durante dois anos a relação entre mudanças naturais na atividade física e sintomas de depressão entre adolescentes. Os participantes relataram a frequência de atividade física realizada fora da escola e completaram a escala do Center for Epidemiologic Studies Depression no início da 7ª série, no final da 7ª série e no final da 8ª série. Os autores observaram que os valores mais altos de atividade física no início do estudo foram associados aos valores mais baixos dos sintomas depressivos, e a mudança na atividade física ao longo do tempo foi inversamente associada à mudança nos níveis dos sintomas depressivos. Concluiu-se que mudanças ocorridas de forma natural na atividade física encontram-se negativamente relacionadas com mudanças nos sintomas depressivos.

Bonhauser e colaboradores (2005) realizaram um estudo quase experimental com o objetivo de verificar os efeitos de um programa de atividade física na aptidão e na saúde mental de 198 adolescentes (15 anos) moradores de uma área de baixo nível socioeconômico em Santiago, no Chile. O modelo educacional adotado para o programa de intervenção teve como base o sistema *adult learning approach*, no qual as pessoas decidem o que querem aprender e são ativas quanto às tomadas de decisões no processo ensino-aprendizagem. Para tanto, os professores das escolas participantes pesquisaram as atividades de preferência dos estudantes para que estes pudessem selecionar as atividades das quais gostariam de participar. Após um ano de intervenção, ao compararem os participantes do grupo intervenção com o grupo controle, os autores observaram melhora significativa da capacidade cardiorrespiratória, velocidade, ansiedade e autoestima, e concluíram que um programa de intervenção com objetivo de elevar a atividade física de adolescentes de baixo nível socioeconômico promove benefícios significativos na aptidão física e na saúde mental dos participantes.

Castelli e colaboradores (2007) investigaram a relação entre aptidão física e desempenho acadêmico em 259 estudantes norte-americanos de 3ª e 5ª séries. A aptidão física foi avaliada por meio do *Fitnessgram*, bateria de testes rotineiramente administrada nas aulas regulares de educação física com o objetivo de identificar aptidão muscular, capacidade aeróbia e composição corporal. O desempenho acadêmico foi avaliado por meio do *Illinois Standards Achievement Test* (ISAT), que é um teste administrado anualmente em estudantes de 3ª a 8ª séries de escolas públicas de Illinois e serve como notificação pública do desempenho acadêmico dos estudantes, monitoramento do progresso individual do estudante e identificação da eficácia da escola. Houve associação positiva entre melhor condicionamento aeróbio e menor índice de massa corporal com desempenho em leitura e matemática.

Além dos benefícios imediatos já abordados, as atividades físicas podem oferecer benefícios psicológicos na formação da personalidade, educacionais e sociais.

> As atividades físicas contribuem para a melhora da saúde mental de crianças e adolescentes.

A participação em atividades físicas proporciona contatos sociais, e as crianças e adolescentes aprendem que entre eles e o mundo existem outras pessoas, que para a convivência social é preciso obedecer regras e ter determinados comportamentos, aprendem a conviver com vitórias e derrotas, aprendem a vencer por meio do esforço pessoal, desenvolvem a independência e a confiança em si mesmos e o sentido de responsabilidade (Martins et al., 2002).

BENEFÍCIOS DA ATIVIDADE FÍSICA PARA CRIANÇAS E ADOLESCENTES NA IDADE ADULTA

A fase de adolescência é um período de grandes mudanças, e os ganhos relacionados à prática de atividades físicas parecem persistir e contribuir para melhor saúde e qualidade de vida também na idade adulta (Figura 2.2).

Na revisão sistemática de Hallal e colaboradores (2006c) para avaliar os benefícios a curto e longo prazo da prática de atividades físicas na adolescência, principalmente quanto a algumas doenças crônicas como as cardiovasculares, os autores concluíram que os resultados de benefícios imediatos dessa prática não persistem para a vida adulta. Portanto, para que os benefícios de prevenção perdurem, os adolescentes devem continuar praticando ativi-

```
┌─────────────────────────────────────────────────────────────────┐
│   Benefícios imediatos da atividade física na infância e na adolescência │
└─────────────────────────────────────────────────────────────────┘
                                  │
        ┌─────────────────────────────────────────────┐
        │              ↓ Obesidade                    │
        │  ↑ Saúde mental (diminuição de sintomas depressivos │
        │     e da ansiedade e melhora da qualidade de vida)  │
        │              ↑ Aptidão física               │
        │  (melhora da aptidão cardiorrespiratória e da força)│
        │              ↓ Pressão arterial             │
        │              ↑ Massa mineral óssea          │
        └─────────────────────────────────────────────┘

┌─────────────────────────────────────────────────────────────────┐
│   Benefícios a longo prazo da atividade física na infância e na adolescência │
└─────────────────────────────────────────────────────────────────┘
                                  │
        ┌─────────────────────────────────────────────┐
        │              ↓ Osteoporose                  │
        │              ↑ Níveis de atividade físicas  │
        │              ↑ Estilo de vida saudável      │
        └─────────────────────────────────────────────┘
```

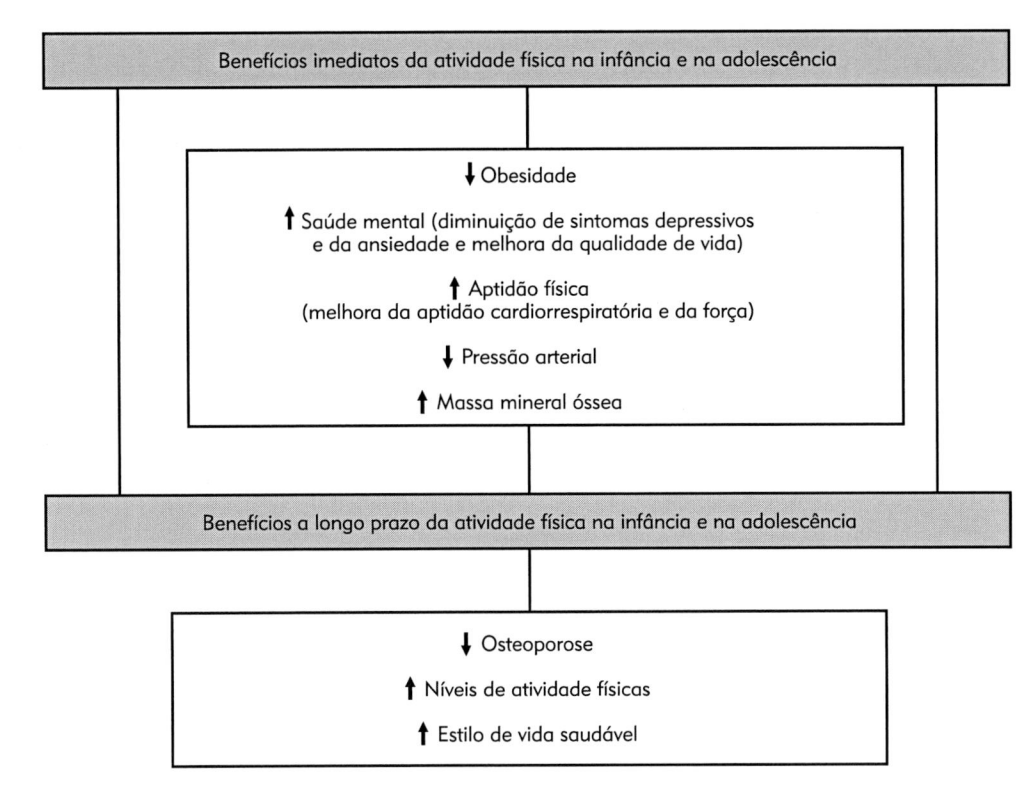

Figura 2.2 Benefícios imediatos e na idade adulta da prática de atividades físicas na infância e adolescência.

dades físicas na vida adulta. No entanto, os autores concluíram também que comportamentos sedentários na infância e na adolescência, bem como baixa aptidão física na adolescência, foram associados a piores desfechos relacionados à saúde na idade adulta, como baixa aptidão cardiorrespiratória, maior índice de massa corporal, aumento nos níveis de colesterol total e tabagismo.

Nesse sentido, alguns estudos têm procurado estabelecer as relações entre práticas de atividades físicas na infância e adolescência e saúde cardiovascular na idade adulta.

Lefevre e colaboradores (2002) investigaram a relação entre participação em esportes/atividades físicas na adolescência e na idade adulta e fatores de risco cardiovascular, como gordura corporal elevada, níveis alterados de pressão arterial e de lipídeos e baixa aptidão cardiorrespiratória aos 40 anos. Foram selecionados 166 homens com 40 anos participantes do estudo *Leuven Longitudinal Study on Lifestyle, Fitness and Health*. Os dados foram coletados entre 1969 e 1974, quando os participantes tinham entre 13 e 18 anos, em 1986 aos 30 anos, 1991 aos 35 anos e, finalmente, em 1996 aos 40 anos. Na primeira fase (adolescência), a atividade física foi estimada por meio de um questionário padronizado no qual eram registradas as atividades realizadas no último ano. Na idade adulta, utilizou-se uma versão adaptada do Tecumseh Community Health Questionnaire, que estima as atividades físicas no trabalho e no lazer. Os autores não encontraram nenhuma relação entre atividade física na adolescência e risco cardiovascular aos 40 anos.

Um outro estudo nessa mesma linha examinou a relação entre fatores de risco para doença cardiovascular em adultos jovens, aptidão física e atividade física aos 12 e 15 anos (Boreham et al., 2002). A amostra foi composta por 1.015 participantes do *Young Hearts Project*, e os participantes foram avaliados pela primeira vez aos 12 anos em 1989 e 1990, reavaliados em 1992 e 1993 aos 15 anos e, finalmente, em 1997 e 1999 aos 20 e 25 anos. Foram avaliados peso, estatura, maturação sexual, espessura de dobras cutâneas, colesterol total, padrões de atividade física e tabagismo de todos os participantes. Os autores não encontraram relação entre atividade física ou participação em esportes na adolescência e risco cardiovascular na idade adulta.

Esses dois resultados ressaltam bem o que Hallal e colaboradores (2006c) encontraram na revisão sistemática, pois indicam que os ganhos fornecidos pela prática de atividades físicas na infância e na adolescência são facilmente perdidos, e indivíduos fisicamente ativos poderiam ter chances similares para as doenças cardiovasculares em comparação com os indivíduos que não praticaram atividades físicas nessa fase da vida.

Os estudos evidenciam resultados muito promissores com relação à prática de atividades físicas na infância e na adolescência para a manutenção da massa óssea na idade adulta e consequente prevenção da osteoporose.

> A atividade física praticada na infância e na adolescência contribui para a prevenção de osteoporose no futuro.

Florindo e colaboradores (2002) realizaram um estudo com objetivo de determinar a relação entre atividade física habitual ao longo da vida e densidade mineral óssea em 326 homens com idade igual ou superior a 50 anos. A atividade física foi avaliada por meio do questionário Baecke, que foi padronizado para a avaliação retrospectiva de atividades físicas estruturadas no lazer (exercícios físicos e esportes) e no trabalho nos períodos de 10 a 20 anos, 21 a 30 anos e 31 a 50 anos, bem como nos últimos 12 meses. Os autores evidenciaram que a prática de esportes e exercícios físicos de 10 a 20 anos foi associada positivamente com a massa óssea atual dos homens, mostrando que as atividades físicas praticadas na fase da adolescência contribuem para a preservação da massa óssea e para a prevenção da osteoporose.

Rideout, McKay e Barr (2006) avaliaram a prática de atividades físicas ao longo da vida e a densidade mineral óssea atual em mulheres na pós-menopausa. A atividade física foi avaliada com a utilização do Historical Leisure Activity Questionnaire, que avalia o tempo despendido em atividades físicas de lazer desde os 12 anos de idade. A densidade mineral óssea foi determinada por meio da absortometria de raio X de dupla energia. A atividade física na adolescência foi associada à densidade mineral óssea na espinha lombar e no fêmur proximal das mulheres. Os autores concluíram que a atividade física moderada durante o período de maior aquisição óssea (adolescência) traz benefícios duradouros para os ossos em mulheres no período pós-menopausa.

Hallal e colaboradores (2006c) evidenciaram resultados consistentes na literatura em relação ao efeito protetor (a longo prazo) da atividade física na adolescência para a saúde óssea, e esse fato pode ser explicado porque os ganhos extras em massa óssea durante o pico de crescimento podem ser importantes na prevenção de fraturas provocadas pela osteoporose na idade adulta (Ortega et al., 2008).

Fora o efeito protetor a longo prazo das atividades físicas em doenças como a osteoporose, o maior benefício que se pode ter dessa prática na infância e na adolescência é referente aos hábitos e comportamentos futuros, pois estes costumam persistir na idade adulta.

> Crianças e adolescentes mais ativos fisicamente têm mais chances de manterem esse comportamento na idade adulta.

Azevedo e colaboradores (2007) avaliaram a associação entre prática de atividade física na adolescência e atividade física de lazer na idade adulta em homens e mulheres do município de Pelotas, RS. A atividade física na idade adulta foi mensurada por meio da seção de lazer do questionário internacional de atividade física (IPAQ – versão longa), e considerou-se como ponto de corte para classificação de adequadamente ativos a recomendação atual de 150 minutos de atividades físicas por semana. Os autores verificaram que os indivíduos envolvidos em atividades físicas no lazer entre 10 a 19 anos, incluindo esportes e exercícios físicos, tiveram mais chances de serem ativos no lazer na idade adulta independentemente de sexo, cor da pele, idade e nível socioeconômico.

ESTRATÉGIAS PARA AUMENTAR OS NÍVEIS DE ATIVIDADES FÍSICAS EM CRIANÇAS E ADOLESCENTES

Acreditamos que a escola seja um dos ambientes mais favoráveis para a promoção das atividades físicas em crianças e adolescentes, principalmente por permitir a realização de intervenções interdisciplinares, propostas voltadas para a educação em saúde, além de incluir a disciplina de educação física escolar, a qual proporciona grande potencial na educação para a atividade física e saúde.

> A escola é o local ideal para a promoção da atividade física em crianças e adolescentes.

Nesse sentido, Florindo e colaboradores (1999) mostraram, em levantamento de necessidades e expectativas sobre conteúdos da educação física escolar realizado com alunos do ensino fundamental (5ª a 8ª séries) de uma escola pública da zona leste do município de São Paulo, que os alunos manifestaram interesse em estudar temas relacionados à educação para atividade física, saúde e cultura corporal por meio de vivências e aulas teóricas. No entanto, intervenções pedagógicas na educação física escolar relacionadas à saúde e à qualidade de vida ainda são muito escassas. Marques e Gaya (1999), em estudo de revisão que analisou a produção do conhecimento da área pedagógica relacionada à atividade física, à aptidão física e à educação para saúde em Portugal e no Brasil, argumentaram que é muito reduzido o número de estudos abordando essa temática e grande parte dos estudos existentes é de natureza especulativa ou reprodução de países desenvolvidos.

A educação física escolar, como disciplina integrante do currículo escolar, deveria contribuir para a formação das pessoas, porém grande parte dos alunos que passaram por essa disciplina no ensino fundamental e médio continua não possuindo conhecimentos básicos dos aspectos referentes às atividades físicas, principalmente quando relacionados a temas importantes, como saúde e qualidade de vida.

É interessante ressaltar que as vivências práticas dentro das aulas de educação física escolar, por si só, não são eficazes para manutenção ou melhora da aptidão física (Guedes; Guedes, 1997). Além disso, quando essas vivências são restritas principalmente a atividades físicas vigorosas com o objetivo de melhora da aptidão física, elas podem resultar em experiências negativas que contribuem para a inatividade física no futuro (Taylor et al., 1999).

> Experiências negativas com atividades físicas na infância e na adolescência estão relacionadas à inatividade física na idade adulta.

As propostas de cultura corporal (Betti, 1992) e educação para atividade física e saúde (Nahas et al., 1995; Guedes; Guedes, 1994) são inovadoras. A primeira tem como objetivo levar o aluno a descobrir os motivos para a prática de atividades físicas, favorecer o desenvolvimento de atitudes positivas para com as atividades físicas, levar a aprendizagem de comportamentos adequados na prática de atividades físicas e levar ao conhecimento, à compreensão e à análise do intelecto de todas as informações relacionadas às conquistas materiais e espirituais da cultura corporal, dirigindo sua vontade e sua emoção para a prática e a apreciação do corpo em movimento (Betti, 1992). A segunda objetiva influenciar o comportamento dos alunos, proporcionando a aquisição de conhecimentos, estimulando atitudes positivas, propiciando independência e oportunizando experiências de atividades físicas agradáveis, que permitam a prática con-

> Conteúdos de atividade física e saúde devem ser trabalhados na educação física escolar para a promoção da atividade física.

tinuada, resguardando a percepção de autocompetência dos indivíduos (Nahas et al., 1995; Guedes; Guedes, 1994).

Florindo (1999) testou um programa de educação física escolar baseando-se nas propostas de Betti (1992), Nahas e colaboradores (1995) e Guedes e Guedes (1994) em uma amostra de 20 estudantes do ensino médio de escolas públicas da zona leste do município de São Paulo. Os estudantes tinham idade entre 15 e 18 anos e fizeram parte do Projeto Miramundo, um curso profissionalizante em Vídeo e Fotografia promovido em 1997, na Universidade Camilo Castelo Branco, como parte do programa de Capacitação Solidária do Governo Federal. A estrutura de conteúdo aplicada no curso de capacitação profissional é expressa no Quadro 2.2. Foram ministradas três aulas semanais de 90 minutos cada no período de agosto a dezembro de 1997, e as estratégias didáticas adotadas foram aulas expositivas, exibição de vídeos, leituras de textos, discussões em grupos, trabalhos individuais e em grupos, trabalhos de expressão corporal, vivências de atividades físicas e um trabalho individual de conclusão de curso. Os resultados mostraram que houve mudança significativa na aprendizagem de conceitos como atividade física, saúde e qualidade de vida e que a maior parte dos alunos gostou e aprovou os conteúdos trabalhados, porém ressaltando que gostariam de mais vivências práticas.

Outras estratégias mais amplas e interdisciplinares que não fiquem restritas somente à educação física escolar devem fazer parte do planejamento das ações quando o objetivo é a promoção das atividades físicas para crianças e adolescentes.

QUADRO 2.2 Tópicos do conteúdo programático elaborado para as oficinas de educação física do Projeto Miramundo, São Paulo, SP, 1997

1. Saúde, doença, qualidade de vida, aptidão física, atividade física, exercício físico e esporte: conceitos.
2. Histórico da atividade física e do processo saúde-doença.
3. Relações das atividades físicas com temas contemporâneos: obesidade; drogas; estética; futebol; lazer; esportes radicais; estresse; meio ambiente; violência; trabalho.
4. Componentes de uma sessão de exercício físico: aquecimento; intensidade, frequência e duração das atividades; controle da frequência cardíaca; relaxamento muscular.
5. Treinamento físico para a saúde: avaliação física; avaliação e treinamento da força; avaliação e treinamento da flexibilidade; avaliação e treinamento da aptidão aeróbia; avaliação da composição corporal.

> Estratégias como a implantação de programas de educação para a atividade física, treinamento de professores nas escolas e mudanças ambientais com aumento e melhora dos locais para a prática de atividades físicas nas escolas são necessárias para o aumento do nível das atividades físicas de crianças e adolescentes.

Um exemplo recente foi o projeto Saúde na Boa (www.saudenaboa.ufsc.br), realizado de forma concomitante nas cidades de Florianópolis e Recife no ano de 2006. O projeto fundamentou-se nas proposições do programa Escolas Promotoras de Saúde, da Organização Mundial da Saúde, e no Guia para Programas de Saúde nas Escolas e Comunidades, do Centro de Controle e Prevenção de Doenças (CDC/EUA). Esse estudo de intervenção teve como objetivo a promoção das atividades físicas e da alimentação saudável em adolescentes de 15 a 24 anos de escolas públicas. As atividades foram organizadas em três áreas principais:

1. Mudanças organizacionais e ambientais;
2. Modificação curricular em Educação Física; e
3. Capacitação de professores de Educação Física e outros líderes no ambiente escolar.

A intervenção do Saúde na Boa foi realizada de março a dezembro de 2006 em 20 escolas públicas, 10 na cidade do Recife e 10 na cidade de Florianópolis, sendo que cada cidade estabeleceu cinco escolas de intervenção e cinco escolas de controle. Antes e após a intervenção, foram avaliados os níveis de atividades físicas e alimentação saudável por meio de questionários do projeto PACE, traduzidos e validados para essa intervenção (Nahas et al., 2008, no prelo). As intervenções incluíram três áreas principais caracterizadas por: educação para prática de atividade física e alimentação saudável com *website* (www. saudenaboa.ufsc.br) destinado ao uso de professores e estudantes, pôsteres temáticos, panfletos para discussão em aula; mudanças ambientais e organizacionais simples, como estacionamento seguro para bicicletas, dia da fruta (distribuição de frutas da estação uma vez por semana durante 10 semanas), *kit* de educação física (U$500 para serem gastos na compra de equipamentos e materiais simples selecionados pelos alunos e professores de educação física) e eventos especiais nos finais de semana, como caminhadas e passeios ciclísticos; treinamento especial para professores em geral e profissionais que trabalharam na coleta e treinamento de professores de educação física para modificação do currículo das aulas.

A intervenção foi planejada para atingir comportamentos associados ao aumento da obesidade em adolescentes (atividade física e hábitos alimentares) de acordo com os seguintes critérios: deveria incluir atividades culturalmente relevantes e recursos de baixo custo; as atividades deveriam ser prazerosas e de fácil implantação; a educação física deveria incluir componentes relacionados à promoção da saúde no seu currículo; as atividades deveriam ser facilmente mantidas (após o período de intervenção) e possíveis para se disseminarem em outras escolas. Os alvos específicos relacionados ao comportamento foram: aumento do número de dias em que o estudante acumulava 60 minutos ou mais de atividade física moderada ou vigorosa; redução na proporção de participantes que não acumulavam 60 minutos ou mais em nenhum dia da semana; aumento no consumo de frutas, verduras e legumes por dia; e redução na proporção de participantes que não consumiam nenhuma porção de frutas, verduras e legumes (Nahas et al., 2008, no prelo). Os resultados mostraram que os participantes do grupo de intervenção acumulavam 60 minutos ou mais de atividades físicas em mais dias da semana em comparação com os participantes do grupo controle. A prevalência de inatividade física diminuiu de 14,1% para 10,6% no grupo intervenção e aumentou de 14,8% para 17,3% no grupo controle. Em Florianópolis, a inatividade física caiu de 11,5% para 8,3% no grupo intervenção e aumentou de 13,2% para 13,6% no grupo controle, enquanto em Recife a inatividade física aumentou de 16,5% para 21,2% no grupo controle e diminuiu de 19,8% para 13,3% no grupo intervenção (Barros et al., 2008, no prelo).

CONSIDERAÇÕES FINAIS

As crianças e adolescentes de hoje enfrentam problemas cada vez mais semelhantes aos dos adultos, principalmente a obesidade, que tem grande contribuição de um estilo de vida inadequado, com níveis de atividades físicas insuficientes e alimentação não saudável. Nos inquéritos de atividades físicas que pesquisamos no Brasil, a maioria das crianças e adolescentes não atingem as recomendações de atividades físicas. Sabemos que muitos fatores pessoais, demográficos e ambientais podem influenciar as atividades físicas de crianças e adolescentes e devem ser considerados no trabalho com essa faixa etária. Alguns benefícios imediatos, como controle e principalmente reabilitação da obesidade, melhora da saúde mental, da qualidade de vida e de aspectos psicológicos em geral, e outros benefícios na idade adulta, como a manutenção da massa óssea e a prevenção da osteoporose, além de manutenção dos níveis de atividades físicas e de um estilo de vida mais saudável, são conquistados pela prática de atividades físicas na infância e na adolescência. Estratégias para aumentar os níveis de atividades físicas em crianças e adolescentes devem ser amplas e interdisciplinares. A escola é o melhor local para a promoção de atividades físicas, e a educação física escolar, juntamente com modificações ambientais, tem grande potencial de contribuição para a promoção das atividades fí
sicas em crianças e adolescentes.

REFERÊNCIAS

ABRANTES, M. M.; LAMOUNIER, J. A.; COLOSIMO, E. A. Prevalência de sobrepeso e obesidade em crianças e adolescentes das regiões Sudeste e Nordeste. *J. Pediatr.*, v. 78, p. 335-340, 2002.

AMERICAN ACADEMY OF PEDIATRICS (AAP). Committee on Nutrition. Cholesterol in childhood. *Pediatrics*, v. 101, p. 141-147, 1998.

AZEVEDO, M. R. et al. Tracking of physical activity from adolescence to adulthood: a population-based study. *Rev. Saúde Pública,* v. 41, p. 69-75, 2007.

BAQUET, G. et al. High-intensity aerobic training during a 10 week one-hour physical education cycle: effects on physical fitness of adolescents aged 11 to 16. *Int. J. Sports Med.,* v. 22, p. 295-300, 2001.

BARROS, M. V. G. et al. Effectiveness of a school--based intervention on physical activity for high-school students in Brazil: the 'Saúde na Boa' project. *J. Phys. Act. Health,* 2008. No prelo.

BASARAM, S. et al. Effects of physical exercise on quality of life, exercise capacity and pulmonary function in children with asthma. *J. Rehabil. Med.,* v. 38, p. 130-135, 2006.

BETTI, M. Ensino de primeiro e segundo graus: educação física para quê? *Rev. Bras. Cienc. Esporte,* v. 13, p. 282-287, 1992.

BIDDLE, S.; SALLIS, J. F.; CAVILL, N. A. *Young and active?* Young people and health enhancing physical activity: evidence and implication. London: Health Education Authority, 1998.

BONHAUSER, M. et al. Improving physical fitness and emotional well-being in adolescents of low socioeconomic status in Chile: results of a school--based controlled trial. *Health Promot. Int.,* v. 20, p. 113-122, 2005.

BOREHAM, C. et al. Associations between physical fitness and activity patterns during adolescence and cardiovascular risk factors in young adulthood: the Northern Ireland young hearts project. *Int. J. Sports Med.,* v. 23, p. S22-S26, 2002.

CALI, A. M. G.; CAPRIO, S. Prediabetes and type 2 diabetes in youth: an emerging epidemic disease? *Current Opinion Endocrinology Diabetes Obesity,* v. 15, p. 123-127, 2008.

CASTELLI, D. M. et al. Physical fitness and academic achievement in third- and fifth-grade students. *J. Sport Exerc. Psychol.,* v. v. 29, p. 239-252, 2007.

CENTER FOR DISEASE CONTROL AND PREVENTION. *Healthy weight.* Atlanta, 2001. Disponível em: http://www.cdc.gov/nccdphp/dnpa/bmi/bmi-for-age.htm. Acesso em: 16 jun. 2008.

CESCHINI, F. L.; FLORINDO, A. A.; BENÍCIO, M. H. Nível de atividade física em adolescentes de uma região de elevado índice de vulnerabilidade juvenil. *Rev. Bras. Cienc. Mov.,* v. 15, p. 67-78, 2007.

COOPER, A. R. et al. Active travel to school and cardiovascular fitness in Danish children and adolescents. *Med. Sci. Sports Exerc.,* v. 38, p. 1724-1731, 2006.

EWART, C. K.; YOUNG, D. R.; HAGBERG, J. M. Effects of school-based aerobic exercise on blood pressure in adolescent girls at risk for hypertension. *Am. J. Public Health,* v. 80, p. 949-951, 1998.

FERNANDEZ, A. C. et al. Influence of aerobic and anaerobic training on the body fat mass in obese adolescents. *Revista Brasileira de Medicina do Esporte,* v. 10, p. 159-164, 2004.

FRANCA, E.; ALVES, J. G. B. Dislipidemia entre crianças e adolescentes de Pernambuco. *Arq. Bras. Cardiol.,* v. 87, p. 722-727, 2006.

FREEDMAN, D. S. et al. The relation of overweight to cardiovascular risk factors among children and adolescents: the Bogalusa Heart Study. *Pediatrics,* v. 103, n. 6, pt. 1, p. 1175-1182, 1999.

FLORINDO, A. A. Educação física escolar, saúde e qualidade de vida: uma proposta para o século XXI. In: SIMPÓSIO FITNESS BRASIL, 2., 1999, SANTOS: *Anais:* Em Busca da Qualidade de Vida Para o Século XXI. Santos, 1999. p. 7.

FLORINDO, A. A. et al. Contribuições da educação física escolar à educação para a saúde. *Anuário Científico Fitness Brasil,* v. 1, p. 37-43, 1999.

FLORINDO, A. A. et al. Past and present habitual physical activity and its relationship with bone mineral density in men aged 50 years and older in Brazil. *J. Gerontol. A. Biol. Sci. Med. Sci.,* v. 57, p. M654-657, 2002.

GUEDES, D. P.; GUEDES, J. E. R. P. Prevalência de sobrepeso e obesidade em crianças e adolescentes do município de Londrina (PR), Brasil. *Motriz,* v. 4, p. 18-25b, 1998.

_____. Sugestões de conteúdo programático para programas de educação física escolar direcionados à saúde. *Revista da Associação dos Professores de Educação Física de Londrina,* v.9, p. 3-14a, 1994.

_____. Características dos programas de educação física escolar. *Rev. Paul. Educ. Fis.,* v. 11, p. 49-62, 1997.

HALLAL, P. C. et al. Early determinants of physical activity in adolescence: prospective birth cohort study. *BMJ,* v. 29, p. 1002-1007, 2006a.

HALLAL, P. C. et al. Prevalência de sedentarismo e fatores associados em adolescentes de 10-12 anos de idade. *Cad. Saúde Pública,* v. 22, p. 1277-1287, 2006b.

HALLAL, P. C. et al. Adolescent physical activity and health: a systematic review. *Sports Med.,* v. 36, p. 1019-1030, 2006c.

KONTULAINEN, S. A. et al. Does previous participation in high-impact training result in residual bone gain in growing girls? One year follow-up of a 9-month jumping intervention. *Int. J. Sports Med.,* v. 23, p. 575-581, 2002.

LEFEVRE, J. et al. Relation between cardiovascular risk factors at adult age, and physical activity during youth and adulthood: the leuven longitudinal study on lifestyle, fitness and health. *Sports Med.,* v. 23, p. S32-S38, 2002.

MARQUES, A. T.; GAYA, A. C. A. Atividade física, aptidão física e educação para a saúde: estudos na área pedagógica em Portugal e no Brasil. *Rev. Paul. Educ. Fis.*, v. 13, p. 83-102, 1999.

MARTINS, D. F. et al. O esporte como papel de uma reunião social. *Revista Eletrônica de Ciências da Educação*, jun. 2002. Disponível em: <http://www.facecla.com.br/revistas/rece/trabalhos-num1/artigo03.pdf>.

MELLO, E. D.; LUFT, V. C.; MEYER, F. Atendimento ambulatorial individualizado versus programa de educação em grupo: qual oferece mais mudança de hábitos alimentares e de atividade física em crianças obesas? *J. Pediatr.*, v. 80, p. 468-474, 2004.

MENEZES, A. M. B.; HALLAL, P. C.; HORTA, B. I. Early determinants of smoking in adolescence: a prospective birth cohort study. *Cad. Saúde Pública*, v. 23, p. 347-354, 2007.

MOLT, R. W. et al. Naturally occurring changes in physical activity are inversely related to depressive symptoms during early adolescence. *Psychosom. Med.*, v. 66, p. 336-342, 2004.

MOURA, A. A. et al. Prevalência de pressão arterial elevada em escolares e adolescentes de Maceió. *J. Pediatr.*, v. 80, p. 35-40, 2004.

NAHAS, M. V. et al. Educação para atividade física e saúde: implementação de proposta curricular experimental. *Rev. Bras. Ativ. Fis. Saúde*, v. 1, p. 57-65, 1995.

NAHAS, M. V. et al. Methods and participant characteristics of a randomized intervention to promote physical activity and healthy eating among Brazilian high school students: the 'Saúde na Boa' project. *J. Phys. Act. Health*, 2008. No prelo.

ORTEGA, F. B. et al. Physical fitness in childhood and adolescence: a powerful marker of health. *Int. J. Obes. (Lond.)*, v. 32, p. 1-11, 2008.

PATE, R. R. et al. Compliance with physical activity guidelines: prevalence in a population of children and youth. *Ann. Epidemiol.*, v. 12, p. 303-308, 2002.

RAM, F. S.; ROBINSON, S. M.; BLACK, P. N. Effects of physical training in asthma: a systematic review. *Br. J. Sports Med.*, v. 34, p. 162-167, 2000.

REICHERT, F. F. et al. Physical activity as a predictor of adolescent body fatness: a systematic review. *Sports Med.*, 2009. No prelo.

REIS, R. S. et al. Associations between physical activity in parks and perceived environment. *J. Phys. Act. Health*, 2008. No prelo.

RIDEOUT, C. A.; MCKAY, H. A.; BARR, S. I. Self-reported lifetime physical activity and areal bone mineral density in healthy postmenopausal women: the importance of teenage activity. *Calcif. Tissue Int.*, v. 79, p. 214-222, 2006.

ROMERO, A. *Fatores determinantes do índice de massa corporal em adolescentes de escolas públicas de Piracicaba, São Paulo*. 2007. Dissertação de Mestrado – Faculdade de Saúde Pública, Universidade de São Paulo, 2007.

SEABRA, A. F. et al. Determinantes biológicos e socioculturais associados à prática de atividade física de adolescentes. *Cad. Saúde Pública*, v. 24, p. 721-736, 2008.

SUMMERBELL, C. D. et al. Interventions for treating obesity in children. *Cochrane Database Syst Rev.*, n. 3, CD001872, 2003.

SOUZA, M. R. et al. Análise da prevalência de resistência insulínica e diabetes mellitus tipo 2 em crianças e adolescentes obesos. *Arquivos de Ciência e Saúde*, v. 11, p. 215-218, 2004.

STRONG, W. B. et al. Evidence based physical activity for school-age youth. *J. Pediatr.*, v. 146, p. 732-737, 2005.

TASK Force on Blood Pressure Control in Children. Update on the 1987 Task Force Report on High Blood Pressure in Children and Adolescents: A Working Group Report from the National High Blood Pressure Education Program. National High Blood Pressure Education Program Working Group on Hypertension Control in Children and Adolescents. *Pediatrics*, v. 98, p. 649-658, 1996.

TAYLOR, W. C. et al. Childhood and adolescents physical activity patterns and adult physical activity. *Med. Sci. Sports Exerc.*, v. 31, p. 118-123, 1999.

TORRANCE, B. et al. Overweight, physical activity and high blood pressure in children: a review of the literature. *Vasc. Health Risk Manag.*, v. 3, p. 139-149, 2007.

WORLD HEALTH ORGANIZATION (WHO). *Physical status*: the use and interpretation of anthropometry. Geneva, 1995.

_____. Media centre. Geneva, 2004. Disponível em: <www.who.int/mediacentre/news/releases/2004/pr81/en>. Acesso em: 27 mar. 2007.

O ESPORTE, A CRIANÇA E O ADOLESCENTE: CONSENSOS E DIVERGÊNCIAS

Osvaldo Luiz Ferraz

A opinião dos adultos sobre a prática esportiva de crianças e de adolescentes é unânime, ou seja, os pais não se opõem a que seus filhos pratiquem esporte. Além disso, devido à valorização da atividade física para a qualidade de vida, a tendência em considerar a prática esportiva tão importante quanto as atividades intelectuais tem crescido bastante nos últimos anos. Pesquisas têm demonstrado que os pais consideram a prática de esportes benéfica para a saúde e favorável ao rendimento escolar.

Os argumentos que sustentam essa posição relacionam-se à aquisição de regras de conduta, de normas de comportamento e de valores sociais que fundamentam nossa cultura. Pressupõe-se que atitudes de perseverança, de disciplina e de cooperação exigidas na prática esportiva contribuam para a formação da personalidade. Outro aspecto mencionado é o de que a competitividade adquirida no esporte pode ser transferida para a competitividade inerente à vida social, sobretudo profissional, preparando a criança e o adolescente para enfrentar a vida mais adequadamente (Tani; Teixeira; Ferraz, 1994).

Entretanto, muitos pais, professores e pesquisadores têm questionado o envolvimento de crianças e de adolescentes em práticas esportivas sem restrições. O argumento apresentado diz respeito, principalmente, à precocidade com que crianças são submetidas a competições esportivas e a processos de treinamento sistematizado, podendo provocar efeitos psicológicos negativos ao desenvolvimento harmônico da personalidade. No caso dos adolescentes, em função de o esporte historicamente estar associado a propagandas políticas de governos totalitários, muitos educadores e pesquisadores o veem como uma forma sutil de alienação da juventude.

Tanto em um caso quanto no outro, trata-se de análises que procuram estabelecer um paralelismo entre a situação esportiva, sua estrutura e suas tradições e a organização político-econômica em que vivemos, além do sistema de valores de nossa civilização.

Apesar de o tema ser controverso e de a produção científica, sobretudo no Brasil, ainda não fornecer elementos para um posicionamento mais específico, estudos em desenvolvimento humano têm apontado princípios básicos para a estruturação de programas esportivos adequados às crianças e aos adolescentes. Essas pesquisas podem auxiliar na indicação de parâmetros gerais de adequação, inibindo análises carregadas de preconceitos, com base na experiência particular da vida de renomados atletas ou até mesmo de pais que gostariam de compensar frustrações antigas no campo esportivo.

> Estudos em desenvolvimento humano têm apontado princípios básicos para a estruturação de programas esportivos adequados às crianças e aos adolescentes. Essas pesquisas podem auxiliar na indicação de parâmetros gerais de adequação, inibindo análises carregadas de preconceitos, com base na experiência particular da vida de renomados atletas ou até mesmo de pais que gostariam de compensar frustrações antigas no campo esportivo.

Portanto, há de se olhar para a prática esportiva sem pré-julgamentos, considerando a competição sob o ponto de vista da criança imersa nessa experiência, e não sob a perspectiva do adulto.

Entretanto, é importante ressaltar que as crianças e os adolescentes necessitam de abundância de oportunidades em uma variedade de atividades motoras vigorosas e diárias, com o objetivo de desenvolver suas capacidades singulares de movimento, contribuindo para a formação de um cidadão apto a participar de programas esportivos em geral e de um consumidor crítico em relação a espetáculos esportivos e informações veiculadas pelos meios de comunicação. É fundamental que eventuais restrições à participação em competições no esporte não sejam interpretadas como restrições à prática de atividades esportivas em geral.

> É importante ressaltar que as crianças e os adolescentes necessitam de abundância de oportunidades em uma variedade de atividades motoras vigorosas e diárias, com o objetivo de desenvolver suas capacidades singulares de movimento, contribuindo para a formação de um cidadão apto a participar de programas esportivos em geral e de um consumidor crítico em relação a espetáculos esportivos e informações veiculadas pelos meios de comunicação. É fundamental que eventuais restrições à participação em competições no esporte não sejam interpretadas como restrições à prática de atividades esportivas em geral.

O esporte no Brasil é conceituado como uma ação social institucionalizada, com regras convencionais, apresentando caráter lúdico na forma de competição entre duas ou mais pessoas oponentes ou contra a natureza, cujo objetivo é a comparação de desempenhos para se estabelecer o vencedor ou registrar recorde. Seu resultado é influenciado pela técnica, pela tática e pela estratégia do participante, e é gratificante tanto intrínseca como extrinsecamente (Betti, 1991).

Contudo, considerando-se a ênfase em determinados aspectos, é possível distinguir duas perspectivas da prática esportiva: a prática lúdica informal, que se desenvolve essencialmente na família, nos bairros e nos centros esportivos, e a prática institucionalizada do esporte de rendimento, que frequentemente se desenvolve nos clubes e nas escolas especializadas (Tani; Teixeira; Ferraz, 1994).

Enquanto a primeira objetiva aprendizagem e difusão do esporte submetendo o aluno à prática geral, dando oportunidades de acesso a diferentes modalidades, a segunda visa à competição mediante treinamento sistematizado e específico, cujos interesses podem ser econômicos, culturais e políticos. Portanto, a prática lúdica informal orienta-se para a pessoa comum, com suas capacidades e limitações; já o esporte institucionalizado ocupa-se do talento, orientando-se para o produto e a especificidade das atividades.

Este capítulo abordará, essencialmente, a questão da prática esportiva sistematizada para crianças e adolescentes, discutindo aspectos importantes para a estruturação e a implementação de programas esportivos em geral. Para tanto, serão considerados os processos de desenvolvimento humano nos domínios cognitivo-moral, social-afetivo e motor, abordando, especificamente, os seguintes temas: prontidão para competição, iniciação esportiva, razões de prática e abandono, gênese e desenvolvimento de regras/estratégias do jogo e especificidade *versus* variabilidade das modalidades esportivas.

Finalmente, a ludicidade presente nas ações esportivas constitui um dos aspectos que necessitam ser considerados, tanto na estruturação e no planejamento das atividades de ensino quanto no momento de sua implantação. Desse modo, serão propostos indicadores que permitem inferir a presença do lúdico nas atividades de ensino, para que profissionais envolvidos com o ensino do esporte possam considerá-los em seus programas. A ideia central é que grande parte das resistências, dos desinteresses e das dificuldades de envolvimento dos aprendizes pode ser minimizada se aspectos lúdicos forem contemplados nas atividades de ensino.

O DESENVOLVIMENTO HUMANO E A PRONTIDÃO PARA A COMPETIÇÃO ESPORTIVA

Em linhas gerais, para se explicar o desenvolvimento humano, pode-se recorrer a três hipóteses (La Taille, 1984). A primeira delas afirma que as características comuns dos indivíduos estão pré-programadas, dependendo quase exclusivamente do processo de maturação. Para a segunda hipótese, elas são consequência da aprendizagem e, nesse caso, fruto do meio social em que se vive. Finalmente, a terceira hipótese, adotada neste capítulo, baseia-se em uma construção realizada pelo ser humano a partir de suas experiências, sofrendo influência da herança hereditária e do ambiente.

Nessa perspectiva teórica, um problema central diz respeito à existência ou não de uma sequência básica durante o desenvolvimento. Fases ou estágios podem ser identificados caracterizando um processo ordenado e sequencial, embora a velocidade com que essas fases ou esses estágios são percorridos seja extremamente variável de indivíduo para indivíduo, sofrendo fortes influências ambientais.

Quando se analisa o problema de a criança estar preparada para participar de competições no esporte, é necessário considerar a questão da prontidão e do período ótimo de aprendizagem, que se constituem conceitos importantes da perspectiva teórica adotada neste capítulo. A prontidão está relacionada com os pré-requisitos necessários para o envolvimento de crianças e de adolescentes em novas experiências. O período ótimo de aprendizagem baseia-se na noção de que, durante o desenvolvimento, alguns momentos são ideais para promoverem-se novas aprendizagens, significando que as capacidades necessárias estão presentes no indivíduo, ou seja, a prontidão. Antes desse período, determinados conteúdos de aprendizagem ficam prejudicados e, após esse período, perde-se a oportunidade de se explorar o melhor potencial do indivíduo. É importante esclarecer que não existe um período ótimo para todos os conteúdos, uma vez que há especificidades para os vários domínios do comportamento e grande variabilidade de conteúdos (Tani; Teixeira; Ferraz, 1994).

> Quando se analisa o problema de a criança estar preparada para participar de competições no esporte, é necessário considerar a questão da prontidão e do período ótimo de aprendizagem, que se constituem conceitos importantes da perspectiva teórica adotada neste capítulo.

A seguir é apresentada uma discussão da noção de prontidão aplicada ao desenvolvimento dos domínios do comportamento cognitivo, moral, social, afetivo e motor.

PRONTIDÃO COGNITIVA E MORAL

A participação de uma criança em uma situação de competição no esporte implica não somente adesão a um sistema de recompensa e de motivação, mas também consideração de um processo cognitivo extremamente complexo. Isso ocorre porque, para participar de uma competição esportiva, supõe-se que a criança já tenha alcançado maturidade psicológica suficiente que lhe permita enfrentar outra criança (Haste, 1990). No entanto, nesse processo, nem tudo é permitido, e a regra, que normatiza as interações entre os competidores e o resultado, possibilita espaço ao jogar bem, levando os participantes a situações difíceis de enfrentar, principalmente se os envolvidos são crianças.

> A participação de uma criança em uma situação de competição no esporte implica não somente adesão a um sistema de recompensa e de motivação, mas também consideração de um processo cognitivo extremamente complexo.

A vida das crianças e dos adultos está repleta de regularidades de origem natural (estações do ano, leis físicas) e de origem social (costumes culturais, hábitos familiares). Pesquisas têm demonstrado que, quanto menor a criança, mais ela confunde as diferentes esferas de onde provêm as diversas regularidades e que são necessários vários anos de desenvolvimento para que ela consiga compreender as razões de ser de cada uma e, consequentemente, conviver com elas, modificando-as se necessário (La Taille, 1984).

Essas regularidades, por outro lado, abrigam todo um universo de diversidades. É o caso, por exemplo, do jogo de futebol. Sabemos o quão delimitadas são suas regras. Contudo, uma mesma partida de futebol vista pela televisão por duas crianças de idades muito diferentes pode dar lugar a duas versões bastante díspares sobre o que está acontecendo.

Somente analisando a informação que é relevante para uma e para outra poderemos entender as discrepâncias entre as duas versões. Se duas crianças, uma de 6 anos de idade e outra de 12 anos de idade, respectivamente, estão assistindo a uma partida de futebol, é muito provável que no intervalo do primeiro tempo a criança de 12 anos faça comentários a respeito das faltas cometidas e do pênalti não sancionado. Por sua vez, a criança menor poderá perguntar por que os jogadores estão pegando a bola com as mãos, mas nunca questionará a validade ou não do gol assinalado devido à situação de impedimento (Ferraz, 1997).

Crianças muito pequenas não conseguem considerar simultaneamente as posições da bola, do atacante e do defensor, impossibilitando assim a noção do que seja uma situação de impedimento.

Em que pese a possibilidade de diferentes interpretações da aplicação de uma regra por dois adultos, por exemplo, se o defensor cometeu pênalti ou não, o que se deseja ressaltar é que a diferença pode estar na limitação das estruturas cognitivas para a aprendizagem de uma regra. No caso de duas crianças com níveis de desenvolvimento cognitivo muito diferentes, o que pode estar em jogo é a incapacidade de entender certas regularidades.

Sendo assim, a questão crucial que se levanta é: a partir de que idade a criança está em condições, sob o aspecto cognitivo e moral, de entrar em um processo de competição esportiva?

Para se refletir sobre essa questão, propõe-se a análise teórica dos seguintes temas: o desenvolvimento da prática e a consciência das regras na criança e no adolescente, a questão da intencionalidade e a ideia de justiça e a moral da coerção e da cooperação.

Desenvolvimento da prática e da consciência das regras

A regra é a normatização da relação entre dois ou mais elementos. Contudo, é necessário esclarecer que, embora toda regra genuinamente moral implique uma prática e uma consciência, as regras de um jogo infantil ou esportivo diferenciam-se das regras morais, como não mentir e não roubar. A diferença básica está na natureza mutável e arbitrária das regras do jogo/esporte; já as regras genuinamente morais traduzem um juízo de valor. Respeitar a regra de um jogo é um ato moral que expressa honestidade e respeito pelo adversário; todavia, a regra do jogo em si não é ela mesma moral e sim uma norma (espacial, temporal ou do objeto), uma vez que não cumprir determinadas regras envolve sanções previstas no próprio regulamento do jogo (Linaza; Maldonado, 1987).

Contudo, a situação de jogo presume, por parte dos seus integrantes, a promessa de respeito às regras e constitui-se na condição básica para sua existência. Outra característica fundamental do jogo de regras é a exigência da eficácia: é preciso marcar pontos, ser eficiente, vencer.

Sabe-se que a vitória conquistada mediante ações ilegais não deve ter reconhecimento, e isso remete ao sentido de moralidade da regra. Frequentemente, em situações de jogo, pode-se observar uma prática sem consciência ou, de modo contrário, a consciência sem prática. No primeiro caso, diz-se que se trata de um comportamento amoral, em que o sujeito age segundo a regra, respeitando-a, sem contudo fazer um juízo moral sobre ela. No segundo caso, consciência sem prática, tem-se uma situação de imoralidade, pois o sujeito conhece as razões de ser de uma regra, não discorda dela, mas age intencionalmente contra ela (Ferraz, 1997).

Sendo assim, é preciso verificar como se apresenta na criança esse binômio prática/consciência da regra. Isso é importante porque em uma competição esportiva pode-se desrespeitar uma regra por pura incompetência ou incompreensão de seus mecanismos, mas também pode-se desrespeitá-la como estratégia para levar vantagem na competição.

A análise de como crianças progridem em sua compreensão das regras de um jogo supõe a consideração de uma questão mais geral que diz respeito à existência, ou não, de uma sequência básica no desenvolvimento do campo moral. A análise dessas etapas sucessivas pode estabelecer princípios metodológicos de ensino adequados a questões do tipo:

a) quais são as condições educativas adequadas para se introduzir o esporte competitivo para as crianças?
b) essas condições variam à medida que a criança progride em seu desenvolvimento?

A teoria de Piaget sobre o juízo moral apresenta elementos teóricos importantes para essa análise. Em suas pesquisas, o autor investigou a prática das regras mediante observação do comportamento das crianças enquanto jogavam ou mediante perguntas sobre as regras que compunham o jogo e, para avaliar a consciência que elas possuíam sobre essas regras, pedia que explicitassem as razões de seus atos (Piaget, 1994).

Em resumo, os resultados dessas pesquisas possibilitaram responder às seguintes questões:

a) como os indivíduos se adaptam, na sua prática, às regras, em função da idade e do desenvolvimento?
b) que consciência eles têm dessas regras?

Para a primeira questão, Piaget, fingindo-se ignorante, solicitava à criança que descrevesse as regras de um jogo, podendo assim avaliar o conhecimento efetivo que ela possuía; em seguida, jogando com a criança, verificava o quanto ela seguia essas regras. No caso da segunda questão, Piaget direcionava a pergunta no sentido da origem das regras ou de possíveis modificações ao longo do tempo e, ao propor que a criança inventasse uma regra nova, perguntava se essa era justa e se seria aceita por outros companheiros de jogo.

Por meio dessas pesquisas, foram estabelecidos quatro níveis para a prática da regra e três níveis para a consciência da regra (Quadro 3.1).

Desenvolvimento da prática das regras

a) *Motor individual*: Nessa fase, a criança não participa da relação social implicada no jogo, sendo esse essencialmente individual e correspondendo à simples aplicação funcional dos esquemas de ação. Ainda é prematuro falar de regras, por mais que esses comportamentos se repitam, ritualizando-se, e de uma certa forma anunciando as regras que, com mais idade, a criança empregará em seus jogos sociais. Um exemplo desse tipo de "jogo" é o do bebê que arremessa sua chupeta ao chão repetidamente para que o adulto a pegue, revelando assim o início de uma coordenação mútua das ações.
b) *Egocêntrico*: Essa segunda etapa caracteriza-se por uma "imitação superficial" das regras. Tem-se agora a presença da regra, provavelmente aprendida de crianças maiores, sem, contudo, o seu cumprimento. Sendo assim, a criança nessa fase pronuncia alguns termos que caracterizam a regra, mas paradoxalmente não realiza o menor esforço para utilizá-la. É como se demarcássemos os limites espaciais do jogo e a todo momento ultrapassássemos as linhas demarcatórias. A incompreensão das regras parece ser total, e a imitação alcança somente os aspectos superficiais da atividade. Frequentemente observam-se nesse tipo de jogo vários vencedores e nenhum perdedor! Parece que seu prazer consiste simplesmente em desenvolver suas habilidades motoras e em ter êxito nas jogadas que se propõe a realizar.
c) *Cooperação nascente*: Nessa etapa, a regra normatiza realmente as ações entre os competidores e, ao prazer motor que se apresentava no nível anterior, acrescenta-se o gosto pela vitória sobre o oponente, respeitando-se rigorosamente as regras do jogo. Portanto, a criança passa a ser fiel às regras, vigiando cuidadosamente seus oponentes; nesse caso, o não cumprimento da regra é um delito grave.
d) *Codificação das regras*: Nessa última fase, a criança demonstra grande interesse pela regra em si e por possíveis estratégias para tirar proveito e vencer

QUADRO 3.1 Níveis de desenvolvimento de Piaget para a prática e a consciência das regras

Idade aproximada	Prática da regra	Consciência da regra
Até 3 anos	Motor individual	
Até 6 anos	Egocêntrico	Não obrigatoriedade da regra
Até 11 anos	Cooperação nascente	Obrigatoriedade sagrada
11 anos em diante	Codificação das regras	Obrigatoriedade devido ao consentimento mútuo

dentro do cumprimento da própria regra. Não raras são as manifestações no sentido de elaborarem ou discutirem novas regras e estratégias de jogo.

Consciência das regras na criança

a) *Não obrigatoriedade*: No que diz respeito à prática das regras, esse nível vai aproximadamente até a metade do nível egocêntrico. Como o próprio nome define, nesse primeiro nível a criança não dá qualquer valor à necessidade da regra. Além do fato de não praticar as regras, demonstra não possuir respeito intelectual por elas, e, como consequência, quaisquer mudanças nas regras são facilmente aceitas. No que diz respeito à origem das regras, são atribuídas a uma criação divina, mitológica ou paterna.
b) *Obrigatoriedade sagrada*: Esse nível vai até aproximadamente a metade do nível de cooperação nascente no que se refere à prática das regras. A expressão característica desse nível é a ilegitimidade de qualquer modificação ou adaptação à regra tradicional do jogo. A criança demonstra competência para criar uma nova regra; todavia, do ponto de vista da validade em se jogar com regras "inventadas", ela manifesta-se radicalmente contrária. A origem da regra ainda se deve a uma criação divina ou paterna.
c) *Obrigatoriedade devido ao consentimento mútuo*: Piaget define esse nível com a afirmação: "A democracia sucede a teocracia e a gerontocracia". A criança passa a ter consciência do caráter arbitrário e necessário das regras, sendo estas resultado de cooperação e aceitação mútua entre os competidores. Sua origem é resultado de uma convenção social.

Como se pode perceber, a evolução da prática da regra não se dá somente no aspecto quantitativo, ou seja, no aumento do número de regras; apresenta sim, essencialmente, uma mudança qualitativa expressa pela consciência.

> Como se pode perceber, a evolução da prática da regra não se dá somente no aspecto quantitativo, ou seja, no aumento do número de regras; apresenta sim, essencialmente, uma mudança qualitativa expressa pela consciência.

A questão da intencionalidade: resultado da ação e realismo moral

Um ato esportivo possui duas dimensões que são vistas de forma diferenciada pela criança e pelo adulto: o efeito ou o resultado produzido pelo ato e o seu caráter moral.

Tem-se novamente um binômio que se relaciona e que foi investigado por Piaget em temas clássicos da moralidade, como a mentira, o roubo e o dano material. Para tal, Piaget propôs o julgamento de condutas fictícias em que, no lugar de juiz, a criança deveria emitir um julgamento a respeito de uma história contada pelo experimentador (Piaget, 1994).

Esse método foi reconhecido e aplicado a uma situação esportiva (Durand, 1988). O experimento consistiu em pedir que as crianças julgassem qual era o melhor jogador. Os atos esportivos eram breves relatos de uma situação, enfatizando o seu caráter legal e o consequente resultado. O estudo confirmou as proposições de Piaget de que os atos são julgados pelas consequências das ações dos sujeitos quando esses são feitos por crianças pequenas. No papel de juízes, no qual as crianças de diversas faixas etárias foram colocadas, a criança menor tendeu a uma responsabilidade objetiva, ou seja, à simples identificação da relação de causa e efeito sem levar em consideração os motivos da ação. Contudo, observou-se uma evolução para o estágio chamado de responsabilidade subjetiva, demonstrado por crianças mais velhas, em que a intenção é levada em conta.

A explicação teórica para esse fato, em parte, é encontrada na dimensão cognitiva da criança pequena que está impossibilitada de inferir, de trabalhar com hipóteses, mas somente pode guiar-se por algo observável, que é justamente o resultado da ação, deixando a intencionalidade em segundo plano.

Um aspecto importante nesses estudos é que, nas histórias contadas, a intencionalidade do autor das ações era claramente explicitada. Já nas situações reais, o fator intencionalidade não é tão claro assim. Entretanto, mesmo com a intencionalidade claramente identificada, as crianças pequenas não a consideravam como um critério a ser julgado.

O caráter egocêntrico de crianças com pouca idade explica a dificuldade de se levar em conta a importância da intencionalidade no sentido de ponderar seus julgamentos. Sendo assim, crianças em situações de competição esportiva necessitam de orientação diferente daquela oferecida aos adolescentes e adultos.

> O caráter egocêntrico de crianças com pouca idade explica a dificuldade de se levar em conta a importância da intencionalidade no sentido de ponderar seus julgamentos, e, sendo assim, crianças em situações de competição esportiva necessitam de orientação diferente daquela oferecida aos adolescentes e adultos.

A ideia de justiça na criança

Nas situações de competição no esporte, um personagem que desempenha um papel fundamental é o árbitro. Pesquisas investigaram o *status* e a função do árbitro na perspectiva da criança (Durand, 1988). Os resultados podem ser resumidos em três fases de acordo com o desenvolvimento:

a) o árbitro é visto como indispensável, infalível e incorruptível; sua função é a de, principalmente, impedir a violência;
b) o árbitro tem a função de impedir que as regras sejam burladas e, no caso dessa ocorrência, punir os infratores; tem a função de polícia e juiz;
c) as crianças mais velhas e os adolescentes admitem que o árbitro pode equivocar-se e que suas decisões podem ser discutidas.

Tais resultados encontram amparo nas pesquisas de Piaget, que definiu uma linha evolutiva da ideia de justiça. Em uma primeira etapa, a justiça e a autoridade são entidades indiferenciadas, sendo justo o que o adulto ou a autoridade decide. Em uma segunda fase, a do igualitarismo, a justiça se opõe radicalmente à obediência cega e à punição. E finalmente, durante o terceiro período, surge o que Piaget chamou de equidade, que consiste em jamais definir a igualdade sem levar em consideração a situação contextual de cada um.

Como se pode perceber, sob o ponto de vista cognitivo-moral, há evidências suficientes para que se modifique a dinâmica inerente ao esporte de rendimento quando as crianças estiverem no período da segunda infância, ou seja, entre 7 e 10 anos de idade. É necessário que se considere a demanda cognitivo-moral complexa demais para essa fase de desenvolvimento, devendo-se, portanto, enfatizar os aspectos da prática esportiva lúdica.

> Como se pode perceber, sob o ponto de vista cognitivo-moral, há evidências suficientes para que se modifique a dinâmica inerente ao esporte de rendimento quando crianças estiverem no período da segunda infância, ou seja, entre 7 e 10 anos de idade.

PRONTIDÃO SOCIAL E PSICOLÓGICA

A compreensão das relações sociais é fundamental para que a criança e o adolescente possam beneficiar-se do processo de competição no esporte. Reconhecer que a competição é um processo de comparação social implica a existência de estruturas cognitivas complexas que não estão presentes nas crianças antes dos 7 anos de idade, aproximadamente.

As atividades motoras até os 7 anos de idade são, segundo pesquisas, para as crianças, fontes de prazer e de experiências de conhecimento de suas capacidades e limitações. Entretanto, a *performance* com significado social só ocorre a partir desse período, mas ainda persiste, até os 10 anos aproximadamente, a dificuldade em perceber a complexa relação causal entre os vários fatores que regulam seu desempenho, tais como nível de habilidade (jogador e oponente), esforço despendido, dificuldade da tarefa, tempo de prática, condições de aprendizagem, entre outros. Assim, atribuir aos resultados relações causais incorretas pode gerar noções de incompetência ou de impotência, levando à queda de motivação e ao consequente abandono da prática esportiva (Tani; Teixeira; Ferraz, 1994).

Quando a prioridade da criança, em situação de competição esportiva, é a oportunidade de jogar de acordo com as regras, explorando-as técnica e taticamente para jogar bem e entendendo que o mais importante é divertir-se, a responsabilidade pela vitória não se transforma em pressão geradora de ansiedade. Entretanto, como a competição ocorre em contextos sociais específicos, a compreensão que a criança e o adolescente adquirem sobre esse fenômeno é influenciada por valores do ambiente social e cultural. Infelizmente, muitos adultos e instituições colocam ênfase muito grande na vitória ou, por exemplo, em nossa cultura, a competição esportiva é mais valorizada para os meninos do que para as meninas. Esses aspectos têm refletido negativamente no engajamento de crianças e de adolescentes na prática esportiva, gerando desistências e ansiedade excessiva. Se as consequências naturais de competições esportivas, nos moldes como se dão atualmente, são poucas pessoas experimentarem sucessos e a grande maioria experimentar insucessos, como motivar as crianças e os adolescentes para a continuidade da prática esportiva se a vitória é transformada em única motivação?

> Quando a prioridade da criança, em situação de competição esportiva, é a oportunidade de jogar de acordo com as regras, explorando-as técnica e taticamente para jogar bem e entendendo que o mais importante é divertir-se, a responsabilidade pela vitória não se transforma em pressão geradora de ansiedade.

É preciso considerar o efeito que as vitórias ou as derrotas provocam na motivação das pessoas para a prática esportiva. Os efeitos dependem muito das origens que se dão às causas da vitória ou da derrota. Maior capacidade individual ou de equipe, esforço, sorte ou dificuldade da tarefa são causas frequentemente atribuídas à vitória ou à derrota (Quadro 3.2).

QUADRO 3.2 Dimensões das atribuições causais

Estabilidade	Locação	
	INTERNA	EXTERNA
Estável	Capacidade	Dificuldade da tarefa
Instável	Esforço	Sorte

Fonte: Adaptado de Roberts (1980).

A combinação desses quatro elementos pode fornecer informações importantes para a compreensão do comportamento de crianças e de adolescentes após uma vitória ou derrota. Pesquisas demonstram que as consequências emocionais, ou seja, vergonha da derrota e orgulho da vitória, são maximizadas quando as atribuições do resultado estão relacionadas a elementos internos, tais como capacidade e esforço. Já esses mesmos sentimentos são minimizados quando o resultado é consequência de elementos externos, tais como sorte ou dificuldade da tarefa. A explicação se refere à possibilidade de controle interno dos primeiros e à impossibilidade de controle externo dos segundos.

Além disso, outro aspecto importante diz respeito ao tipo de estabilidade dos fatores no tempo, isto é, a possibilidade de modificação a curto e médio prazo (instável e estável, respectivamente). São considerados instáveis os elementos esforço e sorte, pois mudam facilmente com o tempo. Dentro da categoria estável, são considerados os elementos capacidade e dificuldade da tarefa. De acordo com esse modelo, quando a vitória ou a derrota é atribuída aos elementos estáveis, os efeitos emocionais são maximizados, significando que a probabilidade de os resultados se repetirem é maior. Em contrapartida, quando a causa é atribuída a elementos instáveis – esforço e sorte –, há a possibilidade de reverter esses resultados muito brevemente, minimizando os efeitos emocionais.

É razoável sugerir que a hipervalorização da vitória em detrimento da participação e do jogar bem, do fazer o melhor que se pode, não pode constituir-se na dinâmica predominante dos programas esportivos de crianças e de adolescentes. É preciso que a noção do engajamento em atividades esportivas com perseverança e regularidade, que leva à melhora do desempenho quando o principal referente é o próprio jogador, seja enfatizada. Além disso, sob o ponto de vista do desenvolvimento, não há necessidade de envolvimento de crianças antes dos 12 anos de idade em atividades competitivas altamente organizadas nos moldes das federações esportivas.

Finalizando, gostaria de discutir um aspecto bastante positivo que ocorre quando crianças se relacionam em programas esportivos. Para tal, é preciso investigar mais de perto a influência da interação social, pois o ser humano é um ser eminentemente social, sendo impossível pro-

> É razoável sugerir que a hipervalorização da vitória em detrimento da participação e do jogar bem, do fazer o melhor que se pode, não pode constituir-se na dinâmica predominante dos programas esportivos de crianças e de adolescentes.

ceder a essa análise sem considerar o contexto cultural em que ele está inserido.

Para Piaget (1994), o social se traduz em um conjunto de relações interindividuais, e a "qualidade" dessa influência vai depender do tipo de relação que acontece. Retomando a esfera moral, verificam-se basicamente dois tipos de relação social: a coerção e a cooperação. Na relação de coerção, a legitimidade da regra vai depender da autoridade de quem ela provém e, na relação de cooperação, dependerá do acordo firmado entre as partes.

Na teoria de Piaget, as relações de coerção não podem ser consideradas como as únicas a explicar o desenvolvimento moral. Devido ao fato de a primeira relação social da criança ser essencialmente uma relação de coerção, pode-se explicar os comportamentos de responsabilidade objetiva e obrigatoriedade sagrada da regra discutidos anteriormente. Porém, a mudança de qualidade da moralidade infantil para uma moralidade adulta, levando a comportamentos manifestados na responsabilidade subjetiva (consideração da intencionalidade) e na obrigatoriedade da regra devido a consentimento mútuo, se deve a uma forma superior de relação social, que é a relação de cooperação.

A diferença básica consiste no fato de que, na relação de coerção, as regras e os papéis de cada um estão, de antemão, definidos; já na relação de cooperação, eles estão para ser constituídos. Nesse processo, a criança pode verificar, com o desenvolvimento moral, que a justiça e a igualdade são construídas com base em um respeito mútuo, e não em um respeito unilateral baseado somente na autoridade.

Se o desenvolvimento moral depende da demonstração, da explicitação do modo de produção das regras para que se possa apreciar verdadeiramente o seu real valor, ficam evidentes as preocupações quanto ao envolvimento das crianças em competições esportivas infantis.

Entretanto, quando as crianças interagem nas sessões de prática esportiva, o que predomina são as relações entre os pares – criança/criança –, e, nesse caso, as crianças acabam se envolvendo em situações em que são obrigadas a defender seu ponto de vista entre iguais. É muito comum que, nas atividades de jogos esportivos, as regras sejam modificadas em benefício do próprio grupo. Sendo assim, as crianças discutem quais as melhores opções para se jogar, com estratégias variadas para se obter o melhor resultado no jogo. Esse é, sem dúvida, um aspecto positivo do envolvimento de crianças e de adolescentes na prática esportiva.

PRONTIDÃO MOTORA

O processo de desenvolvimento motor revela-se por meio de mudanças no comportamento que podem ser observadas em dois aspectos: forma e *performance*. Esses dois aspectos expressam a capacidade de movimento do ser humano. O primeiro diz respeito às características espaçotemporais dos seguimentos do corpo que definem um padrão de movimento, e o segundo refere-se aos resultados obtidos pelo movimento, tais como distância, força, velocidade, entre outros.

O movimento pode ser categorizado como não locomotor, manipulativo e de estabilização (Gallahue, 1982). A categoria de movimentos locomotores relaciona-se aos movimentos que envolvem uma mudança na localização do corpo em relação a um ponto fixo no espaço. São exemplos dessa categoria os movimentos de andar, correr, saltar e saltitar. A categoria de movimento manipulativo refere-se aos movimentos que implicam utilização de objetos, tais como arremessar, receber, chutar, quicar, rebater e volear. Finalmente, a categoria de estabilização diz respeito aos movimentos que utilizam um eixo como ponto de apoio para a manutenção do equilíbrio em relação à força da gravidade, por exemplo: giros, rolamentos e apoios invertidos. É importante esclarecer que essa categorização considera somente as habilidades básicas (padrões fundamentais de movimento), que são a base dos movimentos utilizados no esporte. Habilidades específicas, como costurar, recortar, datilografar, entre outras, podem ser também categorizadas, mas fogem ao interesse desse tema.

Pesquisas em desenvolvimento motor têm demonstrado que esse é um processo ordenado e sequencial, sendo que até os 7 anos de idade, aproximadamente, o desenvolvimento motor da criança se caracteriza pela aquisição e pela diversificação das habilidades básicas de locomoção, de manipulação e de estabilização. Após esse período, o desenvolvimento caracteriza-se pela combinação dessas habilidades básicas e seu aprimoramento. É interessante notar que os movimentos esportivos são, essencialmente, combinações das habilidades básicas. Por exemplo, a bandeja do basquete é a combinação das habilidades básicas de correr, saltar e arremessar (Tani et al., 1988).

Entretanto, o refinamento e a especialização dessas combinações só são indicados a partir dos 10 anos de idade. A principal razão dessa indicação diz respeito à necessidade de o ser humano explorar as várias categorias de movimento (locomoção, manipulação e estabilização) para que seu potencial não fique prejudicado. Acontece que as modalidades esportivas, frequentemente, utilizam somente algumas dessas habilidades básicas, podendo, assim, gerar diminuição do repertório motor.

Outro aspecto importante refere-se ao ensino das técnicas utilizadas nas diversas modalidades. Sabe-se que o ser humano é capaz de alcançar uma mesma meta via diferentes movimentos. Novamente, está-se diante da possibilidade de construção de um repertório motor rico e flexível. Embora, do ponto de vista biomecânico, as técnicas específicas de uma modalidade esportiva sejam os meios mais eficientes de se realizar uma ação, é importante que elas se constituam no ponto de chegada do processo de aprendizagem esportiva das crianças e dos adolescentes, e não no seu ponto de partida.

> Embora, do ponto de vista biomecânico, as técnicas específicas de uma modalidade esportiva sejam os meios mais eficientes de se realizar uma ação, é importante que elas se constituam no ponto de chegada do processo de aprendizagem esportiva das crianças e dos adolescentes e não no seu ponto de partida.

> Pesquisas em desenvolvimento motor têm demonstrado que esse é um processo ordenado e sequencial, sendo que até os 7 anos de idade, aproximadamente, o desenvolvimento motor da criança se caracteriza pela aquisição e pela diversificação das habilidades básicas de locomoção, de manipulação e de estabilização. Após esse período, o desenvolvimento caracteriza-se pela combinação dessas habilidades básicas e seu aprimoramento.

Portanto, como indicação geral, é a partir da faixa dos 10 aos 12 anos de idade, aproximadamente, após passar pelo processo de aquisição, de combinação e de aprimoramento das habilidades básicas, que a criança está apta a relacionar esses gestos motores às técnicas ou aos fundamentos específicos do esporte, levando-se em consideração os aspectos discutidos anteriormente.

A LUDICIDADE E O ENSINO DO ESPORTE

Propõe-se, neste tópico, a análise de indicadores da presença do lúdico nas atividades de ensino do esporte. Trabalhar com indicadores para inferir a dimensão lúdica permite fazer observações, regulações e avaliações mais adequadas quando se pressupõe ser esse um aspecto importante no ensino do esporte.

Valorizar o lúdico nos processos de ensino significa considerá-lo na perspectiva dos aprendizes, uma vez que, para eles, apenas o que é lúdico faz sentido, sobretudo se são crianças. Outra função da proposição desses indicadores é contrapor a noção de que lúdico significa, necessariamente, algo sempre prazeroso e agradável para aquele que realiza a atividade. Sabe-se o quanto pode ser angustiante e não tão agradável o início de novas aprendizagens.

Pode-se analisar a dimensão lúdica nas atividades considerando-se cinco indicadores, a saber: prazer funcional, desafio, criação de possibilidades, dimensão simbólica e expressão construtiva ou relacional (Macedo; Petty; Passos, 2005).

> Pode-se analisar a dimensão lúdica nas atividades considerando-se cinco indicadores, a saber: prazer funcional, desafio, criação de possibilidades, dimensão simbólica e expressão construtiva ou relacional.

Inicialmente, tem-se o *prazer funcional*, que é o exercício de um certo domínio sobre uma habilidade. Nesse caso, as atividades que compõem os jogos esportivos não são meios para outros fins, são fins em si mesmos. Na perspectiva do aprendiz, não se joga para ficar mais inteligente, o interesse que sustenta a relação é repetir algo pelo prazer do exercício, do funcionamento. É muito comum observarmos nossos alunos realizando controle de bola com os pés (embaixadinha do futebol) sem uma intenção específica de aprendizagem ou de marcar gol, a não ser pelo simples prazer do movimento. Essa característica da ludicidade da ação já se manifesta muito cedo na vida do ser humano, como, por exemplo, quando o bebê repete várias vezes o mesmo movimento pelo simples prazer do funcionamento.

Outro indicador é o *desafio*, ou seja, a situação problema que se constitui em um obstáculo a ser vencido. Caracteriza-se por uma dificuldade que requer superação. É quando se depara com a surpresa de não conseguir controlar todo o resultado. No entanto, os conteúdos das atividades não podem ser repetitivos, e sua realização e demandas não podem ser demasiadamente previsíveis. O aprendiz avalia aquilo que é necessário fazer relacionando-o às suas competências e habilidades e à situação ou ao adversário.

O terceiro indicador é a mobilização de *possibilidades*. O que se quer dizer é que, na perspectiva do aprendiz, não se realizam tarefas ou atividades impossíveis. É necessário que a criança ou o adolescente disponha de recursos suficientes para a realização da tarefa ou de parte dela. Os recursos podem ser internos ou externos. O primeiro refere-se às habilidades e competências, e o segundo relaciona-se aos objetos, ao espaço, ao tempo e às pessoas com quem se realizam as atividades.

O quarto indicador refere-se à *dimensão simbólica*, significando que as atividades são motivadas e históricas. O sentido e o significado das tarefas estabelecem uma relação entre a pessoa que faz e aquilo que é realizado. Esse aspecto é fundamental para a ludicidade da ação, pois constitui uma forma de se relacionar com o mundo pela via da imaginação, do conceito, do sonho e da representação. O jogo simbólico presente nas atividades das crianças é o exemplo mais significativo da gênese desse aspecto na dimensão lúdica. Atribuem-se sentidos aos objetos, simulam-se personagens e acontecimentos, projetam-se desejos, sentimentos e valores, expressando seus modos de incorporar o mundo e a cultura em que vivem. No caso das crianças mais velhas e dos adolescentes, pode-se observar o interesse nas dicas de aprendizagem que as remetem a um fazer mais próximo das técnicas esportivas praticadas pelos adultos ou jogadores mais habilidosos. O saque "viagem ao fundo do mar" do voleibol, as "enterradas" no basquetebol e o drible "pedalada" no futebol são exemplos da expressão desse aspecto na dimensão lúdica das ações no esporte.

Finalmente, propõe-se a *expressão construtiva ou relacional* como o último indicador da presença do lúdico nas atividades de ensino do esporte. O que caracteriza esse aspecto é o desafio de considerar algo segundo diversos pontos de vista. A apreensão das características dos objetos do conhecimento não pode se dar de uma só vez, dada sua natureza relacional e diversa. Por exemplo, quando se joga futebol, é necessário observar as posições e deslocamentos dos adversários e companheiros, a bola, o ataque, a defesa, entre outros aspectos. Mesmo sabendo que isso tudo faz parte de um todo, o processo de aprendizagem implica considerar a relação múltipla de fatores. Investigar, planejar, estudar possibilidades, rever posições, pensar estratégias e alternativas constituem-se no estabelecimento de uma direção que ora diferencia esses aspectos, ora os integra.

Em síntese, a ludicidade das ações no ensino do esporte pode ser enfatizada se, na construção dos ambientes de aprendizagem, considerarmos o prazer funcional, o enfrentamento e a superação de desafios, a mobilização de possibilidades e suas significações.

> A ludicidade das ações no ensino do esporte pode ser enfatizada se, na construção dos ambientes de aprendizagem, considerarmos o prazer funcional, o enfrentamento e superação de desafios, a mobilização de possibilidades e suas significações.

CONSIDERAÇÕES FINAIS

A atividade esportiva pressupõe a competição, seja entre indivíduos, ou equipes, seja com a natureza. Historicamente, a competição é inerente ao esporte. Por exemplo, o estabelecimento dos Jogos Olímpicos em 776 a.C. coloca a competição esportiva na condição de instituição mais importante entre as diversas cidades-estado da Grécia Antiga. Historiadores demonstram que, para a realização dos jogos, era imposta uma trégua sobre os conflitos bélicos, bem como pesadas multas para as cidades-estado que a desrespeitassem.

Atualmente, a competição está presente em vários aspectos da vida humana e, sobretudo para as crianças e os adolescentes, pode ser encontrada nos jogos de regras e esportivos. Portanto, a competição em si não é boa ou má, ela é o que fazemos dela. Especificamente em relação à competição esportiva, podem-se encontrar efeitos negativos em quaisquer idades, dependendo das condições em que é realizada e de seu contexto.

Muitas das discussões polêmicas sobre a participação de crianças e de adolescentes em programas esportivos têm prescindido de um posicionamento conceitual mais consistente. O presente trabalho procurou discutir alguns elementos fundamentais para a estruturação de um modelo de análise inicial sem, no entanto, a pretensão de esgotar tão complexa questão.

O pressuposto básico adotado foi o de que a elaboração e a implantação de programas esportivos adequados às crianças e aos adolescentes implicam identificar as características de desenvolvimento nos vários domínios do comportamento para que se possa evitar a superestimulação e a subestimulação, além da valorização dos aspectos lúdicos presentes nas atividades de ensino. Por isso, indica-se considerar a ludicidade das ações nos programas de ensino, a qual pode ser analisada a partir dos indicadores propostos.

O esporte é um patrimônio cultural da humanidade e um direito do cidadão. Nesse sentido, o conhecimento que permite ao ser humano apreciar e usufruir esse patrimônio é fundamental para a qualidade de vida e deve ser oportunizado.

REFERÊNCIAS

BETTI, M. *Educação física e sociedade*. São Paulo: Movimento, 1991.

DURAND, M. *El niño y el deporte*. Barcelona: Paidós, 1988.

FERRAZ, O. L. O desenvolvimento da noção de regras do jogo de futebol. *Revista Paulista de Educação Física e Esporte*, v. 11, n. 1, p. 27-39, jan./jun. 1997.

GALLAHUE, D. *Understanding motor behavior in children*. New York: Wiley, 1982.

HASTE, H. La adquisición de las reglas. In: BRUNER, J.; HASTE, H. *La contrucción del mundo por el niño*. Barcelona: Paidós, 1990. p. 155-181.

LA TAILLE, Y. J. J. R. *Razão e juízo moral: uma análise psicológica do romance L'etranger (Camus) e uma pesquisa baseada em le jugment moral chez l'enfant (Piaget)*. Dissertação de mestado – Instituto de Psicologia, Universidade de São Paulo, São Paulo, 1984, 199 p.

LINAZA, J.; MALDONADO, A. *Los juegos y el deporte en el desarrollo psicológico del niño*. Barcelona: Anthropos Promat, 1987.

MACEDO, L.; PETTY, A. L. S.; PASSOS, N. C. *Os jogos e o lúdico na aprendizagem escolar*. Porto Alegre: Artmed, 2005.

PIAGET, J. *O juízo moral na criança*. São Paulo: Summus, 1994.

ROBERTS, G. Children in competition: a theoretical perspective and recomendations for practice. *Motor Skills:* Theory Into Practice, v. 4, p. 37, 1980.

TANI, G. O.; TEIXEIRA, L. R.; FERRAZ, O. L. Competição no esporte e educação física escolar. In: CONCEIÇÃO, J. A. N. *Saúde escolar: a criança, a vida e a escola*. São Paulo: Sarvier, 1994.

TANI, G. et al. *Educação física escolar: fundamentos de uma abordagem desenvolvimentista*. São Paulo: EPU/EDUSP, 1988.

O ESPORTE INFANTIL: AS POSSIBILIDADES DE UMA PRÁTICA EDUCATIVA

Paula Korsakas

É POSSÍVEL UMA PRÁTICA ESPORTIVA EDUCATIVA?

O chamado esporte moderno, que teve sua origem no século XIX acompanhando o desenvolvimento da sociedade capitalista, evoluiu até o ponto em que se encontra atualmente caracterizado, principalmente, pelo esporte de rendimento.

Porém, ainda no século XIX, em razão da difusão do esporte por todo o mundo, várias modalidades esportivas foram criadas com objetivos aparentemente diversos deste esporte atual. O reconhecimento do caráter pedagógico do jogo e, em especial, da prática esportiva como meio de educação dos jovens foi um dos fatores que favoreceu sua disseminação nas escolas e em outras instituições educacionais.

É verdade que, desde a Idade Antiga, já se pensava no esporte como elemento importante na educação do homem. Os gregos atribuíam um grande valor às atividades físicas e esportivas na formação física e moral de seus cidadãos, e, ainda que a própria concepção de esporte tenha passado por enormes transformações durante todos esses séculos, as discussões em torno das suas possibilidades educativas continuam neste início do século XXI. Isso acontece menos por incompreensões conceituais acerca do fenômeno esportivo, que

> É verdade que, desde a Idade Antiga, já se pensava no esporte como elemento importante na educação do homem. Os gregos atribuíam um grande valor às atividades físicas e esportivas na formação física e moral de seus cidadãos, e, ainda que a própria concepção de esporte tenha passado por enormes transformações durante todos esses séculos, as discussões em torno das suas possibilidades educativas continuam neste início do século XXI.

parece muito mais esclarecido atualmente, e mais por falta de um aprofundamento das inter-relações entre os sentidos de educação e esporte no âmbito pedagógico.

Brotto (2001) diz entender o esporte como um fenômeno de natureza educacional, afirmando que, se qualquer manifestação do esporte educa, a questão a ser respondida é em que direção se deseja educar e, consequentemente, qual pedagogia é a mais adequada.

O fato é que não bastam os princípios filosóficos para que o esporte seja praticado adequadamente. É essencial que exista uma prática pedagógica capaz de transformar e concretizar o que as concepções filosóficas fundamentam.

Muito vem sendo produzido no meio acadêmico a respeito, e um dos desafios da nossa área é aproximar esse conhecimento teórico da atuação prática dos profissionais de Educação Física e Esporte.

O eixo condutor deste capítulo será a prática pedagógica desenvolvida pelo educador, por intermédio dos seus comportamentos e atitudes, e pela forma como ele estrutura o ambiente para a aprendizagem do esporte, valendo-se do conceito de Clima Motivacional, originário da Teoria das Metas de Realização.

AS METAS DE REALIZAÇÃO: A TEORIA POR TRÁS DA PRÁTICA

A Teoria das Metas de Realização, sinteticamente, defende que as variações de comportamento em um mesmo contexto esportivo parecem não ser resultantes de baixa ou alta motivação, mas de manifestações de diferentes percepções sobre qual é a meta adequada em determinado contexto (Roberts, 2001).

Aplicando esse conceito no esporte infantil, crianças diferentes podem interpretar e atribuir significados diversos ao esporte de acordo com seus próprios valores, expectativas e crenças, tidos como determinantes dos seus comportamentos de motivação. Isso quer dizer que, em uma mesma situação, duas crianças podem ter comportamentos diferentes em razão dos significados que atribuem subjetivamente a ela, da mesma forma que podem demonstrar comportamentos semelhantes em situações inteiramente diferentes, por possuírem interpretações distintas do contexto em que estão inseridas.

Tais interpretações e significados são representados nessa teoria pela orientação motivacional, tida como uma predisposição individual que é influenciada por fatores situacionais e está relacionada a como a criança avalia seu desempenho.

Parte-se do pressuposto de que a principal meta ou objetivo de qualquer pessoa que se envolve com o esporte, seja uma criança ou um atleta veterano, é demonstrar competência. No entanto, o sentido de competência é atribuído subjetivamente, caracterizado pela orientação ao ego, quando ser competente significa ser o melhor, ou pela orientação à tarefa, quando a competência é entendida como melhora.

> Parte-se do pressuposto de que a principal meta ou objetivo de qualquer pessoa que se envolve com o esporte, seja uma criança ou um atleta veterano, é demonstrar competência. No entanto, o sentido de competência é atribuído subjetivamente, caracterizado pela orientação ao ego, quando ser competente significa ser o melhor, ou pela orientação à tarefa, quando a competência é entendida como melhora.

Uma criança está orientada para a tarefa quando o critério para avaliar a sua competência é autorreferenciado, ou seja, quando o foco da ação está centrado no progresso e no aperfeiçoamento de determinada habilidade. Ela avalia seu desempenho pessoal para checar se seu esforço foi suficiente para aprender, utilizando a autocomparação em busca de melhora em relação aos seus desempenhos anteriores, e percebe que obteve sucesso pela evolução pessoal, pelo progresso e pelo domínio.

Essa orientação faz com que a criança demonstre comportamentos positivos para a aprendizagem, como escolha de tarefas desafiadoras, esforço, persistência e interesse intrínseco pela atividade (Brustad, 1993; Duda, 1992; Roberts, 2001).

Já na orientação voltada para o ego, a criança avalia seu desempenho pessoal com base no desempenho dos outros colegas, utilizando a comparação social para analisar sua competência. Isso faz com que sua demonstração de competência seja dependente da competência dos outros e com que ela reconheça que obteve sucesso em uma tarefa somente quando alcança desempenhos melhores que os outros.

Os mesmos comportamentos positivos de uma criança orientada para a tarefa, como escolha por tarefas desafiadoras, esforço e persistência, são esperados para crianças com orientação ao ego, desde que tenham uma alta percepção de competência; porém, ao contrário do que ocorre na orientação para a tarefa, quando a criança se percebe com pouca competência diante do fracasso ou das dificuldades, esses comportamentos se tornam muito frágeis, fazendo com que ela opte por tarefas muito fáceis ou muito difíceis, diminua o esforço ou desvalorize a tarefa quando o sucesso parece improvável e falte persistência principalmente após uma situação de fracasso (Ames, 1992; Duda, 1992; Roberts, 1992).

Percebe-se, portanto, que as crianças cuja orientação está voltada para o ego estão mais expostas a experiências negativas e ameaçadoras de sua autoestima no esporte, pois as falhas e os fracassos, inerentes ao processo de aprendizagem, assumem um caráter extremamente prejudicial para elas. Ao contrário destas, as crianças orientadas para a tarefa, por serem autorreferenciadas quanto às suas competências, costumam manter o foco no processo, não dando tanta importância aos erros quando percebem que estão progredindo (Korsakas, 2003).

A relevância desses dados está no fato de que a orientação motivacional não é compreendida como um traço de personalidade, podendo ser resultante do processo de socialização da criança em um contexto esportivo que enfatize uma ou outra forma de envolvimento, pois a natureza das experiências esportivas e as interpretações subjetivas dessas experiências

> As crianças cuja orientação está voltada para o ego estão mais expostas a experiências negativas e ameaçadoras de sua autoestima no esporte, pois as falhas e os fracassos, inerentes ao processo de aprendizagem, assumem um caráter extremamente prejudicial para elas. Ao contrário destas, as crianças orientadas para a tarefa, por serem autorreferenciadas quanto às suas competências, costumam manter o foco no processo, não dando tanta importância aos erros quando percebem que estão progredindo.

podem interferir na forma de envolvimento da criança com esporte e, consequentemente, na educação dela, entendida como um processo que socializa conhecimentos, normas e valores.

Por essa razão, as pesquisas sobre esse tema têm procurado, entre outras coisas, compreender de que forma aspectos pedagógicos do ambiente de aprendizagem no esporte infantil influenciam o grau pelo qual as metas relacionadas à tarefa ou ao ego são percebidas como salientes em um contexto e, sendo assim, como interferem na adoção de metas individuais pelas crianças e em seus comportamentos frente às atividades (Ames, 1992; Treasure, 2001). A seguir, apresento o clima motivacional no esporte infantil.

CLIMA MOTIVACIONAL: APLICANDO A TEORIA NA PRÁTICA

Qualquer ação pedagógica está diretamente ligada aos princípios e valores daquele que a executa. Nesse sentido, o educador explicita seus objetivos em relação à prática esportiva pela forma que organiza as atividades, como agrupa as crianças, quais os critérios que utiliza para a avaliação e pela maneira que se relaciona com elas, podendo estimular determinada orientação motivacional, moldando a estrutura do contexto esportivo e, consequentemente, definindo um clima motivacional que expressa metas específicas para as crianças.

A orientação do clima motivacional, assim como a orientação motivacional individual, diferencia-se pelo significado atribuído às capacidades das crianças e pela maneira como a competência das mesmas é julgada, podendo estar voltada para a aprendizagem ou para a *performance*.

> A orientação do clima motivacional, assim como a orientação motivacional individual, diferencia-se pelo significado atribuído às capacidades das crianças e pela maneira como a competência das mesmas é julgada, podendo estar voltada para a aprendizagem ou para a *performance*.

Um clima motivacional orientado para a *performance* assume a vitória ou o resultado do desempenho como critério de sucesso, semelhantemente à orientação para o ego, reforçando a comparação de desempenhos entre as crianças, diferenciando-as entre melhores e piores e criando um ambiente que oferece oportunidades desiguais para as crianças se desenvolverem por enfatizar sempre o resultado final alcançado ou não. Em contrapartida, um ambiente orientado para a aprendizagem preocupa-se com o desenvolvimento de cada um dos praticantes, respeitando a individualidade de cada criança. Para isso, baseia-se na autorreferência e no progresso individual como critérios de avaliação, estimulando também a autoavaliação para que a criança julgue suas próprias competências, além de valorizar o esforço empreendido em uma tentativa, mais do que o resultado final, denotando a adoção de um critério relacionado à tarefa (Korsakas, 2003).

A estruturação do clima motivacional orientado por uma ou outra concepção expõe às crianças diferentes critérios de julgamento de suas competências, que interferem diretamente na adoção de um ou outro critério por elas. Se a ênfase do ambiente está na orientação à aprendizagem, a tendência é de que a criança assuma uma orientação individual voltada à tarefa. Inversamente, quando o educador enfatiza no ambiente a orientação à *performance*, a criança tem mais chances de desenvolver uma orientação voltada ao ego.

Retomando a ideia de esporte como um fenômeno de natureza educacional, a orientação do clima motivacional aponta as intenções do educador, indicando em que direção ele pretende educar e qual a prática pedagógica mais adequada para tal realização, correspondentes às suas crenças e valores sobre o esporte, a educação e a criança.

> Retomando a ideia de esporte como um fenômeno de natureza educacional, a orientação do clima motivacional aponta as intenções do educador, indicando em que direção ele pretende educar e qual a prática pedagógica mais adequada para tal realização, correspondentes às suas crenças e valores sobre o esporte, a educação e a criança.

Nos últimos anos, experimentos feitos com base em uma proposta de intervenção elaborada para o ambiente escolar da sala de aula têm procurado adaptar seus conceitos para o contexto esportivo. As pesquisas que vêm sendo conduzidas no contexto esportivo tomam emprestado o modelo de intervenção em que se considera tarefa, autoridade, reconhecimento, agrupamento, avaliação e tempo – identificados pelo acrônimo TARGET[1] – como dimensões ou estruturas do ambiente de aprendizagem, tidas como variáveis interdependentes que, juntas, definem o clima motivacional (Ames, 1992; Biddle, 2001; Treasure, 2001).

Em um quadro comparativo, Biddle (2001) descreve sinteticamente as diferenças da prática pedagógica, considerando essas dimensões em diferentes climas motivacionais (Tabela 4.1).

Tarefa

Essa dimensão trata da estrutura das atividades, considerando aspectos como variação dos exercícios, envolvimento dos praticantes, objetivos, utilização de materiais, etc. Oferecer a prática de uma habilidade em situações variadas parece importante não só para motivar o educando diante de novos desafios, mas também para estimular sua capacidade de responder à variação das condições ambientais.

Os estudos citados por Treasure (2001) demonstram que tarefas variadas e diversificadas favorecem o interesse em aprender e a orientação para a tarefa. Além disso, o autor dá outros exemplos de pesquisas que sugerem que o formato unidimensional da tarefa, em que as crianças usam os mesmos materiais e/ou têm as mesmas atribuições ao mesmo tempo, favorece a comparação de desempenhos.

Em uma tarefa unidimensional, por exemplo, as crianças são alinhadas em um canto da quadra e, ao sinal do educador, devem repetir o salto demonstrado por ele até o outro lado. Essa forma de prática pode fazer com que as diferenças de desempenho sejam vistas como diferença em termos de competência e, consequentemente, estimular a comparação entre as crianças como critério de avaliação. Por outro lado, uma sessão de prática multidimensional, em que as crianças são desafiadas a superarem diversos obstáculos espalhados pela quadra executando os saltos que conhecem ou criando outros, faz com que elas se envolvam em diferentes tarefas distribuídas no espaço e no tempo, oferecendo menos oportunidade e necessidade de as crianças se compararem, além de estimular o desenvolvimento do senso de competência independente dessa comparação.

Autoridade

Esse segundo aspecto aborda a questão da participação das crianças nos processos de tomada de decisão e em papéis de liderança, aspectos dependentes do estilo de liderança assumido pelo educador. Novamente, Treasure (2001) cita evidências que sugerem que as crianças tendem a se sentir mais competentes em contextos que promovam sua autonomia, por exemplo, oferecendo oportunidades de escolha da tarefa, que pode ser identificada também na situação citada anteriormente sobre os saltos. No primeiro caso, todos deveriam repetir o mesmo movimento e,

> Oferecer a prática de uma habilidade em situações variadas parece importante não só para motivar o educando diante de novos desafios, mas também para estimular sua capacidade de responder à variação das condições ambientais.

---

[1] TARGET significa alvo em inglês e refere-se a *Task* (tarefa), *Authority* (autoridade), *Recognition* (reconhecimento), *Grouping* (agrupamento), *Evaluation* (avaliação) e *Timing* (tempo).

TABELA 4.1 A orientação do clima motivacional e as dimensões do TARGET

Orientação para a aprendizagem	Dimensões do TARGET	Orientação para a *performance*
Desafiadora e diversificada	Tarefa (*Task*)	Falta de desafios e variedade
As crianças têm escolhas e desempenham papéis de liderança	Autoridade (*Authority*)	As crianças não participam dos processos de tomada de decisão
Privada e com base no progresso individual	Reconhecimento (*Recognition*)	Pública e com base na comparação social
Aprendizagem cooperativa e promoção de interação com pares	Agrupamento (*Grouping*)	Formação de grupos com base na competência
Com base no domínio das tarefas e na melhora individual	Avaliação (*Evaluation*)	Com base na vitória ou na superação do desempenho dos outros
Ajustada de acordo com as capacidades individuais	Tempo (*Time*)	Tempo de aprendizagem uniforme para todos

Fonte: Adaptada de Biddle (2001).

no segundo, cada criança poderia escolher o obstáculo e o salto para ultrapassá-lo.

Um educador que acredita ser o detentor de todo o saber tende a assumir uma postura autoritária, restringindo qualquer possibilidade de participação das crianças nos processos decisórios e desconsiderando seus saberes. Por sua vez, o educador democrático as instiga a atuarem na elaboração tanto dos objetivos quanto das estratégias da prática esportiva.

Uma situação que ilustra essa diferença entre o autoritarismo e a prática democrática pode ser analisada em uma atividade cujo objetivo é a execução de movimentações de ataque para a quebra de determinado sistema defensivo. Um educador autoritário provavelmente elaboraria algumas estratégias, as famosas jogadas ensaiadas, e solicitaria que as crianças as repetissem várias vezes. Já um educador democrático teria maior probabilidade de apresentar o sistema defensivo como uma situação-problema e solicitar que as crianças elaborassem movimentações de ataque que o suplantassem. Nessa ocasião, o educador não atua de forma determinista, mas orienta as crianças em busca das possíveis soluções que serão

> Um educador que acredita ser o detentor de todo o saber tende a assumir uma postura autoritária, restringindo qualquer possibilidade de participação das crianças nos processos decisórios e desconsiderando seus saberes. Por sua vez, o educador democrático as instiga a atuarem na elaboração tanto dos objetivos quanto das estratégias da prática esportiva.

construídas em conjunto. Mais do que repetir jogadas coreografadas, essa conduta faz com que as crianças compreendam as razões pelas quais devem executar determinadas ações, proporcionando a reflexão sobre o fazer, além do fazer em si, fundamental para o desenvolvimento da inteligência tática, atuando como praticantes críticos.

Reconhecimento

O reconhecimento é, segundo Treasure (2001), um dos fatores mais evidentes no esporte durante a infância, e é representado pelos incentivos e recompensas, fazendo com que, muitas vezes, eles pareçam mais importantes que a própria tarefa. Segundo o autor, eles podem ter efeitos nocivos quando percebidos como controladores ou como forma de suborno, além de invocarem a comparação social quando oferecidos publicamente e com base na comparação de desempenhos. Quando o reconhecimento gerado por uma realização ou um progresso é privado, ficando apenas entre o educador e a criança, o sentimento de orgulho não deriva da superação dos outros e, por isso, favorece a percepção de um clima orientado para a aprendizagem.

A utilização de referenciais individuais oferece oportunidades iguais a todas as crianças de serem recompensadas por seus esforços, orientado-as para a busca da autossuperação e não da superação dos outros.

> A utilização de referenciais individuais oferece oportunidades iguais a todas as crianças de serem recompensadas por seus esforços, orientado-as para a busca da autossuperação e não da superação dos outros.

Agrupamento

Esse tópico fala da maneira e da frequência com que as crianças são agrupadas para o desenvolvimento das atividades. É comum no contexto esportivo que as crianças sejam divididas em grupos de acordo com suas competências, distinguindo as mais habilidosas das menos capazes, ou então colocando meninos e meninas em grupos distintos, estratégias que acabam por promover a estratificação no ambiente esportivo, partindo do pressuposto que não podem trabalhar juntas por serem diferentes.

Segundo Treasure (2001), essa atitude convida as crianças à comparação de desempenhos, enquanto a formação de grupos heterogêneos e variados reduz essa oportunidade de comparação.

> É comum no contexto esportivo que as crianças sejam divididas em grupos de acordo com suas competências, distinguindo as mais habilidosas das menos capazes, ou então colocando meninos e meninas em grupos distintos, estratégias que acabam por promover a estratificação no ambiente esportivo, partindo do pressuposto que não podem trabalhar juntas por serem diferentes.

A heterogeneidade enriquece o processo de aprendizagem, na medida em que este é concebido como transformação recíproca, pois permite que uma criança ajude outra na aprendizagem de algo que já domina e, ao mesmo tempo, que ela vislumbre novas possibilidades pelo contato com o diferente.

Oferecer atividades em que a força dos meninos somada à flexibilidade das meninas facilite o alcance do objetivo proposto em um momento e, em outro, em que os papéis se invertem para que experimentem situações que exijam dos meninos a flexibilidade que lhes falta e das meninas a força que não desenvolveram pode ser uma estratégia interessante para que valorizem a contribuição do outro e a união de seus esforços para a conquista de metas comuns.

Avaliação

Essa dimensão vem sendo comentada, ao longo deste capítulo, como uma das principais diferenças entre as orientações motivacionais, tanto da criança quanto do ambiente. Conforme Treasure (2001) aponta, a questão aqui está centrada no significado das informações avaliativas. Pesquisas indicam que, quando a avaliação baseia-se em critérios normativos, é pública e está vinculada à avaliação da capacidade das crianças, ela pode ter efeitos negativos, pois os sistemas de avaliação que enfatizam a comparação social e os padrões normativos evocam um estado de orientação para o ego, prejudicando a autovalorização e o interesse intrínseco da criança pela atividade. Quando o resultado do desempenho é estabelecido como critério de avaliação, define-se uma única meta para todo o grupo, ignorando a individualidade. Dessa forma, fica evidenciada a comparação de desempenhos entre as crianças, que se identificarão como capazes ou não na realização de determinada tarefa.

Se, durante a aprendizagem da bandeja no basquetebol, somente as crianças que executam o movimento correto e acertam a cesta são elogiadas, fica claro que o critério de avaliação é o resultado do desempenho. Por outro lado, quando o esforço da criança é recompensado pelo fato de ela conseguir coordenar os movimentos dos membros superiores e inferiores – o que não fazia antes –, apesar de ainda não converter o arremesso, estamos dizendo a elas que o critério avaliativo é a sua evolução individual.

Nessa perspectiva, o progresso individual ou os pequenos sinais de evolução da criança na execução de determinada tarefa serão os indicativos positivos de que ela está aprendendo, tornando-a, portanto, merecedora do reconhecimento do educador por meio de elogios e instruções para que continue a progredir. A preocupação, nesse caso, está focada no processo de aprendizagem e não simplesmente em seu resultado.

Desse modo, a autoavaliação passa a ser um processo fundamental tanto para o autoconhecimento e o desenvolvimento da autoestima quanto para o desenvolvimento de uma conduta de respeito e solidariedade diante do outro, já que é mediante o reconhecimento dos nossos próprios limites e possibilidades que aprendemos a aceitar a individualidade do nosso colega, valorizando a diversidade do grupo.

Tempo

Essa última dimensão tem como aspectos relevantes a flexibilidade do planejamento, a velocidade e o ritmo de aprendizagem e a administração das atividades, estando relacionada com todas as outras dimensões abordadas até aqui.

Como Ames (apud Treasure, 2001) exemplifica, o tempo tem relação com a tarefa quando ela tem um prazo determinado para ser finalizada ou não; ou com a autoridade, considerando se é permitido que as crianças programem o ritmo, a sequência ou o tempo para completar uma tarefa. Além disso, o tempo também está ligado ao agrupamento e à avaliação quando se analisa se o educador distribui suas instruções e informações avaliativas igualmente no tempo entre as crianças e entre os grupos.

Se a proposta educativa tem como finalidade o desenvolvimento das crianças, preocupando-se com o processo de aprendizagem, é necessário dar-lhes tempo para que aprendam. Sendo assim, o planejamento e seus prazos não devem ser estabelecidos unicamente com base nas expectativas do educador, mas de acordo com a evolução apresentada pelas crianças. Da mesma forma, não se deve seguir à risca o que foi planejado apenas para se ter a sensação de tarefa cumprida, e sim ser sensível e flexível diante das necessidades das crianças.

Se o educador adota a evolução individual como critério para o reconhecimento e a avaliação dos seus desempenhos, é necessário também que atentemos para o fato de que crianças diferentes aprenderão em ritmo e velocidade também distintos.

Em uma situação em que lidamos com um grupo heterogêneo – como geralmente são os grupos de crianças –, o estabelecimento de objetivos individuais e a definição de prazos para seu alcance podem ser estratégias eficientes.

Assim, é possível que todas as crianças estejam praticando uma mesma atividade, mas cada uma sabe qual o objetivo a ser atingido, pois foi estabelecido dentro de um plano de trabalho elaborado pelo educador juntamente com a criança.

As questões referentes ao tempo são extremamente importantes, pois muitas das estratégias discutidas até aqui serão ineficazes se as crianças não contarem com o tempo necessário para aprender.

INVESTIGAÇÕES SOBRE O CLIMA MOTIVACIONAL

Cada uma das dimensões do clima motivacional possui características particulares, mas fica claro que representam um sistema de ações que se complementam e se articulam, caracterizando o ambiente esportivo com uma ou outra orientação motivacional. Estudos têm buscado analisar como a manipulação dessas dimensões em contexto real afeta as percepções e as reações das crianças, e seus resultados têm sido bastante sugestivos.

Em um estudo pioneiro, Theeboom, De Knop e Weiss (1995) investigaram a influência de diferentes climas motivacionais de um programa de ensino de artes marciais para crianças entre 8 e 12 anos, manipulando tais dimensões, e os resultados indicaram que as crianças que participaram do ambiente orientado à aprendizagem se divertiram e gostaram mais das atividades do que o outro grupo, além de demonstrarem melhor desempenho nas habilidades aprendidas, o que sugere que tal clima favorece a aprendizagem e o desenvolvimento motor.

Outro estudo semelhante foi desenvolvido por Solmon (1996 apud Treasure, 2001) nas aulas de educação física, em que dois grupos distintos de crianças participaram de aulas que diferiam quanto ao clima motivacional. Seus resultados indicaram que as crianças perceberam os ambientes de maneiras diferentes e suas respostas a eles também divergiram. As crianças do clima orientado para a aprendizagem demonstraram mais disposição para persistirem em tarefas difíceis, enquanto as crianças do ambiente orientado para a *performance* apresentaram maior tendência a atribuírem o sucesso à capacidade.

Treasure (2001) também cita outro estudo desenvolvido por ele próprio com sessões de futebol, demonstrando que a manipulação dessas dimensões afetou, de fato, o clima motivacional percebido pelas crianças, além de indicar que o educador era capaz de estruturar o clima motivacional favorecendo determinada orientação, assumindo um papel decisivo na qualidade da experiência esportiva das crianças. Nessa pesquisa, as crianças que perceberam um clima motivacional em que suas competências eram fundamentadas em progresso individual e esforço demonstraram preferência pelo engajamento em tarefas desafiadoras, acreditaram que o sucesso estava atrelado à motivação e ao esforço individuais e experimentaram mais satisfação nas atividades do que aquelas que foram submetidas a uma orientação para a *performance*. Essas últimas, por sua vez, reportaram que a trapaça era a chave do sucesso.

A relevância dos dados encontrados nessas pesquisas reside no fato de que a orientação do clima motivacional expressa tanto a posição que o educador pode assumir diante das alternativas pedagógicas quanto as possíveis consequências que tal escolha tem sobre o desenvolvimento das crianças envolvidas com a prática esportiva, já que a tendência é de que elas percebam a orientação do contexto e ajam de acordo. Isso reforça ainda mais a noção de que a interação da criança com o educador no ambiente de aprendizagem ensina mais do que simplesmente os gestos esportivos, já que nessa troca ela aprende também sobre os valores, normas e condutas sociais.

Diante das evidências desses e de outros estudos, Treasure (2001) conclui que o principal objetivo do esporte infantil deve ser oferecer oportunidades para que todas as crianças experimentem sucesso, fomentando a orientação à tarefa. Para ele, os adultos responsáveis pelo desenvolvimento das crianças devem orientar o ambiente esportivo para a aprendizagem, por ela garantir igualdade de oportunidades para todos. Principalmente pelo fato de o desempenho da criança estar ligado ao nível de desenvolvimento físico, fisiológico, psicológico, cognitivo e motor é que o autor considera sensato, mesmo para aqueles preocupados em formar atletas de alto nível, que se promova um envolvimento esportivo orientado para a tarefa na infância, construindo um clima motivacional orientado para a aprendizagem.

Enfim, ainda que os resultados das intervenções desenvolvidas de acordo com as dimensões do TARGET não sejam conclusivos, os estudos apontam na direção de que um ambiente orientado à aprendizagem motiva as crianças intrinsecamente, fazendo com que experimentem mais diversão durante as atividades, desenvolvam um autoconceito mais positivo e uma autoestima mais elevada, além de favorecer um relacionamento mais amigável entre os integrantes do grupo e facilitar a aprendizagem, elevando o nível de desenvolvimento das habilidades aprendidas.

CONSIDERAÇÕES FINAIS

Muito do que escrevi na primeira edição desta obra continua valendo para encerrar este capítulo.

O papel dos adultos envolvidos com o esporte, sejam eles pais, educadores ou árbitros, e a orientação do ambiente esportivo – a mediação de seus significados – estão diretamente relacionados à visão adulta dos propósitos do esporte e da educação. A orientação a um ambiente excessivamente competitivo, por um lado, está ligada a uma visão de que o esporte tem como única finalidade a elevação do *status* social dos vitoriosos e a busca por recompensas extrínsecas, reconhecimento social e prêmios. Por outro lado, a prática esportiva orientada à aprendizagem relaciona-se com a motivação intrínseca de seus praticantes, considerando a educação como um processo incessante em busca tanto do crescimento individual quanto do comprometimento social de todos os envolvidos.

Acredito que o compromisso assumido por nós, educadores que pretendem contribuir para a formação de crianças e jovens, exige, antes de mais nada, um processo constante de reeducação de nós mesmos, pois de nada adianta defendermos princípios educativos se as nossas ações relutam em transformar-se.

Portanto, espero que as novas informações acrescentadas neste capítulo continuem a servir de estímulo para que os leitores descubram suas próprias respostas, refletindo sobre suas práticas e praticando suas teorias, em busca da construção da sua própria identidade profissional e pessoal e também de um mundo mais justo e solidário. Muito difícil? Que tal começar pela transformação da sua prática pedagógica?

REFERÊNCIAS

AMES, C. Achievement goal, motivational climate, and motivational processes. In: ROBERTS, G. C. *Motivation in sport and exercise*. Champaign: Human Kinetics, 1992.

BIDDLE, S. J. H. Enhancing motivation in physical education. In: ROBERTS, G. C. *Advances in motivation in sport and exercise*. Champaign: Human Kinetics, 2001. p. 101-128.

BROTTO, F. *Jogos cooperativos*: o jogo e o esporte como um exercício de convivência. Santos: Projeto Cooperação, 2001.

BRUSTAD, R. J. Youth in sport: psychological considerations. In: SINGER, R. N.; MURPHEY, M.; TENANT, L. K. *Handbook of research on sport psychology*. New York: Macmilliam, 1993. p. 695-717.

DUDA, J. L. Motivation in sport settings: a goal perspective approach. In: ROBERTS, G. C. *Motivation in sport and exercise*. Champaign: Human Kinetics, 1992. p. 57-92.

KORSAKAS, P. *O clima motivacional na iniciação esportiva*: um estudo sobre a prática pedagógica e os significados de esporte e educação. 2003. 138 f. Dissertação (Mestrado) – Escola de Educação Física e Esporte, Universidade de São Paulo, 2003.

ROBERTS, G.C. Motivation in sport and exercise: conceptual constraints and convergence. In: ROBERTS, G.C. *Motivation in sport and exercise*. Champaign: Human Kinetics, 1992.

_____. Understanding de dynamics of motivation in physical activity: the influence of achievement goals on motivational processes. In: ROBERTS, G. (Ed.). *Advances in motivation in sport and exercise*. Champaign: Human Kinetics, 2001. p. 1-50.

THEEBOOM, M.; DE KNOP, P.; WEISS, M. R. Motivational climate, psychological responses, and motor skill development in children's sport: a field based intervention study. *J. Sport Exerc. Psychol.*, v. 17, p. 294-311, 1995.

TREASURE, D. C. Enhancing young people's motivation in youth sport: an achievement goal approach. In: ROBERTS, G. (Ed.). *Advances in motivation in sport and exercise*. Champaign: Human Kinetics, 2001. p. 79-100.

A PEDAGOGIA DO ESPORTE E OS JOGOS COLETIVOS

Roberto Rodrigues Paes
Hermes Ferreira Balbino

O objetivo deste capítulo é propor, discutir e refletir a respeito de uma pedagogia aplicada aos jogos esportivos coletivos que visa a trabalhar com o esporte em seu amplo sentido. O fascínio do esporte é cada vez maior, e sua prática conquista novos adeptos a cada dia. Em todo o mundo, a cultura esportiva se difunde de tal forma que, de alguma maneira, faz parte da vida das pessoas. Existem mais países filiados ao COI (Comitê Olímpico Internacional) do que à ONU (Organização das Nações Unidas). Fica constatada essa afirmativa ao notarmos o impacto dos Jogos Olímpicos de Pequim, 2008.

> Em todo o mundo, a cultura esportiva se difunde de tal forma que, de alguma maneira, faz parte da vida das pessoas.

A evolução desse fenômeno, aqui compreendido como sociocultural de múltiplas possibilidades, é notória, uma evidência constatada em diversas situações. É possível observar, por exemplo, na modalidade basquetebol, as mudanças ocorridas desde sua criação, em 1891, até hoje. Neste capítulo destacaremos, por sua curiosidade e singularidade, uma dessas mudanças.

No final do século XIX, a modalidade basquetebol usava como alvo cestos de colher pêssegos. A cada arremesso convertido, o jogo era paralisado para que o árbitro pudesse colocar uma escada próxima à cesta e retirar a bola. Com a evolução da modalidade, o cesto de colher pêssegos foi substituído por uma cesta fechada, mas equipada com um sistema que, acionado por uma pequena corda, abria o fundo da cesta. Após pouco mais de 100 anos, o alvo na modalidade basquetebol passou a ser um aro retrátil com suporte em tabelas de vidro e de fibra de vidro e estruturas hidráulicas. Enfim, uma comparação da modalidade entre o final do século XIX e o início do século XXI evidencia a significativa evolução ocorrida. Propomos a seguinte reflexão: como será praticado o esporte ao final do século que se inicia? Certamente, os avanços tecnológicos continuarão; com isso, haverá uma melhor compreensão do fenômeno e, seguramente, a busca por uma pedagogia que não apenas leve em conta procedimentos pedagógicos, mas que, sobretudo, seja vista como um processo capaz de lidar com o esporte, respeitando seus diferentes significados e intenções. Tal processo não se limita ao ensino e à aprendizagem esportivos, mas sim ao que chamaremos de *ensino-vivência-aprendizagem socioesportiva*.

> Os avanços tecnológicos continuarão; com isso, haverá uma melhor compreensão do esporte e, seguramente, a busca por uma pedagogia que não apenas leve em conta procedimentos pedagógicos, mas que, sobretudo, seja vista como um processo capaz de lidar com o esporte, respeitando seus diferentes significados e intenções. Tal processo não se limita ao ensino e à aprendizagem esportivos, mas sim ao que chamaremos de *ensino-vivência-aprendizagem socioesportiva*.

Para tanto, faz-se necessário um novo olhar acerca do fenômeno esporte. É preciso vê-lo não mais como uma prática exclusiva para atletas e talentos, mas como uma alternativa para todos os cidadãos. Nesse contexto, Bento (2000) posiciona-se:

> O desporto viu-se investido de um crédito extremamente valorizador da sua relevância social, cultural e humana. E, assim, atingiu uma expansão sem par em outros domínios, com índices de crescimento impressionantes, a ponto de este século ser rotulado por muita gente como o *estranho século do desporto*.
> O desporto tem sido instrumentalizado para as mais diversas funções e finalidades, numa relação de osmose com o tecido social e com a evolução da civilização e da cultura. Isto é, temos estado a assistir a uma crescente *desportivização* da sociedade e da vida e a uma *desportificação* do desporto.

Definitivamente, o esporte passa a ter o *status* de patrimônio cultural da humanidade (Tani, 1998). Nessa perspectiva, destacam-se algumas funções importantes do fenômeno: conteúdo da educação física no âmbito da escola (Paes, 1996), conteúdo do lazer (Almeida, 2008), adaptado para portadores de necessidades especiais (Araújo, 1998) e no âmbito profissional (Proni, 2000).

A riqueza do esporte está, entre outros aspectos, intensamente presente na sua diversidade de significados e ressignificados, podendo, entre outras funções, atuar como facilitador na busca da melhor qualidade de vida do ser humano, em todos os segmentos da sociedade. Entretanto, é preciso acuidade para com um assunto tão abrangente, pois a falta de claras definições quanto a alguns aspectos pedagógicos, sobretudo quanto aos objetivos, poderá resultar em equívocos, sendo o mais comum deles a cobrança inerente ao esporte profissional, ou seja, a busca por uma *performance* atlética em práticas esportivas com outros significados, como, por exemplo, o esporte na ocupação do tempo livre. Portanto, ao se estruturar uma proposta pedagógica para ensinar esporte, é preciso ter as seguintes questões elucidadas: Qual a modalidade a ser ensinada? Em que cenário? Quais os personagens dessa prática? E, por fim, quais os seus significados? Somente a partir das respostas dadas a essas questões será possível dar um tratamento pedagógico ao esporte.

Para alicerçar uma proposta pedagógica, é preciso considerar dois pontos relevantes: a importância de trabalhar com o aluno os aspectos técnicos da modalidade escolhida e a importância de intervir junto ao educando quanto a aspectos relativos a valores e princípios.

A pedagogia do esporte não deverá ser analisada somente por seus aspectos técnicos, até porque, quanto a esse ponto de vista, há inúmeros estudos sinalizadores de formas e procedimentos pedagógicos para o ensino do esporte nas agências do ensino formal e não formal. Os fatores diferenciadores da análise aqui sugerida são o equilíbrio e a harmonia entre os aspectos citados.

Faz parte da natureza da criança a curiosidade de aprender. Uma criança, ao procurar uma escola de esporte, na maioria das vezes revela seu interesse em aprender a fazer cestas, gols, saques, etc. Portanto, os aspectos técnicos, táticos e físicos da pedagogia do esporte tornaram-se o foco do processo de iniciação esportiva. Entretanto, o profissional não deverá limitar a prática do esporte somente a questões da metodologia; é preciso considerar a possibilidade educacional do esporte.

> O profissional não deverá limitar a prática do esporte somente a questões da metodologia; é preciso considerar a possibilidade educacional do esporte.

Para promover o equilíbrio pretendido entre os aspectos técnicos e os valores humanos, atendendo às necessidades e aos interesses das crianças, é preciso estruturar uma pedagogia a partir de dois referenciais: o metodológico e o socioeducativo.

O referencial metodológico deverá responder basicamente a três questões: O que ensinar? Quando ensinar? Como ensinar? No entanto, como argumentado anteriormente, restringir a pedagogia do esporte somente a questões metodológicas significa limitar as possibilidades do esporte, reduzindo-o a uma prática simplista e descontextualizada do esporte contemporâneo.

> O referencial metodológico deverá responder basicamente a três questões: o que ensinar? Quando ensinar? Como ensinar?

A contemporaneidade do esporte exige que o profissional de educação física compreenda o esporte e a pedagogia de forma mais ampla, transformando-os em facilitadores no processo de educação do ser humano. Nesse contexto, é preciso ir além da técnica e promover a integração dos personagens, o que só será possível se essa proposta pedagógica estiver fundamentada também em uma filosofia norteada por princípios essenciais para a educação dos alunos. E é nessa perspectiva que o referencial socioeducativo pode interferir no processo, mais precisamente auxiliando a responder o quarto questionamento dessa proposta, ou seja, em que medida o esporte poderá contribuir para o processo educacional do ser humano?

A PEDAGOGIA DO ESPORTE E O ENSINO FORMAL

Inicialmente, faz-se necessário delimitar o campo de atuação pretendido. Essa reflexão acerca da pedagogia do esporte e do ensino dos jogos coletivos será organizada levando-se em conta a escola como cenário (educação infantil, ensino fundamental e médio). Os personagens serão alunos das fases de ensino citadas (crianças e jovens), as modalidades serão os jogos coletivos (basquetebol, futebol, handebol e voleibol), e o objetivo será dar uma contribuição para o processo educacional considerando o quadro apresentado.

Os temas esporte, escola, crianças e jovens sugerem discussões com diferentes abordagens e em diferentes áreas do conhecimento, quase sempre controvertidas. Aqui pretendemos tomar como eixo da discussão o processo de ensino-vivência-aprendizagem socioesportiva para crianças e jovens no ambiente escolar. Primeiramente, serão indicados quatro problemas relativos à pedagogia do esporte, considerando os limites de atuação já identificados.

- **Prática esportivizada** – Trata-se de uma prática que se vale dos fundamentos e gestos técnicos (habilidades específicas) de diferentes modalidades, sem nenhum compromisso com os objetivos do cenário em questão.

A prática esportivizada limita-se à repetição de movimentos, fazendo com que o aluno repita aquilo que já sabe, deixando de possibilitar o aprendizado de algo novo. Hoje, na escola, essa prática é comum. A rigor, foi estabelecida uma confusão entre esporte e prática esportivizada que gerou críticas ao esporte na escola, a nosso ver equivocadas, pois o que há na escola é a prática esportivizada, não o esporte.

- **Prática repetitiva** de gestos técnicos em diferentes níveis de ensino – Outra situação comum nas aulas de educação física no âmbito da escola é a repetição das mesmas práticas nas diferentes fases do ensino formal, um procedimento observado por meio do seguinte exemplo: o voleibol proposto na educação infantil é o mesmo proposto no ensino fundamental e no ensino médio. No mínimo, essa situação revela falta de respeito às fases do desenvolvimento do aluno, contribuindo para a redução do esporte a uma simples prática esportivizada com o fim em si mesma. Tal procedimento tem sido apontado como uma das causas da evasão dos alunos nas aulas de educação física na escola.
- **Fragmentação de conteúdos** – É um problema clássico da pedagogia do esporte no ambiente escolar. O esporte é oferecido de forma desorganizada, sem a continuidade e a evolução necessárias ao aprendizado.

Na prática, esse comportamento pode ser observado pela ausência de planejamento tanto no ambiente escolar quanto fora dele. A falta de planejamento pode levar o professor a trabalhar conteúdos fragmentados e isolados. No caso da educação formal, a situação se agrava, uma vez que a prática do esporte é feita de forma incompatível com o projeto pedagógico da escola, resultando em um distanciamento entre a educação física e as demais disciplinas e causando prejuízos significativos aos alunos.

- **Especialização precoce** – Trata-se de um grave problema da pedagogia do esporte, tanto na educação formal quanto na educação não formal. A busca pelo resultado positivo a curto prazo, especialmente no Brasil, tem levado profissionais do esporte a promover a especialização como elemento de constituição de seus procedimentos pedagógicos. Ela acontece cada vez mais cedo, o que pode ser verificado claramente na modalidade futebol, na qual existe até mesmo uma categoria denominada "fraldinha". Esse procedimento acaba resultando em problemas de diferentes dimensões: físicas, técnicas, táticas, psicológicas e filosóficas. A maior incidência da especialização precoce está centrada nos clubes, onde o chamado senso comum, influenciado por vários setores da sociedade, sobretudo pela mídia, entende equivocadamente que esse procedimento pedagógico é eficiente na identificação do talento esportivo. Não obstante hoje esse problema ser maior em equipes participantes de eventos promovidos por ligas e federações, cabe aqui um alerta, pois, seguramente, a curto prazo, esse problema ocorrerá também nas escolas.

Esse conjunto de problemas abordados aqui de forma introdutória pode interferir de maneira negativa na tentativa de dar ao esporte, em especial na escola, um tratamento pedagógico. Para contrapor os problemas citados, serão identificados neste texto quatro aspectos relevantes e balizadores de uma proposta pedagógica.

- **Esporte** – O primeiro aspecto diz respeito à melhor compreensão do fenômeno esporte. Com o significado pretendido neste estudo, a função do esporte deve ser compreendida como facilitadora no processo educacional, no ambiente escolar. Sua prática terá sentido à medida que estiver vinculada aos objetivos estabelecidos pelo projeto pedagógico da escola. Segundo Paes (1996):

  > O aprendizado do esporte na escola poderá ocorrer privilegiando-se seu caráter lúdico, proporcionando aos alunos a oportunidade de conhecer, aprender, tomar gosto, manter o interesse pela ação esportiva e ainda contribuir para a consolidação da educação física como uma disciplina. Tudo isso com objetivos pedagógicos que transcendam os objetivos do esporte com o fim somente na sua prática.

  > A função do esporte deve ser compreendida como facilitadora no processo educacional.

- **Sistematização de conteúdos** – Como todos os assuntos trabalhados na escola, o esporte deve ser desenvolvido de forma planejada, organizada e sistematizada. Dessa forma, para ensinar esporte é preciso que os alunos, nas aulas de educação física, tenham a oportunidade de rever constantemente o que já foi aprendido, aprender algo

  > O esporte deve ser desenvolvido de forma planejada, organizada e sistematizada.

  novo e preparar-se para aprendizados futuros. Sistematizar os conteúdos é um pré-requisito fundamental para dar ao esporte um tratamento pedagógico.

- **Consideração dos diferentes níveis de ensino** – Esse aspecto, apesar de parecer óbvio, não é considerado quando se trata de ensino do esporte na escola. A não observância desse aspecto por parte do professor poderá reduzir e restringir o esporte a simples repetições de gestos, ofuscando seu verdadeiro valor no processo de educação de crianças e jovens.

- **Diversificação** – O último ponto destacado como balizador de uma proposta pedagógica é a diversificação. Esse procedimento é fundamental no processo de ensino e aprendizagem do esporte, na escola ou fora dela, pois é por meio da diversificação de movimentos e de modalidades que os alunos poderão ter acesso facilitado ao esporte, conhecendo alternativas práticas para, assim, ampliar seu universo de possibilidades e até mesmo ter um referencial maior para optar por práticas esportivas de seu interesse.

  > É por meio da diversificação de movimentos e de modalidades que os alunos poderão ter acesso facilitado ao esporte.

Após identificar alguns problemas e indicar aspectos norteadores de uma pedagogia do esporte preocupada com quem joga e não somente com o jogo, a discussão será deslocada para os dois referenciais elencados anteriormente, que darão sustentação à proposta na tentativa de dar ao esporte um tratamento pedagógico.

Inicialmente, o eixo da discussão será o referencial metodológico. Sem dúvida, a organização do conhecimento a ser trabalhado é fundamental para o desenvolvimento do esporte na escola.

Para adequar um tratamento pedagógico ao processo de ensino-vivência-aprendizagem dos jogos esportivos coletivos, é preciso conhecer e entender sua lógica técnica e tática. Os jogos coletivos possuem, do ponto de vista tático, basicamente dois sistemas: defensivo e ofensivo; a passagem de um sistema para o outro é compreendida como transição; portanto, os jogos coletivos são jogos de transição, em que as possibilidades de ter a posse de bola e perdê-la configuram-se como situações-problema, de inversão e da compreensão da lógica do jogo.

> Os jogos coletivos são jogos de transição em que as possibilidades de ter a posse de bola e perdê-la configuram-se como situações-problema, de inversão e de compreensão da lógica do jogo.

Quanto aos aspectos técnicos, é importante eleger, primeiramente, fundamentos comuns às quatro modalidades (domínio de corpo, controle de bola, passe, recepção, drible – reter a posse de bola ou conduzi-la ao alvo do jogo sem cometer violações – e finalização). Posteriormente, deve-se caminhar em direção ao desenvolvimento das habilidades específicas de cada modalidade e, ainda, estruturar ações que visem a trabalhar situações-problema inerentes ao jogo. Para estruturar metodologicamente a pedagogia visando ao ensino dos jogos coletivos, é preciso ter o conhecimento dessa lógica e ser capaz de organizar esse conhecimento, planejando seu aprendizado e promovendo intervenções com graus crescentes de dificuldade. Entretanto, para estruturar

> Para estruturar metodologicamente a pedagogia visando ao ensino dos jogos coletivos, é preciso ter o conhecimento dessa lógica e ser capaz de organizar esse conhecimento, planejando seu aprendizado e promovendo intervenções com graus crescentes de dificuldade.

efetivamente uma pedagogia do esporte com o objetivo de contribuir com o processo educacional no ambiente escolar, é preciso avançar em outra direção. Nesse contexto, o referencial socioeducativo constitui-se em outro ponto sustentador da proposta apresentada. Esse referencial será contemplado à medida que, além do enfoque técnico-tático, importante na pedagogia do esporte, também se levará em conta princípios indispensáveis para o desenvolvimento da personalidade da criança e do jovem, como cooperação, participação, convivência, emancipação e co-educação.

> Princípios indispensáveis para o desenvolvimento da personalidade da criança e do jovem, como cooperação, participação, convivência, emancipação e co-educação, devem também ser considerados.

A rigor, pretende-se com este capítulo defender a necessidade permanente de buscar o equilíbrio entre os referenciais metodológicos (organização pedagógica dos conteúdos) e os socioeducativos (embasamento nos princípios norteadores). O propósito disso é a construção de uma pedagogia que vise a ensinar esporte no ambiente escolar com o propósito de proporcionar ao educando o ensino-vivência e a aprendizagem socioesportiva.

Uma vez que os referenciais de sustentação dessa proposta estejam claros, a discussão mudará novamente de foco e, a partir de então, a reflexão será em torno das diferentes estratégias de ensino utilizadas no processo pedagógico dos jogos coletivos.

Os facilitadores pedagógicos disponíveis são vários (p. ex., exercícios analíticos, sincronizados, específicos e de transição), além de jogos e brincadeiras, que também têm sido utilizados como facilitadores nesse processo. Neste ensaio, pretende-se destacar os jogos e as brincadeiras para melhor analisar suas possibilidades como forma de intervenção na pedagogia do esporte. Considerando que a origem do esporte está no jogo, este, situado na interface com o esporte, permite, de certa forma, validar suas origens.

O jogo revela-se importante no processo de aprendizagem do esporte. Já há algum tempo discute-se, na educação física, a utilização do jogo como um facilitador na educação de crianças e jovens. Orlick (1987) afirma que o esporte e o jogo são reflexos da sociedade e que ambos podem criar o que é refletido na sociedade. O autor, fortemente embasado na teoria dos jogos cooperativos, diz que valores e comportamentos podem ser aprendidos por meio de jogos e brincadeiras. Freire (1989) defende a importância do jogo e das brincadeiras no processo de ensino e na aprendizagem dos conteúdos da escola.

Historicamente, a educação física tem convivido com diversos tipos de jogos. Na literatura específica, temos acesso aos jogos pré-esportivos, jogos de regras, grandes jogos, jogos cooperativos, jogos adaptados, entre outros.

Tenho proposto o "jogo possível" como uma alternativa de jogo que, na interface com o esporte, pode proporcionar, durante o aprendizado, o equilíbrio necessário entre os dois referenciais já discutidos. O "jogo possível" possui um cará-

> O "jogo possível" possui um caráter lúdico e, ao mesmo tempo, pode ser um facilitador para os alunos compreenderem a lógica interativa de técnica e tática dos jogos coletivos.

ter lúdico e, ao mesmo tempo, pode ser um facilitador para os alunos compreenderem a lógica interativa de técnica e tática dos jogos coletivos. O "jogo possível" permite ao professor promover intervenções no processo de educação dos alunos, possibilitando-lhes o aprendizado dos fundamentos e das regras, trabalhando em espaços físicos que podem ser adaptados e, com o uso reduzido de materiais, permitindo a integração de quem sabe jogar com quem quer aprender. Afinal, o aluno não precisa aprender para jogar, e sim jogar para aprender. Além dos aspectos técnicos e táticos, o "jogo possível" pode ser facilitador das intervenções relativas aos princípios norteadores, aos valores e aos modos de comportamento de crianças e jovens.

Além disso, devemos destacar sua importância como recurso pedagógico de uma proposta que tem como objetivo dar ao aluno uma oportunidade de conhecer, aprender e utilizar o esporte de acordo com seus interesses.

O esporte na escola é importante devido a várias razões: por ser um dos conteúdos de educação física, por ser a escola uma agência de promoção e difusão da cultura e até mesmo por uma questão de justiça social, uma vez que em outras instituições o acesso ao esporte é restrito a um número reduzido de crianças e jovens que se associam a clubes esportivos, tornam-se clientes de academias ou participam de escolas de esportes.

Na educação formal, como todos os seus demais conteúdos, o esporte deverá ser oferecido considerando-se as diferentes fases do ensino, bem como as características dos alunos em cada uma delas. Nesse sentido, é preciso adequar a proposta pedagógica às necessidades e possibilidades do aluno. Na educação infantil, quatro pontos devem ser destacados: desenvolvimento das habilidades básicas, estímulos das inteligências múltiplas (Balbino; Paes, 2007), vivência de valores e aprendizado de comportamentos.

Já no ensino fundamental, é possível organizar o conhecimento e, de forma flexível, estabelecer um cronograma da 1ª a 8ª séries considerando quatro momentos: pré-iniciação (1ª e 2ª séries), quando os temas desenvolvidos seriam o domínio do corpo e a manipulação da bola; iniciação I (3ª e 4ª séries), quando os temas desenvolvidos seriam passe, recepção e drible; iniciação II (5ª e 6ª séries), quando os temas seriam finalizações e fundamentos específicos; e iniciação III (7ª e 8ª séries). Neste último, os temas seriam situações de jogo, transições e sistemas. No caso do ensino fundamental, os jogos coletivos seriam desenvolvidos por meio de aulas temáticas, envolvendo diferentes modalidades e não especificamente uma.

No ensino médio, os jogos coletivos poderão ser desenvolvidos considerando-se suas especificidades, como, por exemplo, futebol, voleibol, basquetebol e handebol. É importante salientar que essa forma de organização e distribuição de temas não implica uma fragmentação dos conteúdos, mas sim uma tentativa de suprir uma das mais graves deficiências no ensino do esporte nas aulas de educação física escolar, que é a repetição da mesma prática em diferentes períodos escolares. Em síntese, para que o esporte tenha um tratamento pedagógico na escola, deverá não apenas possibilitar aos alunos o desenvolvimento motor (aquisição de habilidades básicas e específicas) e o desenvolvimento das inteligências (destacam-se a corporal cinestésica, espacial, interpessoal, intrapessoal e lógico-matemática), mas também trabalhar a autoestima (reforçando acertos em geral e promovendo intervenções positivas) e, por fim, facilitar as intervenções dos professores no sentido de trabalhar princípios essenciais à sua educação (cooperação, participação, emancipação, coeducação e convivência).

O esporte é considerado um dos maiores fenômenos socioculturais neste início de novo milênio, e, mesmo com toda a evolução, por si só não faz nenhum milagre. Segundo Parlebas (apud Betti, 1991):

> O desporto não possui nenhuma virtude mágica. Ele não é em si mesmo nem socializante nem antissocializante. É conforme: ele é aquilo que se fizer dele. A prática do judô ou do rúgbi pode formar tanto patifes como homens perfeitos, preocupados com o *fair play*.

Essa afirmação de Parlebas evidencia a importância do professor de educação física na condução do processo educacional e da utilização do esporte na perspectiva de torná-lo mais socializante. Nesse contexto, destacam-se três pontos importantes, aos quais o profissional deve estar atento. Primeiro, a educação é uma área de intervenção, e o professor deverá sempre promover intervenções construtivas, positivas, ou seja, mostrar para o aluno o certo e não simplesmente comentar e criticar o errado. Segundo, o professor deverá sempre incentivar e motivar todos os alunos a praticar esportes. Todas as crianças e jovens têm o direito de aprender e vivenciar o esporte. Não se trata de excluir o talento, mas sim de incluir quem não tem talento. Terceiro, caberá ao professor de educação física promover e administrar a relação de ensino e aprendizagem do esporte na escola. Para tanto, será necessário valer-se da pedagogia do esporte e não da simples administração e condução da prática esportivizada.

CONSIDERAÇÕES FINAIS

O contexto do esporte, quando abarca crianças e jovens, lança-nos a discussões em diferentes dimensões, sendo a pedagogia do esporte uma delas. Ao apresentarmos este capítulo, uma das proposições foi a de promover uma articulação da pedagogia do esporte com a escola nos períodos referentes à educação infantil, ao ensino fundamental e ao ensino médio. Foi apontada a relevância de se estruturar uma proposta pedagógica para o ensino de modalidades esportivas na escola, levando em consideração os aspectos técnicos e também os aspectos relativos aos valores e aos modos de comportamento. Nesse contexto, os referenciais metodológico e sociocultural são norteadores da proposição de uma prática que visa a dar ao esporte o tratamento pedagógico necessário para seu desenvolvimento na escola. A prática descontextualizada do esporte na educação formal e não formal pode reduzir as suas possibilidades, limitando as suas funções. A subutilização do esporte pode até mesmo torná-lo uma prática de caráter simplista e de exclusão. No entanto, é preciso deixar claro que esse problema não pode ser atribuído ao fenômeno esporte, mas à falta da consideração de importantes elementos, aqui apontados para compreendê-lo melhor.

Na escola ou fora dela, o esporte para crianças e jovens deve ser proposto no contexto educacional. Um dos equívocos constantemente observados é a busca pela plenitude atlética em crianças ainda em formação. Como apresentado neste capítulo, o esporte na vida de crianças e jovens deve

> Na escola ou fora dela, o esporte para crianças e jovens deve ser proposto no contexto educacional e contribuir para sua educação e formação como cidadãos, que, no exercício pleno de sua cidadania, podem ou não ser atletas.

ter como objetivo contribuir para sua educação e formação como cidadãos, que, no exercício pleno de sua cidadania, podem ou não ser atletas.

A pedagogia do esporte, considerando-se cenário, personagens, modalidades e objetivos delimitados no estudo, deverá proporcionar às crianças e aos jovens o conhecimento de diferentes modalidades, devendo sua prática ser organizada em referência a um tempo pedagógico adequado, respeitando as características da faixa etária do aluno, bem como a fase de ensino do qual o aluno faz parte.

Em se tratando dos jogos coletivos, é preciso proporcionar ao aluno a compreensão da lógica interativa da técnica e tática do jogo e desenvolver amplamente as habilidades básicas, como as corridas, os saltos e os lançamentos e habilidades específicas, referentes aos fundamentos e gestos técnicos da modalidade.

A evolução do esporte transformou-o em um fenômeno sociocultural cuja riqueza maior é sua pluralidade de funções e intervenções. Essa multiplicidade de significados propicia sua prática nos diferentes segmentos da sociedade. Ao tratarmos de crianças e jovens, alguns aspectos devem ser destacados. Dos princípios sinalizados neste capítulo, a participação configura-se como um princípio básico de fundamental importância para a prática de uma pedagogia do esporte em que a inclusão é um fator preponderante em todo o processo.

Outro aspecto importante refere-se ao reconhecimento dos problemas causados pela especialização precoce de movimentos em modalidades esportivas, pois ela apresenta, no mínimo, um efeito limitado e duvidoso e, certamente, não respeita as fases do desenvolvimento das crianças nem da aprendizagem.

Contrapondo a especialização precoce, a pedagogia do esporte deverá pautar-se pela diversificação de movimentos e de modalidades, pois esse procedimento poderá ampliar o universo esportivo da criança e do jovem. Por fim, é preciso enfatizar a importância do jogo em sua interface com o esporte. As crianças e os jovens, quando jogam, mostram-se de forma verdadeira, motivo suficiente para justificar a importância do jogo no processo educacional.

> As crianças e os jovens, quando jogam, mostram-se de forma verdadeira, motivo suficiente para justificar a importância do jogo no processo educacional.

A partir desse pressuposto, é possível, por meio dos procedimentos pedagógicos presentes nas práticas esportivas, promover intervenções com o objetivo de o indivíduo multiplicar seu potencial de competências e habilidades de forma multidimensional. Desse modo, ele irá se tornar efetivo participante de um mundo em que poderemos jogar juntos, vivenciando princípios de convivência, cooperação e solidariedade, a fim de criar novas jogadas que se tornarão, a partir da visão pedagógica aqui apresentada, desafios estimuladores, permitindo ao esporte ser reconhecido como o maior fenômeno humano das últimas décadas.

REFERÊNCIAS

ARAÚJO, P. F. de. *Desporto adaptado no Brasil:* origem, institucionalização e atualidade. Brasília: Ministério da Educação e do Desporto/INDESP, 1998.

ALMEIDA, M. A. B. *Análise de desenvolvimento das práticas urbanas de lazer relacionadas à produção cultural no período nacional-desenvolvimentista à globalização através da "teoria da ação comunicativa"*. 2008. Tese (Doutorado) – FEF, Unicamp, 2008.

BALBINO, H. F; PAES, R. R.; *Jogos desportivos coletivos e as inteligências múltiplas:* uma proposta em pedagogia do esporte. Hortolândia:[s.n.], 2007.

BENTO, J. O. *Do futuro do desporto e do desporto do futuro*. In: GARGANTA, J. M. (Ed.). *Horizontes e órbitas no treino dos jogos desportivos*. Porto: FCDEF-UP, 2000. p. 196.

BETTI, M. *Educação Física e sociedade*. São Paulo: Movimento, 1991.

FREIRE, J. B. *Educação de corpo inteiro:* teoria e prática da educação física. São Paulo: Scipione, 1989.

ORLICK, T. *Vencendo a competição:* como usar a cooperação. São Paulo: Círculo do livro, 1987.

PAES, R. R. *O esporte como conteúdo pedagógico do ensino fundamental*. Campinas, 1996. Tese (Doutorado) – Faculdade de Educação, UNICAMP, Campinas, 1996. p. 75.

PRONI, M. W. *A metamorfose do futebol*. Campinas: UNICAMP, 2000.

TANI, G. Aspectos básicos do esporte e a educação motora. In: CONGRESSO LATINO-AMERICANO DE EDUCAÇÃO, 1., MOTORA; CONGRESSO BRASILEIRO DE EDUCAÇÃO MOTORA, 2., 1998, Foz do Iguaçu. Anais... Foz do Iguaçu: UNICAMP, 1998. p. 115-123.

LEITURAS COMPLEMENTARES

BOURDIEU, P. Como é possível ser esportivo. In: BOURDIEU, P. *Questões de sociologia*. Rio de Janeiro: Marco Zero, 1983. p. 135-156.

DUMAZEDIER, J. *Valores e conteúdos culturais do lazer*. São Paulo: SESC, 1980.

GALATTI, L. R.; PAES, R. R. *Pedagogia do esporte*: iniciação ao basquetebol. Hortolândia: [s.n.], 2007.

GALLAHUE, D. C. *Developmental physical education for today's elementary school children*. New York: Macmillan, 1987.

GARDNER, H. *Estruturas da mente:* a teoria das inteligências múltiplas. Porto Alegre: Artmed, 1994.

GARGANTA, J. *Para uma teoria dos jogos desportivos coletivos.* In: GRAÇA, A.; OLIVEIRA, J. (Ed.). *O ensino dos jogos desportivos.* 2. ed. Porto: Universidade do Porto, 1995.

HOBSBAWN, E. J. *A era dos impérios:* 1875-1914. 3. ed. Rio de Janeiro: Paz e Terra, 1992.

MONTAGNER, P. C. *A formação do jovem atleta e a pedagogia da aprendizagem esportiva.* 1999. Tese (Doutorado) – Faculdade de Educação Física, UNICAMP, Campinas, 1999.

PAES, R. R. *Aprendizagem e competição precoce:* o caso do basquetebol. Campinas: Ed. UNICAMP, 1992.

_____. Esporte competitivo e espetáculo esportivo. In: MOREIRA, W. W.; SIMÕES, R. *Fenômeno esportivo e o terceiro milênio.* Piracicaba: UNIMEP, 2000. p. 33-39.

_____. *Pedagogia do esporte:* contextos e perspectivas. Rio de Janeiro: Guanabara Koogan, 2005.

A PSICOSSOCIOLOGIA DO VÍNCULO DO ESPORTE – ADULTOS, CRIANÇAS E ADOLESCENTES: ANÁLISE DAS INFLUÊNCIAS

Antonio Carlos Simões

Quando se pergunta a qualquer criança ou adolescente por que está praticando esporte, é comum ouvir: "Porque gosto de jogar com meus amigos"; "Porque quero ser um jogador rico e famoso"; e/ou: "Porque meus pais querem que pratique esporte". Existem outras, e todas demonstrando que o esporte é um dos fenômenos mais notáveis da sociedade moderna. A partir dessa dinâmica complexa, postula-se como objetivo, neste capítulo, estabelecer uma análise do desenvolvimento das relações pró-sociais esportivas, que envolvem uma mobilizadora situação triangular entre crianças/jovens adolescentes, professores/técnicos e familiares (maternos/paternos) com diversos níveis de complexidade social e esportiva escolar.

INTERAÇÕES ENTRE CRIANÇAS E SEUS CONTEXTOS SOCIAIS ESPORTIVOS

Em uma perspectiva interdisciplinar, devemos considerar que o dinamismo esportivo requer cuidadosa organização e análise sobre os fenômenos sociointerativos e psicológicos que gravitam sobre a vida social esportiva dos professores de educação física, tanto como educadores quanto como técnicos; das crianças/jovens adolescentes; dos familiares (maternos e paternos), entre outros agentes sociais. A predisposição desses personagens para o estabelecimento de vínculos psicossociais, sociodinâmicos e institucionais passa por relacionamentos interindividuais, grupais e institucionais, que mobilizam ações e reações que expressam a natureza das representações sociais. O marcante dessa objetividade está no fato de que os motivos, as atitudes, as expectativas, as tensões, as emoções e os sentimentos vitais de cada agente esportivo constituem a base dos fatores intervenientes no processo de participação e desenvolvimento social esportivo dos indivíduos em idade escolar. Pode-se, assim, destacar a existência de uma rede psicossocial, sociodinâmica e institucional que serve como modelo, promovendo um senso de forças/energias na construção da vida educativa escolar e esportiva competitiva. Não menos significativa é a presença de valores socioculturais, convicções e crenças morais e ideologias que fazem parte dos caminhos de instituições de ensino, clubes e equipes esportivas.

Há razões para se acreditar que o participar, o jogar e o competir podem ser contraditórios quanto às características específicas do esporte escolar moderno, que acabou se transformando em um modelo dinâmico de realidade social, não pelo seu caráter social participativo, mas pelas tendências de inclusão/exclusão dos mais e menos capacitados atleticamente.

Nessa perspectiva, todas as manifestações esportivas estão alinhadas a um modelo de realidade psicossocial, sociodinâmico e institucional típico de cada tipo de esporte individual ou coletivo.

Torna-se necessário reconhecer que o esporte educacional constitui um apego entre as crianças/jovens adolescentes e as lideranças adultas na promoção de um modelo de realidade social que promove as necessidades e os desejos de competência esportiva.

> Torna-se necessário reconhecer que o esporte educacional constitui um apego entre as crianças/jovens adolescentes e as lideranças adultas na promoção de um modelo de realidade social que promove as necessidades e os desejos de competência esportiva.

As investigações mostram que as variáveis situacionais e disposicionais são extremamente complexas e suscetíveis à influência de fenômenos sociais e psíquicos em um cenário que inclui todos os tipos de manifestações às relações de gênero, raça, credo religioso e ideologias. O cenário é mais complexo entre os que ensinam, interferem e influenciam e entre os que passam por um processo de formação e desenvolvimento de personalidade dentro das práticas sociais.

A importância dessas práticas tem relação direta com o ensino fundamental e o médio, cujas relações sociais esportivas mantidas entre as famílias, as escolas e os clubes esportivos dão consistência às experiências de sucessos e insucessos infantis. É claro que o meio social escolar esportivo adquire relevância pelas suas formas de organização e de argumentos em prol ou contra as manifestações conceituais que abrangem as competições infantis. Nenhuma delas suscita maior atenção do que o dinamismo dos elementos norteadores dos processos de socialização e integração à sociedade por meio dos jogos pré-competitivos e escolares competitivos.

Nesse contexto, o processo de formação e desenvolvimento da personalidade esportiva é marcado, então, por uma adaptação via mundo social esportivo, até certo ponto paradoxal. Esse desenvolvimento fornece evidências para a compreensão do mundo dos esportes infantis como um modelo de realidade psicossocial. Isso implica o fato de o esporte escolar se converter em um instrumento de integração social e de socialização, com um interjogo do papel dos professores de educação física (suas ideologias) confrontado com os desejos das crianças e dos adolescentes de brincar, jogar e competir. Diante dessa situação, o processo ensino-aprendizagem decorre por meio das brincadeiras, jogos pré-esportivos e esportivos educacionais competitivos. Sage (apud Patriksson, 1996) considerou o esporte como um campo sociocultural com múltiplas consequências. Prova disso está nas características do caráter participativo e das exigências competitivas. As crianças e os jovens adolescentes entram em sincronia com o ritmo dos relacionamentos interativos, pois nascem com os componentes cognitivos, afetivos e comportamentais.

O esporte infantil implica, então, conhecimento não só daquilo que o jogo e a competição trazem em si, mas do comportamento apresentado por crianças/jovens adolescentes como alunos e das lideranças adultas, que vão buscar dentro e fora das escolas uma pluralidade de respostas ligadas às necessidades e aos desejos de participação de seus filhos, no campo dos esportes competitivos, que racionaliza e quantifica as relações produtivas.

Essa situação suscita muitas reflexões e questionamentos a respeito das práticas esportivas competitivas, principalmente em relação à importância das manifestações desenvolvidas entre o esporte de competição e as lideranças adultas para o controle das normas que regulamentam o desempenho de uma criança ou de um adolescente no esporte de competição. Temos que reconhecer que as lideranças adultas desempenham um papel importante na macro e na microestrutura social do esporte, educando e orientando crianças/adolescentes a desenvolverem suas potencialidades. Cada vez mais se reconhece o caráter competitivo dessa dinâmica, já que as crianças e os jovens adolescentes e as lideranças adultas representam umas para as outras importantes agentes quanto à maneira de encarar a vida social escolar esportiva. Esses agentes estabelecem relacionamentos que se alinham às oportunidades e aos limites equivalentes dos comportamentos competitivos e dos sonhos das lideranças adultas e de crianças/jovens adolescentes de se tornarem reconhecidos socialmente.

Verifica-se que o comportamento infantil é influenciado por fatores socioambientais complexos, predominantemente alinhados com as necessidades e os desejos das lideranças adultas.

O cenário do desenvolvimento das relações entre crianças e esporte infantil

Esse cenário abrange, ou pode abranger, uma série de argumentos que realimentam um complexo de reconhecimento dos problemas de compreensão da cultura social esportiva. Chama a atenção a frequência das contradições que existem entre os relacionamentos mantidos entre as lideranças adultas (professores/técnicos, familiares) e crianças/jovens adolescentes, considerando influências recíprocas entre os níveis individuais, grupais e institucionais em termos educacional e esportivo. Os professores, tanto como educadores quanto como técnicos, sustentam o processo de transposição educativa e esportiva em ideologias que caminham desde as expectativas dos alunos até os efeitos persuasivos dos familiares e dos amigos em geral. A incorporação de um comportamento competitivo reforça a solicitude e o investimento por parte dos professores de educação física e da família. Acumulam-se indicadores de processos de influências, de tal modo que fica claro o engano de se pensar que as crianças e os jovens adolescentes se tornam atletas sem sofrer pressões dos educadores e dos familiares maternos e paternos.

Os comportamentos competitivos são tomados e justificados por acentuados processos de inclusão e de exclusão, de sentimentos e de identidades pessoais/sociais, que incluem, entre outras dimensões, a expressão "atleta em miniatura". Grande parte do que acontece no mundo social esportivo infantil se aplica para ambos os sexos. É possível que uma compreensão mais aprofundada desse contexto represente o ponto crucial para o entendimento dos fenômenos interativos e psíquicos que assolam os comportamentos infantis. Assim, crianças/jovens adolescentes assimilam competências, valores, atitudes e comportamentos que lhes permitem tornar-se membros do mundo dos esportes individuais e coletivos.

O padrão de comportamento competitivo infantil favorece o papel das lideranças adultas na direção das ideologias que dão sentido à participação infantil nos diferentes tipos de esportes. O macrossistema social esportivo maximiza o sentido dado pelas lideranças adultas à vida esportiva de crianças/jovens adolescentes. As intervenções ultrapassam, por definição, os limites da simples participação em práticas escolares esportivas e esportivas competitivas – cujas vicissitudes são variáveis motivacionais provenientes das *performances* de condutas pessoais que cada familiar ou professor assume em função do processo de formação e de desenvolvimento da personalidade esportiva. Evidentemente, como não poderia deixar de ser, acentuadas alterações educacionais e esportivas se processam, atestando que existem projetos sociais esportivos organizados pelas lideranças que comandam as instituições (escolas, clubes, escolinhas de esportes) voltadas para o esporte de competição escolar infantil.

Os educadores que trabalham com aprendizagem esportiva sabem o quanto o esporte escolar é importante e necessário para a formação educacional e o desenvolvimento das relações socioafetivas. No que diz respeito aos relacionamentos interindividuais, grupais e institucionais, ao que tudo indica, eles são cada vez mais sofisticados, racionalizados e quantificados.

A microanálise dos relacionamentos traduz a forma como cada aluno/atleta aprende a participar, competir, vencer e/ou perder desde que ingressa na escola até o dia em que se inclui no mundo dos esportes, em todas as suas formas de convivência.

Acredita-se que as características mais básicas dessas racionalizações têm sido as exigências competitivas impostas pelo poder maior em relação ao menor. Grande parte das *performances* de condutas dos professores como educadores e técnicos está ligada aos investimentos generalizados das vinculações de lideranças adultas dentro do campo dos esportes escolares,

> A microanálise dos relacionamentos traduz a forma como cada aluno/atleta aprende a participar, competir, vencer e/ou perder desde que ingressa na escola até o dia em que se inclui no mundo dos esportes, em todas as suas formas de convivência.

mantendo inter-relações associadas com cooperação intensificada que podem dar sentido à vida de crianças/adolescentes como alunos e como atletas.

A sincronia dos relacionamentos incorpora normas de condutas, regras e regulamentos referendados pelo esporte espetáculo/competitivo, tudo fazendo parte do mesmo projeto coletivo educacional esportivo. É possível que as relações de apego entre alunos/professores e pais representem uma verdadeira chave para o entendimento aprofundado dos fenômenos sociais e psicológicos que acontecem/gravitam sobre o campo dos esportes infantis. A noção de complexo competitivo coincide com as concepções que apontam o esporte como um vetor de integração social e de socialização, com investimento parental e de referenciamento dos professores de educação física. Decorre daí a predisposição das crianças/jovens adolescentes para o estabelecimento de vínculos interindividuais, grupais e institucionais.

Essas predisposições podem ser entendidas como essenciais para promover, em dimensão pública, padrões de comportamento alinhados com diversos níveis de atitudes e mudanças de atitudes. É por isso que crianças/adolescentes ficam à mercê da influência de familiares e professores, pelas suas ações de comando. É importante destacar, ainda, que o caminho traçado pelas lideranças adultas para a participação infantil parece reproduzir um dos valores fundamentais do esporte de competição: a compreensão clara de atribuir o ônus do sucesso ou do fracasso ao próprio esporte à medida que as crianças participam dos jogos – ou seja, que as crianças desempenham bem seus papéis de "atletas" conforme o dinamismo institucional do esporte moderno. Isso significa que a natureza do sistema de controle que permeia a relação entre as lideranças adultas e as crianças e os adolescentes pode facilitar e/ou restringir suas participações desde muito cedo no esporte.

A natureza dos acontecimentos vai se caracterizando conforme familiares e professores, como técnicos, interagem nos contextos nos quais ocorre a maior parte dos processos que levam os alunos/atletas a assimilarem competências e atitudes que possam favorecer a aprendizagem dos papéis sociais e das normas de condutas estabelecidas pelo sistema esportivo. Svoboda e Patriksson (1996) revelam que crianças e jovens adolescentes que praticam esportes em clubes gostam e aceitam desafios e vivenciam situações competitivas mais fortes com os companheiros e com as lideranças adultas que os comandam. Certos estudos demonstram, também, que eles são rodeados por atividades esportivas que possibilitam o desencadeamento de contradições e conflitos ligados com as exigências competitivas.

Existe uma convicção generalizada de que os professores de educação física estariam preparados para orientar e treinar seus alunos de maneira adequada para eles se tornarem bons atletas. Muitas escolas têm grande interesse em participar das competições infantis e passam a exigir dos professores um conjunto de ações diante das quais se tornam técnicos e líderes de equipes escolares esportivas. Essas exigências permitem que professores e alunos promovam suas escolas, visando a favorecer uma imagem de instituição que promove o esporte escolar. O vínculo de dependência está sempre presente nas relações humanas, cujos estados socioafetivos são resultantes das características do desenvolvimento dos processos educacionais e esportivos, alinhados com o ensinar, aprender e jogar competitivamente. No caso específico das práticas escolares esportivas e das esportivas competitivas, acaba prevalecendo a posição de escolas privilegiadas que contam com professores qualificados em revelar bons alunos atletas. E nesse contexto é que se configuram a influência das lideranças adultas sobre a vida social esportiva dos filhos/alunos e a influência destes sobre os professores e a família.

As personalidades adultas são, pois, os agentes primários das diversas formas persuasivas, cujos fenômenos podem ter uma dimensão social quando as frustrações de crianças/jovens adolescentes se tornam visíveis à grande maioria dos indivíduos de uma coletividade escolar ou de uma comunidade maior. Ainda que as opiniões sejam abstraídas do próprio contexto socioambiental escolar esportivo, elas permitem uma compreensão mais profunda de comportamentos de familiares, professores e crianças/jovens adolescentes como alunos e atletas infantis. Por isso, podemos admitir atualmente, também, outras tendências fundamentais e irredutíveis que mostram as bases dos fenômenos sociopsicológicos que se processam no âmbito dos pais, professores e alunos, cujas frustrações desencadeiam estados psicológicos que não são redutíveis à simples soma dos comportamentos que compõem as equipes escolares esportivas.

Os comportamentos envolvidos nesses processos podem ser analisados como propriedades das lideranças adultas e dos alunos/atletas que se associam para garantir as próprias permanências e desenvolvimento no campo dos esportes escolares. Isso significa que o que parece ser propriedade da vida esportiva dos indivíduos em idade escolar pode ser, na realidade, propriedade das características dos comportamentos ideológicos de lideranças empregados pelos professores/técnicos à frente dos seus alunos/atletas.

Os vínculos interativos traduzem interesses e desejos entre as lideranças adultas e as crianças, promovendo a exploração das exigências competitivas para favorecer o desenvolvimento de um senso de competência nas crianças como "atletas em miniatura". Tem-se, assim, um vínculo que só pode ser entendido em um contexto esportivo e em relação às características sociais e políticas do esporte em sociedade.

Há, porém, opiniões que afirmam que esses acontecimentos e os seus reflexos sobre o comportamento dos esportistas estabelecem as fronteiras dos desempenhos que tanto podem facilitar quanto prejudicar o intercâmbio de comportamentos mantido entre as famílias, as escolas e os profissionais esportivos.

Os aspectos evolutivos dos comportamentos esportivos infantis indicam a presença e a influência de lideranças adultas.

> Os aspectos evolutivos dos comportamentos esportivos infantis indicam a presença e a influência de lideranças adultas.

É assim que podemos discernir o plano dos modelos sociais das condutas coletivas, cujas características podem levar adultos e crianças/jovens adolescentes a entrarem em choque com as estratificações distintas por razões didáticas das questões de desempenho, que se interpenetram e se opõem em uma dialética de tensões/emoções e sentimentos vitais mútuos. O enfoque psicossocial do problema poderia ocultar, em última análise, gestos e comportamentos que as lideranças adultas adotam e mantêm quanto à participação esportiva de crianças/jovens adolescentes. Algumas *performances* de condutas adultas consistem em uma combinação de interesses que visam a transferir para os filhos/alunos algo mais que eles podem competitivamente desenvolver, o que podemos considerar como categorias de condutas e comportamentos individuais "viciadas" em qualquer natureza de relação com os esportes de competição – que interessam aos pais e professores no papel de técnicos esportivos.

A eficácia das ações persuasivas ou sugestivas depende de muitos fatores: uns subjetivos, relativos às crianças e aos adolescentes, outros objetivos, ligados às ideologias de lideranças dos professores como técnicos de equipes escolares em que exercem ações persuasivas visando aos graus mais elevados de desempenho. Dessa forma, há professores/técnicos que persuadem ou sugestionam adotando gestos e comportamentos narcisistas. Tudo na vida escolar esportiva competitiva não seria mais que um processo de cobranças por graus mais elevados ou mais intensos de relações produtivas. Todas as formas de desempenho implicam relações entre as ações de quem orienta e comanda e de quem é orientado, cuja receptividade está ligada às circunstâncias em que são exercidas as influências em prol da consecução de objetivos concretos.

Essa noção é um indicativo de um provável viés das ações persuasivas ou sugestivas a respeito da participação adulta na vida esportiva das crianças e dos jovens adolescentes. Concordamos com aqueles que afirmam que crianças/adolescentes assimilam modelos esportivos competitivos que são emitidos pelas lideranças adultas. A criança lúdica se manifesta, no sentido mais amplo do termo, em um indivíduo que aceita, conforme Coca (1993), concretizar seus projetos de forma expressiva – a fantasia que preside as atividades lúdicas das crianças é tão verdadeira para elas como a laboriosidade e a objetividade são para os adultos. O competir, por outro lado, é um fator de homogeneidade e, por conseguinte, de necessidade e desejo de fazer parte do campo dos esportes, que representa um modelo psicossocial de realidade competitivo que inclui os mais e exclui os menos habilidosos; um modelo que não permite a ascensão dos indivíduos enquanto não tenham demonstrado, durante muito tempo, suas potencialidades atléticas.

É significativo o número de alunos que, como atletas, tornam-se socialmente conhecidos pelas suas potencialidades, mobilizando e despertando interesse de procuradores/empresários que militam no universo dos esportes. Esses acontecimentos podem ser entendidos como condutas ou formas de manifestações que ocorrem entre os diversos níveis de trocas socioafetivas propostos pelo esporte e divulgados pelos meios de comunicação de massa. A vida social esportiva de muitos alunos/atletas passa então a ser compreendida como fenômeno social, caracterizado por trocas entre a capacidade de produção de resultados e os sistemas de ideias presentes no campo do esporte escolar, aclamando crianças/jovens atletas como heróis e ídolos. Assim, são trazidas à tona determinadas *performances* de condutas pessoais que entram em desacordo com os padrões educacionais utilizados por muitos educadores.

A profissionalização precoce e o gosto pela emancipação financeira podem aumentar ainda mais os interesses familiares em relação à possibilidade de os filhos tornarem-se atletas. Assim, além da estimulação do meio social esportivo, os pais são basicamente os personagens-chave em relação a crianças/jovens adolescentes sob seus cuidados. Deve-se considerar, também, que as famílias mais desprovidas economicamente tentam complementar seu orçamento com as ajudas de custo que o esporte de rendimento oferece às crianças e aos jovens "atletas". É possível que muitas crianças/jovens adolescentes ascendam socialmente via esporte de competição. Esse tipo de resultado, para os indivíduos e os familiares, possui um correlato no sistema escolar esportivo. Se as dificuldades estão relacionadas com o processo ensino-aprendizagem, os desafios com menos dificuldades são aqueles que levam os pais a encaminharem seus filhos para as diferentes escolinhas de basquetebol, handebol, futebol, natação, voleibol, entre outras. Essa talvez constitua a regra básica das famílias para enfrentarem as dificuldades em relação às possibilidades atléticas dos filhos.

Verifica-se, então, que os problemas que mais parecem dificultar a atenção das lideranças adultas não pertencem exclusivamente a um único esquema idealizado de relações que são colocadas em evidência pelas instituições familiares e educacionais. Existe uma série de argumentos que, com base na complexidade do esporte moderno, defendem a ideia de promover a formação de atletas mirins dentro das escolas e dos centros educacionais esportivos. Ninguém duvida de que ter um filho/aluno atleta conquistando vitórias, ganhando dinheiro e rodeado pelos meios de comunicação seja o desejo de qualquer pai/mãe, professor ou técnico esportivo.

As lideranças adultas assumem papéis típicos de "cuidadores/tutores/empresários", os quais travam uma luta diária contra as dificuldades do ensinar, do educar e as financeiras, em que as crianças e os jovens adolescentes são influenciados significativamente pelos comportamentos dos adultos, reforçando a posição de dependência com o tornar-se "atleta", e a disputarem as poucas vagas existentes nas equipes representativas dos grandes e pequenos grupos sociais esportivos. Existem também aquelas lideranças adultas que relutam em aceitar os comportamentos estabelecidos pelo esporte de competição, atraindo a atenção para enfoques mais educacionais do que competitivos. A maneira pela qual os professores/técnicos se posicionam e se comportam deve ser cuidadosamente considerada no campo do esporte escolar.

As descobertas mais importantes a respeito dessas relações são precedidas de uma pluralidade de acontecimentos marcados pela ênfase na aquisição precoce de habilidades atléticas. Esses acontecimentos "violam" princípios básicos do desenvolvimento educacional esportivo e trazem como consequência a desmotivação e o abandono das práticas escolares esportivas e esportivas competitivas.

Evidenciam-se, também, problemas cada vez mais precoces, que muitos indivíduos enfrentam por causa dos interesses dos pais quanto à vida social esportiva dos filhos. Esses problemas mostram claramente a instauração progressiva dos "superpais" influenciando os comportamentos das crianças e dos adolescentes. Dessa forma, a relação pais-criança/aluno/atleta poderia estar baseada na fórmula do paternalismo: o pai ou a mãe preocupado(a) com o fato de os seus filhos terem que estudar, competir e vencer.

Entre os diversos problemas existentes, diferenciam-se aqueles em relação às influências que implicam variações no perfil de desenvolvimento esportivo infantil.

> Entre os diversos problemas existentes, diferenciam-se aqueles em relação às influências que implicam variações no perfil de desenvolvimento esportivo infantil.

O desejo de defender a participação infantil no esporte parece estar fundamentado em uma elaboração trabalhosa, na qual o papel e o poder das lideranças adultas desencadeiam um processo pleno de desejos e necessidades de alcançar projeção social em conjunto com os filhos. O esporte escolar de competição se apresentaria, então, como um modelo de realidade social que coloca em cena um processo de motivos, desejos e necessidades não somente para os pais, como também para quase todas as instituições governamentais, estaduais e municipais, incluindo os canais de comunicação de massa e as diplomacias.

Vayer e Roncin (1999) postularam que os jogos, para as crianças, são fundamentais para o desenvolvimento cognitivo, afetivo e comportamental; em contrapartida, as crianças não gostam da influência das lideranças adultas sobre suas práticas lúdicas. Escreveram, ainda, que a participação dos adultos no comando do desenvolvimento dos jogos pode dissipar o simbolismo lúdico e os significados dos jogos para as crianças e os adolescentes. A autoridade dos indivíduos mostra que as relações sociais mantidas entre as instituições e o esporte são complexas e devem ser discutidas com cuidado. Tais relações apontam para a constituição de concepções idealizadas que têm, sem dúvida, uma variabilidade de formas conceituais em cada cultura. Aqui se enquadram igualmente crenças, crendices e ideologias apegadas em demasia a mitos, heróis e ídolos do mundo dos esportes.

Acredita-se que os valores associados às crenças estão presentes na maioria das ações sociais e educativas de muitos governantes – e, a julgar "pelas mãos que se agitam", parece que o esporte moderno veste farda e faz parte dos interesses políticos em diversos países –, que, na realidade, somente funcionam bem como um modelo social que contribui, na maioria das vezes, para aumentar a distância existente entre as práticas educativas e as esportivas competitivas. Cabe lembrar que o esporte moderno defende também os interesses de marcas e produtos industrializados. A ideia de que o esporte não deve servir ninguém fora de si mesmo é algo que, para Lüschen e Weiss (1976), ultrapassa o movimento neo-olímpico de Pierre de Coubertin. A aquiescência à ordem parece envolver muito mais do que a simples participação individual em relação a determinados tipos de esportes.

À medida que a participação humana for tanto mais poderosa quanto mais oculta ou velada para as crianças e os adolescentes, mais se configurará o vínculo em que a ação das lideranças adultas tem lugar. O fato de o esporte de competição estar interessado em promover os talentos esportivos pode ser atribuído às exigências do próprio sistema esportivo, e talvez dos profissionais das áreas da educação física e do esporte, em trabalhar profissionalmente com as práticas escolares esportivas para benefício de crianças/jovens adolescentes. Essa situação tem contrapartida na forma habitual com que os alunos/atletas participam e se comportam durante o transcorrer das aulas de educação física e das competições. Nesse mister, participam e competem em prol do "esporte-espetáculo", organizado, controlado e supervisionado pelas lideranças adultas. O exemplo mais marcante desse caso é o que ocorre com as competições infantis – aquelas envolvendo crianças em jogos de categorias denominadas "fraldinha", "chupetinha", entre outras.

Os julgamentos e as relações de apoios esportivos

Os julgamentos feitos em relação ao desempenho são aqueles que preenchem as expectativas de satisfação das lideranças adultas, que visualizam ascensão e *status* social para seus filhos/alunos. As tentativas de explicação para os casos de participação desse tipo devem ser atribuídas às instituições de ensino fundamental e médio e às ações de comando dos professores como educadores e técnicos de equipes de várias modalidades esportivas. Por conseguinte, seria preciso elaborar um conjunto de medidas políticas e administrativas para que o esporte escolar/infantil voltasse a englobar aspectos associados às sensibilidades dos professores de educação física e do esporte na relação com as crianças e com os jovens adolescentes, promovendo atividades vinculadas às brincadeiras, aos jogos e aos esportes com vistas ao desenvolvimento educativo-esportivo desses agentes. Isso significaria modificar, em um certo sentido, as atitudes daqueles que participam e orientam e daqueles que aprendem.

A realidade esportiva significa, para os desportistas, o descobrimento de suas possibilidades. Tudo isso é associado à ética, de tal forma que se torna impossível, conforme Machado (1993), praticar esporte sem a observância desse preceito moral – preceito que pertence, portanto, aos familiares, aos educadores e aos técnicos esportivos, que, em decorrência das diferentes condições atléticas dos filhos e alunos atletas, empregam posturas e valores diferenciados, embora pertencendo ao mesmo contexto esportivo. Importa, pois, apontar o caráter contraditório que assume a imposição de determinados valores a partir das influências dos adultos sobre o comportamento das crianças e dos jovens adolescentes. Os dados são escassos, mas, ainda assim, permitem dizer que o *fair play* já deixou de existir faz algum tempo. Aqui está, portanto, um tipo de acontecimento que apresenta características muito especiais em relação à participação das lideranças adultas na vida esportiva infantil.

As variáveis ligadas com *performances* de condutas pessoais mais agressivas denunciam, na percepção de Gonzáles (1996), a existência de uma estreita relação entre as personalidades tidas como violentas e a má formação dos indivíduos no seio familiar. Essas manifestações definem-se de acordo com a forma com que cada indivíduo se posiciona, ante o meio esportivo, entre participar, orientar e influenciar em diferentes níveis sociais. O cenário em que o papel das lideranças adultas tem lugar é tanto mais poderoso quanto maior for a importância dos indivíduos para as escolas, clubes e equipes dos quais fazem parte. Existe sempre um propósito de valorizar a participação infantil. É interessante lembrar a importância da projeção nas relações interpessoais – fato que mostra que a capacidade de rendimento infantil é o componente-chave da relação de poder dos familiares sobre os dirigentes, os professores e os técnicos esportivos.

Essas constatações de que existem fortes influências das lideranças adultas, particularmente, sobre o comportamento e o desempenho esportivo dos filhos/alunos indicam que a supervalorização do talento esportivo pode prejudicar o processo natural de formação educacional e os processos de socialização por meio das práticas educativas escolares e das práticas esportivas competitivas, contribuindo para o surgimento de problemas quanto à estabilidade sociodinâmica no plano das relações interativas vivenciadas nas escolas/escolinhas de esportes e clubes sociais esportivos. Talvez o principal dilema dos professores de educação física seja aquele associado com os papéis que assumem perante as práticas esportivas escolares – muitos desses profissionais são unânimes em dizer que, diante dos alunos, agem como verdadeiros técnicos. O mesmo acontece no plano dos pais quanto à participação dos filhos – exceção feita às crianças e aos jovens que seguem as cartilhas estabelecidas pelas lideranças adultas, que carregam consigo uma considerável dose de narcisismo.

É preciso esclarecer que, de acordo com Felker (1998), as práticas escolares esportivas fazem parte das atividades esportivas desenvolvidas como elementos constitutivos das aulas de educação física, enquanto as práticas esportivas escolares são aquelas atividades desenvolvidas dentro de condições voltadas para o desenvolvimento das capacidades atléticas dos diferentes tipos de esportes individuais e coletivos. Aqui se encontra a essência das concepções que procuram entender as condições em que as atividades lúdicas, os jogos e o esporte de competição infantil são desenvolvidos. Tais aspectos reforçam a ideia de que o participar, o brincar e o jogar se organizam em torno de normas estabelecidas pelas instituições, que têm por finalidade valorizar as relações interativas e de produção no ensino-aprendizagem das práticas esportivas competitivas. Vale dizer que raras vezes alguns princípios explicitamente formulados no contexto das aulas de educação física são modificados em prol de uma prática capaz de reconhecer as limitações dos alunos menos habilidosos: o "gordinho" é o último a ser escolhido e o primeiro a ser colocado na posição de goleiro.

Os professores raramente interferem nas relações de escolha entre os alunos ou lançam pregações para condenar determinadas ações manifestadas pelas crianças em relação aos companheiros de turma. Talvez seja a noção de espaço potencial que marca a realidade institucional do esporte moderno que leva à dicotomia existente entre *ludens* e *faber*, tendo em vista que a realidade competitiva vai além de uma relação didático-pedagógica entre professores e alunos. Isso equivale a dizer que o esporte de competição infantil se tornou sinônimo de esporte de rendimento. Diríamos que existe um padrão de interação de habilidades, de valores e de disposições dos indivíduos para ocuparem posições de destaque no meio esportivo.

O estabelecimento de um critério válido de competência faz com que o esporte de competição infantil seja moldado, conforme Simões e Böhme (1999), pela causa (prestígio, fama, bolsas de estudos) e pela condição atlética (capacidade de produção) dos indivíduos para produzir resultados consistentes. Ser lúdico e esportista implica ser competidor, o que, por sua vez, implica produzir, obter resultados, desenvolver ligações individuais e aceitar a natureza das regras do jogo. A esse respeito, é interessante notar que os meios de comunicação de massa estão modificando a cultura social esportiva em todos os continentes.

As informações obtidas possibilitam acrescentar que o esporte moderno é constituído por instituições mobilizadas para dar condições às circunstâncias nas quais os indivíduos se encontram. Não é acidental o crescimento das escolinhas de esportes. A premissa de Maquiavel de que os fins justificam os meios faz parte desse cenário para que fique demonstrada a superioridade do poder adulto em relação a crianças e jovens adolescentes em idade escolar. A tônica é que dificilmente se vê crianças participando de "peladas" de rua e/ou brincando com "bolinhas de gude". É desnecessário dizer que o esporte moderno vive uma ordem diferenciada de prioridades em uma perspectiva sociocultural.

Essa posição naturalmente leva ao problema de o esporte moderno não ser escola de virtudes. Constantino (1993) afirma que o esporte é constituído por valores socioculturais contraditórios. Exemplo disso é que os efeitos das práticas escolares esportivas e dos treinamentos devem ser considerados para dar visibilidade a muitas práticas profissionais. É importante destacar que todos tentam provar para si que são melhores que os outros. Por essa razão, os adultos acabam fantasiando a ideia de serem responsáveis pela formação de grandes "atletas". O fato de as lideranças adultas terem a capacidade de se ajustarem, em diferentes contextos sociais esportivos, consegue impor alguns desafios para seus filhos/alunos; entre eles, os desafios de estabelecer diretrizes no plano da consecução de objetivos concretos. Não é raro observar pais ensinando os filhos a darem "bicicletas" em uma quadra de cimento e/ou procurando os professores ou os técnicos para impor a presença dos filhos nas equipes representativas das escolas, clubes, etc. Outros, ainda, veem nos amigos o apoio que não encontram em suas tentativas para influenciar os profissionais das áreas da educação física e do esporte – usam a máscara da inteligência para manterem os filhos em evidência no cenário esportivo. Também existem aquelas crianças e adolescentes que se julgam verdadeiros "craques" – e individualmente afligem familiares, professores e técnicos, porque, para eles, a competência esportiva está associada à imagem de muitos atletas veiculada pelos meios de comunicação.

Esta pode ser considerada uma questão que engloba o bojo de processos educacionais e socioculturais esportivos integrados. Daí os problemas que mais parecem dificultar a participação infantil no cenário do esporte serem aqueles alinhados com o poder do esporte como um modelo esportivo de realidade social institucionalizado, que persuade a vida esportiva das crianças desde que ingressam nas escolas até se tornarem adultas. O apoio social esportivo constitui-se um centro de energias afetivas relacionais para construção das formas pelas quais os indivíduos são socializados e incluídos no mundo dos esportes; por conseguinte, isso abrange as expectativas dos pais, das escolas/professores, dos clubes e da sociedade em que convivem.

A percepção que os indivíduos têm de seu mundo social esportivo, como se orientam e como podem persuadir/influenciar está relacionada com a construção de redes de apoio social e afetivo, já que todos querem ser reconhecidos. Svoboda e Patriksson (1996) postularam que, para melhorar a consciência social e ética do mundo social esportivo, seria necessário ampliar o espaço de discussão das questões que se conjugam com a formação acadêmica dos profissionais que trabalham nos diferentes segmentos sociais esportivos. Não é por acaso que os vínculos de relacionamentos das lideranças adultas estão alinhados às suas capacidades de poder pessoal, de influência e de perícia sobre a formação e o desenvolvimento da personalidade das crianças e dos jovens adolescentes.

A IMAGEM DAS INFLUÊNCIAS NA VIDA ESPORTIVA DE CRIANÇAS/ADOLESCENTES

Uma comprovação prática do que foi exposto até aqui é que o esporte escolar traz em si revelações importantes a respeito da participação das pessoas (crianças, jovens adolescentes, pais, professores de educação física) no campo dos esportes individuais e coletivos. Aquilo que chamamos de esporte escolar/educacional é, na verdade, uma tentativa de mostrar as estratégias dinâmicas e constantes das lideranças adultas com o meio socioambiental esportivo. Significativo é o fato de que nem todos os adultos estão preocupados com as fases de desenvolvimento formativo e educativo esportivo das crianças e dos adolescentes. O conceito de relações estabelecidas consiste em um modelo de interconexões que mobilizam as habilidades atléticas visando a desempenhos que podem afetar o crescimento psicossocial.

A preocupação das lideranças adultas para estabelecer relações próximas e significativas propicia uma preocupação pela otimização dos desempenhos esportivos. Esse seria um dos casos, por exemplo, do desinteresse infantil pelas práticas esportivas escolares, no qual crianças/jovens adolescentes passam a se comportar de maneira mais impulsiva – com características de conflitos no ambiente familiar. Lembremos dos mecanismos de defesa denominados por Freud de introjeção e projeção, que podem levar os indivíduos a interiorizar determinadas imagens e/ou projetar características indesejáveis que não conseguem perceber em si mesmos. Não é à toa que o estado de tensão/emoção se manifesta pela situação de pressão das forças sociais e das energias físicas que gravitam no meio socioambiental.

Essa vulnerabilidade potencializa, conforme Hutz, Koller e Bandeira (1996) e Rutter (1987), todos citados por Brito e Koller (1999), os efeitos negativos de situações estressantes. É decisiva para as lideranças adultas a forma pela qual observam e valorizam os motivos, as necessidades e os desejos infantis no mundo esportivo, pois é a única maneira que poderia levá-las a defender as ideias de que o desenvolvimento da personalidade esportiva é marcado pela revitalização do interesse e da satisfação na emergência das relações socioafetivas e das capacidades de adaptação nas diferentes práticas esportivas.

Obrigar um filho a participar de um determinado esporte pode acarretar inúmeras dificuldades no processo de desenvolvimento socioafetivo esportivo. Um jovem esportista apaixonado por basquetebol, mas com baixa estatura, poderia ser orientado de forma mais educativa com o propósito de criar condições para levá-lo a praticar outros tipos de modalidades esportivas. Os pais e os amigos são os mais empenhados em apontar as modalidades que gostariam que seus filhos e companheiros pudessem praticar.

Em uma perspectiva psicossocial, a precocidade competitiva é um poderoso instrumento de poder que pode criar todo um universo de conflitos para os desenvolvimentos sociais, cognitivos e emocionais das crianças pelas exigências alinhadas com as barreiras dos desempenhos. O problema se volta para o significado final daquilo que esses personagens fazem, como também para os fenômenos interativos da infinita riqueza do comportamento infantil. O que uma criança vê, ouve e aprende pode afetar, em grande parte, sua capacidade de produção com objetivos maiores. É possível que certos recursos, mediante os quais os adultos fazem prevalecer seus propósitos, estejam presentes no confronto das dificuldades encontradas pelos indivíduos em escolas, em clubes e em equipes esportivas.

Essa possibilidade existe conforme a conduta pessoal das lideranças adultas se alinha com modelos socioculturais esportivos que movem os processos de formação e de desenvolvimento das crianças em escolas, em clubes e em associações esportivas. Além desta, situam-se aquelas em que as crianças se manifestam contra o comportamento dos adultos. O simples fato de os adultos participarem da maneira de ser das crianças coloca em discussão determinadas regras de comportamento, demonstrando que a verdadeira via de acesso infantil à participação esportiva reside na presença dos adultos. É assim que se expressam, em grande parte, as manifestações em circunstâncias que salvaguardam os desejos e as necessidades dos adultos. Uma das mais importantes dimensões psicossociais, sociodinâmicas e institucionais é o poder persuasivo dos adultos quanto à tolerância de liberdade de ação para a participação infantil nas escolinhas e nas equipes escolares.

A literatura mostra que muitos estudos não levam em conta as relações que tradicionalmente as famílias exercem sobre os graus de envolvimento dos filhos com os diferentes tipos de esportes individuais e coletivos. As relações sociológicas e psicológicas, conforme Brustad (1992), não têm levado em conta as influências exercidas pelos adultos no processo de socialização e motivação e nas implicações que o esporte exerce sobre o comportamento infantil. A socialização por meio das brincadeiras, dos jogos e do esporte de competição tem sido usada para justificar a aprendizagem social; por meio das práticas esportivas escolares e esportivas competitivas, ela pode ser considerada um fenômeno complexo. Esse processo é muito nítido quando se analisa a diferença entre a socialização no esporte e por meio do esporte – que, segundo Patriksson (1996), tem sido objeto de poucas investigações, em grande parte pelas dificuldades relativas às concepções e aos procedimentos metodológicos.

O nível das pesquisas que dizem respeito à socialização por meio do esporte é superficial, lançando mão, conforme Greendorfer e colaboradores (1996), de conceitos e temas sem nenhuma relação com a socialização no cenário dos esportes de competição. A maioria das pesquisas está relacionada com os efeitos positivos ou negativos da participação dos indivíduos nos diferentes tipos de esportes. Se perguntássemos às lideranças adultas sobre a socialização por meio das práticas esportivas escolares e das práticas escolares esportivas, por certo teríamos inúmeras respostas pelo fascínio que o esporte-espetáculo exerce sobre todos. A realidade esportiva vivida é também representada, e, por meio dela, as lideranças adultas influem no prazer que as crianças e os adolescentes sentem na prática de um determinado esporte.

Scanlan e Lewthwaite (1986) descobriram que o prazer que lutadores em idade escolar sentiam estava positivamente vinculado com a satisfação dos pais em relação aos resultados obtidos, como também com a participação positiva dos adultos no processo de interação social. Brustad (1988) mostrou que existe uma relação negativa entre a pressão exercida pelos pais e a participação lúdica dos jovens que praticavam basquetebol. O que mais chama a atenção nesses dados é a contraposição entre as necessidades de interferir dos adultos e os desejos de participação de crianças/adolescentes.

Esse sistema opera acionado por relações humanas produtivas, que despertam sensações agradáveis e desagradáveis considerando a imagem reproduzida pela cultura do esporte-espetáculo.

O nível mais profundo desse processo é que, em outros tempos, as formas de participação infantil eram mais espontâneas quando comparadas com as exigências competitivas mantidas na modernidade esportiva escolar.

O vínculo de dependência gera tanto interesse para as lideranças adultas quan-

> O nível mais profundo desse processo é que, em outros tempos, as formas de participação infantil eram mais espontâneas quando comparadas com as exigências competitivas mantidas na modernidade esportiva escolar.

to desafios para comunidade esportiva infantil. No entanto, é a dimensão psicossocial que emerge mais fortemente na criação de vínculos interativos e operativos que possibilitem que adultos e crianças/adolescentes estabeleçam relações de apoio social esportivo e afetivo relacional nas fases de desenvolvimento das práticas esportivas escolares. A presença ou a ausência de vínculos diversos permite que as crianças e jovens adolescentes se desenvolvam social e emocionalmente. Vemos aqui formulado um questionamento que mostra que a criança ou o adolescente e o esporte de competição infantil estão em interação bidirecional e constante com as lideranças adultas, como instrumentos de poder com os desempenhos esportivos. Com isso, queremos dizer que, além de quererem brincar, participar e jogar de forma espontânea, as crianças e os jovens estão diante de um cerceamento adulto quanto às suas inclusões e exclusões nos diversos tipos de esportes.

Barbanti (1989) demonstrou que os meninos são mais influenciados pelos amigos quando comparados com as meninas – mais influenciadas pelos pais –, existindo, ainda, uma pequena tendência destes em exigir mais do comportamento das filhas do que dos filhos. Em muitos casos, a família tende a valorizar demasiadamente as qualidades que os filhos não têm ou que gostariam que eles tivessem. A vida esportiva infantil é então associada aos esquemas estabelecidos dentro de padrões bem-determinados. Se os pais reconhecerem suas limitações em relação ao seu conhecimento do esporte e se tornarem capazes de reconhecer as limitações das capacidades atléticas dos filhos, prestarão um enorme serviço não apenas às crianças e aos adolescentes, mas a todo o esporte de competição infantil.

Competir, ganhar, vencer a qualquer custo: essas ações poderiam estar reproduzindo tudo aquilo que as lideranças adultas mais querem para os filhos e alunos como "atletas". Contudo, permite trazer à luz o poder das práticas esportivas escolares e suas implicações no posicionamento dos parentais, especialmente no que concerne à iniciação esportiva. Lucato (2000) diz que existe uma comprovação prática sobre o processo de socialização e cooperação das crianças por meio das práticas esportivas escolares. A dinâmica envolvendo as condições físicas e mentais entrariam como fatores alinhados com o nível de conhecimento dos professores e a convivência com os amigos no ambiente escolar. A falta de infraestrutura esportiva, o curto tempo de treinamento e a não participação em eventos esportivos competitivos seriam os fatores desvantajosos perante outras instituições de ensino.

Acredita-se que as dificuldades metodológicas alinhadas com o binômio ensinar e aprender têm ligação direta com a integração social, pela qual assimila-se um patrimônio cultural, em grande parte, à base das relações de sucesso e insucessos. Daí serem considerados como elementos benéficos – os maléficos estariam relacionados à frustração infantil diante das derrotas, especialmente pela pressão exercida pelos professores para obtenção de resultados positivos. Em seu estudo, Lucatto (2000) revelou, também, que os pais de crianças com idade entre 7 e 9 anos acreditavam que a iniciação esportiva fosse um dos elementos fundamentais da formação educacional; os pais de crianças entre 10 e 12 anos consideraram que existia um acentuado aumento no processo de socialização e de cooperação entre os colegas. As crianças entre 7 e 9 anos revelaram que o estímulo esportivo para o confronto direto com os adversários pode, em caso de derrota, causar frustrações – sendo que tudo isso pode estar associado aos profissionais da área esportiva que se preocupam demasiadamente com as vitórias.

No rastro desses acontecimentos, poderíamos ainda identificar outros, todos ligados às associações que separam os desejos das lideranças adultas dos desejos infantis, o coletivo do individual, e assim por diante. No entanto, se as reflexões, nesse sentido, remetem à visibilidade da participação adulta na vida esportiva infantil, em um segundo sentido elas remetem à possibilidade de se compreender e se discutir mais alguns resultados que mostram duas realidades interligadas. Assim é que Simões e Böhme (1999), com o intuito de verificar a participação dos pais e das mães separadamente na vida esportiva dos filhos, detectaram que nenhuma relação estatisticamente significativa foi observada entre o fato de os indivíduos serem do sexo masculino ou feminino e sua assistência direta. O desejo e a necessidade dos adultos de estarem presentes de forma contínua na vida esportiva dos filhos poderiam explicar o significado dessa assistência direta. Tanto o pai quanto a mãe parecem desempenhar papéis igualmente importantes na vida esportiva de jovens atletas.

Essa análise pode dar uma ideia da riqueza de problemas existentes nas situações de incentivo dos pais para que seus filhos se tornem bons atletas. Parte desses problemas é produto de uma discussão inacabada nas situações competitivas. Ninguém poderia negar que um desses problemas é a preparação esportiva infantil ligada a critérios precisos para se escolher crianças e jovens que tenham talento. Greendorfer e colaboradores (1996) apontam que adultos deveriam compreender melhor o processo de socialização das crianças por meio das práticas escolares esportivas. Quase todas as lideranças adultas se deixam levar pelos valores educacionais e esportivos envolvidos com as influências ao longo dos caminhos a serem percorridos pelos jovens atletas. Tanto a assistência direta quanto o nível de incentivo parental constituem processos de interação. O incentivo, portanto, é um procedimento essencial para que as crianças adquiram consciência participativa no mundo dos campos, das quadras, das piscinas e das pistas.

Segundo Simões e Böhme (1999), os resultados indicam também que nenhuma relação significativa foi encontrada entre o nível de incentivo familiar e o fato de as crianças serem do sexo masculino ou feminino. Não há dúvida de que os pais e as mães separadamente incentivam seus filhos no caminho da aprendizagem esportiva. Além disso, o fato de incentivarem seus filhos faz com que se acentue o fato de que as crianças em idade escolar não estão apenas situadas na relação com as diferentes práticas esportivas competitivas, em um processo educativo que não daria possibilidade de a criança fugir da identificação por esse ou aquele tipo de esporte.

As manifestações humanas, conforme Martens e colaboradores (1981) e Brown e Grineski (1992), apontam que as influências adultas, a capacidade de rendimento e a detecção de talentos são elementos que asseguram os objetivos propostos nos diferentes níveis de ensino das práticas escolares esportivas e esportivas competitivas. Essas indicações parecem necessárias para a compreensão dos resultados obtidos pelo estudo de Simões e Böhme (1999) sobre os níveis de exigência estabelecidos pelos pais em relação às crianças e aos jovens atletas. Os resultados apontaram que os níveis de exigência estabelecidos tanto pelos pais quanto pelas mães são maiores para os filhos do que para as filhas. Uma interpretação possível para esses resultados é a de que os pais tendem a acentuar mais os valores das capacidades atléticas, sobretudo se acreditam que o esporte de competição pode levar seus filhos a se tornarem atletas famosos. Lima (1990) afirmou que os indivíduos que competem são submetidos a inúmeras exigências, inclusive sociais, tendo em vista que se expõem ao julgamento dos demais. Entretanto, os dados apontam que a maioria dos pais (pai e mãe) não exige isso dos seus filhos.

Essas diferenças de exigência mostram em que condições as crianças e os jovens adolescentes se adaptam às normas de condutas no campo dos esportes infantis. Pode-se dizer que as exigências das lideranças adultas em relação à participação infantil nos diferentes tipos de esportes levam a uma só pergunta: "Seria a criança um atleta em miniatura?"

Esse comportamento é justificado na medida em que as participações adultas influenciam as crianças. Há poucas oportunidades para que as crianças e os jovens atletas exerçam influências sobre o processo de tomada de decisões estabelecido pelas lideranças adultas. Essa situação tem consequências educacionais e pode estar presente no processo de formação e de desenvolvimento das crianças e dos jovens no cenário esportivo. É indispensável, ainda, citar que o nível de orientação educacional e esportiva inclui uma questão psicossocial fundamental no comportamento esportivo: a que coloca a participação adulta como maléfica, especialmente quando voltada para participar, competir e vencer a qualquer custo. Os pais cuidam da evolução do desempenho infantil nos treinamentos e nas competições e veem na evolução das habidades atléticas uma possibilidade para conseguirem prestígio social por meio dos filhos. E como se interessam em fazer com que seus filhos se tornem bons atletas, acabam apoiando suas ambições pela motivação infantil. Acreditam, conforme Hahn (1988), que podem valorizar seus filhos por conhecê-los melhor do que os demais, organizando sua vida social esportiva. As causas e os efeitos dessas participações se mantém de geração em geração com os diferentes tipos de práticas escolares esportivas e práticas esportivas competitivas.

Alguns estudiosos citados por Barbanti (1992) realçam que o esporte educacional se sustenta na competitividade, pressionando em demasia as crianças e os jovens atletas sob o ponto de vista físico e psicológico, colocando as condutas das lideranças adultas como maléficas quando tentam canalizar seus interesses e necessidades nas vitórias. Vencer a qualquer custo é algo que reproduz exatamente tudo aquilo que as lideranças adultas querem das crianças e dos jovens como atletas.

CONSIDERAÇÕES FINAIS

Os vínculos estabelecidos entre as lideranças adultas e a participação de crianças/jovens adolescentes no campo dos esportes nos remetem a explicações que contemplam um conjunto de fatores psicossociais, sociodinâmicos e institucionais. Esses vínculos demonstram que as relações envolvendo componentes cognitivos, socioafetivos e comportamentais podem facilitar ou dificultar a inclusão ou a exclusão dos indivíduos das práticas escolares esportivas e esportivas competitivas, cujos eventos são realizados em um meio socioambiental que é psicossocial, sociodinâmico e institucionalizado. Existe um conjunto de valores, crenças e ideologias pela integração da formação educacional e do desenvolvimento da personalidade por meio das práticas educacionais esportivas e competitivas, veiculado pela própria sociedade do esporte escolar de competição, atingindo as instituições de ensino fundamental e médio.

O surpreendente é que praticamente "todas" as lideranças adultas se orientam em consonância com uma ótica individualista, voltada para a condução das crianças e dos jovens adolescentes para o esporte de alto nível. O poder de persuasão/influência por parte das lideranças adultas é tão acentuado que pode colocar em risco a própria valorização da formação e do desenvolvimento educacional e esportivo dos indivíduos. Contemplam-se, assim, desde os processos de iniciação do desenvolvimento esportivo até os níveis de habilidades atléticas, os conteúdos programáticos e as compensações idealizadas pelas lideranças adultas. Do ponto de vista socioafetivo interativo, a questão do comportamento competitivo exigido das crianças e dos jovens adolescentes traduz o mais alto grau de exigência entre o aprender, o jogar e o competir de maneira educativa e comparativa de desempenhos.

Os problemas interativos e conflituosos se mantêm atrelados às normas de conduta estabelecidas pelas lideranças adultas. O abandono precoce de muitas modalidades coloca em dúvida tanto a política educacional esportiva das escolas quanto as ideologias educacionais das lideranças adultas em valorizar demasiadamente os desempenhos. Nesse contexto, muitos aspectos das competições tornam-se emergentes, e muitas situações podem levar à frustração devido à submissão das crianças às condutas dos professores, dos técnicos ou dos pais. O desenvolvimento esportivo competitivo seria, portanto, fruto do interjogo estabelecido entre a natureza das exigências determinadas pelo sistema esportivo educacional e as *performances* de condutas das lideranças adultas em relação aos processos de integração e socialização de crianças/jovens adolescentes enquanto alunos e atletas.

Muitos professores de educação física e técnicos esportivos têm as habilidades para desenvolver vínculos socioafetivos e estreitamento de vínculos com os alunos/atletas, visando a solucionar problemas pela procura e pela disponibilidade para ajudá-los em situações esportivas competitivas. O universo do esporte escolar se torna um modelo de realidade social na vida esportiva de crianças/jovens adolescentes, e muitos fatores psicossociais, sociodinâmicos e institucionais podem estar presentes, tornando-se importante para que os educadores e esportistas lancem seus olhares a fim de implementar projetos de formação educacional e desenvolvimento da personalidade esportiva. Por conseguinte, lideranças adultas (professores/pais) podem responsabilizar-se por suas condutas e atitudes adotando comportamentos pró--sociais esportivos e efetivos, para que as crianças/jovens adolescentes consigam desenvolver ações que promovam um crescimento adequado e condizente com as suas capacidades produtivas.

Nessa perspectiva, os problemas relacionados com as práticas escolares esportivas e esportivas competitivas continuarão a ser avaliados e julgados por pais e professores como educadores/técnicos de equipes escolares de várias modalidades esportivas. Existe a sugestão de que seria importantíssimo que as lideranças adultas respeitassem as brincadeiras, os jogos e os esportes de competição infantil nos processos de formação e desenvolvimento da personalidade esportiva. Do ponto de vista psicossocial, sociodinâmico e institucional, o estabelecimento de sistemas relacionados com o ensinar, o aprender, o jogar e o competir permite que crianças e jovens adolescentes se desenvolvam cognitivamente, emocionalmente e socialmente. Se as definições e as interpretações são complexas, as diferentes abordagens mostram que as práticas escolares esportivas e esportivas competitivas integram aspectos educacionais e esportivos formativos no desenvolvimento escolar. Verifica-se, desde logo, que, no plano dessas práticas escolares, há a necessidade de oportunizar uma forte rede de apoio cognitivo, afetivo e comportamental para que crianças e jovens adolescentes/alunos/atletas participem e desenvolvam adequadamente tais competências cognitivas.

Esses apoios representam os desafios das lideranças adultas para estabelecerem programas educacionais esportivos alinhados com padrões definidos de organização, canais de comunicação e comportamentos indicativos de amizade, confiança e respeito humano às crianças e aos jovens adolescentes. Esses mecanismos podem ser vistos como procedimentos eficazes para que alunos/atletas possam desenvolver seus sentimentos de satisfação com a vida escolar e esportiva. Esse quadro observado na sociedade do esporte escolar esportivo nos leva a concluir que o esporte escolar de competição e os padrões de comportamentos competitivos infantis estão intrinsecamente relacionados com as ideologias de condutas das lideranças adultas (professores-técnicos, laços parentais materno-paternos). Essas ideologias de condutas são responsáveis pela criação das condições dos fatores psicossociais, sociodinâmicos e institucionais durante as interações e o desenvolvimento de padrões de comportamentos esportivos e de outros fatores de relacionamentos que incorporam aspectos socioesportivos motivacionais mais específicos.

No entanto, permanecem os paradigmas referentes às relações de apego e dependência da criança e do jovem adolescente em relação às lideranças adultas no período compreendido entre a infância e a adolescência. Esse é um período que exige dos professores de educação física, como educadores e técnicos de equipes escolares, padrões de comportamentos alinhados com habilidades psicossociais, sociodinâmicas e institucionais ajustadas às necessidades e desejos infantis nos contextos do aprender a participar, a competir e a vencer dentro dos parâmetros estabelecidos pelo *fair play*.

REFERÊNCIAS

BARBANTI, E. J. A criança e o esporte competitivo. In: SIMPÓSIO DE PSICOLOGIA DO ESPORTE. *Anais...* São Paulo: EEF/EEFE, 1992. p. 26-33.

BARBANTI, V. J. *Influência dos pais na formação esportiva dos filhos*. 1989. 45 f. Tese (Livre-Docência) – Escola de Educação Física e Esporte, Universidade de São Paulo, São Paulo, 1989.

BRITO, R. C; KOLLER, S. H. Desenvolvimento humano e redes de apoio social e afetivo. In: CARVALHO, A. M. (Org.). *O mundo social da criança:* natureza e cultura em ação. São Paulo: Casa do Psicólogo, 1999.

BROWN, L; GRINESKI, S. Competition in physical education: an education contradictions? *Journal of Physical Education, Recreation & Dance*, n. 3, p. 77, 1992.

BRUSTAD, R. J. Affective outcomes in competitive youth sport: the influence of interpessoal and socialization factors. *Journal of Sport & Exercise Psychology*, v. 10, p. 307-321, 1988.

_____. Integrating socialization influences into the study of children's motivation sport. *Journal of Sport & Exercise Psychology*, v. 14, p. 59-77, 1992.

COCA, S. *El hombre deportivo:* una teoría sobre el deporte. Madrid: Alianza, 1993.

CONSTANTINO, J. M. O desporto e a comunicação social. *Revista Horizonte*, n. 48, p. 203-207, 1993.

FELKER, M. Fundamentos da iniciação esportiva. In: CONGRESSO INTERNACIONAL DO CONE SUL, 6. *Programa*. Porto Alegre: Secretaria de Esportes e Turismo, 1998.

GONZÁLES, J. L. *El treinamiento psicológico en los desportes*. Madrid: Biblioteca Nueva, 1996.

GREENDORFER, S. L. et al. Family and gender-based influences in sport socialization of children and adolescents. In: SMOLL, F. L.; SMITH, R. E. *Children and youth in sport:* a biopsychosocial perspective. Madison: Brown & Benchmark, 1996.

HAHN, E. *Entrenamiento con ninõs:* teoría, práctica, problemas específicos. Barcelona: Libergraf, 1988.

LIMA, T. O limite da alta competição. *Revista Horizonte*, v. 8, n. 39, p.74, 1990.

LUCATO, S. *Iniciação e prática esportiva escolar e suas dimensões socioculturais na percepção dos pais*. 2000. 79 f. Dissertação (Mestrado) – Escola de Educação Física e Esporte, Universidade de São Paulo, São Paulo, 2000.

LÜSCHEN, G.; WEISS, K. *Sociologie du sport*. Paris: Press Universitaires de France, 1976. p. 202-219.

MACHADO, R. A. A ética e a política no esporte. In: SIMPÓSIO-ESPORTE: DIMENSÕES SOCIOLÓGICAS E POLÍTICAS. *Anais...* São Paulo: EEF/EEFE, 1993.

MARTENS, R. et al. *Coaching young athletes*. Champaign: Human Kinetics, 1981.

PATRIKSSON, G. Síntesis de las investagaciones actuales. In: VUORI, I. et al. *La función del deporte en la sociedad:* salud, socialización, economía. Madrid: Ministerio de Educación y Cultura/Consejo de Europa, 1996. p. 123-149.

SCANLAN, T.; LEWTHWAITE, R. Social psychological aspects of competition form male youth sports participants: predictors of enjoyment. *Journal of Sport Psychology*, v. 8, p. 25-35, 1986.

SIMÕES, A. C.; BÖHME, M. T. S. A participação dos pais na vida esportiva dos filhos. *Rev. Paul. Educ. Fis.*, v. 13, n. 1, p. 34-45, 1999.

SVOBODA, B.; PATRIKSSON, G. Socialización. In: VUORI, I. et al. *La función del deporte en la sociedad:* salud, socialización, economía. Madrid: Ministerio de Educación y Cultura/Consejo de Europa, 1996. p. 99-121.

VAYER, P; RONCIN, C. *Psicologia das actividades corporais*. Lisboa: Instituto Piaget, 1999.

ESPORTE, COMPETIÇÃO E ESTRESSE: IMPLICAÇÕES NA INFÂNCIA E NA ADOLESCÊNCIA

Dante De Rose Jr.

O esporte tem ocupado cada vez mais espaço na vida das pessoas. Especialmente para crianças e adolescentes, a influência dos eventos esportivos divulgados pelos meios de comunicação e a identificação com os ídolos fazem com que eles convivam com as mais variadas situações relacionadas ao esporte e imaginem-se nessas situações, levando-os a traçar objetivos frequentemente inatingíveis em seu contexto social, cultural e familiar.

A expectativa de tornar-se um grande atleta leva muitos jovens a abandonar suas atividades básicas, como, por exemplo, estudar, para se dedicar a uma atividade que demanda grandes sacrifícios e entrega total. Como nem todos que tentam conseguem ser grandes atletas, esse "sonho" pode levar à frustração.

Como aspecto inerente ao esporte, a competição na infância e na adolescência é um tema bastante discutido, pois gera diversas dúvidas sobre benefícios, prejuízos, adequação às faixas etárias, participação dos adultos no processo competitivo e fatores de estresse que permeiam essa atividade.

A simples menção do termo "competição" leva, imediatamente, a imaginar situações prejudiciais que têm como objetivo principal destacar poucos privilegiados, enfatizando a inferioridade física, técnica, psicológica e social da grande maioria dos perdedores.

De certa maneira, esse pensamento não deixa de ter coerência, principalmente quando a competição é encarada apenas como o ponto final de um processo que não permite ajustes e reestruturações em sua trajetória. Nesse caso, prevalecem o imediatismo e a tentativa de explorar essas situações, a fim de que outros consigam alguma vantagem.

No entanto, a competição infanto-juvenil não deve ser encarada de forma tão radical. Ela pode ser um importante meio de aprendizagem, desde que realizada sob condições que respeitem as características dos praticantes e que possa ser desenvolvida de forma natural e progressiva no processo de formação e preparação do ser humano.

Neste capítulo, não será feita uma análise aprofundada de cada uma dessas características relacionadas ao esporte. O enfoque principal será o do aspecto competitivo e suas relações com o esporte infanto-juvenil.

O ESPORTE E A COMPETIÇÃO

A competição esportiva é tão antiga quanto a própria humanidade. Mesmo não existindo informações sobre seu início, há indícios de atividades competitivas desde a Grécia Antiga, quando se organizavam festivais e jogos para homenagear os deuses (Quadro 7.1). Há registros de que crianças e jovens competiam em atividades de luta, pugilato e corridas, inclusive em competições destinadas a adultos, como é o caso de Milo de Creta, vencedor das lutas nos jogos olímpicos de 540 a.C. (De Rose Jr., 1996).

Segundo Korsakas e De Rose Jr. (2002), já na Idade Antiga, o esporte tinha um importante papel na educação do ser humano. Na cultura grega, as atividades físicas faziam parte do processo educacional das crianças.

Apesar de registros de atividades esportivas e jogos ao longo dos séculos, o esporte, da forma como é conhecido atualmente, é fruto das transformações ocorridas na Europa devido à Revolução Industrial dos séculos XVIII e XIX, especialmente na Inglaterra. A aristocracia inglesa alternava suas atividades esportivas entre o campo e a cidade, fato que resultou no aparecimento e posterior regulamentação de alguns esportes, como o críquete e o boxe. Essas atividades passaram a ser praticadas também pelas classes mais humildes e trabalhadoras. A existência de mais tempo para lazer, proporcionada por essa revolução, fez com que aumentasse a prática de atividades físicas e proliferassem as entidades esportivas. Como consequência, surgiram novas modalidades e outras foram aperfeiçoadas, como rúgbi, remo, futebol, hóquei e tênis (Rodriguez Lopéz, 2000).

Durante o século XIX, com a intervenção de um importante pedagogo, Thomas Arnold, o esporte passou a ser praticado também nas escolas públicas e universidades inglesas em substituição aos antigos jogos, que se caracterizavam pela desorganização e violência.

O esporte com caráter educativo tornou-se parte dos currículos das instituições de ensino, contribuindo para o desenvolvimento e o surgimento de outros eventos. Um exemplo foi o ressurgimento dos jogos olímpicos no final do século XIX, cujo idealizador, o Barão de Coubertin, era grande admirador da obra de Thomas Arnold.

Isso fez com que o esporte começasse a sair das fronteiras inglesas para ganhar o mundo. O esporte passou a ser difundido primeiramente nos Estados Unidos, devido à influência da colonização inglesa, e, posteriormente, em outros países. Com isso, novas modalidades esportivas foram criadas, como basquetebol, voleibol e handebol.

Com o ressurgimento dos jogos olímpicos em 1896, o mundo passou a ter con-

QUADRO 7.1 Principais jogos realizados na Grécia Antiga, cidades onde eram realizados e deuses homenageados

Jogos	Cidade	Deus homenageado
Píticos	Delfos	Apolo
Nemeus	Nemeia	Hércules
Ístmicos	Corinto	Poseidon
Panateneias	Atenas	Atena
Heranos	Elis	Hera (únicos jogos exclusivos para as mulheres)
Olímpicos	Olímpia	Zeus

tato com grandes atletas e com as diferentes modalidades esportivas, evidenciando-se a competição entre os indivíduos e as nações participantes. Com o surgimento de entidades esportivas especializadas, muitos eventos tornaram-se parte do calendário esportivo de diversos países, como importantes torneios de tênis, atletismo e a Copa do Mundo de Futebol.

Os jogos olímpicos tiveram grande influência para o esporte, pois voltaram a mostrar a importância das atividades competitivas. Estas fazem parte de um complexo processo, que envolve, direta ou indiretamente, milhares de pessoas, bem como cifras astronômicas, oriundas da indústria da competição esportiva (transmissões, empresas de materiais esportivos, patrocinadores, agências de *marketing*, etc.).

A partir da metade do século XX, o esporte começou a ter uma maior cobertura por parte dos meios de comunicação, mais especificamente rádios e jornais. Com o desenvolvimento de novas tecnologias (principalmente a televisão), os eventos esportivos passaram a ter mais visibilidade, e os grandes atletas tiveram a oportunidade de tornar suas qualidades e seus feitos visíveis para um público cada vez maior.

Nas décadas de 1980 e 1990, devido à globalização e à facilidade de comunicação (principalmente devido à internet), o esporte passou a ser de total domínio do público. Juntamente com os grandes feitos de equipes e atletas, também evidenciaram-se os problemas da atividade: casos de corrupção, *dopping* e ingerências políticas, entre outros.

Essa realidade trouxe novas abordagens ao conceito de esporte. Uma delas afirma que, ao lado de questões físicas, técnicas, táticas, psicológicas e sociais que fazem parte da essência do esporte, coexistem questões de ordem administrativa, econômica e política, entre outras.

Uma definição genérica de esporte o aponta como uma atividade predominantemente física, praticada sob regras estabelecidas e que tem a competição como característica importante, senão indissociável (Barbanti, 2005).

> Ao lado de questões físicas, técnicas, táticas, psicológicas e sociais que fazem parte da essência do esporte, coexistem questões de ordem administrativa, econômica e política, entre outras.

A prática esportiva tem um impacto particularmente significativo quando se reconhece que a competição é um fator motivante de comportamentos que levam a conquistas pessoais e sociais. A competição pode ser entendida como um motor do progresso e do desenvolvimento humano e social, pois, apesar de estar diretamente identificada com o esporte, faz parte de diferentes setores da vida – pessoal, familiar, escolar e profissional. Na competição, a força moral exigida pela lógica do jogo é colocada sempre à prova (Bento, 2006).

Segundo Marques e Oliveira (2002), não há esporte sem competição; dessa forma, aqueles que não gostam de competição não podem gostar do esporte. Na visão de alguns pedagogos, porém, a competição é o aspecto mais perverso do esporte por promover valores exacerbados de concorrência e individualismo em prejuízo de valores de igualdade e solidariedade (Marques, 2004).

Competir sugere a busca de um determinado objetivo e o empenho que alguém faz para atingir sua meta, considerando-se que outras pessoas também tentarão buscar o mesmo objetivo. Competir significa, necessariamente, rivalizar, lutar e tentar conseguir um feito. É por meio da competição que se conhecem os melhores e os piores, os vencedores e os derrotados. Alguns termos relacionados à competição são: disputa (física e psicológica), superação, frustração, seleção, derrotas, vi-

> Alguns termos relacionados à competição são: disputa (física e psicológica), superação, frustração, seleção, derrotas, vitórias, comparação, avaliação, divertimento, pressão e tensão.

tórias, comparação, avaliação, divertimento, pressão e tensão (De Rose Jr., 2002a, 2004).

A competição pode ser considerada a "vitrine" dos atletas. É por meio dela que eles têm a oportunidade de expor suas habilidades e capacidades; em contrapartida, ela também evidencia suas deficiências. Assim, há a possibilidade de se comparar e avaliar desempenhos, nem sempre por meio de critérios adequados e justos.

Devido a essa possibilidade, acredita-se que um atleta deve estar preparado para enfrentar os desafios apresentados e desempenhar a atividade no seu mais alto grau de excelência. A competição exige a aquisição e o aperfeiçoamento de capacidades físicas envolvidas na atividade (p. ex., força, velocidade, resistência), o domínio de habilidades motoras (técnica dos movimentos específicos das modalidades esportivas praticadas) e o desenvolvimento cognitivo (conhecimento teórico e compreensão de variáveis presentes no processo, como a tática, os aspectos psicológicos, as regras, entre outros).

> A competição exige a aquisição e o aperfeiçoamento de capacidades físicas envolvidas na atividade, o domínio de habilidades motoras e o desenvolvimento cognitivo.

Seja qual for o nível da competição ou do praticante envolvido, quatro fatores são evidenciados:

- **Confronto** – Realizado entre dois ou mais indivíduos ou equipes, direta ou indiretamente, dependendo da modalidade esportiva. Algumas vezes, o confronto é pessoal, isto é, quando o indivíduo tenta superar suas próprias marcas ou aquelas estabelecidas por outros atletas.
- **Demonstração** – Oportunidade de demonstrar as capacidades e as habilidades desenvolvidas e apreendidas nos treinamentos e ao longo da vida esportiva, por meio das experiências competitivas.
- **Avaliação** – Pode ser quantitativa (quando se leva em consideração o produto do desempenho a partir de normas de referência numérica com base em critérios previamente definidos; p. ex., cestas convertidas, gols marcados, defesas realizadas, tempo de uma corrida, distância de um salto, etc.) ou qualitativa (quando se avalia o processo ou a qualidade do movimento realizado, levando-se em consideração as situações inerentes a uma competição; p. ex., técnicas empregadas em um salto, análise do movimento do arremesso no basquetebol, análise da estrutura tática de uma equipe de futebol, etc.).
- **Comparação** – Acontece em função de um padrão próprio ou a partir de modelos externos.

Tais fatores podem alterar o padrão de comportamento de qualquer atleta, dependendo de aspectos relacionados com suas características pessoais (estágio de desenvolvimento, estado físico, nível técnico, experiências acumuladas, necessidade de autoafirmação, expectativas e objetivos pessoais) ou de influências de ordem externa (expectativa de outras pessoas em relação ao desempenho do atleta, nível da competição, nível dos adversários, pressões variadas, etc.).

Apesar de a competição ser entendida como o momento em que o atleta demonstra todas as suas capacidades e em que há confronto entre indivíduos ou equipes, ela é na verdade um processo complexo no qual podem ser identificados quatro componentes (Martens; Velley; Burton, 1990):

- **Situação competitiva objetiva** – É identificada como os estímulos objetivos do meio ambiente: treinamento, material, equipamentos, instalações, situações específicas do jogo ou da prova, adversários e arbitragem. É nesse momento que os atletas são avaliados e comparados.
- **Situação competitiva subjetiva** – É a interpretação que cada indivíduo faz das situações anteriores. Uma mesma situação pode ser interpretada de maneira diferente pelos atletas que participam de um mesmo evento.
- **Respostas** – Demonstram como cada indivíduo expressa essa interpretação. De maneira geral, as respostas ocorrem no plano fisiológico (dores, suor excessivo, cansaço), psicológico (estresse, ansiedade, nível de motivação, agressividade), psicomotor (descoordenação de movimentos, falhas no desempenho) e social (isolamento, irritabilidade com as pessoas). Essas respostas não são excludentes, podendo haver combinação dos diferentes fatores.
- **Consequências** – São o *feedback* para a orientação de novos comportamentos e podem gerar satisfação, manutenção na atividade, enfrentamento, fuga ou abandono.

Esses quatro componentes do processo competitivo são diretamente influenciados por características pessoais, traços de personalidade, nível de habilidade, motivos e atitudes (Figura 7.1).

Para competir, o atleta deve estar bem preparado e destacar-se entre os que praticam a mesma modalidade esportiva, isto é, pressupõe-se que ele deva superar os mais elevados níveis de exigência física, técnica, tática e psicológica. A preparação é árdua, com planejamento muito bem definido e

> Para competir, o atleta deve estar bem preparado e se destacar entre os que praticam a mesma modalidade esportiva, isto é, pressupõe-se que ele deva superar os mais elevados níveis de exigência física, técnica, tática e psicológica.

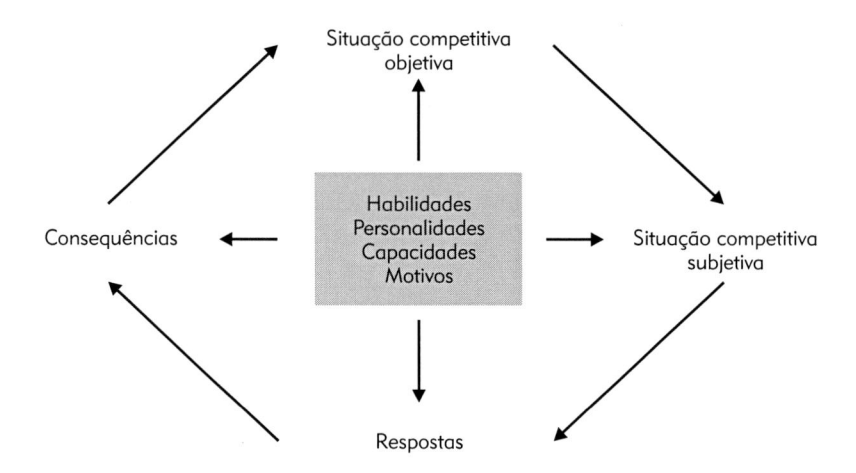

Figura 7.1 Os quatro componentes do processo competitivo.
Fonte: Traduzida e adaptada de Martens, Velley e Burton (1990).

organizado, tendo em vista o aperfeiçoamento das competências necessárias para se atingir os objetivos propostos.

Tal demanda ocorre em qualquer nível de competição, porém, quando relacionada ao esporte praticado por crianças e adolescentes (aqui denominado infanto-juvenil), pode trazer problemas. Estes devem ser contornados de forma adequada para que não se tornem inibidores da participação infanto-juvenil, causando estresse excessivo e prejudicando o desempenho.

A COMPETIÇÃO COMO FONTE GERADORA DE ESTRESSE NO ESPORTE INFANTO-JUVENIL

O termo infanto-juvenil utilizado neste capítulo está relacionado com crianças e jovens do início da segunda infância (cerca de 7 anos) até o final da adolescência (entre 17 e 18 anos). Esse período foi determinado também em função da realidade esportiva brasileira, que, normalmente, apresenta uma maior incidência de competições nessa faixa etária.

No contexto esportivo, a competição infanto-juvenil é cada vez mais difundida, sendo organizada e determinada por critérios não muito claros, estabelecidos por adultos que, na maioria das vezes, ignoram as reais condições e necessidades dos participantes.

Há diversas razões pelas quais crianças são precocemente envolvidas em eventos esportivos competitivos, entre as quais:

- Interesse dos adultos
- Necessidade de seguir modelos de atletas, constantemente divulgados pela mídia
- Expectativas quanto à possibilidade de atingir um alto nível de excelência no esporte
- Possibilidade de melhora de *status* social em um grupo
- Melhoria das condições econômicas pessoais e familiares
- Estilo de vida competitivo (isso se aplica não só ao esporte, mas também à vida cotidiana: profissional, familiar e educacional)

Existem muitas controvérsias sobre a participação de crianças e jovens em atividades esportivas competitivas. Alguns estudiosos são contra essas atividades, afirmando que só trazem prejuízos à formação do jovem. Outros enaltecem a competição como um fator preponderante na formação da personalidade, na afirmação de valores morais, espirituais e sociais e na preparação para lidar com a vida.

Essas posições conflitantes e por vezes radicais não invalidam o conceito de que a prática esportiva deve fazer parte da vida dos jovens, acompanhando-os ao longo de seus estágios de desenvolvimento, tanto como pessoas quanto como atletas. A prática esportiva deveria ser parte de um processo educativo e de formação do jovem, promovendo valores relativos ao "saber ser", "saber estar" e "saber fazer". O "saber ser" está relacionado à autodisciplina e ao autocontrole. O "saber estar" identifica-se com respeito mútuo, companheirismo e espírito de equipe, tão importantes na prática esportiva e na competição. O "saber fazer" relaciona-se à aquisição e ao desenvolvimento das habilidades motoras e ao seu uso em situações esportivas, nas quais a tomada de decisão é um dos aspectos mais importantes (Ferraz, 2002).

> A prática esportiva deveria ser parte de um processo educativo e de formação do jovem, promovendo valores relativos ao "saber ser", "saber estar" e "saber fazer".

Todos esses fatores poderão afetar o comportamento dos jovens, dependendo do seu nível de prontidão. Segundo o conceito de "prontidão competitiva" desenvolvido por Malina (1988), esta inclui componentes físicos (estruturais, fisiológicos e funcionais), psicológicos (emocionais e cognitivos) e sociais. Considera-se que o jovem está pronto para competir quando há um equilíbrio entre esses componentes e as demandas competitivas. Para Malina (1988), quando as características individuais estão em equilíbrio ou acima da demanda exigida pela competição, o jovem está apto para competir. Se acontecer o contrário, isto é, se as demandas competitivas exigirem uma resposta que não esteja ao alcance do praticante, ele poderá experimentar situações de fracasso por não estar pronto para a atividade. Esse conceito está resumido na Figura 7.2.

Esse desequilíbrio entre as características individuais e as demandas competitivas pode se tornar um dos fatores negativos da competição na infância e na adolescência. Quando os jovens atletas são submetidos a desafios incompatíveis com seus recursos, normalmente surgem problemas de ordem física e psicológica.

Os problemas físicos podem ser representados, em sua maioria, pelo aparecimento de lesões importantes, que, a médio ou longo prazo, poderão afetar o desempenho dos atletas, levando-os, inclusive, ao abandono precoce das atividades.

Já os problemas psicológicos estão relacionados aos níveis de motivação, ao estresse gerado pela competição, à ansiedade, aos níveis de expectativa e às pressões decorrentes da necessidade de ter um desempenho adequado e vencer.

Na maioria das vezes, uma criança é levada a participar de competições muito específicas antes mesmo de poder ter contato com atividades de cunho mais geral, o que lhe daria oportunidade de vivenciar diferentes tipos de movimentos e modalidades esportivas, acumulando experiências fundamentais para a sedimentação de seu quadro de prontidão competitiva. Além disso, não é raro que jovens atletas tenham de enfrentar situações complexas antes de atingirem estágios básicos de desenvolvimento motor e cognitivo, sem que estejam aptos para tanto.

A idade para iniciar a prática de atividades esportivas competitivas varia de esporte para esporte. Esse início acontece normalmente por volta dos 11 anos, mas há registros de crianças de até 3 anos competindo em modalidades como a natação e a ginástica. Vários autores preconizam que a idade ideal para a prática competitiva fica em torno dos 12 anos, pois é nesse

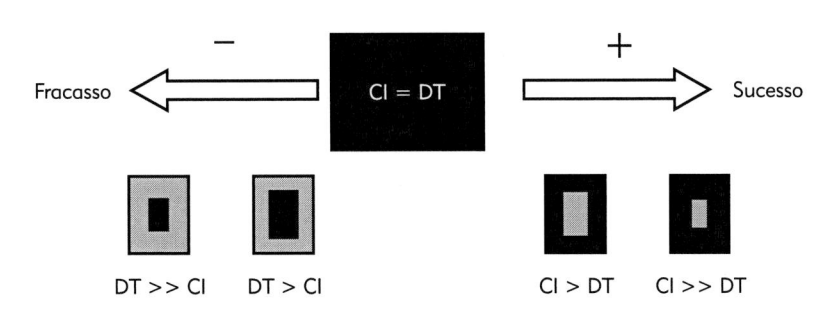

CI = Capacidades individuais
DT = Demandas da tarefa

Figura 7.2 Resumo do conceito de prontidão competitiva.
Fonte: Adaptada de Malina (1988).

momento que o jovem começa a ter uma compreensão mais madura e um raciocínio compreensivo suficiente para entender as nuanças desse processo.

Marques e Oliveira (2002) afirmam que as competições devem ser coerentes com os objetivos do processo de formação esportiva a longo prazo, sendo uma extensão dos treinamentos e mais uma etapa da educação dos jovens. No início, as competições podem ser direcionadas para alguma modalidade esportiva, mas com conteúdos diversificados, enfatizando o desenvolvimento multidisciplinar. À medida que os jovens vão passando para a adolescência, adquirem melhores condições de suportar cargas maiores de treinamento e competência para lidar com situações específicas. Com isso, a competição torna-se mais formal e voltada para uma determinada modalidade esportiva.

Segundo De Rose Jr. (2004), apesar de esses conceitos parecerem óbvios, a prática mostra, de forma constante, situações nas quais as características e as necessidades de crianças e adolescentes não são respeitadas, o que, analogamente, poderia ser comparado a "correr antes de dar os primeiros passos".

Além dos fatores já citados, deve-se ressaltar a função social da competição, que é a forma pela qual crianças e jovens são comparados e avaliados. Essa avaliação e/ou comparação também serve, na maioria das vezes, para hierarquizá-los em seus grupos sociais. Principalmente na pré-adolescência, é importante que os jovens tenham competência para alcançar o sucesso e sejam bem avaliados por seus pares. Se esse nível de realização não for atingido, o indivíduo pode ficar de fora de seu grupo, desencadeando desequilíbrios em seu comportamento. Muitos jovens acabam se desinteressando pela competição por não fazerem parte da equipe, participarem pouco dos jogos ou não jogarem, bem como pelo medo do fracasso e de serem ridicularizados por seu desempenho.

Mesmo sendo o sucesso fundamental nesse processo, é da natureza da competição criar mais perdedores do que vencedores. A minoria experimenta a vitória. Por isso, se essa experiência negativa for constante, o jovem passará a questionar a validade do processo, tornando a competição desencorajadora e até mesmo ameaçadora, especialmente para aqueles que não possuem capacidades e habilidades suficientes para desempenhar de forma satisfatória a atividade e obter o sucesso desejado.

Com base no que foi visto com relação à competição, duas perguntas devem ser colocadas em discussão: O sucesso está necessariamente vinculado à vitória em uma competição? Uma derrota deve significar, necessariamente, ter fracassado?

Essas questões podem ser respondidas sob várias perspectivas. Com relação ao esporte infanto-juvenil, deveria haver uma reflexão mais aprofundada sobre os objetivos da prática esportiva para que eles fossem estabelecidos de forma compatível com essas faixas etárias. Se a competição for encarada como parte do processo de formação dos jovens competidores, é possível afirmar que a resposta para ambas as questões seria *não*.

Nesse caso, o sucesso deve estar atrelado às conquistas individuais (e que podem ser refletidas em relação às coletivas) e ao esforço despendido para a realização de uma tarefa. O sucesso não deveria depender do resultado numérico da competição, mas sim da obtenção de um feito importante para o jovem esportista (p. ex., a realização eficiente de um determinado movimento ou o esforço para realizá-lo denotando uma predisposição em acertar). Esse tipo de atitude depende muito das pessoas envolvidas no processo, especificamente pais, técnicos e professores.

Ao incentivar esse tipo de atitude (predisposição em acertar) e ao reconhecer o esforço dos atletas, essas pessoas contribuirão para que o jovem esportista adquira confiança e maturidade para enfrentar desafios cada vez maiores em sua carreira esportiva e em sua vida.

A criança e o adolescente se envolvem no esporte por inúmeros motivos: afiliação, desenvolvimento de habilidades, diversão, sucesso, *status*, manutenção da condição física, gasto de energia, independência, agressividade e influência de outras pessoas (pais, amigos, professores, modelos, etc.).

> A criança e o adolescente se envolvem no esporte por inúmeros motivos: afiliação, desenvolvimento de habilidades, diversão, sucesso, *status*, manutenção da condição física, gasto de energia, independência, agressividade e influência de outras pessoas.

Todos esses fatores de participação, quando associados e mal explorados, levam os jovens e as crianças a vivenciar o esporte como situação de elevado estresse (a quantidade deste depende das demandas do meio ambiente e das habilidades para lidar com elas). Portanto, se o esporte é colocado na vida de um jovem de forma inadequada, poderá gerar consequências, como aumento do risco de contusões, baixo nível de envolvimento, abandono, desempenho inadequado e queda dos níveis de motivação.

Os fatores de estresse associados à competição no esporte infanto-juvenil podem ter diferentes causas:

- Nível de complexidade da tarefa maior do que os recursos que o atleta possui para enfrentá-la
- Pressões exercidas por adultos envolvidos no processo competitivo (pais e técnicos)
- Pressões autoimpostas
- Definição irreal de objetivos
- Comportamento dos adultos nas competições

- Nível de expectativa exagerado (pessoal e dos outros) em relação ao desempenho
- Treinamento e especialização precoces
- Excesso ou inadequação dos treinamentos
- Falta de repouso
- Competições mal estruturadas
- Nível e importância da competição
- Situações específicas das provas ou dos jogos
- Preocupações com o resultado e com as avaliações
- Medo de competir de forma inadequada e cometer erros
- Medo de decepcionar as pessoas
- Ansiedade exagerada

Esses resultados foram obtidos a partir de estudos desenvolvidos com atletas brasileiros de diferentes faixas etárias (dos 7 aos 18 anos) e de diferentes modalidades esportivas, tais como: atletismo, basquetebol, futebol, futsal, ginástica, handebol, natação, nado sincronizado, tênis e voleibol (Barros; De Rose Jr., 2006; De Rose Jr., 1996, 1997, 1998, 2003; De Rose Jr. et al., 2000, 2004; De Rose Jr.; Deschamps; Korsakas, 2001; Ré; De Rose Jr.; Bohme, 2004; Samulski; Chagas, 1992, 1996).

O estresse gerado antes e durante as competições infanto-juvenis poderia ser minimizado se fossem respeitados alguns conceitos básicos de inserção de crianças e adolescentes no esporte. O Quadro 7.2 apresenta os aspectos favoráveis e desfavoráveis dessa inserção (De Rose Jr., 2002b, 2004).

CONSIDERAÇÕES FINAIS

Ao serem analisados as opiniões, os estudos e os fatores apresentados, a primeira reação seria afirmar que a competição é uma atividade desaconselhável e que traz somente prejuízos para a formação de crianças e adolescentes. No entanto, não se deve partir dessa premissa, mas sim con-

QUADRO 7.2 Aspectos favoráveis e desfavoráveis da inserção da criança e do adolescente no esporte

Aspectos favoráveis	Aspectos desfavoráveis
Início espontâneo	Início induzido e/ou antecipado
Prática de várias experiências motoras	Prática de gestos específicos
Poder escolher a modalidade	Ser imposta uma modalidade
Ter a oportunidade de jogar	Ter de jogar
Jogar de acordo com suas competências	Ter de jogar bem
Poder divertir-se e desfrutar da atividade	Assumir um compromisso e responsabilidades
Vencer se possível	Vencer sempre e a qualquer custo

siderar de forma lúcida e cautelosa esse tipo de atividade no processo de crescimento e desenvolvimento infanto-juvenil.

O que normalmente se observa é a grande pressão que pais e técnicos exercem sobre os jovens atletas, exigindo resultados muitas vezes impossíveis de serem alcançados em função das características da faixa etária dos competidores. Essa postura que busca somente a vitória pode desencorajar a participação de crianças e adolescentes. Vencer é importante, mas deveria ser um objetivo secundário do processo competitivo.

Outro aspecto relacionado aos adultos é o nível de expectativa depositado no desempenho da criança e do adolescente. Espera-se muito em relação ao rendimento, sem que se considerem as condições pessoais para a realização da tarefa. Isso se agrava quando o esporte é vislumbrado como uma possibilidade de ascensão social e um meio de ganhar dinheiro. Hoje em dia, de forma especial no futebol, os jovens são levados a acreditar que poderão ser ídolos e obter somas astronômicas que resolveriam todos os seus problemas e os de seus familiares. Além dos pais e dos técnicos, surge também um novo personagem: o empresário, que procura obter ganhos a partir dos sonhos de muitos jovens. Nesse processo, não se pode eximir a responsabilidade da família, que passa a enxergar no jovem sua "galinha dos ovos de ouro".

Deve-se levar em conta que, para chegar ao topo no mundo do esporte, o caminho é muito árduo. Manter-se nesse topo é ainda mais complicado, pois nem sempre "querer é poder". O sucesso no esporte depende de uma combinação de fatores relacionados a aspectos biológicos, motores, psicológicos, culturais e sociais, fazendo com que os futuros atletas sejam colocados em um "funil" (que tem entrada muito ampla, mas saída muito estreita). Muitos iniciam esse processo, mas pouquíssimos atingem o nível de excelência.

Há várias formas de se ter um processo competitivo adequado e saudável para o desenvolvimento do jovem esportista, de modo a aproveitar suas experiências competitivas na vida cotidiana. Alguns objetivos podem ser apontados como facilitadores para uma participação adequada de crianças e adolescentes em atividades esportivas competitivas:

- Sensibilizar os adultos sobre as necessidades, capacidades e expectativas dos jovens em relação à participação em competições esportivas
- Entender que a criança não é um adulto em miniatura e que, portanto, a competição deve ser organizada para ela e não para satisfazer os desejos de adultos

- Respeitar seus limites e adequar as atividades ao seu nível de desenvolvimento
- Proporcionar aos jovens experiências positivas na competição
- Encorajá-los a desenvolver autoconfiança, bem como autoimagem e autoconceito positivos
- Ajudá-los a desenvolver habilidades interpessoais
- Competir por diversão e apreciar a competição
- Promover desafios e não ameaças no ambiente competitivo
- Proporcionar um ambiente agradável que permita obter senso de competência
- Valorizar o esforço e não somente seu produto
- Oferecer críticas construtivas e orientação para a melhora do desempenho e não somente apontar os erros

A competição será muito benéfica se alguns desses fatores puderem ser compreendidos e aplicados por aqueles que se incumbem de sua organização. Não se trata de superproteger a criança, mas de respeitar o curso normal das ações em função de características emergentes, que, se bem trabalhadas, formarão um esportista ciente de suas capacidades e um cidadão apto a competir em todos os setores de sua vida. O esporte deve ser um instrumento para servir aos anseios e às necessidades da criança e do adolescente.

Praticar esporte e competir como consequência dessa prática é direito de todos, o que deve ser incentivado, mas levando-se em consideração que chegar ao alto rendimento é prerrogativa de poucos. A função do profissional da área do esporte é proporcionar às crianças e aos adolescentes o acesso a esse direito. Cuidar do futuro talento é muito importante, mas cuidar da grande maioria, que não atingirá esse *status*, é obrigação.

Como consequência, as crianças e os jovens serão cidadãos ativos, saudáveis e felizes. E, quem sabe, até grandes atletas.

REFERÊNCIAS

BARBANTI, V. J. *Dicionário de educação física e esporte*. Barueri: Manole, 2005.

BARROS, J. C. T. S.; DE ROSE JR., D. Situações de stress na natação infanto-juvenil: atitudes de técnicos e pais, ambiente competitivo e momentos que antecedem a competição. *Rev. Bras. Cienc. Mov.*, v. 14, n. 9, p. 79-86, 2006.

BENTO, J. O. Do desporto. In: TANI, G.; BENTO, J. O.; PETERSEN, R. D. S. (Org.). *Pedagogia do desporto*. Rio de Janeiro: Guanabara Koogan, 2006. cap. 2.

DE ROSE JR., D. A competição como fonte de stress no esporte. *Rev. Bras. Cienc. Mov.*, v. 10, n. 4, p. 19-26, 2002a.

_____. A importância dos técnicos na formação dos futuros atletas. In: SONOO, C. N.; SOUZA, C.; OLIVEIRA, A. A. B. (Org.). *Educação física e esportes*: os novos desafios da formação profissional. Maringá: Universidade Estadual de Maringá, 2002b. p. 127-132.

_____. Lista de sintomas de stress no esporte infanto-juvenil. *Rev. Paul. Educ. Fis.*, v. 12, n. 2, p. 126-133, 1998.

_____. Sintomas de stress no esporte infanto-juvenil. *Revista Treinamento Esportivo*, v. 2, n. 3, p. 12-20, 1997.

_____. Stress esportivo pré-competitivo. In: KISS, M. A. P. D. M. (Ed.). *Esporte e exercício*: avaliação e prescrição. São Paulo: Roca, 2003. cap. 13.

_____. *Stress pré-competitivo no esporte infanto-juvenil*: elaboração e validação de um instrumento. 1996. Tese (Doutorado) – Instituto de Psicologia, Universidade de São Paulo, São Paulo, 1996.

_____. Tolerância ao treinamento e à competição: aspectos psicológicos. In: GAYA, A.; MARQUES, A.; TANI, G. (Org.). *Desporto para crianças e jovens*: razões e finalidades. Porto Alegre: UFRGS, 2004. cap. 12.

DE ROSE JR., D.; DESCHAMPS, S. R.; KORSAKAS, P. O jogo como fonte de stress no basquetebol infanto-juvenil. *Rev. Port. Cienc. Desporto*, v. 1, n. 2, p. 36-44, 2001.

DE ROSE JR., D. et al. Síntomas de estrés precompetitivo en jóvenes deportistas brasileños. *Rev. Psicol. Deporte*, v. 9, n. 1/2, p. 143-157, 2000.

DE ROSE JR., D. et al. Situações de jogo como fonte de stress em modalidades esportivas coletivas. *Rev. Bras. Educ. Fis. Esporte*, v. 18, n. 4, p. 385-395, 2004.

FERRAZ, O. L. O esporte, a criança e o adolescente: consensos e divergências. In: DE ROSE JR., D. (Org.). *Esporte e atividade física na infância e adolescência*. Porto Alegre: Artmed, 2002. cap. 2.

KORSAKAS, P.; DE ROSE JR., D. Os encontros e desencontros entre esporte e educação: uma discussão filosófico-pedagógica. *Rev. Mackenzie Educ. Fis. Esporte*, v. 1, n. 1, p. 83-93, 2002.

MALINA, R. Competitive youth sports and biological maturation. In: BROWN, E. V.; BRANTA, C. F. (Ed.). *Competitive sports for children and youth*: an overview of research and issues. Champaign: Human Kinetics, 1988. p. 227-245.

MARQUES, A. Fazer da competição dos mais jovens um modelo de formação e de educação. In: GAYA, A.; MARQUES, A.; TANI, G. (Org.). *Desporto para crianças e jovens*: razões e finalidades. Porto Alegre: UFRGS, 2004. cap. 3.

MARQUES, A. T.; OLIVEIRA, J. O treino e a competição precoce dos mais jovens: rendimento versus saúde. In: BARBANTI, V. J. et al. (Ed.). *Esporte e atividade física*: interação entre rendimento e saúde. São Paulo: Manole, 2002. cap. 4.

MARTENS, R.; VELLEY, R. S.; BURTON, D. *Competitive anxiety in sport*. Champaign: Human Kinetics, 1990.

RÉ, A. H. N.; DE ROSE JR., D.; BOHME, M. T. S. Stress e nível competitivo: considerações sobre jovens praticantes de futsal. *Revista Brasileira de Ciência e Movimento*, v. 12, n. 4, p. 83-88, 2004.

RODRIGUEZ LOPÉZ, J. *Historia del deporte*. Barcelona: INDE, 2000.

SAMULSKI, D.; CHAGAS, M. H. Análise do estresse psíquico na competição em jogadores de futebol de campo das categorias infantil e juvenil. *Rev. Bras. Cienc. Mov.*, v. 5, n. 4, p. 12-18, 1992.

_____. Análise do estresse psíquico na competição em jogadores de futebol de campo das categorias juvenil e júnior. *Revista da Associação dos Professores de Educação Física de Londrina*, v. 2, n. 19, p. 3-11, 1996.

A MOTIVAÇÃO PARA AS PRÁTICAS CORPORAIS E PARA O ESPORTE

Pedro Winterstein
Rubens Venditti Jr.

Qual a conclusão de Schopenhauer sobre o conhecimento do *corpo*? Foi que nós e toda a natureza temos uma *força primal* e *incansável, insaciável* que ele chamou de *vontade*. Escreveu: "Para todo lugar que olhamos, vemos um *esforço* que representa o cerne de tudo. E em que consiste o sofrimento? É a luta para vencer o obstáculo que fica entre a vontade e a meta. O que é felicidade? É atingir a *meta* (Yalom, 2005, p. 223).

A motivação parece ter importância fundamental, principalmente quando falamos de práticas corporais em geral ou particularmente no esporte. Ao nos determos em alguns fenômenos que permeiam esse contexto, surgem inúmeras perguntas que, a princípio, parecem difíceis de responder, ou são respondidas de acordo com o senso comum, muitas vezes, de forma equivocada. Destaquemos algumas:

- Por que existem pessoas que gostam de ir à academia exercitar-se durante horas a fio, sem manter qualquer relacionamento com outras pessoas? E outras, para quem o exercício é secundário e o que vale mesmo é fazer uma atividade social?
- Por que algumas pessoas não conseguem se fixar em uma prática corporal por tempo muito longo, preferindo variar o tipo de atividade? Por que alguns escolhem práticas individuais e outros, atividades coletivas? Por que existem aqueles que gostam de atividades competitivas, repletas de tensão, pressão e ansiedade, enquanto outros preferem aquelas sem caráter competitivo, evitando assim fatores estressantes? Por que temos atletas "leões de jogo" e outros que são "leões de treino"?
- Por que alguns indivíduos se engajam completamente nas práticas corporais com as quais se comprometem, enquanto outros não se encontram nesse mesmo grau de envolvimento? Que crenças e mecanismos psíquicos agem na tomada de decisões e na escolha por determinada modalidade esportiva ou tipo de prática corporal a ser realizada pelo indivíduo?
- O que leva um atleta a treinar por longos períodos de tempo e, apesar das constantes derrotas, persistir em direção a uma melhor *performance* atlética, querer participar de torneios importantes, abandonar parentes e amigos, entregando-se a uma vida de restrições e privações? De maneira geral, poderíamos perguntar por que as pessoas fazem, deixam de fazer ou nunca fazem atividade física? E ainda: o que leva alguém a fazer ou não essa atividade? Ou, por fim: qual(is) o(s) motivo(s) dessas ações ou escolhas?

A resposta a essas perguntas é o objeto de estudo da psicologia da motivação e, no nosso caso específico, da motivação para o esporte e o exercício. Também nos ambientes empresariais e na educação, o tema é abordado sob diferentes perspectivas, e notamos o interesse dessas áreas sobre o aprofundamento das questões motivacionais para o trabalho, para os estudos e aprendizagem e até para o autoconhecimento. Pode parecer fácil perceber ou interpretar as características de um indivíduo que se encontra motivado: suas reações, seu comportamento, emoções, interesse e persistência.

Em contrapartida, conseguimos detectar a ausência dessa motivação em pessoas desinteressadas, além, é claro, de apresentarem comportamentos, emoções e reações característicos, como pouco envolvimento, baixa persistência e pequenos níveis de esforço. Mas, embora essas características sejam muitas vezes evidentes, nem sempre podem ser consideradas e interpretadas como fatores únicos na identificação do processo motivacional. Isso pode ocorrer porque o que estamos fazendo ao interpretar e observar essas características consiste em formular hipóteses subjetivas acerca das reações, emoções e ações de outro sujeito, vistas a partir de nossas perspectivas e experiências.

Conhecer o processo multifatorial da motivação nas práticas corporais pode contribuir para compreendermos esses fenômenos. O objetivo deste capítulo é discutir alguns aspectos teóricos e práticos do processo de motivação, possibilitando, assim, sua melhor compreensão.

MOTIVAÇÃO INTRÍNSECA E EXTRÍNSECA

O princípio psicológico de Young de que "nenhum comportamento existe sem causa motivadora que o determine" é necessário para entender as ações individuais e coletivas. Por ser a chave do controle do comportamento humano, o conhecimento da motivação é de extrema relevância (Angelini, 1973).

Motivação intrínseca se refere ao engajamento em uma atividade simplesmente pelo prazer inerente a essa atividade. No caso do esporte e do exercício, pelo prazer em aprender, explorar e compreender novas tarefas, em cumprir uma meta ou se autossuperar, ou ainda em vivenciar situações estimuladoras. A motivação extrínseca, por outro lado, refere-se ao engajamento em uma atividade como meio e não como fim, ou seja, não pela atividade em si, mas pelo que ela pode representar ou levar a conseguir fora dela (Vallerand, 2007).

> Motivação intrínseca se refere ao engajamento em uma atividade simplesmente pelo prazer inerente a essa atividade. No caso do esporte e do exercício, pelo prazer em aprender, explorar e compreender novas tarefas, em cumprir uma meta ou se autossuperar, ou ainda em vivenciar situações estimuladoras. A motivação extrínseca, por outro lado, refere-se ao engajamento em uma atividade como meio e não como fim, ou seja, não pela atividade em si, mas pelo que ela pode representar ou levar a conseguir fora dela (Vallerand, 2007).

Essas tendências motivacionais não são excludentes, mas complementares. Pode-se dizer, portanto, que há sempre o predomínio de uma sobre a outra. Não há um comportamento motivado exclusivamente intrínseca ou extrinsecamente, mas sempre há uma ênfase para uma das duas tendências. Espera-se que o esporte e as práticas corporais sejam realizados por meio de motivação intrínseca, uma vez que ela favorece a obtenção de consequências positivas do ponto de vista afetivo, cognitivo e comportamental.

Isso significa, na perspectiva pedagógica, que se deve evitar a recompensa, material ou não, como meio de levar os indivíduos às práticas corporais (esportivas, físicas ou de lazer), por exemplo, por meio do prêmio, das vantagens ou ainda do elogio. Costuma-se dizer também que a motivação extrínseca corrompe a intrínseca. Isso significa que indivíduos que praticam atividades motivados intrinsecamente (buscando a satisfação apenas pela ação ou pela necessidade intrínseca de realizar a tarefa) e que passam a ser bombardeados com estímulos extrínsecos (recompensas externas, *feedbacks*, elogios) podem modificar suas fontes de prazer, passando a dar maior ênfase ao resultado ou à recompensa. Ou seja, deixam de encontrar o prazer pela tarefa, sendo necessário um elemento externo para suscitar a satisfação ou o prazer. No processo de motivação para o esporte e práticas corporais, é fundamental compreender a interação e as fontes de motivação intrínseca e extrínseca que suscitam as atividades em questão. Os ambientes esportivos e de lazer são excelentes para estímulos tanto extrínsecos quanto intrínsecos.

MOTIVO E MOTIVAÇÃO PARA A REALIZAÇÃO

Motivos são construções hipotéticas, que são aprendidas ao longo do desenvolvimento de cada ser humano e servem para explicar os comportamentos dos indivíduos. As explicações para as ações baseiam-se na suposição de que a ação é determinada pelas expectativas e pelas avaliações de seus resultados e suas consequências (Winterstein, 1992).

Segundo Murray (1978), os motivos podem ser classificados em dois grupos: inatos (ou primários) e adquiridos (ou secundários). Esse mesmo autor relata ainda que os motivos sociais (adquiridos) envolvem o indivíduo em relação a outras pessoas e, segundo essa interação, recebem nomes como agressão, defesa, poder, afiliação, realização, dentre outros (Quadro 8.1).

Um dos mais pesquisados é o "motivo de realização" – responsável pela motivação em situações de rendimento e de competição. Esse motivo é considerado de extrema relevância nas práticas corporais e esportivas em geral e nas aulas de Educação Física, dadas as características presentes no jogo, no esporte e nas práticas corporais.

Os motivos sociais podem ser conceituados como o conjunto de nossas neces-

QUADRO 8.1 Motivos sociais

Agressão	Poder (domínio, influência)	Ordem	Conhecimento
Amparo	Entendimento	Passividade	Construção (organização)
Atividade lúdica (Jogo)	Evitação de danos	Reação	Exposição (ensinamento)
Autonomia	Evitação de inferiorização	*Realização*	Reconhecimento
Deferência (reverência, complacência, assistência)	Exibição	Rejeição	Retenção (economia)
Defesa	Afiliação (filiação)	Sensualismo	
	Nutrimento (assistência)	Sexo	
		Aquisição	
		Evitação de repreensão	

Fonte: Murray (1978).

sidades. Esses motivos poderiam justificar ou explicar nossos comportamentos, planos de ação e nosso envolvimento em tarefas e situações, dentro do complexo processo motivacional aqui discutido. Podemos perceber que a maioria desses motivos pode ser observada e é presente no contexto pedagógico da Educação Física, do esporte competitivo e das práticas corporais. Dentre eles, destacamos a apropriação do motivo de realização para compreendermos o processo de motivação e adesão ao esporte e às práticas corporais, focos deste capítulo.

A teoria do motivo de realização refere-se a um importante domínio do comportamento, isto é, à atividade orientada para a realização (Atkinson; Feather, 1974). De acordo com os autores, a atividade orientada para a realização é aquela vivenciada por um indivíduo com a expectativa de que seu desempenho seja avaliado com algum padrão de excelência. Então, a atividade orientada para a realização é sempre influenciada por uma resultante de um conflito entre duas tendências opostas, a tendência para alcançar o êxito e a tendência para evitar o fracasso.

O motivo de realização (traduzido de *need of achievement*) foi definido por Heckhausen (1980) sinteticamente como "a busca da melhoria ou manutenção da própria capacidade nas atividades em que é possível medir o próprio desempenho, sendo que a execução dessas atividades pode levar a um êxito ou a um fracasso". Dessa forma, o motivo voltado para a competição com algum padrão de excelência apresenta duas tendências básicas nos indivíduos: a expectativa de êxito/orientação à tarefa ou o medo do fracasso/orientação para o ego. Em ambas as tendências, devem ser consideradas:

1. A força da tendência ou o motivo: esse fator é relativamente geral e estável, pois depende das características de cada pessoa (personalidade e subjetividade).
2. A expectativa ou a probabilidade (de êxito ou de fracasso): diz respeito à probabilidade de êxito que o indivíduo estabelece. Ela desenvolve-se a partir de experiências passadas em situações semelhantes que o sujeito enfrentou. Por exemplo, desempenhos prévios bem-sucedidos tendem a aumentar a expectativa de êxito e a diminuir a expectativa de fracasso na mesma tarefa. É a partir desse desempenho que o indivíduo desenvolve uma ideia da dificuldade da tarefa.
3. O valor de incentivo (do êxito, ou o valor negativo de incentivo do fracasso): esse fator também depende da experiência passada do indivíduo em situações específicas semelhantes à que ele enfrenta no momento.

De acordo com Roberts (1993), para a compreensão da motivação e dos comportamentos de realização, devem ser considerados o significado e a função do comportamento, bem como a identificação das metas de ação. Essas metas dirigem o comportamento de realização quando a aprendizagem e o domínio são determinados como importantes para o indivíduo. Além disso, as percepções das habilidades e das capacidades são de autorreferência, persistentes e estabelecem metas apropriadas a suas capacidades.

O pano de fundo desses pensamentos autorreferentes, das autopercepções e do julgamento ou tomada de decisões a respeito dos planos de ação seria efetivamente a autoeficácia em ação, sendo o mecanismo central de autocrenças, regulação, autopercepções e decisões por planos de ação efetivos e eficazes na realização das tarefas.

Indivíduos com forte motivação para a realização trabalham mais, aprendem mais depressa e são mais competitivos do que aqueles com baixo nível de motivação. No plano da ação, são aqueles que assumem responsabilidades pessoais pelos seus atos, que assumem riscos apenas moderados e que tentam atuar de maneira criativa e inovadora, podendo-se dizer que têm senso de autoeficácia elevado e autopercepções reguladas e condizentes com seus domínios, habilidades e competências.

Em contrapartida, indivíduos com baixa motivação para a realização escolhem tarefas com dificuldade extrema e apresentam alta taxa de ansiedade quando colocados em situações nas quais são avaliados; além disso, apresentam baixos níveis de autoeficácia e autopercepção, muitas vezes incoerentes com suas competências e reais habilidades, justamente em virtude de suas crenças (ou, no caso, descrenças), de pouco envolvimento e interesse e experiências aversivas no domínio a ser considerado: ambiente das atividades esportivas e práticas corporais.

Estudos realizados em motivação para a realização também sugerem que indivíduos com altos níveis dessa motivação são independentes, mais persistentes em tarefas de dificuldade moderada, realistas ao estabelecer expectativas para atividades, fixam padrões de excelência cada vez mais altos por não se satisfazerem somente com um único e determinado êxito. Têm compreensão clara de seus objetivos e estão conscientes da relação entre as metas de realização presentes e os objetivos futuros (De La Puente, 1982).

Muitas vezes, esse motivo revela-se no desejo de realizar algo único, que implica êxito pessoal ou indica realização a longo prazo, com antecipação do resultado promissor. Alcançar êxito será uma forma de satisfazer a necessidade criada por esse motivo, enquanto fracassar na realização será uma forma de acentuar ainda mais essa necessidade (Angelini, 1973).

A motivação para a realização permite que a pessoa estabeleça metas e tarefas de maneira persistente até atingi-las (com excelência), com seu próprio toque pessoal. O sujeito tenta superar-se constantemente. Assim, o indivíduo motivado para a realização quer ser competente, capaz e sentir que domina a atividade que realiza (Müller, 1998).

Nesse ponto, os mecanismos psíquicos de satisfação (das necessidades), punição e recompensa (pessoal e social, relacionados às normas de referência para a avaliação, que veremos mais adiante), avaliações subjetivas e interpretações a respeito dos resultados e da motivação sofrem, direta ou indiretamente, influência da autoeficácia, daí sua importante relação com a motivação e o engajamento para a realização nas práticas corporais.

Segundo Roberts (1992), é um erro relacionar motivação no esporte ou nas práticas corporais diretamente com a *performance* (resultado final e rendimentos), sendo mais coerente dizer que é com a ajuda da motivação que podemos entender e analisar as diferenças individuais em situações variadas, em que é exigida uma boa *performance*. A motivação do indivíduo pode melhorar ou piorar seu desempenho no esporte, mas não pode justificá-lo. A *performance* seria apenas o objetivo final de todo o processo motivacional, sem contar que muitas vezes o atleta pode estar motivado, mas não apresentar os resultados ou o desempenho esperados, em virtude de diversos fatores intrínsecos e extrínsecos.

O motivo de realização, para Murray (1978), refere-se ao esforço do indivíduo em concluir uma tarefa, atingir excelência, superar obstáculos, atuar melhor que os outros e orgulhar-se de suas habilidades. É a motivação que orienta as pessoas

> Segundo Roberts (1992), é um erro relacionar motivação no esporte ou nas práticas corporais diretamente com a *performance* (resultado final e rendimentos), sendo mais coerente dizer que é com a ajuda da motivação que podemos entender e analisar as diferenças individuais em situações variadas, em que é exigida uma boa *performance*. A motivação do indivíduo pode melhorar ou piorar seu desempenho no esporte, mas não pode justificá-lo. A *performance* seria apenas o objetivo final de todo o processo motivacional, sem contar que muitas vezes o atleta pode estar motivado, mas não apresentar os resultados ou o desempenho esperados, em virtude de diversos fatores intrínsecos e extrínsecos.

a realizarem suas aspirações, persistirem quando erram e sentirem orgulho ao atingirem seus objetivos.

A definição de metas também auxilia a compreensão de diferenças individuais, dentro da realidade social do meio esportivo. Ou seja, há uma ligação entre a definição de metas para o esporte e os valores e as características de personalidade de um atleta (Nicholls, 1984).

Dentre as diversas teorias da motivação para a realização, são apresentadas duas com aplicação no campo das práticas corporais e do esporte. Ambas indicam que os indivíduos podem ter características que os classificam em dois grupos. A primeira, "Expectativa de Êxito/Medo do Fracasso", diz respeito às orientações do sujeito em direção à busca de êxito ou a evitar fracassos nas tarefas. Já a teoria "Orientação para o Ego/Orientação para a Tarefa" descreve que os indivíduos buscam evitar frustrações pessoais, que nesse caso seriam os conflitos com o ego, ou satisfazer seus anseios e buscar a realização da tarefa, mesmo diante das incertezas, expectativas e imprevisibilidades da tarefa (Winterstein, 2002).

Enfatizamos que, nas práticas corporais, no esporte e no exercício, em virtude do caráter prático e dinâmico dos conteúdos a serem trabalhados, os praticantes se encontram fadados à questão do resultado, do desempenho, da execução dos gestos motores. Logicamente, a consequência final dos planos de ação no âmbito da Educação Física incide na ambivalência do "êxito" (experiências bem-sucedidas, tarefas executadas e objetivos atingidos) e do "fracasso" (insucesso, baixo desempenho, frustração, derrota e objetivos não atingidos).

Winterstein (2002) aponta para as semelhanças entre as duas teorias: os indivíduos com orientação à tarefa, ou classicamente com expectativa de êxito, são caracterizados pela maior necessidade de realização, por acreditarem no seu esforço e por serem otimistas; já os indivíduos orientados para o medo do fracasso, ou orientação para o ego, apresentam-se motivados por fatores externos (busca de reconhecimento social, *status* e aceitação) e mostram-se preocupados com a comparação de sua capacidade com a dos outros.

Essa meta dirige o comportamento de realização em circunstâncias em que a comparação social está presente. Além disso, esses indivíduos tendem a demonstrar capacidade superior (mesmo não a tendo), não são muito persistentes e atribuem o êxito às suas habilidades, ao seu esforço e à sorte. O fracasso, em contrapartida, é atribuído a fatores externos, como o material utilizado, o azar, a situação, etc. Para esses indivíduos, que se caracterizam pelo uso da máxima habilidade, o mínimo de esforço é importante, e a percepção das habilidades é normativamente referenciada[1].

Para uma melhor compreensão do complexo processo de motivação, descrevemos a seguir alguns componentes que têm sido apontados como relevantes para seu entendimento.

> A partir da abordagem social cognitiva, a autoeficácia é definida classicamente como "a crença na própria capacidade de organizar e executar cursos de ações requeridos para produzir determinadas realizações" (Bandura, 1997, p. 3).

COMPONENTES DO MOTIVO DE REALIZAÇÃO: AUTOEFICÁCIA, NÍVEL DE ASPIRAÇÃO, ATRIBUIÇÃO CAUSAL E NORMA DE REFERÊNCIA

Autoeficácia

A partir da abordagem social cognitiva, a **autoeficácia** é definida classicamente como "a crença na própria capacidade de organizar e executar cursos de ações requeridos para produzir determinadas realizações" (Bandura, 1997, p. 3).

Os estudos em autoeficácia, apesar de ainda recentes, vêm ganhando espaço no ambiente educacional, sempre correlacionados à motivação e à persistência nas tarefas (Neri, 1986). Inicialmente, o conceito de autoeficácia foi postulado por Bandura (1977) e desde então, tem se constituído em uma importante área de estudos em diferentes dimensões da atividade humana, por exemplo, na saúde, nos esportes, nas organizações e na educação. "Uma expectativa de eficácia é a convicção que um indivíduo possui de executar com sucesso um determinado comportamento solicitado (ou determinada tarefa) e obter os resultados desejados" (Bandura, 1977, p. 123).

O construto psicológico da autoeficácia é caracterizado como um mecanismo cognitivo para mediar motivação e comportamento, voltados a uma determinada meta (Bandura, 1986, 1997), além de contribuir para o que o autor considerou *human agency* ou "agência humana" (Bandura, 1989, 2001).

> Essas crenças de competência pessoal proporcionam a base para a motivação humana, o bem-estar e as realizações pessoais (*nota: todos possíveis e constantes nas atividades corporais e nos esportes*). Isso porque, a menos que acreditem que suas ações possam produzir os resultados que desejam, as pessoas terão pouco incentivo para agir ou perseverar frente a dificuldades. [...] Crenças de autoeficácia influenciam praticamente todos os aspectos das vidas das pessoas – independentemente de pensarem de forma produtiva, autodebilitante, pessimista ou otimista –, o quanto elas se

---

[1] Por exemplo, quando um ambiente é caracterizado pela competição interpessoal e pela avaliação social, indivíduos com medo do fracasso tendem a obter melhores resultados. Porém, em situações caracterizadas pela aprendizagem, com base no erro alheio, no domínio pessoal da habilidade e pelo simples fato de participar, indivíduos orientados para o êxito, muitas vezes, destacam-se dos demais. Assim, Nicholls (apud Duda, 1993) sustentou que os indivíduos desenvolvem uma meta sobre outra em um ambiente específico, de acordo com as diferenças motivacionais, baseando-se em suas visões de mundo sobre o que consideram importante dentro desse contexto.

motivam e perseveram frente a adversidades, sua vulnerabilidade frente ao estresse e à depressão e as escolhas que fazem em suas vidas. A autoeficácia também é um determinante crítico de como os indivíduos regulam o seu pensamento e o seu comportamento (Pajares; Olaz, 2008, p. 101-102).

Se considerarmos os motivos como construtos hipotéticos (Winterstein, 1992), que buscam explicar ações e comportamentos em direção a determinada meta e objetivo (entendendo-os em um processo que procura dar explicações para as ações, determinados pelas expectativas e pelas avaliações de seus resultados e suas consequências), pode-se perceber a importância da autoeficácia. Esta funcionaria como um dos mecanismos dentro da autorregulação comportamental da agência humana (Bandura, 2001), que permite controlar e auxiliar nesse processo motivacional, na manutenção e na adesão ao esporte e ao exercício, e na persistência e no envolvimento efetivos para as práticas corporais e esportivas.

De acordo com a Teoria Social Cognitiva (TSC) de Bandura (1986), cada indivíduo tem um autossistema que o permite exercer uma avaliação sobre o controle que exerce sobre seus pensamentos, sentimentos, motivação e ações. Esse sistema providencia referências mecânicas e um conjunto de subfunções para perceber, regular e avaliar o comportamento.

Os resultados são provenientes da interação entre esse sistema e as influências do ambiente, dentro da reciprocidade triádica ilustrada na Figura 8.1, que interagem reciprocamente e se regulam sendo um determinante do outro fator (determinismo recíproco).

Os indivíduos executam uma ação, interpretam os resultados de suas ações e usam essas informações para criar e desenvolver crenças sobre suas capacidades, para empenhar comportamentos subsequentes com domínios similares e condizentes com as crenças criadas (Pajares, 2004). São as expectativas de autoeficácia – ou seja, o quanto esse sujeito se considera capaz de executar os comportamentos exigidos na ação efetiva (prática) para atingir os resultados pretendidos, sem desistir no processo (Bzuneck, 2000) – as responsáveis para a elaboração de autopercepções individuais e mecanismos de autocrenças.

> Se considerarmos os motivos como construtos hipotéticos (Winterstein, 1992), que buscam explicar ações e comportamentos em direção à determinada meta e objetivo (entendendo-os em um processo que procura dar explicações para as ações, determinados pelas expectativas e pelas avaliações de seus resultados e suas consequências), pode-se perceber a importância da autoeficácia. Esta funcionaria como um dos mecanismos dentro da autorregulação comportamental da agência humana (Bandura, 2001), que permite controlar e auxiliar nesse processo motivacional, na manutenção e na adesão ao esporte e ao exercício, e na persistência e no envolvimento efetivos para as práticas corporais e esportivas.

> [...] parcialmente embasadas em autopercepções de eficácia que as pessoas escolhem o que fazer, com quanto de esforço investir e por quanto tempo persistir diante de resultados desfavoráveis (desapontáveis) e se as tarefas estão sendo atingidas de maneira ansiosa ou pessoalmente asseguradas (Bandura, 1986, p. 21).

Bandura (1993) percebeu que a autoeficácia envolve muito mais do que simplesmente as convicções de esforço apli-

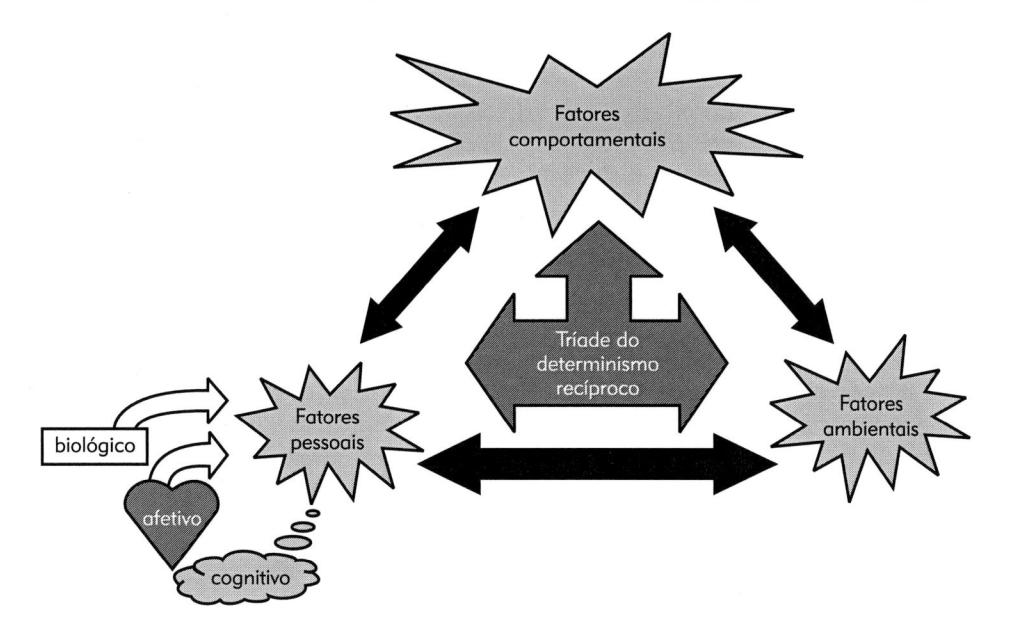

Figura 8.1 Reciprocidade triádica e determinismo recíproco. Interação entre os fatores pessoais, comportamentais e ambientais, além da interdependência entre os mesmos. Esse construto é uma das premissas teóricas para a compreensão da TSC de Bandura (1986).
Fonte: Adaptada de Bandura (1986, p. 24-25) e encontrada em Venditti Jr. (2005, p. 10).

cadas a determinados desempenhos. Engloba também julgamentos do conhecimento da pessoa (individual), habilidades, estratégias e administração de tensão, que também entram na formação de convicções de eficácia e, no nosso caso, da eficácia do praticante de atividades corporais (nosso aluno/a, atleta ou cliente).

Fontes de autoeficácia

Segundo Bandura (1977, 1997, 2001), o senso de autoeficácia é constituído por quatro fontes, sendo elas: experiências diretas e pessoais; experiências vicariantes; persuasão verbal ou social; e estados fisiológicos e emocionais (Figura 8.2). A autoeficácia pode ser considerada em várias tarefas e ações humanas, nas diversas áreas do conhecimento. Neste capítulo, vamos especificar essa utilização para o conjunto de tarefas e atividades que compõem a realização no contexto da Educação Física (EF), e, assim, compreender os mecanismos que participam no controle interno dessas crenças e percepções para o domínio das práticas corporais, dos esportes e do exercício.

As experiências diretas são a fonte principal de influência da autoeficácia, constituindo-se pela interpretação dos resultados de uma *performance* esportiva realizada. Por meio delas, os indivíduos avaliam o efeito de suas ações, o que ajuda a criar suas crenças de eficácia. Resultados interpretados como sucesso aumentam a autoeficácia; os interpretados como carência ou insucessos (fracassos) a diminuem. Dessa forma, a autoeficácia apresenta relação diretamente proporcional com a motivação para a realização, ou seja, quanto maior a autoeficácia, maior a motivação, em virtude dos êxitos anteriores nas tarefas de mesmo domínio.

As experiências indiretas ou vicariantes são a segunda fonte de autoeficácia; constituem-se pelos efeitos decorrentes das interpretações feitas sobre as ações de outras pessoas, de terceiros; seriam praticamente a aprendizagem por modelos ou pela observação (aprendizagem social).

Observando modelos, como outros atletas, esportistas ou pessoas relevantes que façam determinadas ações ou repitam determinados comportamentos, pode ocorrer aprendizagem observacional e incremento na autoeficácia dos aprendizes. As experiências vicariantes são especialmente úteis em duas situações: quando há insegurança quanto às próprias capacidades (ao comparar-se ao modelo, o observador aprende sobre si mesmo); e quando o observador tem um baixo senso de autoeficácia e precisa aprender a lidar com ele, o modelo pode indicar tanto estratégias comportamentais que levem ao sucesso quanto mostrar formas de lidar com as autopercepções de incapacidade e superar essas dificuldades, respondendo às demandas situacionais no ambiente esportivo e competitivo.

Já a persuasão verbal ou social ocorre por meio da exposição (verbal ou social) dos julgamentos que outras pessoas têm sobre as habilidades do indivíduo. Quando utilizada isoladamente, causa um senso de autoeficácia não duradouro, mas pode momentaneamente criar condições motivacionais para comportamentos bem-sucedidos; porém é possível gerar um falso senso de autoeficácia sobre competências inexistentes. A persuasão verbal ou social é comumente aplicada para a adesão ou o incentivo às práticas corporais.

Finalmente, as informações obtidas por fonte dos estados fisiológicos e emocionais são utilizadas pelas pessoas como indicadores para o desempenho, mais relacionados às expectativas quanto ao resultado e ao desempenho. Por exemplo, sintomas físicos aversivos, como dor de cabeça, cólicas e fadiga, são apontados como indicadores de ineficiência. Nesse caso, o indivíduo tende a confiar menos em sua capacidade para obter sucesso em determinada atividade. Apresentam maior segurança em suas capacidades os indivíduos que se sentem em adequado estado de alerta, prontidão e ativação.

É importante destacar que essas fontes de autoeficácia não traduzem diretamente os julgamentos de competência. Os indivíduos interpretam os resultados dos eventos, e são as informações retiradas dessas interpretações que formam o julgamento, não seus resultados diretos. Estudos apontam evidências de que um alto senso de autoeficácia apoia a motivação, afirmando que indivíduos otimistas em relação ao futuro acreditam que podem ser eficientes na realização de suas ações, estabelecendo assim objetivos mais elevados, tendo menos medo de fracassar e persistindo mais tempo quando encontram dificuldades ou situações aversivas às suas metas (Bandura, 1997).

Para Bandura e Pintrich (apud Woolfolk, 2000), pessoas com elevado senso de autoeficácia atribuem seus fracassos à falta de esforço, e pessoas com baixo senso costumam atribuí-los à falta de capacidade. Neste último, a motivação fica comprometida quando os fracassos forem ligados à baixa capacidade e à carência de características necessárias à situação em análise. A Figura 8.2 pode ilustrar as fontes de construção da eficácia pessoal no ambiente do esporte, do exercício e das práticas corporais.

De acordo com Iaochite (2006, p. 139),

> [...] é fundamental que os responsáveis por planejar, implementar e avaliar os programas de avalia-

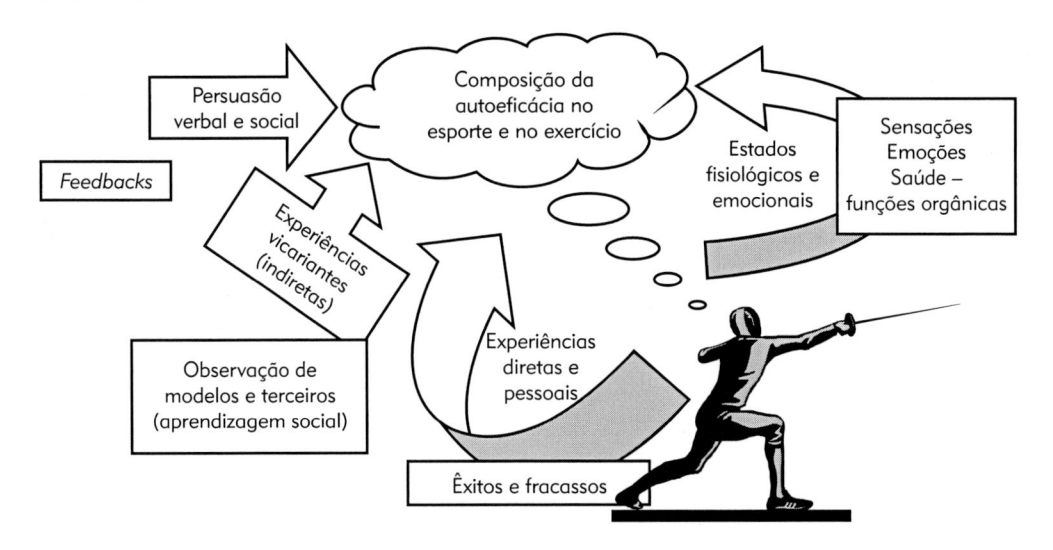

Figura 8.2 Modelo esquemático sobre as fontes de (in)formação da autoeficácia, de acordo com Bandura (1997, 2001): *experiências diretas ou de sucesso pessoal; experiências vicariantes ou indiretas; persuasão verbal e social; e estados fisiológicos e emocionais.*

ção de atividade física e de exercícios reconheçam essa informação como um direcionamento importante para estabelecer os objetivos, o nível de desafios das tarefas a serem cumpridas e a prescrição em termos de intensidade, frequência e duração. Caminhar nessa direção, tendo o referencial da Teoria da Autoeficácia, por exemplo, permite que os profissionais da área da saúde possam prever os prováveis resultados, estabelecer expectativas e objetivos que possam servir como guias e autoincentivos às pessoas que estão (re)ingressando na atividade física.

Nas diversas possibilidades de atuação em Educação Física (EF), a autoeficácia pode ser apropriada para buscar as explicações e interpretações comportamentais, atitudinais e motivacionais dos indivíduos.

A autoeficácia como componente mediador no processo motivacional para a realização

Iaochite (2006, p. 128) ressalta que "é necessário compreender que o comportamento de praticar exercícios é dinâmico, complexo e multideterminado por diversos fatores de ordem pessoal, comportamental e ambiental" (reciprocidade triádica). Para o autor, a decisão de mudar um comportamento voltado à prática corporal (do sedentarismo à fase ativa) requer uma avaliação, um julgamento, considerando as crenças acerca da competência para mudanças, desafios ou dificuldades no contexto, além de suas expectativas e metas a serem atingidas. As crenças, vinculadas aos fatores pessoais, têm sido apontadas em diversos estudos como as principais mediadoras dos processos de mudança, dos aspectos motivacionais, do engajamento e da persistência (Iaochite, 2006). O construto da autoeficácia seria, então, o principal mecanismo atrelado à motivação para a atividade física, em virtude de ser o principal componente de formação dessas crenças pessoais; ademais, é o mecanismo autorreflexivo mais importante dentro dessa perspectiva da TSC.

Sendo a autoeficácia uma forma de autopercepção (percepção da competência e das habilidades), não há como negar que o processo de avaliação, interpretação e autojulgamento das capacidades, habilidades, competências e eventuais desempenhos ou resultados, para determinado domínio ou tarefa no contexto esportivo e do exercício, efetuado no e pelo indivíduo, ocorreria por meio do mecanismo da autoeficácia e do conjunto das capacidades autorreflexivas, presentes no *human functioning* (Bandura, 1986) – funcionamento humano – e no agenciamento de suas ações e motivações (Bandura, 2007; Bandura; Azzi; Polydoro, 2008).

NÍVEL DE ASPIRAÇÃO (NA)

O **nível de aspiração (NA)** é definido como o patamar de rendimento que uma pessoa pretende alcançar em uma determinada tarefa, conhecendo seu desempenho na mesma tarefa anteriormente (Winterstein, 1993). As pessoas escolhem uma meta, e suas expectativas podem corresponder ou não à sua capacidade. Os indivíduos propõem-se alcançar determinados objetivos, que podem ser modificados após o êxito ou o fracasso na realização da atividade. A elevação ou a manutenção persistente de um objetivo após sucessivos fracassos é considerada uma inadequação do nível de aspiração. Aqui, as fontes de experiência direta (domínio pessoal) e indireta (vicariantes/aprendizagem por observação) da autoeficácia para a prática corporal exercem papel direto e efetivo, pois, por meio delas, poder-se-iam estabelecer esses níveis de rendimento futuros, em virtude do acúmulo de experiências e situações vivenciadas anteriormente.

Dessa forma, as pessoas com expectativa de êxito optam por metas compatíveis com suas capacidades, geralmente com um nível médio de dificuldade, em que o resultado depende do próprio esforço. Se o indivíduo for bem-sucedido, deverá aumentar seu nível de aspiração, ou seja, escolher uma tarefa mais difícil. Caso contrário, se falhar, deverá diminuir seu nível de aspiração, escolhendo uma tarefa mais fácil (Winterstein, 1991).

Já os indivíduos que têm medo do fracasso, em geral, escolhem objetivos abaixo dos rendimentos alcançados anteriormente, já que serão realizados com facilidade, evitando assim possíveis fracassos; ou inadequadamente acima deles, gerando um fracasso inevitável, mais evidente e menos penoso, uma vez que impede que sejam criadas expectativas futuras em relação a eventuais êxitos obtidos nas escolhas de tarefas com dificuldade menor. Ao optar por uma meta aquém de rendimentos anteriores, o indivíduo certamente a atingirá, evitando, assim, o sentimento de fracasso; porém, ao empreender pouco esforço na ação, deixa de vivenciar com plenitude o êxito (Winterstein, 1992).

> O nível de aspiração (NA) é definido como o patamar de rendimento que uma pessoa pretende alcançar em uma determinada tarefa, conhecendo seu desempenho na mesma tarefa anteriormente (Winterstein, 1993).

ATRIBUIÇÃO CAUSAL (AC)

Após uma ação realizada com êxito ou fracasso, o indivíduo busca causas que expliquem esses resultados. Essa aproximação considera o indivíduo como um organismo ativo, capaz de processar informações com a inclusão de um alto processo mental como determinantes da ação física humana. Essa explicação é denominada **atribuição causal (AC)** ou simplesmente **atribuição**.

> Após uma ação realizada com êxito ou fracasso, o indivíduo busca causas que expliquem esses resultados. Essa aproximação considera o indivíduo como um organismo ativo, capaz de processar informações com a inclusão de um alto processo mental como determinantes da ação física humana. Essa explicação é denominada atribuição causal (AC) ou simplesmente atribuição.

As teorias da atribuição mostram que a causalidade percebida dos acontecimentos ativa e dirige o comportamento. As significações que o indivíduo atribui aos objetos do mundo são responsáveis, em grande parte, por sua resposta e por sua percepção da situação. Por exemplo, uma relação social pode ser aprendida por alguns indivíduos como forma de obtenção de prestígio e, por outros, como dependência pessoal. Nesses casos, é a significação dada pelo sujeito à situação que determinará seu comportamento motivado, e essa significação, que é produto de uma elaboração cognitiva, irá ativar e dirigir o comportamento (De La Puente, 1982).

Aqui, mais acentuadamente, poder-se-ia identificar a influência dos mecanismos regulatórios e da agência humana (enfatizada na TSC de Bandura). Dentre esses mecanismos e funções autorreflexivas, a autoeficácia atuaria tanto na escolha do nível de aspiração quanto fazendo inferências a respeito de quais as fontes causais, ou a quais fatores seria atribuído aquele sucesso ou fracasso (fatores internos ou externos; estáveis ou variáveis).

A partir desse modelo de atribuição, Weiner e colaboradores (1971) identificaram quatro principais "elementos da atribuição" usados no contexto da realização. Esses fatores causais não são capazes de explicar todas as situações de rendimento. Mesmo assim, contribuíram com uma série de indícios para o estudo do motivo de realização (Winterstein, 1992). Esses elementos são: capacidade pessoal, esforço pessoal, dificuldade da tarefa e acaso (sorte ou casualidade). Para melhor compreensão, o Quadro 8.2 destaca os fatores discutidos nesse modelo de atribuição.

Investigações mostram que indivíduos que têm expectativa de êxito, ou que apresentam a tendência de se orientarem à execução da tarefa, geralmente atribuem a causa de seus resultados à própria capacidade e esforço, enquanto os que apresentam medo do fracasso atribuem-na à dificuldade da tarefa ou ao acaso (Winterstein, 1991, 1992). No contexto esportivo, Roberts (1992) também evidenciou que crianças com alto motivo para a realização atribuem o êxito à capacidade e o fracasso ao baixo esforço. Em contrapartida, crianças com medo do fracasso, ou orientadas a atenderem ao ego, atribuem o êxito à sorte e à facilidade da tarefa e o fracasso à falta de capacidade; ou seja, suas autocrenças são extremamente insuficientes, e a atribuição causal basicamente se concentra em fatores externos, não associados ao indivíduo, ao esforço ou às habilidades pessoais.

Porém, essa abordagem "clássica" do motivo de realização não deve ser consi-

QUADRO 8.2 Conjunto de fatores

Fatores	Internos	Externos
Variáveis	Esforço	Casualidade (sorte)
Estáveis	Capacidade	Dificuldade da tarefa

Fonte: Adaptado de Weiner e cols. (1971).

derada a melhor explicação à atribuição no esporte. De acordo com Maehr e Nicholls (apud Biddle, 1993), é também necessário descobrir o significado da realização para diferentes pessoas, e não considerar que a realização é universalmente definida da mesma maneira. Um resultado é interpretado como êxito quando reflete atributos desejáveis para o indivíduo, seja pelo grande esforço, seja pela alta capacidade demonstrada. Em contrapartida, se o resultado reflete qualidades indesejáveis para o indivíduo, seja pela preguiça, seja pela baixa demonstração de capacidade, é considerado como um fracasso. Assim, o que é êxito para um pode ser fracasso para outro. Dessa forma, os autores defendem que o êxito e o fracasso não são estados absolutos, mas sim uma avaliação subjetiva das qualidades pessoais desejáveis: "a análise do comportamento de realização é a análise de como as pessoas percebem a presença ou a falta das qualidades desejáveis e os efeitos que interferem no comportamento" (Biddle, 1993, p. 446).

O primeiro passo para a compreensão do comportamento de realização é entender que êxito e fracasso são estados psicológicos que se baseiam na interpretação de eficácia do indivíduo empenhado para a realização (Roberts, 1993). Aqui, portanto, surge novamente o mecanismo da autoeficácia como mediador e regulador do senso de eficácia pessoal do atleta ou do praticante, pois após, ou até mesmo antes das ações, o julgamento e as autopercepções irão avaliar os resultados das ações ou suas possibilidades.

Para Nuttin (apud De La Puente, 1982), a análise das condutas humanas deve sempre levar em conta a importância atribuída pelo indivíduo às experiências, cujos resultados confirmam as concepções que ele faz de si mesmo e que estão de acordo com o seu plano geral de realização, existente em todo indivíduo. Ele sofre a influência do número e da importância relativa de seus êxitos e fracassos, que se tornarão elementos decisivos na formação e no equilíbrio da percepção de seu potencial.

NORMA DE REFERÊNCIA (NR) PARA AVALIAR OS RESULTADOS E A REALIZAÇÃO

Como último fator importante na determinação do motivo de realização, surge a *norma de referência* (NR), que diz respeito aos diferentes parâmetros necessários para a avaliação dos resultados de rendimento. Essas normas podem ser fatores diferenciais ao se trabalhar nos contextos da Educação Física e dos esportes, pois oferecem um rico contexto para que adotemos uma ou outra norma de avalia-

> A *norma de referência* (NR), diz respeito aos diferentes parâmetros necessários para a avaliação dos resultados de rendimento. Essas normas podem ser fatores diferenciais ao se trabalhar nos contextos da Educação Física e dos esportes, pois oferecem um rico contexto para que adotemos uma ou outra norma de avaliação; ou até mesmo que as intercalemos, ou sejam feitas utilizações alternadas das mesmas, nas diferentes situações.

ção; ou até mesmo que as intercalemos, ou sejam feitas utilizações alternadas das mesmas, nas diferentes situações.

As normas de referência são individuais e sociais. Ela pode ser individual quando se compara o rendimento de um indivíduo com um outro realizado anteriormente por ele; ou social quando a comparação do rendimento acontece dentro de um determinado grupo de referência. Os resultados, portanto, referem-se a uma norma única exigida para todo um grupo (Heckhausen, 1980).

Ainda de acordo com o mesmo autor, é possível haver uma melhoria na motivação ao utilizar-se a norma de referência individual, pois dessa forma o indivíduo vivencia adequadamente os êxitos e os fracassos, determinando de forma realista seu nível de aspiração próprio e independentemente do que é padronizado coletivamente em seu grupo de convívio e de práticas corporais. Por isso, é necessário considerar a importância dessas normas no âmbito educacional, porque a norma de referência utilizada para a avaliação dos alunos pode influenciar positiva ou negativamente a sua motivação (Winterstein, 1992).

A norma de referência pode ser um fator de grande importância na obtenção de um objetivo, podendo favorecer ou prejudicar o desenvolvimento da ação do indivíduo. Porém, esse fator não influenciará no bom ou no mau desenvolvimento da ação diretamente, mas auxiliará na identificação da atribuição dada às situações de êxito e de fracasso, trabalhando ou adequando tanto as comparações individuais quanto as normas sociais e coletivas, de acordo com as necessidades e objetivos em cada situação. A Figura 8.3 pode sintetizar os componentes discutidos até agora: nível de aspiração (NA), atribuição causal (AC) e norma de referência (NR), dentro do processo motivacional. Nesse esquema, percebemos que a autoeficácia estaria imersa nesse contexto, permitindo que o indivíduo responda aos seus questionamentos (perguntas feitas na parte inferior da figura) e cognitivamente estabeleça planos de ação e avaliações pessoais de suas habilidades, potencialidades e competências.

A teorização da autoeficácia passa a ser fundamental para a compreensão dos fatores influenciadores de determinadas ações ou atividades. Dentre eles, estão a escolha de tarefas e a seleção; o esforço empregado nas tarefas; e o grau de persistência diante de falhas ou estímulos aversivos. Sendo assim, observando os comportamentos do nosso público e os

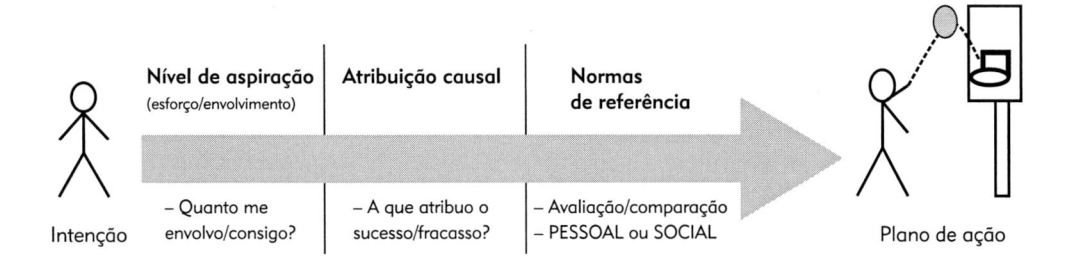

Figura 8.3 Componentes do motivo de realização no esporte, nas práticas corporais e/ou nos exercícios. O motivo de realização teoricamente considera o nível de aspiração, a atribuição causal e as normas de referência.

fatores que incidem nas suas percepções e avaliações, pode-se promover o desenvolvimento de crenças de eficácia que possibilitem engajamento nos programas de atividades físicas, ou práticas corporais, propostas de maneira mais adequada.

Nossas sistematizações ou planos de ação tornar-se-iam mais efetivos para o ensino da Educação Física, com maior participação e envolvimento dos alunos e alunas nas atividades, incidindo, portanto, no processo motivacional dos mesmos para a realização das práticas corporais. Assim sendo, podemos considerar a autoeficácia como mais um dos componentes no processo de motivação para a realização.

PERCEPÇÃO DA COMPETÊNCIA

A percepção da competência tem sido estudada em vários contextos, incluindo o esporte e as práticas corporais. Iaochite (2006) relata o aumento de pesquisas e o grande interesse a respeito da adesão ao exercício físico e suas relações com os processos comportamentais de motivações e com o construto da autoeficácia. Em seu trabalho, Harter (apud Roberts, 1993) buscou explicar por que os indivíduos sentem-se induzidos a engajar-se nos contextos de realização. Para o autor, a percepção da competência é um motivo multidimensional que conduz o indivíduo aos domínios cognitivo, social e físico.

A percepção da competência e o prazer intrínseco procedentes do êxito são vistos como aumento do esforço para a realização. Já a percepção da incompetência e o desprazer podem conduzir à ansiedade e a uma diminuição do esforço na realização – a autoeficácia e a motivação para a realização atuariam nesse momento positivamente e em relação recíproca, ou seja, uma influenciando a outra.

A autoestima pode influenciar a escolha do comportamento motivacional. Muitas vezes definido como percepção da habilidade, autoeficácia ou confiança por vários teóricos, o construto da percepção da competência tem um papel fundamental para o estudo da motivação (Roberts, 1993). Para esse autor, a teoria da autoeficácia refere-se à convicção necessária para obtenção do êxito na execução de uma determinada tarefa, não se relacionando à habilidade em si, mas à determinação do indivíduo sobre o que pode ser feito com a própria habilidade. Por isso, por meio da autoeficácia, podemos compreender os diferentes graus de envolvimento e engajamento em programas de atividade física, os níveis de esforço e a motivação para a realização das práticas corporais, e os motivos ou as necessidades (pessoais ou sociais) envolvidos para as situações vivenciadas no contexto esportivo.

De acordo com Nicholls (apud Duda, 1993), recentes teorias cognitivistas apontam uma importante relação entre as perspectivas das metas, a percepção da habilidade e o comportamento. Estudos que examinaram a correlação comportamental das orientações expectativa de êxito e medo do fracasso no domínio esportivo evidenciaram a ênfase, pelos indivíduos orientados para a tarefa, na demonstração do esforço e, pelos indivíduos orientados para o ego, na falta de persistência. Ou seja, indivíduos com expectativa de êxito geralmente apresentam maiores níveis de autoeficácia; já os indivíduos com medo do fracasso não apresentam esses níveis elevados, sentindo-se sempre despreparados ou incapazes de executar seus planos de ação.

De acordo com Duda (1993), em indivíduos orientados para a tarefa, as percepções da capacidade e o tipo de evento que ocasiona sentimento de êxito são de referência própria. Existe uma melhora da habilidade, do domínio da tarefa, muito trabalho e um compromisso com a própria atividade. A percepção que o indivíduo tem da própria capacidade é bastante adequada à realidade. Esse indivíduo apresenta comportamentos que conduzem a uma habilidade adquirida a longo prazo e com muito investimento, assim como trabalho sério e ético, dentro de uma ótima *performance* e muita persistência.

Já indivíduos orientados para o ego, quando questionados sobre seu nível de competência, apresentam um baixo padrão comportamental orientado para a realização, e sua percepção da capacidade é frágil. Tais indivíduos tendem a ser mais inseguros, reduzem seus esforços, param de tentar, alegam falta de interesse quando comparados com indivíduos orientados para a tarefa, escolhem desafios extremos para uma atividade (muito fácil ou muito difícil) e, como consequência, têm um desempenho prejudicado, vindo a abandonar as atividades (Jagacinski; Nicholls, 1990).

Brody (apud Atkinson; Feather, 1974) preocupou-se com os efeitos da ansiedade e da necessidade de realização sobre a probabilidade subjetiva do êxito e do fracasso. Os resultados mostraram que o nível da percepção do êxito tende a ser mais alto entre sujeitos com alta necessidade de realização do que entre sujeitos com baixa necessidade de realização.

Em ambientes onde há predominância da comparação social e da competição, o indivíduo pode focalizar-se apenas em sua percepção da capacidade, trazendo consequências negativas para o comportamento de realização (Roberts, 1993). O autor acredita ainda que os adultos devam estruturar o clima psicológico de tal modo que a aprendizagem e o desenvolvimento sejam mais salientes do que o desempenho e o resultado.

Nota-se que os indivíduos atribuem o êxito a fatores internos mais do que o fracasso. Uma explicação para esse resultado seria o fato de estarem mais motivados para proteger e aumentar sua autoestima fazendo tais atribuições (Greenberg, apud Biddle, 1993). Dessa forma, os indivíduos fazem diferentes atribuições para êxito e fracasso porque possuem diferentes níveis de autoestima, percepção própria e pensamentos autorreferentes (Bandura, 1986, 1993, 1997, 2001). Bandura (1977, 1997) aponta que a autoeficácia produz quatro efeitos principais: escolha das ações; esforço e resistência à adversidade; melhoria de rendimentos efetivos; e padrões de pensamento e reações emocionais. Todos esses efeitos têm relação intensa com o processo de motivação, principalmente nas práticas corporais, no esporte e no exercício.

CONSIDERAÇÕES FINAIS

Dada a complexidade gerada pela multiplicidade de fatores que afetam o comportamento de aderir à prática de atividade física, somando-se ao poder da crença de autoeficácia no que diz respeito à influência sobre os diferentes processos cognitivos, afetivos, seletivos e motivacionais, conhecendo e compreendendo a constituição dessas crenças, parece possível pensar na conjectura desses elementos no tocante à planificação de estratégias que possam contribuir para a aquisição de padrões de comportamento mais saudáveis em relação à prática de atividade física (Iaochite, 2006).

As duas tendências do motivo para a realização, apresentadas até aqui, nos mostram, nas características individuais das tendências, além da proximidade entre as tendências *expectativa de êxito* e *orientação para a tarefa*, assim como *medo do fracasso* e *orientação para o ego*, que podem contribuir para uma melhor compreensão de alunos e atletas, apoiando-os no processo motivacional e auxiliando na construção de sua autoeficácia. No Quadro 8.3, resumimos e condensamos nossas discussões a respeito da motivação de realização e autoeficácia nos esportes e nas práticas corporais.

Levando-se em consideração as ponderações teóricas apresentadas, podemos sugerir algumas estratégias de atuação para os professores e para os técnicos que buscam a criação de um clima motivacional adequado para o desenvolvimento de suas atividades.

Para se desenvolver um nível de aspiração e uma percepção subjetiva de capacidade adequados, é importante que as pessoas possam estabelecer suas próprias metas de rendimento nas atividades. Além de possibilitar a busca de metas compatíveis com sua capacidade, isso também diminui a atribuição externa no caso de não conseguir alcançá-las.

Para isso, no entanto, é necessária a adoção de uma norma individual de referência, o que significa evitar situações que evidenciem a comparação entre as pessoas e valorizar os progressos individuais. Porém, a variação de utilização entre as normas individuais e sociais pode trazer resultados negativos, devendo ser administradas e consideradas pelo profissional de EF, com o intuito de valorizar e considerar os aspectos individuais, mesmo estando os participantes imersos em um ambiente coletivo e social. Para situações de discrepância entre os níveis de habilidade do aprendiz em relação à maioria do grupo ou equipe esportiva, as normas e as comparações individuais poderiam colaborar para as autopercepções desses alunos e para a melhoria dos níveis de autoeficácia e persistência nos aspectos de motivação e permanência na atividade. Já a utilização da norma social deve ser aplicada quando o profissional deseja que surjam comparações ou ainda que os modelos e padrões valorizados nessas normas sejam seguidos, alcançados, e que sirvam como reforçadores de comportamentos, atitudes e ações.

Pessoas com medo do fracasso/orientadas para o ego buscam evitar situações em que possam vir a ter sentimentos de frustração pelo erro ou pela derrota. Assim, é importante que as atividades possibilitem êxitos e fracassos, mas que haja uma valorização maior dos êxitos e seja dada uma importância menor aos fracassos.

> Pessoas com medo do fracasso/orientadas para o ego buscam evitar situações em que possam vir a ter sentimentos de frustração pelo erro ou pela derrota. Assim, é importante que as atividades possibilitem êxitos e fracassos, mas que haja uma valorização maior dos êxitos e seja dada uma importância menor aos fracassos.

Nesse sentido, devem-se observar também as atribuições manifestadas. Um incentivo a atribuições adequadas pode aumentar a responsabilidade pelos erros e evitar a imobilidade em direção à correção de erros e à predisposição para o esforço. A exposição ao risco calculado favorece o convívio com a insegurança. No esporte, especificamente, é importante aproximar o treinamento de situações reais de competição, principalmente sob pressão de tempo e de inferioridade de *performance*. Outro aspecto levantado repetidas vezes neste capítulo está na importância de conhecermos e aplicarmos os conceitos da TSC e da teoria da autoeficácia para entendermos os mecanismos de crenças e motivações dos praticantes de

QUADRO 8.3 Motivação de realização e autoeficácia

Expectativa de êxito/Orientação para a tarefa

Os indivíduos:

Trabalham mais. Acreditam no seu esforço. São otimistas.
Buscam a satisfação pessoal (motivação intrínseca). Apresentam elevadas crenças de autoeficácia.
Optam por metas compatíveis e apropriadas com suas capacidades. Tentam superar-se constantemente.
Têm percepção de sua habilidade e capacidade. São mais criativos e inovadores.
São mais competitivos, independentes e mais persistentes (engajados). Não demonstram alta capacidade (não se exibem).
Assumem responsabilidades pelos seus atos e escolhem riscos moderados. Buscam a satisfação e o prazer em uma tarefa. Têm sentimento de êxito e maior autocontrole. Demonstram segurança no comportamento.
Atribuem a causa dos resultados à própria capacidade e esforço.
Preocupam-se com a aprendizagem e com o domínio da tarefa. Aprendem mais depressa.
Favorecem a capacidade para cooperar e o esforço para o domínio pessoal.
Julgam seu êxito pela qualidade de seu trabalho.
Fontes de autoeficácia mais efetivas a serem exploradas: experiências diretas e domínio pessoal; estados fisiológicos e afetivos.

Medo do fracasso/Orientação para o ego

Os indivíduos:

Escolhem tarefas com dificuldades extremas ou muito fáceis para não se frustrarem. São pessimistas.
São orientados a normas sociais e necessitam ser motivados extrinsecamente.
Optam por metas abaixo dos rendimentos alcançados anteriormente.
Atribuem seus resultados à dificuldade da tarefa ou ao acaso (fatores externos). Nunca assumem falta de esforço ou incapacidades (falta de competência).
São menos persistentes, mais ansiosos e inseguros no comportamento.
Preocupam-se com a comparação de sua capacidade e motivam-se pelo reconhecimento social.
Têm baixa percepção da competência e níveis reduzidos de autoeficácia.
Apresentam falta de autodeterminação. Abandonam a atividade em caso de derrota ou fracasso.
Fontes de autoeficácia a serem trabalhadas: experiências vicariantes e persuasão verbal ou social (são influenciáveis socialmente).

Fonte: Adaptado de Winterstein (2002).

atividade física. Dessa forma, fica muito clara a relação entre autoeficácia e motivação no ambiente esportivo.

Entretanto, como seria possível que o profissional de EF pudesse contribuir ou alterar esses níveis de autoeficácia dos indivíduos com os quais se relaciona?

No contexto esportivo e do exercício, devem-se criar condições e estímulos ambientais com os quais sejam estimuladas e valorizadas as potencialidades, as habilidades e as competências dos alunos e dos atletas, suprindo e adaptando as carências, as dificuldades e as limitações, sem que as mesmas sejam foco ou fonte de perturbações ou ansiedade. Poderíamos pensar em como proporcionar alimentações daquelas quatro fontes de autoeficácia e de que forma poderíamos reestruturar nossas práticas e metodologias de modo que essas fontes fossem sempre nutridas e repletas de estímulos.

Acreditamos que esse seria o papel fundamental do profissional de EF, pois incrementando as fontes de eficácia pessoal, os interesses e os incentivos poderiam perdurar por tempos mais longos, sendo o professor o principal foco de controle dessas motivações extrínsecas, permitindo um ambiente seguro, agradável, criativo, desafiador e motivador.

REFERÊNCIAS

ANGELINI, A.L. *Motivação humana:* o motivo de realização. Rio de Janeiro: J. Olympio, 1973.

ATKINSON, J. W.; FEATHER, N. T. *A theory of achievement motivation.* Huntington: R. E. Krieger, 1974.

BANDURA, A. Human agency in social cognitive theory. *Am. Psychol.*, v. 44, p. 1175-1184, 1989.

_____. Perceived self-efficacy in cognitive development and functioning. *Educ. Psychol.*, v. 28, p. 117-148, 1993.

_____. *Self-efficacy*: the exercise of control. New York: Freeman, 1997.

_____. Self-efficacy: toward a unifying theory of behavioral change. *Psychol. Rev.*, v. 84, p. 191-215, 1977.

_____. Social cognitive theory: an agentive perspective. *Ann. Rev. Psychol.*, v. 52, p. 1-26, 2001.

_____. *Social foundations of thought and action:* a social cognitive theory. Englewood Cliffs: Prentice Hall, 1986.

BANDURA, A.; AZZI, R. G.; POLYDORO, S. A. J. *Teoria social cognitiva*: conceitos básicos. Porto Alegre: Artmed, 2008.

BIDDLE, S. Atribution research and sport psychology. In: SINGER, R. et al. (Ed.). *Handbook of research on sport psychology*. New York: Macmillan, 1993.

BZUNECK, J. A. As crenças de autoeficácia dos professores. In: SISTO, F.; OLIVEIRA, G. C.; FINI, L. D. T. (Org.). *Leituras de psicologia para formação de professores*. Bragança Paulista: Ed. da USF, 2000. p. 115-134.

DE LA PUENTE, M. *Tendências contemporâneas em psicologia da motivação*. São Paulo: Autores Associados, 1982.

DUDA, J. L. A social cognitive approach to the study of achievement motivation in sport. In: SINGER, R. et al. (Ed.). *Handbook of research on sport psycology*. New York: Macmillan, 1993.

HECKHAUSEN, H. *Motivation und handeln*. Berlin: Spriger, 1980.

IAOCHITE, R. T. Aderência ao exercício e crenças de autoeficácia. In: AZZI, R. G.; POLYDORO, S. A. J. *Autoeficácia em diferentes contextos*. Campinas: Alínea, 2006. p. 127-148.

JAGACINSKI, C. M.; NICHOLLS, J. G. Reducing efort to protect perceived ability: "they'd do it but wouldn't". *J. Educ. Psychol.*, n. 82, p. 15-21, 1990.

MÜLLER, U. *Percepção do clima motivacional nas aulas de educação física*. 1998. Dissertação (Mestrado) – Universidade Gama Filho, Rio de Janeiro, 1998.

MURRAY, E. J. *Motivação e emoção*. 4. ed. Rio de Janeiro: Zahar, 1978.

NERI, A. L. Texto elaborado a partir de "Self-Efficacy". Cap. 09 do livro de A. Bandura- Social Foundations of thought and action. A social cognitive theory. Englewood Cliffs: Prentice Hall, 1986.

NICHOLLS, J. G. Achievement motivation: conceptions of ability, subjective experience, task choice, and performance. *Psychol. Rev.*, n. 91, p. 328-346, 1984.

PAJARES, F. Currents directions in self-efficacy research. Disponível em: <www.emory.edu/EDUCATION/mfp/effchapter.html. Acessado em 26 jan. 2004>.

PAJARES, F.; OLAZ, F. Teoria social cognitiva e autoeficácia: uma visão geral. In: BANDURA, A.; AZZI, R. G.; POLYDORO, S. A. J. *Teoria social cognitiva*: conceitos básicos. Porto Alegre: Artmed, 2008. p. 97-114.

ROBERTS, G. Motivation in sport: understanding and enhancing the motivation and achievement of children. In: SINGER, R. et al. (Ed.). *Handbook of research on sport psycology*. New York: Macmillan, 1993.

_____. Motivation in sport and exercise: conceptual constraints and convergence. In: ROBERTS, G. (Ed.). *Motivation in sport and exercise*. Champaign: Human Kinetics, 1992.

VALLERAND, R. A Hierarchical model of intrinsic and extrinsic motivation for sport and physical activity. In: HAGGER, M. S.; CHATZISARANTIS, N. L. D. (Ed.). *Intrinsic motivation and self-determination in exercise and sport*. Champaign: Human Kinetics, 2007. p. 255-279.

VENDITTI JR., R. *Análise da autoeficácia docente de professores de educação física*. 2005. 149 f. Dissertação (Mestrado em Educação Física) – Faculdade de Educação Física, Universidade Estadual de Campinas, Campinas, 2005.

WEINER, B. et al. Perceiving the causes of success and failure. In: JONES, E. E. et al. (Ed.). *Attribution:* perceiving the causes of behavior. Morristown: General Learning, 1971.

WINTERSTEIN, P. J. A Motivação para a atividade física e para o esporte. In: DE ROSE JR., D. et al. (Colab.). *Esporte e atividade física na infância e na adolescência:* uma abordagem multidisciplinar. Porto Alegre: Artmed, 2002. p. 77-87.

_____. *Leistungsmotivationsförderung im sportunterricht.* Hamburg: Kovacz, 1991.

_____. Motivação, educação física e esportes. *Rev. Paul. Educ. Fis.,* v. 6, n. 1, p. 53-61, jan./jul. 1992.

_____. Nível de Aspiração: uma proposta de medição em um teste de impulsão vertical. In: Proceedings VIII WORLD CONGRESS OF SPORT PSYCHOLOGY, 8., 1993, Lisboa. *Proceedings...* Lisboa, 1993. p. 511-514.

WOOLFOLK, A. E. Psicologia da educação. 7. ed. Porto Alegre: Artmed, 2000.

YALOM, I. D. *A cura de Schopenhauer.* Rio de Janeiro: Ediouro, 2005.

APRENDIZAGEM MOTORA IMPLÍCITA EM CRIANÇAS E ADOLESCENTES

9

Renato de Moraes

Minha filha sempre gostou de brincar na cama elástica desde que começou a andar. Toda ida ao *shopping center* resultava em alguns minutos pulando nesse aparelho. No início, ela tinha dificuldades para se equilibrar na cama e caía com frequência. Após mais de dois anos brincando eventualmente na cama elástica, ela conseguiu equilibrar-se muito bem sobre ela e incorporou o uso dos membros superiores para auxiliar na manutenção do equilíbrio corporal durante os saltos. É interessante observar, entretanto, que tanto eu quanto minha esposa nunca fornecemos nenhuma dica sobre como realizar os saltos de uma forma mais eficiente. Apesar disso, ela demonstrou uma melhora acentuada no desempenho de seus saltos. Em outras palavras, ela aprendeu a saltar na cama elástica sem nenhuma instrução efetiva. Como isso é possível? Qual mecanismo de aprendizagem está envolvido nesse caso?

Esse exemplo não é único. Na verdade, isso é muito mais comum do que pode parecer. Como explicar, por exemplo, o fato de uma criança de pouca idade conseguir adaptar o padrão de locomoção a partir das demandas do ambiente, como desviar de obstáculos no caminho ou transpor outros obstáculos de menor magnitude? As crianças não são explicitamente ensinadas a elevar mais o membro inferior para transpor um obstáculo, mas, apesar disso, elas aprendem a realizar esses ajustes no padrão de locomoção. As crianças aprendem a falar sem serem instruídas sobre como proceder para realizar essa tarefa, da mesma forma que aprendem a andar, por volta de um ano de idade, sem que um instrutor lhes diga como executar tal movimento.

Em todas essas situações, é razoável supor que a criança aprendeu sem saber que estava aprendendo, ou seja, ela aprendeu de forma implícita. O objetivo deste capítulo é apresentar e discutir a aprendizagem motora implícita em geral e, especificamente, em crianças e adolescentes. Além disso, é de interesse também apresentar sugestões de como usar o conhecimento sobre aprendizagem motora implícita no processo de ensino-aprendizagem de habilidades motoras. Este capítulo está organizado em três seções: a primeira aborda a aprendizagem motora implícita em termos gerais (paradigmas de pesquisa e evidências empíricas); a segunda seção é dedicada aos estudos que investigaram a aprendizagem motora implícita em crianças e adolescentes; e a seção final apresenta algumas implicações práticas, relacionando o conhecimento sobre a aprendizagem implícita e o processo de ensino de habilidades motoras.

APRENDIZAGEM MOTORA IMPLÍCITA

A aprendizagem implica a aquisição de novas informações ou novos conhecimentos que ficam retidos na memória. A aprendizagem motora, por sua vez, resulta na aquisição de novas habilidades motoras e em sua retenção na memória de procedimentos (Hallett, 2006). Para tanto, é necessário um período mínimo de prática da habilidade motora para que ocorram melhoras observáveis no desempenho.

É por meio da repetição do desempenho de uma habilidade motora que ocorre a retenção dessa habilidade, de forma que há uma conversão dos traços iniciais de memória instáveis (i.e., memória de curto prazo) em uma forma estável, robusta e resistente à degradação ao longo do tempo (i.e., memória de longo prazo) (Stickgold; Walker, 2005). Esse processo recebe o nome de consolidação. Em uma perspectiva mais contemporânea, a consolidação é vista como um processo dinâmico e não como um fenômeno de tudo-ou-nada. Por meio do processo de reconsolidação, a memória armazenada pode tornar-se mais eficiente com o tempo, em resposta às necessidades de mudança do organismo (Stickgold; Walker, 2005). Isso ajuda a entender a melhora no desempenho de habilidades motoras mesmo após meses ou anos de prática.

A memória de longo prazo pode ser dividida em dois tipos de acordo com Morris e colaboradores (2005): explícita ou declarativa e implícita ou não declarativa. A memória explícita é aquela que está disponível para a evocação consciente e pode ser articulada. É pela memória explícita que nos lembramos de fatos e eventos. Em contrapartida, a memória implícita não é consciente e envolve o conhecimento sobre como fazer. A memória implícita subdivide-se em associativa, não associativa e de procedimentos (Shumway-Cook; Woollacott, 2007). A aprendizagem de habilidades e hábitos está vinculada à memória de procedimentos.

O processo de aquisição de habilidades motoras tem sido descrito, tradicionalmente, dentro do modelo de estágios. Fitts e Posner (1967) descreveram três estágios para a aquisição de habilidades motoras que focam no estado interno do indivíduo: cognitivo, associativo e autônomo. O estágio cognitivo é caracterizado por uma alta demanda cognitiva para entender como realizar a habilidade e gerar um movimento que seja, ao menos, uma representação grosseira do comportamento desejável. Durante o estágio associativo, ocorre um refinamento na realização da habilidade motora e uma diminuição gradual da demanda cognitiva para realizá-la. Nesse estágio, o aprendiz começa a entender como os vários componentes da habilidade estão inter-relacionados. No estágio autônomo, a execução da habilidade torna-se mais automática, e a atenção pode ser dirigida para outros eventos no ambiente. Dessa forma, a demanda cognitiva para desempenhar a habilidade motora diminui drasticamente. Esse estágio envolve um refinamento mais acentuado no desempenho da habilidade.

Com base nesse modelo de três estágios, Anderson (1982) propôs um modelo de memória equivalente para explicar o fenômeno associado a cada estágio. Durante o estágio cognitivo, o aprendiz recebe instrução e informação sobre a habilidade, que é codificada como um conjunto de fatos, caracterizando o conhecimento declarativo sobre a habilidade. Com a prática, o conhecimento declarativo é gradualmente convertido na forma de procedimentos. Essa transição ocorre durante o processo de compilação do conhecimento no estágio associativo. No estágio autônomo, há um refinamento do conhecimento armazenado, permitindo um aumento gradual na velocidade de realização da habilidade. Esse terceiro estágio envolve o conhecimento de procedimentos. Como apontado por Willingham, Nissen e Bullemer (1989), esse modelo implica a precedência do conhecimento declarativo em relação ao conhecimento de procedimento. Entretanto, existem situações em que essa precedência não ocorre e isso será discutido na sequência.

A prática de uma tarefa motora que envolve a repetição de um padrão sem conhecimento explícito ou declarativo sobre essa repetição leva a uma melhora do desempenho (Pew, 1974; Nissen; Bullemer, 1987). Ou seja, mesmo na ausência de consciência sobre um padrão que se repete, é possível melhorar o desempenho nessa tarefa, o que contraria o modelo proposto por Anderson (1982). A melhora no desempenho durante a realização de habilidades motoras é um indicativo da ocorrência de aprendizagem. Dessa forma, a aprendizagem de alguma informação complexa sem a capacidade de saber conscientemente o que foi aprendido é conhecida como aprendizagem implícita.

> A aprendizagem de alguma informação complexa sem a capacidade de saber conscientemente o que foi aprendido é conhecida como aprendizagem implícita.

Um dos primeiros estudos a relatar evidências da aprendizagem motora implícita foi conduzido por Pew (1974). Nesse estudo, os participantes realizaram uma tarefa de perseguição por meio de movimentos de flexão e extensão do cotovelo. O padrão que os participantes perseguiram foi dividido em três segmentos de 20 segundos. O padrão do segmento intermediário era sempre o mesmo em todas as tentativas, enquanto o padrão dos segmentos inicial e final variava entre as tentativas. Os participantes praticaram a tarefa durante 16 dias e não foram informados sobre a repetição do padrão do segmento intermediário. A partir do sexto dia de prática, o erro relacionado com a perseguição do segmento repetido tornou-se menor do que o erro relacionado com os segmentos não repetidos (i.e., inicial e final). Essa diferença acentuou-se ao longo dos demais dias de prática, de tal forma que os participantes se beneficiaram da previsibilidade do segmento repetido para melhorar o desempenho em relação aos segmentos aleatórios. Ao final do décimo primeiro dia de prática, os participantes foram entrevistados e a maioria relatou desconhecer a presença de um segmento repetido.

Nissen e Bullemer (1987) desenvolveram uma tarefa que tem sido amplamente usada nos estudos sobre aprendizagem motora implícita. Essa tarefa, conhecida como Tarefa de Tempo de Reação Serial (TTRS), envolve o aparecimento de uma luz em uma de quatro posições possíveis alinhadas em um monitor de vídeo. Os participantes posicionam cada um dos dedos indicador e médio das mãos direita e esquerda sobre quatro botões alinhados, localizados logo abaixo da posição de cada uma das luzes. A tarefa dos participantes é pressionar o botão correspondente à luz acesa o mais rapidamente possível. O pressionamento do botão correto dispara o próximo estímulo em uma sequência de acendimento das luzes. Essa sequência pode ser repetida ou aleatória. A variável medida nessa tarefa é o tempo de reação (TR) para cada estímulo apresentado.

Com base na TTRS, Nissen e Bullemer (1987) encontraram uma diminuição do TR para o grupo que praticou a sequência repetida em comparação ao grupo que praticou a sequência aleatória de estímulos. Vale ressaltar que o grupo que praticou a sequência repetida não foi informado sobre essa característica da tarefa. Após 800 tentativas de prática, o grupo da sequência repetida obteve uma melhora no TR de 164 ms, enquanto o grupo aleatório melhorou muito pouco seu TR (32 ms).

Nesse mesmo estudo, pacientes com a síndrome de Korsakoff que sofrem de amnésia anterógrada foram testados na TTRS. A amnésia anterógrada impede a transferência do conhecimento da memória de curto prazo para a memória de longo prazo. Esses pacientes melhoraram seus desempenhos na sequência de estímulos repetidos da mesma forma que os indivíduos do grupo controle. Além disso, os pacientes amnésicos foram incapazes de detectar a presença de uma sequência repetida. Portanto, apesar de serem incapazes de aprender fatos e eventos novos (i.e., memória declarativa), os pacientes amnésicos são capazes de aprender novas habilidades perceptivo-motoras (i.e., memória de procedimentos).

Willingham, Nissen e Bullemer (1989) ampliaram essa descoberta ao comparar indivíduos que obtiveram conhecimento explícito sobre a sequência de estímulos e indivíduos que não obtiveram esse conhecimento. Nos dois casos, houve melhora no desempenho durante a fase de aquisição, sendo que o grupo que obteve conhecimento explícito durante a realização da tarefa exibiu uma melhora mais acentuada (205 ms) em comparação ao grupo que não adquiriu conhecimento explícito durante a prática da tarefa (94 ms). Esses resultados sugerem que a aprendizagem declarativa e a de procedimentos podem ser dissociadas em adultos jovens. O fato de o grupo sem conhecimento explícito melhorar seu desempenho ao longo da prática sugere que a aprendizagem não segue sempre a sequência proposta por Anderson (1982). Em suma, pode-se aprender a realizar uma habilidade motora sem estar consciente desse processo.

É importante destacar, entretanto, que as tarefas descritas acima são relativamente simples, pois envolvem alguns poucos segmentos corporais. Assim, torna-se relevante questionar se a aprendizagem motora implícita pode ser observada em tarefas mais complexas que envolvam um número maior de segmentos corporais. Shea e colaboradores (2001) testaram essa hipótese com o uso de uma plataforma de equilíbrio, em que os participantes ficavam em pé e deviam mover a plataforma para cima e para baixo em torno do eixo de rotação anteroposterior. Nessa tarefa, os participantes foram instruídos a perseguir um padrão exibido na tela de um computador movimentando a plataforma de equilíbrio. Da mesma forma que no estudo de Pew (1974), o padrão do segmento intermediário (25 s) era sempre repetido, enquanto o padrão dos segmentos inicial e final (25 s cada) era aleatório. Depois de cinco dias de prática, o teste de retenção apontou um melhor desempenho para o segmento repetido. Após o teste de retenção, os participantes foram entrevistados para identificar se eles haviam notado alguma repetição durante a realização do experimento. A maioria dos participantes relatou a inexistência de um segmento repetido.

Posteriormente, os participantes foram informados de que havia um segmento que era sempre o mesmo e foram solicitados a assistir cinco segmentos (um deles sendo o repetido) e identificar o segmento repetido. Somente 26% dos participantes escolheram o segmento correto. Portanto, mesmo com dicas de recuperação, os participantes foram incapazes de selecionar o padrão repetido acima da probabilidade do acaso. Como observado nos estudos acima citados, o segmento repetido foi aprendido implicitamente. Em contraste com os estudos anteriormente descritos, a tarefa usada no estudo de Shea e colaboradores (2001) é muito mais complexa em termos de coordenação de movimentos. Isso sugere que o mesmo princípio da aprendizagem implícita encontrado em tarefas motoras menos complexas pode ser generalizado para a aprendizagem de habilidades motoras complexas.

Masters (1992) foi um pouco mais além e encontrou uma relação interessan-

> O mesmo princípio da aprendizagem implícita encontrado em tarefas motoras menos complexas pode ser generalizado para a aprendizagem de habilidades motoras complexas.

te entre aprendizagem motora implícita e desempenho motor em situações estressantes. A tarefa escolhida foi a tacada de golfe em direção a um buraco localizado a 1,5 m de distância do local da tacada. Essa tarefa motora foi praticada durante cinco dias. Cinco grupos compuseram esse estudo: aprendizagem implícita (AI), aprendizagem implícita controle (AIC), aprendizagem explícita (AE), estresse controle (EC) e sem estresse controle (SEC). Os integrantes dos grupos AI e AIC não receberam nenhuma instrução sobre como realizar a tacada e tiveram que realizar uma tarefa secundária (dizer uma letra toda vez que o metrônomo clicava) durante a fase de aquisição. A tarefa secundária foi usada para suprimir a aquisição de conhecimento explícito sobre a tarefa ao longo das sessões de prática. Os participantes dos grupos EC e SEC também não receberam nenhuma instrução sobre como executar a tarefa, mas não realizaram a tarefa secundária. O grupo AE recebeu instruções específicas sobre como desempenhar a tacada de golfe. Ao final da quinta sessão de prática, os participantes foram solicitados a descrever por escrito os fatores que se tornaram conscientes e que foram importantes para acertar a tacada. O número de regras explícitas relatado pelos participantes foi significativamente maior para o grupo AE (~ 6 regras), seguido pelos grupos EC e SEC (~ 3 regras) e, por fim, pelos grupos AI e AIC (< 1 regra). No quinto dia de prática, os participantes dos grupos AI, AE e EC praticaram a tacada sob uma situação estressante, enquanto os participantes dos grupos AIC e SEC continuaram praticando sob as mesmas condições iniciais. Na situação estressante, os participantes foram informados que o pagamento que receberiam pela participação no experimento poderia aumentar ou diminuir dependendo da avaliação do desempenho deles por um especialista em golfe que os assistiria durante a sessão de prática. A efetividade da situação estressante foi avaliada por meio da monitoração da frequência cardíaca (FC) e da aplicação de um questionário sobre o nível de ansiedade-estado. Tanto a FC quanto a ansiedade-estado aumentaram da situação pré para pós-estresse nos três grupos estressados, mas não foram diferentes para os dois grupos não estressados. Os resultados dos grupos AI, AIC e SEC foram similares, ou seja, eles exibiram uma tendência contínua de melhora no desempenho (medido pelo número médio de acertos da tacada no buraco), mesmo sob a condição estressante (i.e., AI). Os grupos EC e AE apresentaram um declínio no desempenho relacionado com a situação estressante. Isso sugere que a aprendizagem implícita é mais robusta do que a aprendizagem explícita em situações estressantes. Resultados semelhantes foram obtidos por Liao e Masters (2001) durante a aprendizagem da rebatida de *forehand* com *topspin* no tênis de mesa. Dessa forma, os desempenhos pífios observados em atletas profissionais sob situações estressantes podem ser explicados, pelo menos em parte, pelo fato de a aprendizagem das habilidades motoras ter ocorrido de forma explícita.

> Os desempenhos pífios observados em atletas profissionais sob situações estressantes podem ser explicados, pelo menos em parte, pelo fato de a aprendizagem das habilidades motoras ter ocorrido de forma explícita.

Sob estresse, os indivíduos focariam mais atenção no desempenho da habilidade, o que geraria um controle consciente de cada aspecto do movimento. Como apontado por Beilock e Carr (2001), o controle consciente do movimento produz uma piora acentuada no desempenho motor, sendo considerado uma forma ineficiente de controle. Isso é fácil de observar na situação tradicional de aprendizagem de habilidades motoras, quando o aprendiz é instruído sobre como desempenhar a habilidade. Nesse caso, é a aprendizagem motora explícita que está em curso e, como apontado por Fitts e Posner (1967), durante o estágio inicial ou cognitivo, o aprendiz tem que "entender" como realizar a tarefa. Uma característica desse estágio é o controle consciente do movimento, já que o aprendiz deve pensar sobre como executar cada aspecto que compõe o movimento. Durante esse estágio inicial, o aprendiz comete muitos erros e o desempenho é muito irregular e ineficiente em relação à meta da tarefa. Em contrapartida, a aprendizagem motora implícita é à "prova de estresse", já que as pessoas não estão conscientes do que estão aprendendo. Assim, elas não têm a capacidade de controlar conscientemente os movimentos aprendidos. Dessa forma, a aprendizagem motora implícita é exatamente o oposto do que Fitts e Posner (1967) e Anderson (1982) argumentam que ocorreria durante a aquisição de habilidades motoras, ou seja, que o estágio cognitivo é essencial.

O fato de as pessoas saudáveis aprenderem tanto implícita quanto explicitamente sugere a existência de uma dissociação relacionada com a aprendizagem de habilidades motoras. Essa dissociação não é somente de natureza comportamental, mas reflete preferencialmente diferentes estruturas neurais que lidam com a aprendizagem de habilidades motoras. Por exemplo, pacientes amnésicos que são incapazes de aprender novos fatos e eventos aprendem habilidades perceptivo-motoras implicitamente (Corkin, 2002). Na mesma direção, estudos envolvendo pacientes com acidente vascular encefálico (AVE) demonstraram que, dependendo da localização da lesão cerebral, os pacientes podem ou não se beneficiar do fornecimento de informação explícita sobre a tarefa (Boyd; Winstein, 2001, 2003). Isso sugere que diferentes regiões cerebrais estão envolvidas com as aprendizagens motoras implícita e explícita (Thomas et al., 2004).

Em resumo, a aprendizagem motora implícita envolve a aquisição de uma habilidade motora sem um aumento correspondente no conhecimento verbal sobre tal habilidade. Nesse processo, as pessoas aprendem sem intenção e sem a capacidade de articular com clareza o que elas aprenderam. A aprendizagem motora implícita refere-se à melhora que ocorre no desempenho motor do aprendiz como resultado da prática, sem consciência desse processo e sem conhecimento explícito sobre o que foi aprendido. As características do processo de aprendizagem motora implícita podem ser descritas como segue:

- As regras aprendidas não podem ser verbalizadas, já que não estão acessíveis à consciência;
- As pessoas aprendem sem intenção e sem perceber que estão aprendendo;
- A aprendizagem implícita é muito estável e robusta.

> A aprendizagem motora implícita refere-se à melhora que ocorre no desempenho motor do aprendiz como resultado da prática, sem consciência desse processo e sem conhecimento explícito sobre o que foi aprendido.

APRENDIZAGEM MOTORA IMPLÍCITA EM CRIANÇAS E ADOLESCENTES

Grillner e Wallén (2004) têm argumentado que, quando nascemos, possuímos alguns padrões básicos de coordenação previamente estruturados e, durante o processo de desenvolvimento, aprendemos a adaptar tais padrões básicos para as diferentes demandas do ambiente. Apesar de os autores não especificarem o processo pelo qual aprendemos a adaptar tais padrões de movimento durante o desenvolvimento motor, pode-se assumir que essa aprendizagem ocorre implicitamente, já que estudos recentes têm mostrado que crianças e adolescentes são capazes de aprender dessa forma. Para Karmiloff-Smith (1995), o processo de desenvolvimento é caracterizado por uma fase inicial, que é tipicamente fundamentada em procedimentos ou é de natureza implícita, e, após esse período inicial, ocorreria, gradualmente, a emergência do conhecimento explícito ou declarativo.

Os estudos sobre aprendizagem motora implícita têm focado prioritariamente adultos jovens. Mais recentemente, porém, alguns autores começaram a estudar os efeitos relacionados à idade sobre a aprendizagem motora implícita. Um estudo pioneiro nessa temática foi conduzido por Meulemans, van der Linden e Perruchet (1998). Crianças de 6 e 10 anos de idade e um grupo de adultos jovens realizaram a TTRS, com sequências aleatórias entre as tentativas com a sequência repetida. Como observado em outros estudos, o TR foi menor para as tentativas com sequência repetida do que com a aleatória. De forma mais relevante, a diferença de desempenho entre as tentativas sequenciais e as aleatórias foi idêntica para os três grupos etários ao final de cinco blocos de prática. O teste de reconhecimento mostrou que nenhum dos grupos etários adquiriu conhecimento explícito sobre a sequência repetida. Esses resultados combinados sugerem que as crianças de 6 e 10 anos de idade podem aprender implicitamente da mesma forma que adultos jovens. Um outro resultado importante desse estudo diz respeito à retenção de longo prazo da tarefa aprendida implicitamente. Metade dos participantes dos três grupos etários foi submetida a uma segunda sessão de prática uma semana depois da primeira sessão. A comparação entre os valores do TR do último bloco da primeira sessão com os valores do primeiro bloco da segunda sessão apontou uma redução do TR da sequência repetida da primeira para a segunda sessão de prática. Esse resultado indica a persistência da tarefa aprendida implicitamente.

Thomas e Nelson (2001) analisaram crianças de 4, 7 e 10 anos de idade na TTRS. Os participantes praticaram cinco blocos de tentativas, sendo o primeiro e o quarto blocos com estímulos apresentados de forma aleatória, e os outros três blocos com a sequência repetida. Thomas e colaboradores (2004) também estudaram crianças de 7 e 11 anos de idade e adultos jovens na TTRS, intercalando sequências repetidas e sequências aleatórias. Os resultados desses dois estudos mostraram que o desempenho nos blocos com a sequência repetida foi melhor do que o desempenho nos blocos com sequência aleatória para todos os grupos etários estudados. A magnitude da aprendizagem implícita, entretanto, foi menor para as crianças em comparação aos adultos (Thomas et al., 2004). É interessante observar, ainda, que as crianças demoraram mais tempo para exibir diferenças de desempenho entre as sequências repetidas e as aleatórias em comparação aos adultos. Esse resultado sugere que as crianças precisam de um tempo maior de exposição para aprender a mapear a sequência de estímulos.

Vinter e Perruchet (2000) também estudaram a aprendizagem motora implícita em crianças de 4 e 10 anos de idade, mas usaram uma tarefa motora diferente, que envolvia desenhar figuras geométricas fechadas, como círculos, quadrados, retângulos e triângulos. Eles manipularam o "princípio do início da rotação" (PIR), que é uma covariação natural e não consciente usada para desenhar figuras geométricas. De acordo com o PIR, a direção inicial do movimento de desenhar figuras geométricas varia a partir da posição de início do desenho. No exemplo envolvendo o desenho de um círculo, se a posição inicial está no ponto 12h00min (topo), o indivíduo desenha o círculo na direção anti-horária, e vice-versa quando o início é na posição 06h00min.

Durante o período de prática, os participantes desenharam a figura solicitada a partir de um ponto inicial preestabelecido, enquanto uma seta indicava a direção do movimento. Um terço dos participantes foi treinado para desenhar as figuras geométricas respeitando o PIR (seta indicando a direção do movimento de acordo com o PIR) em 80% das tentativas de práticas (grupo congruente); um terço foi treinado para desenhar as figuras não respeitando o PIR em 80% das tentativas (grupo incongruente); o terço final de participantes não recebia nenhuma instrução sobre a direção em que deveriam desenhar a figura, somente a posição de início era fornecida. Para todas as faixas etárias, os participantes do grupo incongruente exibiram a menor porcentagem de respeito ao PIR na fase de teste imediato (após a fase de aquisição). Ao serem questionados sobre a posição de início e as dicas de direção, os participantes não se lembraram de nenhuma informação relevante sobre a manipulação da tarefa. Em outras palavras, o grupo incongruente, independentemente da idade, modificou o PIR sem estar consciente desse processo.

Em um terceiro experimento, Vinter e Perruchet (2000) analisaram a persistência da incongruência ao PIR após uma hora do término da fase de aquisição em crianças de 4 a 10 anos de idade. Eles observaram que, mesmo após uma hora, o comportamento incongruente persistiu, sugerindo que a aprendizagem implícita gerou uma alteração robusta no comportamento.

Mais recentemente, Vinter e Perruchet (2002) investigaram se a aprendizagem motora implícita ocorreria pela observação, usando a variação do PIR. Em vez de praticarem a tarefa de desenhar, os participantes assistiram, em um monitor, às figuras sendo desenhadas durante a fase de treinamento, respeitando o PIR em 80% das tentativas (grupo congruente) ou respeitando em somente 20% das tentativas (grupo incongruente). Na fase de teste, os participantes foram solicitados a desenhar as figuras a partir de uma posição inicial previamente estabelecida. Os resultados da fase de teste mostraram que, independentemente da faixa etária, os participantes do grupo incongruente exibiram a menor taxa de respeito ao PIR. Além disso, os participantes não se tornaram conscientes da manipulação envolvida na tarefa. Os resultados desse estudo permitem concluir que a prática física do movimento não é estritamente necessária para a aprendizagem motora implícita. O fato de crianças aprenderem implicitamente por meio da observação abre uma perspectiva interessante de pesquisa, pois permite explorar o impacto da observação sistemática do desempenho motor de outras pessoas sobre seu próprio desempenho motor.

Os estudos revisados nesta seção permitem concluir que a aprendizagem motora implícita está presente e é eficiente em crianças e adolescentes. Entretanto,

> A aprendizagem motora implícita está presente e é eficiente em crianças e adolescentes.

não é possível concluir se ela é independente da idade. Estudos adicionais são necessários para identificar com clareza a razão de ausência ou presença de diferença entre crianças de diferentes idades e adultos na taxa de aquisição de habilidades motoras implicitamente. O estudo da aprendizagem motora implícita dentro de uma perspectiva desenvolvimental pode ser um modelo interessante para melhor entender como os comportamentos motores evoluem durante o curso de desenvolvimento do indivíduo (Vinter; Perruchet, 2000).

IMPLICAÇÕES PRÁTICAS RELACIONADAS COM A APRENDIZAGEM MOTORA IMPLÍCITA

Apesar de os estudos apontarem para a existência da aprendizagem motora implícita, existe uma pergunta que ainda permanece sem resposta: os profissionais que atuam em programas de ensino-aprendizagem de habilidades motoras podem usar esse conhecimento de alguma forma? Se, como visto, a aprendizagem implícita é mais robusta e leva à manutenção do desempenho em situações estressantes, qual deve ser o papel do professor durante o ensino de habilidades motoras? O professor não deve fornecer a demonstração de como executar a habilidade e não deve fornecer dicas para melhorar o desempenho do aprendiz? O conhecimento que temos até o momento sobre aprendizagem implícita não permite responder a todas essas perguntas com segurança. Entretanto, algumas sugestões podem ser feitas e incorporadas na prática profissional.

Como visto anteriormente, a aprendizagem por observação sem o fornecimento de instrução verbal concorrente parece ser eficiente do ponto de vista da aprendizagem motora implícita (Masters et al., 2008; Vinter; Perruchet, 2002). Des-

> A aprendizagem por observação sem o fornecimento de instrução verbal concorrente parece ser eficiente do ponto de vista da aprendizagem motora implícita.

sa forma, não há a necessidade de descrever detalhadamente a habilidade motora a ser ensinada. A aprendizagem implícita por observação pode ajudar a explicar como algumas crianças apresentam um desempenho motor habilidoso sem participarem efetivamente de um programa de instrução. Em seu filme "Boleiros", de 1998, Ugo Giorgetti descreve uma situação bastante típica do futebol brasileiro, em que um garoto da periferia, extremamente habilidoso para sua idade, sobressai-se em um grupo de garotos da mesma idade que frequentam semanalmente uma escolinha de futebol de um ex-jogador de futebol. Esse garoto não recebeu nenhum tipo de instrução formal para aprender a jogar futebol. Como então ele apresenta um desempenho tão superior em comparação aos demais garotos que frequentam a escolinha periodicamente? Algumas pessoas podem argumentar que esse garoto possui algum tipo de talento inato ou um "dom" especial. Pode ser, mas com base no que foi discutido sobre aprendizagem implícita e observação, é possível que esse garoto tenha aprendido implicitamente a desempenhar as habilidades do futebol por meio da observação sistemática.

Uma outra estratégia que parece auxiliar no processo de ensino-aprendizagem de habilidades motoras implicitamente é a aprendizagem por analogia, ou uso de uma metáfora durante o fornecimento de instrução para o aprendiz. Dessa forma, o instrutor fornece informação relevante sobre a tarefa a ser aprendida, mas sem explicitar as regras envolvidas com o desempenho da tarefa. Liao e Masters (2001) investigaram se a aprendizagem por analogia invocava mecanismos de comportamento motor análogo aos processos implícitos durante a aprendizagem da rebatida de *forehand* com *topspin* no tênis de mesa, em adultos jovens. Todos os participantes receberam informação sobre o significado do termo *topspin* e o tipo de movimento associado à bola. No primeiro experimento desse estudo, três grupos foram testados: aprendizagem explícita, aprendizagem implícita e aprendizagem por analogia. O grupo de aprendizagem explícita recebeu instruções sobre 12 técnicas básicas para realizar o movimento solicitado. Os participantes do grupo implícito não receberam nenhuma instrução sobre como realizar a tarefa e ainda realizaram uma tarefa secundária durante a prática da rebatida. O grupo de aprendizagem por analogia foi instruído a realizar um movimento com a mão como se estivesse desenhando um triângulo retângulo, sendo que a hipotenusa desse triângulo corresponderia ao período de contato da raquete com a bola. Os resultados apontaram para uma melhora do desempenho similar para os três grupos testados ao longo da fase de aquisição. Além disso, os participantes do grupo explícito adquiriram mais regras explícitas sobre como realizar a tarefa do que os participantes dos outros dois grupos, que não diferiram entre si. Os participantes também foram submetidos a um teste de transferência. No teste de transferência, todos os participantes realizaram uma tarefa secundária. A realização da tarefa secundária piorou o desempenho somente para o grupo de aprendizagem explícita, em comparação aos outros dois grupos que não diferiram entre si. Esses resultados sugerem que a aprendizagem por analogia é tão eficiente quanto a aprendizagem explícita, com a vantagem de gerar menos conhecimento explícito sobre a tarefa e ser mais automatizada, permitindo a realização de uma tarefa secundária sem comprometer o desempenho da tarefa principal. Portanto, a aprendizagem por analogia resulta em características de desempenho que estão associadas à aprendizagem motora implícita e pode ser uma estratégia eficiente de ensino.

> A aprendizagem por analogia resulta em características de desempenho que estão associadas à aprendizagem motora implícita e pode ser uma estratégia eficiente de ensino.

Magill (1998) sugere que as condições reguladoras do ambiente deveriam ser aprendidas implicitamente e apresenta cinco recomendações para desenvolver estratégias de instrução e condições de prática para atingir esse propósito. As condições reguladoras envolvem os aspectos do ambiente que são usados para planejar a ação motora, como a velocidade e a trajetória da bola a ser rebatida. As três recomendações iniciais enfatizam a necessidade de focar a atenção visual do aprendiz na região do ambiente onde as condições reguladoras estão presentes, mas sem especificar em qual aspecto daquela região. Esse processo de descoberta deve ocorrer implicitamente. As outras duas recomendações referem-se à estruturação do ambiente de prática. O desafio para o professor é criar ambientes de prática que estimulem a aquisição implícita das condições reguladoras do ambiente.

A primeira recomendação enfatiza que o professor não deve questionar os aprendizes sobre o que eles veem, mas sim sobre para onde eles olham durante a preparação e a execução do movimento. No caso da aprendizagem da rebatida no tênis de campo, o professor deve evitar questões como "Como a bola foi sacada pelo sacador?". Em vez disso, o professor pode perguntar ao aprendiz: "Onde você olhou para identificar o tipo de saque feito?". Essa segunda questão dirige a atenção visual do aprendiz à área apropriada para extrair a informação sobre as condições reguladoras e evita a aquisição explícita das condições reguladoras.

A segunda recomendação sugere o uso de dicas verbais curtas, com frases concisas, o que pode facilitar o direcionamento da atenção visual aos aspectos relevantes do ambiente durante a realização de uma habilidade motora. No caso do tenista, uma dica verbal apropriada poderia ser "raquete". Essa dica ajuda a instruir ou relembrar o aprendiz para onde dirigir a atenção visual.

A terceira recomendação refere-se ao uso de *feedback* extrínseco após a realização do movimento. A recomendação é que a ênfase do *feedback* extrínseco deve ser em especificar onde o aprendiz deve focar o olhar, em vez de especificar qual aspecto do ambiente focar a atenção visual.

A quarta recomendação aponta para a necessidade de uma quantidade substancial de prática para garantir a aquisição das condições reguladoras da tarefa. Vale destacar aqui o estudo de Pew (1974), que apontou a necessidade de pelo menos seis dias de prática para identificar diferenças de desempenho entre os segmentos repetidos e aleatórios; ou o trabalho de Thomas e colaboradores (2004), que apontou a necessidade de mais prática por parte das crianças para identificar diferenças de desempenho em blocos sequenciais e aleatórios na TTRS, em relação a adultos jovens. É importante salientar, entretanto, que a quantidade de prática requerida poderá variar em função da complexidade da habilidade.

A quinta e última recomendação alerta para as características das repetições durante a aquisição de uma habilidade motora. O ambiente de prática deve incluir variações nos contextos em que os aspectos reguladores ocorrem. Essa maior variação permite identificar em contextos diferentes a ocorrência das condições reguladoras.

CONSIDERAÇÕES FINAIS

Os estudos sobre aprendizagem motora implícita sugerem que não existe necessidade de fornecer o conhecimento explícito sobre os aspectos envolvidos com a realização de uma habilidade motora. O professor não precisa descrever toda a habilidade em detalhes para o aprendiz, mas, em vez disso, deve fornecer informações gerais, estruturar o ambiente de prática e fornecer *feedback*, de forma a permitir a aprendizagem implícita de algumas características da habilidade. A aprendizagem implícita parece ser mais robusta em situações estressantes e garante um maior automatismo, permitindo a realização de tarefas concorrentes com melhor qualidade de desempenho, como na situação em que o jogador deve conduzir a bola e observar o posicionamento dos jogadores adversários e de sua equipe para decidir o que fazer (i.e., passar a bola, driblar ou chutar a gol). É importante salientar que novos estudos devem ser conduzidos com o intuito de validar a efetividade das sugestões apresentadas neste capítulo sobre o processo de ensino-aprendizagem de habilidades motoras para crianças e ado-

> O professor não precisa descrever toda a habilidade em detalhes para o aprendiz, mas, em vez disso, deve fornecer informações gerais, estruturar o ambiente de prática e fornecer *feedback*, de forma a permitir a aprendizagem implícita de algumas características da habilidade.

lescentes. Os estudos descritos neste capítulo focaram em habilidades aprendidas em laboratório, no qual as condições altamente controladas permitem uma maior segurança em relação às conclusões obtidas, mas comprometem a validade ecológica.

REFERÊNCIAS

ANDERSON, J. R. Acquisition of cognitive skill. *Psychol. Rev.*, v. 89, n. 4, p. 369-406, 1982.

BEILOCK, S. L.; CARR, T. H. On the fragility of skilled performance: what governs choking under pressure? *J. Exp. Psychol. Gen.*, v. 130, n. 4, p. 701-725, 2001.

BOYD, L. A.; WINSTEIN, C. J. Impact of explicit information on implicit motor-sequence learning in following middle cerebral artery stroke. *Phys. Ther.*, v. 83, p. 976-989, 2003.

_____. Implicit motor-sequence learning in humans following unilateral stroke: the impact of practice and explicit knowledge. *Neuroscience Letters*, v. 298, p. 65-69, 2001.

CORKIN, S. What's new with the amnesic patient H.M.? *Nat. Rev. Neurosci.*, v. 3, p. 153-160, 2002.

FITTS, P. M.; POSNER, M. I. *Human performance*. Belmont: Brooks/Cole, 1967. p. 162.

GRILLNER, S.; WALLÉN, P. Innate versus learned movements: a false dichotomy? *Prog. Brain Res.*, v. 143, p. 3-12, 2004.

HALLETT, M. The role of the motor cortex in motor learning. In: LATASH, M. L.; LESTIENNE, F. *Motor control and learning*. New York: Springer, 2006. p. 89-95.

KARMILOFF-SMITH, A. *Beyond modularity*: a developmental perspective on cognitive science. Cambridge: MIT, 1995. p. 256.

LIAO, C.; MASTERS, R. S. W. Analogy learning: a means to implicit motor learning. *J. Sports Sci.*, v. 19, p. 307-319, 2001.

MAGILL, R. A. Knowledge is more than we can talk about: implicit learning in motor skill acquisition. *Res. Q. Exerc. Sport*, v. 69, n. 2, p. 104-110, 1998.

MASTERS, R. S. W. Knowledge, knerves and know-how: the role of explicit versus implicit knowledge in the breakdown of a complex motor skill under pressure. *Br. J. Psychol.*, v. 83, p. 343-358, 1992.

MASTERS, R. S. W. et al. Implicit motor learning in surgery: implications for multi-tasking. *Surgery*, v. 143, p. 140-145, 2008.

MEULEMANS, T.; VAN DER LINDEN, M.; PERRUCHET, P. Implicit sequence learning in children *J. Exp. Psychol.*, v. 69, p. 199-221, 1998.

MORRIS, R. et al. Learning and memory. In: MORRIS, R.; TARASSENKO, L.; KENWARD, M. *Cognitive systems*: information processing meets brain science. London: Academic Press, 2005. p. 193-235.

NISSEN, M. J.; BULLEMER, P. Attentional requirements of learning: evidence from performance measures. *Cognit. Psychol.*, v. 19, p. 1-32, 1987.

PEW, R. W. Levels of analysis in motor control. *Brain Res.*, v. 71, p. 393-400, 1974.

SHEA, C. H. et al. Surfing the implicit wave. *Q. J. Exp. Psychol. A.*, v. 54, p. 841-862, 2001.

SHUMWAY-COOK, A.; WOOLLACOTT, M. H. *Motor control*: translating research into clinical practice. 3rd ed. Philadelphia: Lippincott Williams & Wilkins, 2007. p. 612.

STICKGOLD, R.; WALKER, M. P. Memory consolidation and reconsolidation: what is the role of sleep? *Trends Neurosci.*, v. 28, p. 408-415, 2005.

THOMAS, K. M.; NELSON, C. A. Serial reaction time learning in preschool- and school-age children. *J. Exp. Child Psychol.*, v. 79, p. 364-387, 2001.

THOMAS, K. M. et al. Evidence of developmental differences in implicit sequence learning: an fMRI study of children and adults. *J. Cogn. Neurosci.*, v. 16, p. 1339-1351, 2004.

VINTER, A.; PERRUCHET, P. Implicit learning in children is not related to age: evidence from drawing behavior. *Child Dev.*, v. 71, p. 1223-1240, 2000.

_____. Implicit motor learning through observational training in adults and children. *Mem. Cognit.*, v. 30, p. 256-261, 2002.

WILLINGHAM, D. B.; NISSEN, M. J.; BULLEMER, P. On the development of procedural knowledge. *J. Exp. Psychol. Learn. Mem. Cogn.*, v. 15, p. 1047-1060, 1989.

COORDENAÇÃO MOTORA: DA TEORIA À PRÁTICA

10

Cynthia Y. Hiraga
Ana Maria Pellegrini

Coordenar é um termo que traz em si a ideia de harmonizar, orquestrar, encaixar, unir, relacionar, combinar, construir e muitas outras que retratam o potencial do ser humano para interagir com os outros e com o ambiente. Sob a perspectiva do senso comum, cada um de nós, seres humanos, somos capazes de avaliar o grau de coordenação motora em nossas ações. Todavia, no que consiste essa coordenação? O que podemos ou devemos fazer para garantir sucesso em nossas ações motoras?

Este capítulo explora inicialmente aspectos gerais do movimento coordenado. Descreve as formas da coordenação motora e traz algumas considerações teóricas propostas por Bernstein (1967) a respeito da coordenação dentro de uma visão mais contemporânea no estudo do comportamento motor. Em seguida, é dada ênfase ao papel das restrições sobre a coordenação motora. Toda e qualquer ação motora que envolve a coordenação é realizada em um contexto que certamente influenciará o resultado dessa ação, bem como o processo da ação produzida pelo indivíduo. Em sua última parte, o capítulo apresenta algumas formas úteis de avaliação da coordenação motora que podem ser aplicadas tanto na educação motora quanto na iniciação esportiva.

COORDENAÇÃO MOTORA: DA UBIQUIDADE À EXCLUSIVIDADE

As ações humanas são motoras por natureza, pois é por meio de seu corpo que o ser humano se locomove, se comunica, interage com os indivíduos e com o ambiente próximo a ele. Elemento central de todo comportamento motor, a coordenação permite ao ser humano dividir espaços, partilhar o tempo e produzir bens e valores, desenvolvendo um número imenso de atividades no ambiente familiar, na escola, no trabalho, permitindo, assim, explorar a natureza à sua volta.

> Elemento central de todo comportamento motor, a coordenação permite ao ser humano dividir espaços, partilhar o tempo e produzir bens e valores, desenvolvendo um número imenso de atividades no ambiente familiar, na escola, no trabalho, permitindo, assim, explorar a natureza à sua volta.

No nível comportamental observável, nossas ações se baseiam na coordenação intramembros e entre membros (para uma revisão, ver Swinnen et al., 1994). A primeira é descrita em termos da relação entre segmentos de um mesmo membro, como, por exemplo, a combinação de movimentos dos dedos da mão e da articulação do cotovelo e do ombro para abrir uma gaveta. A segunda é descrita em termos da relação entre dois ou mais membros, como, por exemplo, aplaudir uma apresentação de uma peça de teatro. Em geral, como vimos, nossas ações se baseiam na combinação desses dois tipos de coordenação (p. ex., descascar uma laranja ou combinar movimentos entre membros inferiores e superiores para controlar a condução de um automóvel).

Ainda temos a coordenação social (Schmidt; Carello; Turvey, 1990). Esse tipo de coordenação motora envolve segmentos ou membros corporais de dois ou mais indivíduos. Considere dois indivíduos andando lado a lado: inicialmente, seus passos são desencontrados, mas, após algum tempo, eles tendem a sincronizar, isto é, a coordenar as passadas tanto em termos espaciais quanto temporais. Esse tipo de coordenação tende a emergir de movimentos contínuos ou repetitivos. Em várias situações esportivas, a coordenação entre atletas garante o sucesso na competição. Tome como exemplo uma coreografia executada por um dueto ou uma equipe de nado sincronizado ou, ainda, o desempenho dos atletas em uma competição de remo por equipe.

Independentemente do tipo da coordenação motora, toda e qualquer ação motora é única (Bernstein, 1967), ou seja, não se repete no tempo e no espaço, de modo que essa característica invalida qualquer proposição de que sejamos capazes de reproduzir nos mínimos detalhes uma ação anteriormente realizada. Em nosso cotidiano, realizamos ações que são rotineiras, tal como levar uma xícara com café até a boca. Realizamos essa ação praticamente todos os dias. Entretanto, nunca a trajetória do movimento será exatamente igual à do dia anterior. Situação bem similar pode ser observada no contexto esportivo: um atleta de alto rendimento no voleibol executa no seu treinamento diário algumas dezenas de serviços (i.e., saques). Qualquer uma de suas execuções certamente não será exatamente igual a qualquer outra.

Contudo, uma observação casual dos serviços executados pelo atleta de voleibol, ou mesmo da ação de levar a xícara com café até a boca, permite-nos dizer que tais movimentos são muito parecidos. Se, por um lado, a ação motora é única, por outro, a mesma ação pode ser consistente. A consistência da ação se apoia na invariância topológica. Como os músculos nunca trabalham sozinhos, mas são limitados a operar coletivamente para alcançar uma determinada meta, isso assegura consistência na ação. Embora o ser humano não seja capaz de reproduzir as variáveis do controle motor com exatidão e, portanto, replicar uma ação realizada anteriormente, as características espaciais e temporais dos movimentos dos segmentos corporais permanecem relativamente estáveis de uma tentativa para a seguinte. No conjunto, as características (i.e., unicidade e consistência) das ações motoras humanas estão associadas diretamente com o fato de sermos ou nos tornarmos coordenados.

A distinção entre coordenação e controle é muito importante para identificar os mecanismos responsáveis pelo comportamento motor. A coordenação pode ser vista como uma função que agrupa vários elementos do organismo para fazer com que o propósito seja atingido (Kelso, 1982). Já o controle pode ser descrito em termos da magnitude absoluta do movimento observado em um ou vários membros (i.e., o nível de força, velocidade, aceleração, deslocamento observado). Uma ação coordenada com destreza envolve ambos, coordenação e controle, sendo que um conjunto ótimo de valores é alcançado nas variáveis a serem controladas. A coordenação e o controle podem ser manipulados independentemente, de modo que a meta de uma ação pode ser alcançada alterando um ou ambos os componentes (Kugler; Kelso; Turvey, 1980). Além disso, é possível observar e medir esses dois componentes independentemente (Kelso, 1982).

COORDENAÇÃO MOTORA: DA REDUNDÂNCIA À ABUNDÂNCIA

Escrever sobre coordenação e não mencionar algumas ideias propostas por Bernstein (1967) é o mesmo que não discutir sobre coordenação. Para esse cientista, a coordenação pode ser vista como um processo que desafia o sistema em controlar os muitos graus de liberdade resultantes da ação dos inúmeros elementos individuais, tais como ossos, articulações e músculos. Ou seja, como o indivíduo lida com as inúmeras possibilidades que o sistema musculoesquelético oferece para encontrar uma solução única a fim de executar a ação e atingir a meta da tarefa. Um construto teórico bastante útil para entender a forma como o sistema reúne temporariamente os vários elementos (i.e., músculos e articulações) para expressar um movimento coordenado é o da sinergia ou estrutura coordenativa. Mais precisamente, Turvey, Shaw e Mace (1978) definem estrutura coordenativa como um grupo de músculos que se estende sobre as articulações e que é restrito a atuar como uma unidade.

Muitos estudos (p. ex., Kelso, 1995) têm enfatizado que o número excessivo de possibilidades de movimento inerentes ao sistema é o problema central a ser resolvido por ele. Ainda, esse número excessivo pode ser visto como uma redundância do sistema, pois não seria necessário disponibilizar tantas possibilidades, uma vez que somente uma solução será utilizada. Sob esse prisma, a coordenação é vista como uma forma de eliminar graus de liberdade redundantes na escolha de uma solução eficiente. Mais recentemente, Latash (2000) questiona tal eliminação, pois para esse autor não é possível eliminar essas possibilidades. Isso significa dizer que não é possível ignorar elementos predispostos e inerentes ao sistema, exceto se os elementos forem retirados deste. Então, a questão que segue é para que servem as inúmeras possibilidades de organização permitidas ao sistema? O próprio autor propõe o princípio da abundância no controle dos graus de liberdade do sistema. A ideia da abundância é a de que todos os elementos do sistema participam de alguma forma da atividade, isto é, da solução escolhida pelo sistema (Gelfand; Latash, 2002).

> A ideia da abundância é a de que todos os elementos do sistema participam de alguma forma da atividade, isto é, da solução escolhida pelo sistema (Gelfand; Latash, 2002).

A flexibilidade é uma característica que permite uma liberdade maior, para que o indivíduo possa atuar de formas distintas mesmo quando a meta da tarefa é a mesma. Em outras palavras, o sistema motor humano pode recrutar diferentes segmentos, músculos e articulações para alcançar uma mesma meta (Rose; Christina, 2006). Essa característica, por exemplo, nos permite produzir uma escrita legível mesmo quando controlamos um lápis com uma parte do corpo não convencional, como a mão não dominante ou os dedos dos pés. A flexibilidade do sistema pode também ser observada quando algum segmento corporal do indivíduo está imobilizado por uma fratura ou apresenta pouca funcionalidade em decorrência de uma lesão encefálica. A forma alternativa que o sistema encontra para se locomover ou manipular objetos se deve à capacidade em recrutar e combinar elementos que deem conta de executar a ação motora. A flexibilidade do sistema está também associada à capacidade de adaptação do sistema em relação a alguma demanda, seja ela do próprio sistema ou externa a ele. Esse tipo de situação é muito comum em contextos esportivos, nos quais os indivíduos necessitam adaptar suas respostas motoras a qualquer alteração ou deslocamentos inesperados executados pelo oponente.

Muitos dos elementos abundantes do sistema garantem a estabilidade do padrão motor, isto é, ficam à disposição para minimizar a variabilidade nos movimentos. O caso clássico descrito por Bernstein (1967; ver também Latash, 2000) do movimento de martelar do ferreiro é um exemplo bem ilustrativo da ideia de proporcionar estabilidade à trajetória do movimento. De acordo com a análise cinemática do movimento, a variabilidade da trajetória da ponta do martelo em uma série de tentativas foi menor do que a variabilidade da trajetória das articulações dos segmentos dos membros superiores. Sob o princípio da abundância dos graus de liberdade, as articulações não atuam independentemente, mas estão constantemente corrigindo erros ou compensando a atuação de outras articulações para poder garantir estabilidade na trajetória total e precisão, nesse caso das marteladas pelo ferreiro. Certamente, a flexibilidade e a estabilidade no movimento têm origem na abundância de possibilidades dos elementos individuais que o sistema motor humano permite (Bernstein, 1967).

Dentro das abordagens teóricas mais contemporâneas, a coordenação motora é vista como um sistema auto-organizado que atua a partir da interação de subsistemas, pois um subsistema isolado apresentaria pouco ou quase nenhum potencial para responder pela ação como um todo. Se por um lado um sistema auto-organizado não é resultado do acaso, por outro

> Dentro das abordagens teóricas mais contemporâneas, a coordenação motora é vista como um sistema auto-organizado que atua a partir da interação de subsistemas, pois um subsistema isolado apresentaria pouco ou quase nenhum potencial para responder pela ação como um todo.

não depende exclusivamente de um controlador em uma posição hierárquica superior (Kelso, 1995; Thelen; Smith, 1994). Além disso, a coordenação não é um evento que ocorre isolado de um contexto, sendo preciso levar em consideração as variáveis essenciais que permeiam o movimento, tal como a influência das restrições intrínsecas e extrínsecas ao indivíduo.

COORDENAÇÃO MOTORA: DO PAPEL DAS RESTRIÇÕES

Sobre o papel das restrições no movimento, Newell (1986) acrescentou às restrições do ambiente e do organismo na produção de movimentos coordenados, já citadas anteriormente, as restrições da tarefa. Particularmente, esse trabalho publicado por Newell teve um grande impacto no estudo da coordenação e do controle das ações motoras. De acordo com o mesmo autor (ver também Davids; Button; Bennet, 2008), as restrições do sistema podem ser consideradas como condições limitantes, sendo que, no caso particular da ação, elas dão forma específica às configurações do movimento corporal. Isso significa dizer que a ação motora toma forma a partir das restrições existentes. Tais restrições podem se alterar ao longo do tempo e em diferentes escalas temporais.

As restrições do ambiente são externas ao executante. De maneira geral, as investigações sobre o comportamento motor são realizadas em laboratório ou nos ambientes em que esses comportamentos ocorrem frequentemente, de modo que são consideradas normais ou neutras. Em nosso contexto, por exemplo, os jogos de futebol realizados em La Paz, na Bolívia, são explorados pela mídia, pois as condições ambientais afetam a *performance*, principalmente em atividades de longa duração e intensidade relativamente alta.

Duas categorias de restrição da tarefa são descritas (Davids; Button; Bennet, 2008): em um grupo estão aquelas identificadas como restritas às metas da tarefa; no outro grupo encontram-se aquelas para as quais existem regras que especificam a forma como a ação é executada. A maior parte das atividades da vida diária têm a meta restrita. Em contrapartida, para as atividades esportivas e musicais, existem regras que limitam a ação do executante. Essas restrições encontram-se no conjunto de regras que cada atividade apresenta e que pode ser definido pelos próprios participantes ou pelo gestor das atividades.

De grande impacto no desenvolvimento da coordenação motora do indivíduo, especialmente crianças e adolescentes, são as restrições do organismo que se referem ao sistema biológico (i.e., morfológicas, fisiológicas, entre outras). As restrições do organismo mais utilizadas em estudos sobre coordenação motora dizem respeito às características físicas, como idade, altura, peso, índice de massa corporal, em combinação com as propriedades dos segmentos ou o membro corporal, como, por exemplo, força, potência, entre outras capacidades (Davids; Button; Bennet, 2008). É importante que o profissional da atividade física leve em consideração as restrições do organismo ao elaborar programas para diferentes faixas etárias.

De modo geral, todas as restrições contribuem para a canalização das dinâmicas do sistema em uma única direção, ainda que diferentes restrições possam ter diferentes escalas temporais de influência. Um aspecto de valor prático acerca das restrições diz respeito às possibilidades que o profissional da atividade física pode criar manipulando as restrições, especialmente as ambientais e as da tarefa, a fim de maximizar o desenvolvimento pleno das funções motoras da criança e do adolescente.

> Um aspecto de valor prático acerca das restrições diz respeito às possibilidades que o profissional da atividade física pode criar manipulando as restrições, especialmente as ambientais e as da tarefa, a fim de maximizar o desenvolvimento pleno das funções motoras da criança e do adolescente.

COORDENAÇÃO MOTORA: DAS FORMAS DE AVALIAÇÃO

Tendo em vista que a coordenação é uma característica das ações motoras e que essas ações são executadas nos mais variados contextos, existe um grande número de testes ou procedimentos para avaliar a coordenação. A avaliação da coordenação motora permite ao profissional da atividade física obter informação de como a criança ou o adolescente combina as possibilidades dos inúmeros graus de liberdade do sistema motor na execução das tarefas. Em geral, os testes existentes no mercado focalizam o processo ou o produto da ação motora (Gabbard, 2008; Payne; Isaacs, 2007). No primeiro caso, a

> A avaliação da coordenação motora permite ao profissional da atividade física obter informação de como a criança ou o adolescente combina as possibilidades dos inúmeros graus de liberdade do sistema motor na execução das tarefas.

preocupação central é avaliar a forma ou a qualidade na execução da tarefa proposta no teste. Em específico, avaliam-se aspectos biomecânicos da ação motora, tal como a amplitude articular dos segmentos. Já no segundo caso, a ação motora é avaliada pelo resultado da execução da tarefa proposta no teste. Nesse caso, utilizam-se medidas de tempo de execução da tarefa ou número de acertos ou erros.

Qualquer que seja o instrumento escolhido pelo profissional da atividade física, os resultados da avaliação constituem uma referência importante para a elaboração de programas de atividade física, especialmente para crianças e adolescentes. Dadas as alterações biológicas a que as crianças e os adolescentes estão sujeitos, conhecer o nível de desenvolvimento da coordenação motora desses indivíduos é uma importante referência para ajustar as atividades motoras do programa a eles.

Quanto à escolha do instrumento para avaliar a coordenação, o profissional da atividade física deve levar em consideração as necessidades motoras das crianças e dos adolescentes, bem como os objetivos do programa da atividade física. Nesse sentido, os instrumentos para avaliar a coordenação de padrões motores fundamentais são muito úteis para orientar programas de atividades físicas, especialmente programas envolvendo a infância. Os padrões motores fundamentais constituem as ações básicas necessárias para as práticas esportivas, tais como correr, chutar, arremessar, girar, driblar, rolar, entre outras (mais detalhes em Gallahue; Ozmun,

> Quanto à escolha do instrumento para avaliar a coordenação, o profissional da atividade física deve levar em consideração as necessidades motoras das crianças e adolescentes, bem como os objetivos do programa da atividade física.

2005; Haywood; Getchell, 2004; Payne; Isaacs, 2007). Dessa forma, a criança que não desenvolver esses padrões de movimento básicos na forma madura, isto é, não apresentar a execução da ação motora dentro dos parâmetros de controle e coordenação eficientes, possivelmente não será capaz de participar com sucesso das atividades envolvendo gestos esportivos. É sugerido que por volta dos 6 anos de idade a criança já tenha condições de apresentar um conjunto de movimentos básicos executados isoladamente na forma madura (Gallahue; Ozmun, 2005). O acompanhamento da evolução no amadurecimento dos muitos movimentos básicos é essencial para maximizar o potencial que as crianças têm de alcançar tais movimentos na forma madura.

Um dos poucos testes existentes para avaliar a qualidade de tais movimentos básicos de crianças entre 3 e 10 anos de idade é o Test of Gross Motor Development (TGMD-2) (Ulrich, 2000), que abrange 12 padrões motores fundamentais básicos. Dentre os movimentos locomotores, estão a corrida, o galope, o saltito, o pulo, o salto horizontal e o deslizamento lateral. Dentre os movimentos para controlar objetos estão a rebatida, o drible, a recepção, o chute, o arremesso (por cima) e o rolamento (por baixo). Em específico, esse teste permite verificar se uma criança tem algum atraso no desenvolvimento de algum padrão fundamental e compará-la com outra criança da mesma idade.

Um outro exemplo de teste que está se tornando muito popular nesses últimos anos é o Movement Assessment Battery for Children 2 (MABC-2) (Henderson; Sugden; Barnett, 2007), projetado para examinar dificuldades motoras em crianças e adolescentes entre 3 e 16 anos. Diferentemente do TGMD-2, que avalia habilidades motoras amplas, esse teste inclui tarefas motoras divididas em três categorias: destreza manual, pontaria e recebimento e, por último, equilíbrio dinâmico e estático. As tarefas incluídas nas três categorias são, por exemplo, encaixar pequenos pinos, passar pequenos cubos em uma linha, desenhar um traçado entre duas linhas estabelecidas, lançar um saquinho de feijão em um alvo, arremessar e apanhar a bola contra a parede, arremessar a bola em um alvo, caminhar sobre uma linha, equilibrar-se em uma prancha com base estreita, saltitar quadrados com os dois ou um dos pés. Esse teste é muito popular entre os terapeutas ocupacionais e fisioterapeutas para detectar crianças e adolescentes com extrema dificuldade motora ou indivíduos com transtorno do desenvolvimento da coordenação (TDC).

Os dois exemplos de testes citados são bastante úteis para o profissional da atividade física, pois lidam com os aspectos mais básicos da coordenação motora. Todavia, consideramos importante fazer referência à avaliação da coordenação motora proposta por Warwits (apud Weineck, 1989), que envolve um nível de complexidade maior e padrões motores menos elementares, identificada como Percurso de Coordenação Vienense (PCV). Esse teste foi projetado para ser aplicado em crianças e adolescentes com idades entre 11 e 18 anos. A ideia central desse percurso é quantificar a coordenação motora por meio da velocidade com que o indivíduo executa todas as tarefas, isto é, o percurso (Figura 10.1).

Nove tarefas em sequência especificada compõem o percurso do teste, sendo

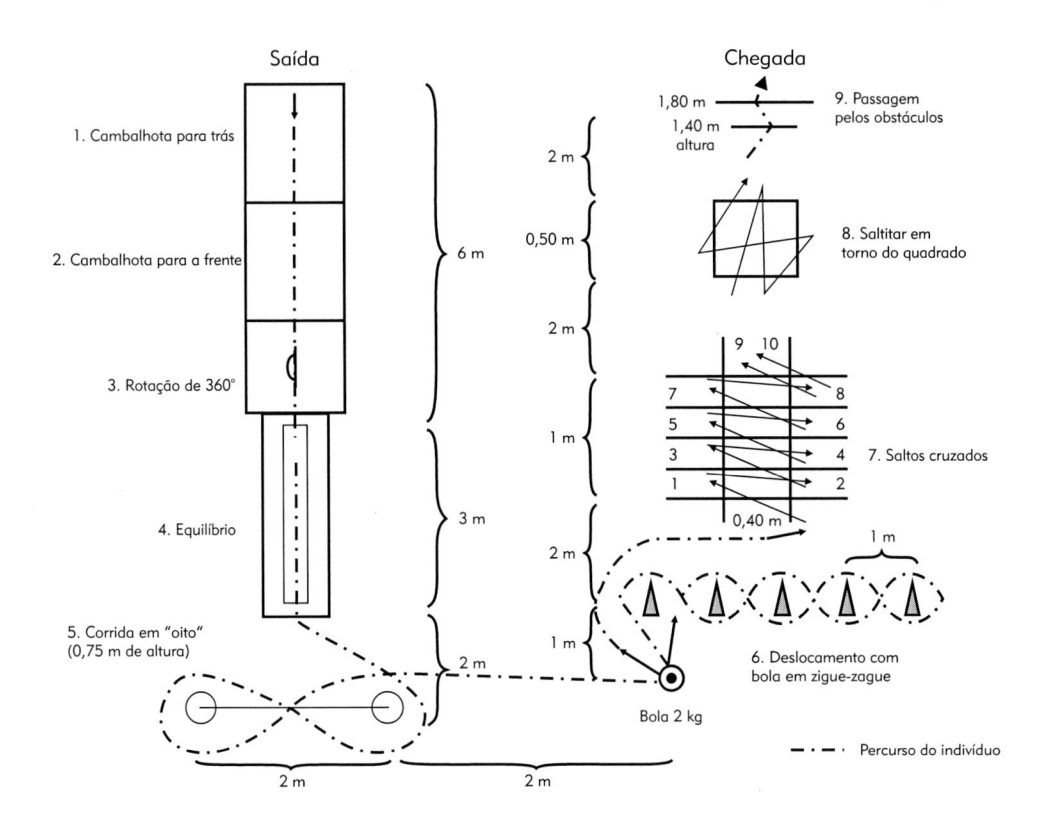

Figura 10.1 Percurso de Coordenação Vienense.
Fonte: Adaptada de Weineck (1989).

elas: cambalhota para trás, cambalhota para a frente, rotação de 360° em torno do eixo corporal vertical, deslocamento sobre um banco sueco invertido, corrida em oito em torno de dois mastros, deslocamento conduzindo uma bola com os pés ou com as mãos (em zigue-zague) em torno de cinco cones dispostos em fila, combinação de saltos cruzados em marcas estabelecidas no chão, saltitos no entorno das partes de um quadrado desenhado no chão e, por último, passagem em um aparelho similar ao de uma barra assimétrica, por baixo da mais baixa (1,40 m) e por cima da mais alta (1,80 m).

Esse teste envolve muitos componentes implícitos na prática de modalidades esportivas. Ainda que não exista evidência de que esse teste capture aptidões motoras para determinado esporte de rendimento, ele pode ser utilizado como uma referência para examinar o desempenho de pré-adolescentes e adolescentes com potencial para o esporte competitivo. Entretanto, um aspecto importante é que, além de impor um certo desafio aos pré-adolescentes e adolescentes, esse percurso consiste em tarefas bastante estimulantes e motivadoras. Nesse contexto, o profissional da atividade física pode e deve estimular os(as) garotos(as) a buscarem o aperfeiçoamento de seus desempenhos nas ações motoras. Embora o tempo seja a única medida do teste, o professor ou instrutor pode alternativamente observar em quais tarefas do percurso os(as) garotos(as) apresentam dificuldades e, a partir daí, elaborar uma proposta para melhorar o aproveitamento da coordenação nas ações esportivas (um programa que tenha por finalidade a melhoria de coordenação motora nas ações esportivas).

É altamente recomendável que o profissional da atividade física adote algum instrumento de avaliação do desempenho motor. Por um lado, temos as crianças com alguma ou com extrema dificuldade motora no meio das muitas que não apresentam tais dificuldades, e, sem um instrumento de avaliação, não serão identificadas e não terão provavelmente oportunidade para aperfeiçoar, recuperar ou reeducar a coordenação motora de forma adequada. A tendência é que essas crianças com alguma ou com extrema dificuldade motora se afastem cada vez mais da prática de atividades físicas por se julgarem incapazes de realizar as tarefas motoras propostas nessas práticas. Por outro lado, temos um bom número de pré-adolescentes e adolescentes que não se sentem motivados para engajar-se às práticas esportivas. Muitas vezes, essa falta de motivação é consequência da falta de requisitos motores suficientes para praticá-las.

De alguma forma, exercitar ações motoras que envolvam níveis de dificuldade cada vez mais elevados, bem como ações motoras com estruturas espaciais e temporais cada vez mais complexas, é requisito básico para o aperfeiçoamento desses indivíduos em franco desenvolvimento biológico e motor. Dessa forma, o emprego de um instrumento de avaliação é essencial para que o profissional da atividade física possa ajustar o nível dos desafios motores às crianças e adolescentes, pois eles não são e não devem ser considerados adultos em miniatura.

CONSIDERAÇÕES FINAIS

Sendo a coordenação uma forma de lidar ou condensar as muitas possibilidades que o sistema motor permite, então a estratégia para promover êxito nas tarefas motoras é criar ou possibilitar oportunidades para crianças e adolescentes praticarem as inúmeras possibilidades de seu sistema motor, ou seja, explorar a ampla liberdade que o sistema motor dispõe, tendo em vista as restrições do organismo, a fim de unir e reunir os diversos subcomponentes do sistema para responder às restrições do ambiente e da tarefa (p.

ex., desafio motor proposto pelo professor ou instrutor). Esse exercício de unir e reunir subcomponentes do sistema diante de inúmeros desafios motores leva ao surgimento de formas novas na evolução da coordenação motora humana.

REFERÊNCIAS

BERNSTEIN, N. A. *The coordination and regulation of movement*. London: Pergamon, 1967. p. 127.

DAVIDS, K.; BUTTON, C.; BENNET, S. *Dynamics of skill acquisition*: a constraints-led approach. Champaign: Human Kinetics, 2008. p. 251.

GABBARD, C. P. *Lifelong motor development*. 5th ed. San Francisco: Person Benjamin Cummings, 2008. p. 469.

GALLAHUE, D. L.; OZMUN, J. C. *Compreendendo o desenvolvimento motor*: bebês, crianças, adolescentes e adultos. 3. ed. São Paulo: Phorte, 2005. p. 583.

GELFAND, I. M.; LATASH, M. L. On the problem of adequate language in biology. In: LATASH, M. L. *Progress in motor control*: structure-function relations in voluntary movement. Champaign: Human Kinetics, 2002. p. 209-228.

HAYWOOD, K. M.; GETCHELL, N. *Desenvolvimento motor ao longo da vida*. 3. ed. Porto Alegre: Artmed, 2004. p. 344.

HENDERSON, S. E.; SUGDEN, D. A.; BARNETT, A. L. *Movement Assessment Battery for Children-2*. London: The Psychological Corporation, 2007. p. 194.

KELSO, J. A. S. *Dynamic patterns*: the self-organization of brain and behavior. Cambridge: MIT, 1995. p. 334.

_____ . The process approach to understanding human motor behavior: an introduction. In: _____ . *Human behavior*: an introduction. Hillsdale: L. Erlbaum, 1982. p. 3-19.

KUGLER, P. N.; KELSO, J. A. S.; TURVEY, M. T. On the concept of coordinative structures as dissipative structures: I. Theoretical lines of convergence. In: STELMACH, G. E.;REQUIN, J. E. *Tutorials in motor behavior*. Amsterdam: North-Holland, 1980. p. 3-47.

LATASH, M. There is no motor redundancy in human movements: there is motor abundance. *Motor Control*, v. 4, p. 259-260, 2000.

NEWELL, K. M. Constraints on the development of coordination. In: WADE, M. G.; WHITING, H. T. A. *Motor development in children*: aspects of coordination and control. Hague: Nijhoff, 1986. p. 341-360.

PAYNE, V. G.; ISAACS, L. D. *Desenvolvimento motor humano*: uma abordagem vitalícia. Rio de Janeiro: Guanabara Koogan, 2007. p. 470.

ROSE, D. J.; CHRISTINA, R. W. *A multilevel approach to the study of motor control and learning*. 2nd ed. San Francisco: Person Benjamin Cummings, 2006. p. 445.

S CHMIDT, R. C.; CARELLO, C.; TURVEY, M. T. Phase transitions and critical fluctuations in the visual coordination of rhythmic movements between people. *J. Exp. Psychol. Hum. Percept. Perform.*, v. 16, p. 227-247, 1990.

SWINNEN, S. P. et al. *Interlimb coordination*: neural, dynamical, and cognitive constraints. San Diego: Acadmic Press, 1994. p. 637.

THELEN, E.; SMITH, L. B. *A dynamic system approach to the development of cognition and action*. Cambridge: MIT, 1994. p. 376.

TURVEY, M. T.; SHAW, R. E.; MACE, W. Issues in the theory of action: degrees of freedom, coordinative structures and coalitions. In: REQUIM, J. *Attention and performance VII*. Hillsdale: L. Erlbaum, 1978. p. 557-595.

ULRICH, D. A. *Test of gross motor development*. 2nd ed. Austin: PRO-ED, 2000. p. 284.

WEINECK, J. *Manual de treinamento esportivo*. São Paulo: Manole, 1989. p. 292.

ASPECTOS FISIOLÓGICOS DO CRESCIMENTO E DO DESENVOLVIMENTO: INFLUÊNCIA DO EXERCÍCIO FÍSICO

11

Cláudia Lúcia de Moraes Forjaz
Antonio Prista
Crivaldo Gomes Cardoso Jr.

Ao longo da vida, as funções orgânicas vão se modificando, o que afeta o desempenho motor e esportivo. Alterações expressivas são principalmente observadas na puberdade, fazendo com que as respostas fisiológicas aos exercícios sejam diferentes antes e após essa fase da vida. Contudo, a prática regular de exercícios físicos, ou seja, o treinamento físico ou esportivo, também pode influenciar os processos de crescimento e desenvolvimento, favorecendo-os ou prejudicando-os. Essa influência pode ter resultados distintos em diferentes fases da vida.

Dessa forma, para se elaborar programas de exercícios/treinamentos físicos que propiciem um desenvolvimento ótimo das funções orgânicas nas diversas faixas etárias, é necessário conhecer os efeitos do processo maturacional e dos exercícios sobre essas funções. Este capítulo discutirá esses efeitos, enfatizando os aspectos ligados à maturação, à composição corporal e às vias metabólicas, relacionando-os às modificações observadas no desempenho motor.

MATURAÇÃO

Conceito

Maturação refere-se às sucessivas alterações estruturais e funcionais que ocorrem nos diferentes tecidos e orgãos do corpo até se atingir um estágio ou forma final, adulta ou madura. Trata-se de uma definição conceitual, visto que, de fato, a maturação não é diretamente mensurável. Contudo, no domínio do esporte e da atividade física em crianças e adolescentes, a observação e a avaliação da maturação é muito importante, pois os estágios maturacionais podem diferir da idade cronológica, o que tem implicações importantes para a intervenção na atividade física. Essa avaliação é particularmente decisiva nas fases pré e durante a puberdade, pois crianças de mesma idade podem estar em estágios maturacionais muito distintos.

Controlado pelos genes e regulado pelos hormônios, cada indivíduo possui um relógio biológico, que controla o processo de evolução de cada órgão e sistema

> Crianças de mesma idade podem estar em estágios maturacionais muito distintos.

em direção ao seu estado adulto. Esse relógio controla o processo maturacional com diferentes *timing* (momentos na vida) e "tempo" (duração de eventos) de um indivíduo para outro, determinando uma grande variabilidade no tamanho do corpo, nas funções fisiológicas e, até mesmo, no comportamento social entre os indivíduos, o que torna a avaliação da maturação ainda mais importante.

Métodos de avaliação da maturação

Os métodos mais utilizados para avaliar a maturação são a avaliação da maturação esquelética, sexual e somática. A avaliação da maturação dentária constitui outro método, mas é menos utilizada.

Dentre esses métodos, a avaliação da maturação esquelética é, provavelmente, a mais robusta e a única que consegue abranger todo o período de crescimento. O esqueleto é um excelente indicador do estado de maturação, devido ao conhecimento preciso de processos e etapas do crescimento e desenvolvimento ósseos. Essa avaliação pode ser realizada por raio X, normalmente utilizando os ossos do carpo e da mão. Existem vários métodos para essa análise, sendo os mais comuns os de Greulich-Pyle, Tanner-Whitehouse (TW2 e TW3) e Fels.

A avaliação da maturação sexual baseia-se no desenvolvimento das características sexuais secundárias. Nas meninas, avalia-se o desenvolvimento da mama, da pilosidade púbica e/ou a idade da menarca. Nos meninos, avalia-se o desenvolvimento da genitália ou da pilosidade púbica. Com exceção da idade da menarca, a classificação é feita em cinco estágios a partir de fotografias padronizadas, sendo que as escalas de Tanner, da Inglaterra, e de van Wieringen, da Holanda, são as mais conhecidas. Existem ainda outros métodos menos sensíveis, que são utilizados quando os anteriores não são possíveis, como as pilosidades axilar e facial e a alteração da voz, sendo estes dois últimos aplicáveis aos meninos.

A avaliação somática exige uma abordagem longitudinal, o que a torna muito pouco prática. O pico de velocidade de crescimento em altura (PVA) e a porcentagem da estatura adulta são os dois indicadores utilizados.

É importante destacar que, com exceção da maturação dentária, os diferentes indicadores maturacionais apresentam boa correlação entre si, o que indica que, embora a maturação não se processe exatamente no mesmo tempo e *timing* entre os diferentes sistemas, os estágios e sua progressão são bastante similares.

Associação da maturação com o desempenho motor

Os fatores que afetam o desempenho motor são múltiplos e complexos. A maturação é apenas um deles, de modo que o estudo de seu efeito deve levar em conta a influência de todos os outros fatores. Entretanto, os estudos nessa área demonstram que a maturação, embora não explique, nem de perto, toda a variabilidade de resultados, exerce um efeito considerável na evolução do rendimento motor. Isso quer dizer que, em crianças e jovens, as decisões metodológicas para a organização da prática motora devem considerar, além da idade cronológica e do gênero, o estágio maturacional em que o indivíduo se encontra.

Em geral, crianças entre 10 e 15 anos de idade cronológica (IC) podem apresentar variação de aproximadamente dois anos na idade biológica (IB). Assim, uma das técnicas para avaliar o efeito do estágio maturacional no desempenho motor consiste na comparação dos resultados em testes de aptidão física entre crianças e jovens, de acordo com a diferença da IB e da IC. Nesses estudos, são normalmente criadas três classificações: maturacionalmente atrasados (se IB < 1 ano que a IC), na média (se IB ± 1 ano da IC) e avançados (se IB > 1 ano que a IC). As investigações que utilizam essa estratégia apresentam resultados não lineares e complexos. Porém, removendo-se o efeito do tamanho corporal, que é considerável, os estudos têm observado que a variabilidade no desempenho é parcialmente explicada pelo estágio de maturação. O desempenho na puberdade apresenta, à semelhança do que acontece no crescimento, um estirão. Contudo, o tempo desse estirão varia entre as diferentes capacidades motoras e não coincide exatamente com o estirão de crescimento em estatura.

> A variabilidade no desempenho é parcialmente explicada pelo estágio de maturação.

Influência do exercício na maturação

Se, por um lado, o estágio maturacional influencia o desempenho motor, por outro, a prática de exercícios/atividades físicas pode afetar o processo maturacional. De fato, tem sido sugerido que a atividade física pode atrasar ou adiantar a maturação. No entanto, os dados nesse sentido resultam de estudos que compararam atletas e não atletas. Robert Malina (pesquisador da Michigan State University) fez uma análise detalhada sobre o assunto e concluiu que os atletas masculinos de várias modalidades costumam apresentar maturação precoce ou normal, enquanto as atletas apresentam, normalmente, a maturação na média ou atrasada em relação à população geral. No entanto, quando existe precocidade ou atraso na maturação, as diferenças geralmente podem ser explicadas pelas características genéticas dos atletas, visto que seus familiares também apresentam maturação precoce ou atrasada, respectivamente. Dessa forma, o mais provável é que os indivíduos que têm características genéticas que predispõem à maturação precoce ou tardia tenham mais sucesso em determinados esportes (pré-seleção). Entretanto, nessa discussão, as ginastas e as bailarinas merecem um lugar de destaque, pois ambas possuem, consistentemente, maturação tardia, o que tem sido atribuído às altas cargas de treinamento impostas a essas atletas em idades muito precoces. Assim, a influência da pré-seleção, da subnutrição e da sobrecarga emocional, comumente envolvidas nessas atividades, não pode ser negligenciada.

Dessa forma, o treinamento físico adequado não apresenta qualquer influência no processo maturacional do indivíduo. Entretanto, condições extremas de treinamento, acompanhadas de outros fatores negativos, muitas vezes presentes no esporte de alto rendimento, como subnutrição e sobrecarga emocional, podem atrasar a maturação.

> O treinamento físico adequado não apresenta qualquer influência no processo maturacional do indivíduo. Entretanto, condições extremas de treinamento, acompanhadas de outros fatores negativos, muitas vezes presentes no esporte de alto rendimento, como subnutrição e sobrecarga emocional, podem atrasar a maturação.

COMPOSIÇÃO CORPORAL

Tecido ósseo

O crescimento em estatura de um indivíduo reflete o crescimento longitudinal de seus ossos. Esse crescimento ocorre a partir da formação de cartilagem nos discos epifisários e de sua calcificação subsequente. Ele é rápido, porém entra em desaceleração durante os primeiros dois anos de vida pós-natal; continua lento e praticamente constante durante a infância; e demonstra uma clara aceleração durante a puberdade, caracterizando o estirão de crescimento pubertário. Em seguida, esse crescimento cessa com o fechamento (calcificação total) das cartilagens ósseas.

Os efeitos da atividade física sobre a estatura precisam ser avaliados com cuidado. Em geral, sabe-se que um grau adequado de atividade física é essencial para o crescimento normal do osso. Assim, a ausência de atividade física (sedentarismo extremo) pode prejudicar a estatura final. Por outro lado, a prática regular e adequada parece fazer com que o crescimento siga o padrão estabelecido geneticamente.

Já em relação à prática mais sistemática, como nos esportes, pode-se pensar que ela seja capaz de promover um crescimento aumentado, pois a maior parte dos atletas, principalmente de basquete, vôlei e natação, apresentam estatura maior que a média populacional. Porém, é preciso lembrar que atletas de outras modalidades, como futebol e corrida, apresentam estatura igual à da população não atleta, e as ginastas comumente apresentam estatura inferior à da população. Assim, a diferença de estatura entre atletas e não atletas não se deve ao efeito específico do treinamento físico, mas sim à pré-seleção esportiva, ou seja, pessoas altas têm bom desempenho em modalidades como basquete, vôlei e natação, enquanto pessoas baixas têm mais chances de sucesso em modalidades como a ginástica. Por esse motivo, acredita-se que a estatura define o esporte, e não o contrário.

Cabe enfatizar, no entanto, que a atividade física excessiva pode prejudicar o crescimento em estatura. Estudos em animais têm evidenciado déficit de crescimento associado ao exercício excessivo. Em humanos, estudos de casos também comprovam esse prejuízo. Assim, retornando ao caso das ginastas, embora na maior parte das vezes a estatura inferior dessas atletas possa ser explicada pela pré-seleção esportiva, é preciso lembrar que alguns aspectos comumente vistos em seu ambiente de treinamento (altas cargas em idades precoces, busca de uma estética magra com estado de subnutrição relativa, estresse competitivo precoce e uso de ergogênicos) podem, realmente, prejudicar o crescimento em estatura. De fato, a associação desses fatores em qualquer situação esportiva prejudica o crescimento da criança e, portanto, deve ser evitada.

Outro fator importante em relação ao esqueleto é o crescimento transversal do osso. A força de um osso para suportar cargas sem fraturas é determinada pelo conteúdo e pela distribuição de minerais no osso, ou seja, pela densidade mineral óssea (DMO). Essa densidade aumenta principalmente durante a infância e puberdade, atingindo cerca de 70% do máximo observado no adulto. Assim, o bom desenvolvimento nessa fase é fundamental para reduzir o impacto da perda óssea na velhice, diminuindo a chance de aparecimento da osteoporose.

Apesar de grande parte da DMO ser determinada geneticamente, a sobrecarga mecânica imposta pela atividade física tem um papel importante no aumento dessa densidade em crianças e adolescentes. Há muitas evidências de que crianças ativas apresentam DMO maior que as inativas, porém o impacto da atividade parece ser distinto em diferentes sítios ósseos, em diferentes idades e em diferentes subpopulações, sendo os maiores efeitos obtidos com atividades de impacto e que impõem aos ossos sobrecargas mecânicas em sentidos não usuais. Além disso, o maior efeito é visto em crianças com grande aporte nutricional de cálcio.

É importante salientar, no entanto, que a atividade física pode também ter efeito deletério sobre a secção transversal do osso. Atividades muito vigorosas podem reduzir a DMO, e a sobrecarga mecânica unilateral pode levar a deformações ósseas.

Assim, a atividade física regular e adequada promove o crescimento saudável do esqueleto, fazendo com que ele siga seu curso genético de aumento longitudinal e transversal. Em contrapartida, a ausência ou o excesso de atividades físicas pode prejudicar o crescimento em estatura e promover deformações ósseas.

> A atividade física regular e adequada promove o crescimento saudável do esqueleto, fazendo com que ele siga seu curso genético de aumento longitudinal e transversal. Já a ausência ou o excesso de atividades físicas pode prejudicar o crescimento em estatura e promover deformações ósseas.

Tecido gorduroso

Em geral, as meninas apresentam porcentagem de gordura corporal maior que os meninos desde a infância. Nelas, a velocidade de depósito de gordura no tecido adiposo diminui durante o período do estirão pubertário. Assim, nessa fase, apesar do conteúdo total de gordura continuar aumentando lentamente, a porcentagem de gordura corporal diminui. No final da puberdade, porém, o depósito de gordura volta a aumentar, sobretudo na região do quadril, por estímulo do estrogênio.

Nos meninos, durante o estirão, a velocidade de depósito de gordura, além de diminuir, fica negativa, de modo que o organismo do menino retira a gordura que estava acumulada no tecido adiposo. Assim, nos homens, a quantidade absoluta e a porcentagem de gordura diminuem expressivamente na puberdade e voltam a aumentar no final dessa fase. Dessa forma, durante toda a puberdade, os homens e as mulheres ganham massa gorda em termos absolutos, mas esse ganho se reflete no aumento da porcentagem de gordura corporal nas mulheres e na redução dessa porcentagem nos homens.

O treinamento físico é capaz de auxiliar a perda de peso e diminuir a porcentagem de gordura corporal tanto antes quanto durante a puberdade, reduzindo inclusive o ganho no final da puberdade feminina. Assim, atletas apresentam menor porcentagem de gordura que não atletas em qualquer idade.

Resumindo, ao longo da puberdade, os meninos diminuem sua porcentagem de gordura, e as meninas aumentam. O treinamento físico auxilia na perda de gordura em qualquer fase da vida e evita o ganho excessivo no final da puberdade feminina.

> Ao longo da puberdade, os meninos diminuem sua porcentagem de gordura, e as meninas aumentam. O treinamento físico auxilia na perda de gordura em qualquer fase da vida e evita o ganho excessivo no final da puberdade feminina.

Tecido muscular

A massa muscular aumenta lentamente durante a infância e apresenta um aumento mais significativo na puberdade.

Esse aumento segue o mesmo curso do estirão de crescimento em estatura nos meninos e inicia-se no PVA nas meninas. O aumento da massa muscular durante a puberdade é maior nos meninos do que nas meninas, o que se relaciona ao maior nível de hormônios andrógenos nos homens.

A secção transversal do músculo (quanto maior, maior a força) e alguns mecanismos neurais (padrão de recrutamento das unidades motoras, frequência de disparo das unidades, integração de ativação e coordenação entre músculos agonistas e antagonistas) determinam a força muscular. Assim, essa força também aumenta durante a puberdade. Nos meninos, há um aumento linear até o início da puberdade e um aumento rápido durante essa fase. Nas meninas, a força continua aumentando de forma linear mesmo durante a puberdade. Cabe ressaltar que o aumento de força nas meninas se deve, principalmente, ao aumento da secção transversal do músculo, enquanto, nos meninos, observam-se maior aumento da secção transversal do músculo e aumento da coordenação neural. É importante observar que o pico de aumento de força, tanto nos meninos quanto nas meninas, varia de uma musculatura para outra e ocorre, na maioria das vezes, após o PVA.

O treinamento mais efetivo para aumentar a força e a resistência musculares é o treinamento com pesos ou resistido. No entanto, o emprego desse treinamento em crianças e adolescentes foi por muito tempo contraindicado por dois motivos: acreditava-se que ele não era efetivo e que podia levar a riscos. Quanto à efetividade, é necessário verificar se esse tipo de treinamento promove na população pediátrica:

a) aumento de força e resistência musculares;
b) melhora do desempenho motor e esportivo; e
c) benefícios à saúde.

Quanto à força e à resistência, os dados iniciais sugeriram que o treinamento resistido não era efetivo antes da puberdade. No entanto, uma metanálise recente concluiu que esse treinamento resulta em aumentos significativos da força muscular em pré-púberes e indivíduos no início da puberdade, os quais são perdidos com o destreino. Porém, o aumento da força na pré-puberdade ocorre, principalmente, por uma adaptação dos mecanismos neurais, mas sem aumento da massa muscular pela falta de testosterona. Já durante e após a puberdade, esse aumento ocorre por melhora nos mecanismos neurais e também por hipertrofia muscular.

Quanto à efetividade do treinamento resistido em outros parâmetros, embora haja algumas evidências de efeito positivo, não é possível nenhuma posição definitiva. Alguns estudos verificaram aumento da velocidade e da potência, mas obtiveram diminuição da flexibilidade. Além disso, o efeito positivo sobre o desempenho de habilidades esportivas ainda não foi demonstrado. De forma semelhante, os efeitos sobre parâmetros de saúde foram pouco estudados, com exceção da ausência de efeito negativo sobre o crescimento e a maturação.

Quanto ao risco de lesões, um levantamento americano em prontos-socorros observou 79 lesões/ano relacionadas a equipamentos de musculação em crianças de 6 a 11 anos. Nos estudos científicos, os índices de lesões foram baixos (0,053 a 0,176 por 100 participantes/hora) e semelhantes ou mesmo menores que os obtidos em outros esportes. No entanto, a maioria dos estudos foi conduzida por períodos curtos (8 a 12 semanas). Assim, a real taxa de lesões não é conhecida.

Atualmente, acredita-se que o treinamento resistido seja seguro e efetivo para aumentar a força e a resistência musculares em crianças e adolescentes, porém seu uso precisa ser ponderado em relação à necessidade em cada caso. Para a sua eficácia e segurança, a Academia Americana de Pediatria recomenda:

a) que seja feita uma avaliação médica prévia;
b) que crianças com doenças cardíacas não façam;
c) que o treinamento seja sempre supervisionado com alta relação professor/alunos;
d) que o treinamento tenha baixa carga e volume e incrementos progressivos;
e) que o treinamento seja interrompido a qualquer sinal de dor ou lesão; e
f) que o treinamento seja complementado com outras condutas de saúde.

Dessa forma, durante a puberdade, a massa muscular e a força aumentam em meninos e meninas. O treinamento resistido aumenta a força antes e no início da puberdade pelo aumento da coordenação neural e durante e após a puberdade pelo aumento da hipertrofia. A efetividade desse treinamento sobre outros parâmetros de aptidão física e desempenho ainda precisa ser mais estudada. Os riscos em crianças e adolescentes parecem ser baixos, desde que a prática seja supervisionada e feita com técnica correta. Entretanto, apesar de eficaz e seguro, o treinamento resistido nem sempre é necessário ou apropriado para determinada criança ou adolescente.

> Durante a puberdade, a massa muscular e a força aumentam em meninos e meninas. O treinamento resistido aumenta a força antes e no início da puberdade pelo aumento da coordenação neural, e durante e após a puberdade pelo aumento da hipertrofia. A efetividade desse treinamento sobre outros parâmetros de aptidão física e desempenho ainda precisa ser mais estudada. Os riscos em crianças e adolescentes parecem ser baixos, desde que a prática seja supervisionada e feita com técnica correta. Entretanto, apesar de eficaz e seguro, o treinamento resistido nem sempre é necessário ou apropriado para determinada criança ou adolescente.

VIAS METABÓLICAS

Demanda metabólica do exercício

A realização de atividades físicas aumenta a demanda energética do organismo. Durante o exercício vigoroso, por exemplo, a produção de energia pode ser mais de cem vezes maior do que aquela verificada em repouso. Diversas vias metabólicas contribuem para esse aumento, porém a contribuição relativa de cada uma difere em relação às características do exercício (tipo, intensidade e duração) e à aptidão do praticante. Além disso, diferem também pelo grau de maturidade do executante, sendo, portanto, diferentes em crianças e adolescentes quando comparados aos adultos.

Vias energéticas

Durante atividades vigorosas de curtíssima duração (< 10 s), a via utilizada para a produção de energia é a anaeróbia alática. Em atividades vigorosas mais prolongadas (10 s a 2 min), a via anaeróbia lática (glicólise) passa a ser predominante; e quando o exercício é realizado em intensidade leve a moderada e por um prolongado período de tempo (> 3 min), a via predominante é a aeróbia.

Para se discutir o desempenho de crianças e adolescentes em diferentes tipos de atividades físicas que utilizam, predominantemente, cada uma dessas vias, é importante avaliar o que ocorre com eles ao longo do processo de crescimento e de desenvolvimento. Entretanto, devido às dificuldades metodológicas, poucos dados existem sobre esse assunto em crianças, sobretudo abaixo dos 8 anos.

Via anaeróbia alática (sistema ATP-CP)

Nas atividades vigorosas e curtas, como no caso de uma corrida de 50 m ou uma brincadeira de pega-pega, há necessidade de um fornecimento rápido e imediato de energia. Assim, essa energia é produzida quase exclusivamente pelos fosfatos de alta energia encontrados nas moléculas de ATP (trifosfato de adenosina) e CP (creatina fosfato).

Se imaginarmos um adulto de 70 kg com uma massa muscular de 30 kg, seu conteúdo de fosfatos de alta energia estará entre 570 e 690 mmol. Comparando-se esse adulto com uma criança, pode-se imaginar que a capacidade de transferência de energia por essa via seja maior no adulto. De fato, em termos absolutos, o adulto tem uma maior quantidade de ATP e CP. Porém, em termos relativos, ou seja, corrigindo-se o conteúdo total de fosfatos de alta energia pelo peso muscular (mmol/kg de músculo), é possível verificar que ambos têm a mesma capacidade. Isso significa que a capacidade de realizar atividades vigorosas e curtas é bem desenvolvida na criança, sendo esse tipo de atividade adequado nessa fase da vida. De fato, esse é o tipo de atividade que predomina nas brincadeiras infantis.

> A capacidade de realizar atividades vigorosas e curtas é bem desenvolvida na criança, sendo esse tipo de atividade adequado nessa fase da vida.

Via anaeróbia lática

Quando o esforço físico se prolonga por um tempo maior, há necessidade de se gerar energia adicional para ressintetizar o ATP. Para tanto, é necessário usar os estoques de glicose, gorduras ou mesmo proteínas. Assim, o armazenamento desses macronutrientes influencia a capacidade de transferência de energia.

O conteúdo de glicogênio muscular (forma de armazenamento da glicose no músculo) está reduzido no pré-púbere em comparação ao pós-púbere. Além disso, a atividade das enzimas que atuam na degradação da glicose e na depuração do lactato está diminuída antes da puberdade. Conjuntamente, essa imaturidade do metabolismo anaeróbio faz com que as crianças tenham menor capacidade de gerar energia pela via anaeróbia lática e de utilizar o lactato para a ressíntese de energia.

Assim, crianças pré-púberes têm menor capacidade de realizar atividades vigorosas com durações intermediárias e longas e, quando as fazem, precisam de um tempo maior de descanso para se recuperar. Desse modo, esse tipo de estímulo deve ser introduzido apenas após o final da segunda infância, e sua utilização deve ser feita respeitando-se as limitações do pré-púbere.

> Crianças pré-púberes têm menor capacidade de realizar atividades vigorosas com durações intermediárias e longas e, quando as fazem, precisam de um tempo maior de descanso para se recuperar.

Via aeróbia

A capacidade máxima do organismo de captar, transportar e utilizar o oxigênio para a produção de energia pode ser avaliada pelo consumo máximo de oxigênio (VO_2máx), que determina a capacidade motora conhecida como potência aeróbia. A medição do VO_2máx é comumente realizada por um teste ergoespirométrico (Figura 11.1), no qual a pessoa realiza um exercício de intensidade progressiva até a exaustão física, enquanto a quantidade de oxigênio inspirada e expirada é medida.

O VO_2máx é atingido quando o consumo de O_2 não aumentar mais, apesar do aumento da intensidade. Cabe ressaltar que, em crianças, dificilmente ocorre um platô real de VO_2, mas tem sido visto que as crianças que atingem o platô apresentam valores semelhantes àquelas que não o atingem, de modo que o VO_2pico (valor mais alto obtido no teste) pode ser considerado um bom parâmetro da potência aeróbia em pré-púberes e púberes.

O comportamento do VO_2máx ao longo das idades tem sido bastante estudado. Antes da puberdade, o VO_2máx aumenta linear e lentamente em meninas e meninos, sendo seu valor semelhante entre os sexos ou um pouco maior nos meninos. Embora existam algumas controvérsias, o VO_2máx dos meninos aumenta na puberdade quando avaliado em termos absolutos (L/min) e se mantém constante quando avaliado em termos relativos ($mL.kg^{-1}.min^{-1}$). Esse aumento parece coincidir com o PVA. Dessa forma, apesar de os meninos pré-púberes possuírem um VO_2máx absoluto menor, o VO_2máx relativo não difere entre meninos pré-púberes e homens adultos.

Por outro lado, nas meninas, o VO_2máx absoluto se mantém ou aumenta um pouco na puberdade, sendo esse aumento inferior ao observado nos meninos. Com relação ao VO_2máx expresso em $mL.kg^{-1}.min^{-1}$ das meninas, ele parece diminuir ou se manter na puberdade. O pico de aumento do VO_2máx na puberdade da menina também ocorre próximo ao PVA, mas sua coincidência com esse pico é menos evidente que nos meninos. Assim, após a puberdade, os meninos apresentam VO_2máx absoluto e relativo maiores que as meninas.

Como o VO_2máx absoluto reflete, basicamente, a capacidade de gerar trabalho pela via aeróbia, é possível dizer que essa capacidade aumenta na puberdade em ambos os sexos, mas principalmente nos meninos. Por outro lado, o VO_2máx relativo reflete mais diretamente a via metabólica propriamente dita, ou seja, quanto de energia cada quilograma de músculo é capaz de produzir pela via oxidativa. Assim, a queda ou a manutenção do VO_2máx na puberdade reflete a redução dessa via metabólica. Dessa forma, pode-se dizer que as crianças têm potência aeróbia igual ou maior que os adultos, de modo que atividades moderadas e prolongadas podem ser estimuladas em todas as fases da vida e devem ser, predominantemente, trabalhadas na puberdade, para tentar aumentar ou impedir a redução do VO_2máx relativo.

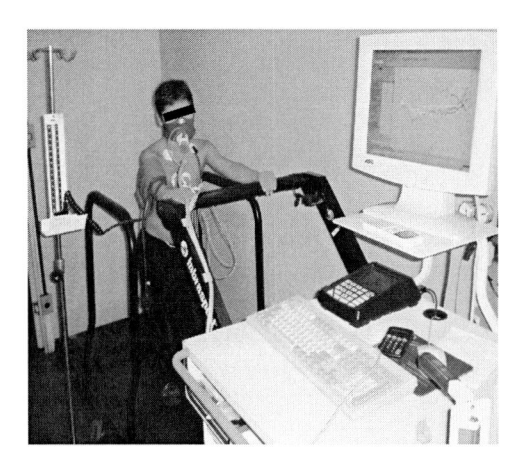

Figura 11.1 Teste ergoespirométrico.

> As crianças têm potência aeróbia igual ou maior que os adultos, de modo que atividades moderadas e prolongadas podem ser estimuladas em todas as fases da vida e devem ser, predominantemente, trabalhadas na puberdade, para tentar aumentar ou impedir a redução do VO_2máx relativo.

O efeito do treinamento físico sobre a potência aeróbia nas diferentes fases da vida ainda é controverso. Estudos populacionais não têm verificado relação entre o nível da atividade física e o VO_2máx de crianças e adolescentes. Porém, atletas pré-púberes apresentam VO_2máx maior que os não atletas. Novamente, o efeito da pré-seleção não pode ser ignorado. De fato, uma metanálise sobre o assunto concluiu que, antes da puberdade, os efeitos do treinamento físico aeróbio aumentando o VO_2máx são pequenos (5%) e ocorrem, principalmente, com treinos mais intensivos. Porém, durante e após a puberdade, o treinamento aeróbio tem se mostrado bastante efetivo, produzindo, em curtos períodos de tempo, aumentos na ordem de 12%, dependendo da condição física inicial do indivíduo. A partir desses resultados, tem sido sugerido que, antes da puberdade, a condição aeróbia já é bastante elevada, de modo que apenas um treinamento mais intensivo é capaz de trazer efeitos expressivos. Durante a puberdade, a resposta ao treinamento aumenta, devido à tendência de queda dessa capacidade. Entretanto, em pré-púberes sedentários (com baixo grau de atividade física espontânea), mesmo o treinamento moderado já produz efeitos expressivos.

Ainda em relação à via aeróbia de produção de energia, outra capacidade importante é a resistência aeróbia, que se caracteriza pela capacidade de manter um exercício de intensidade leve a moderada por um longo período de tempo. Essa resistência depende do estoque de glicogênio muscular e da capacidade de mobilização e utilização de gordura. Como a criança tem menor estoque de glicogênio e redução na atividade das enzimas da beta-oxidação, sua resistência aeróbia é menor que a do adulto, mas aumenta na puberdade. O treinamento aeróbio é capaz de efetivamente aumentar essa capacidade mesmo em pré-púberes.

> Como a criança tem menor estoque de glicogênio e redução na atividade das enzimas da beta-oxidação, sua resistência aeróbia é menor que a do adulto, mas aumenta na puberdade. O treinamento aeróbio é capaz de efetivamente aumentar essa capacidade mesmo em pré-púberes.

CONSIDERAÇÕES FINAIS

Pelo que foi exposto, torna-se evidente que grandes transformações físicas e funcionais ocorrem na puberdade e influenciam de forma importante o desempenho motor e esportivo. A prática regular de exercícios físicos promove efeitos fisiológicos distintos antes e após a puberdade, que podem ser benéficos ou prejudiciais ao processo de crescimento e de desenvolvimento, dependendo, principalmente, da sobrecarga imposta ao organismo em desenvolvimento.

Assim, em geral, o exercício adequado e bem planejado é benéfico e necessário para uma maturação saudável. Infelizmente, no mundo atual, a atividade física diária de crianças e adolescentes tem sido cada vez menor, o que pode levar a prejuízos no crescimento e desenvolvimento, sendo necessário incentivar os jovens a se tornarem mais ativos.

Contudo, muitas vezes, nos esportes de alto rendimento, as sobrecargas não são bem gerenciadas, e as cargas excessivas podem provocar prejuízos irreversíveis no crescimento e no desenvolvimento de crianças e adolescentes, visto que nessas fases da vida o organismo se encontra mais suscetível às lesões. Assim, é extremamente importante que o profissional de atividade física compreenda a relação sobrecarga-maturação para adequar seu programa de treinamento ao nível maturacional do praticante.

LEITURAS COMPLEMENTARES

ARMSTRONG, N.; WELSMAN, J.; WINSLEY, R. Is peak VO^2 a maximal index of children's aerobic fitness? *Int. J. Sports Med.*, v. 17, p. 356-359, 1996.

CHAN, K. M.; MICHELI, L. J. *Sports and children*. 1st ed. Hong Kong: Williams & Wilkins, 1998. p. 293.

CHRISTOU, M. et al. Effects of resistance training on the physical capacities of adolescent soccer players. *J. Strength Cond. Res.*, v. 20, p. 783-791, 2006.

CONCIL OF SPORTS MEDICINE AND FITNESS. Strength training by children and adolescents. *Pediatrics*, v. 121, p. 835-840, 2008.

GISOLFI, C. V.; LAMB, D. R. *Perspectives in exercise science and sports medicine:* young, exercise and sports. 1st ed. Indianapolis: Benchmark, 1989. p. 590.

MALINA, R. Weight training in youth-growth, maturation, and safety: an evidence-based review. *Clin. J. Sports Med.*, v. 16, p. 478-487, 2006.

MALINA, R. M.; BOUCHARD, C. *Atividade física do atleta jovem:* do crescimento à maturação. 1. ed. São Paulo: Roca, 2002. p. 480.

MALINA, R. M.; BOUCHARD, C.; BAR-OR, O. *Growth, maturation and physical activity*. 2nd ed. Champaign: Human Kinetics, 2004. p. 712.

MONTE, O. et al. *Endocrinologia para o pediatra*. 3. ed. São Paulo: Atheneu, 2006. p. 1042.

PAYNE, V. G.; MORROW, J. R. Exercise and VO^2max in children: a meta-analysis. *Res. Q. Exerc. Sport*, v. 64, p. 305-313, 1993.

PAYNE, V. G. et al. Resistance training in children and youth: A meta analysis. *Res. Q. Exerc. Sport*, v. 68, p. 80-88, 1997.

ROWLAND, T. W. Exercise and children's health. 1st. ed. Champaign: Human Kinetics Books, 1990. p. 356.

SHEPARD, R. J. *Physical activity and growth*. 1st ed. Chicago: New Year Medical, 1982. p. 340.

SILVA, L. R. R. *Desempenho esportivo*: treinamento com crianças e adolescentes. 1. ed. São Paulo: Phorte, 2006. p. 430.

SPECKER, B. L. Influence of rapid growth on skeletal adaptation to exercise. *J. Musculoskelet. Neuronal Interact.*, v. 6, p. 147-153, 2006.

WILMORE, J. H. et al. Alterations in body weight and composition consequent to 20 wk of endurance training: the HERITAGE family study. *Am. J. Clin. Nutr.*, v. 70, p. 346-352, 1999.

O TALENTO ESPORTIVO E O PROCESSO DE TREINAMENTO A LONGO PRAZO

Maria Tereza Silveira Böhme
Alessandro H. Nicolai Ré

A detecção, a formação, a seleção e a promoção de talentos esportivos são áreas importantes de atuação para os profissionais do esporte, pois, por meio delas, é possível que as novas gerações de atletas sejam detectadas, formadas e treinadas a longo prazo. Todavia, devido à característica multifatorial e dinâmica do desempenho esportivo, a detecção e a seleção, especialmente durante a infância, apresentam sérias limitações (Abbott; Collins, 2002, 2004; Abbott et al., 2005; Araújo, 2004; Calvo, 2003; Martindale; Collins; Daubney, 2005; Pearson; Naughton; Torode, 2006; Tranckle; Cushion, 2006). Em outras palavras, é bastante remota a possibilidade de predizer o desempenho de um adulto com base na análise do seu desempenho quando criança.

Assim, a preocupação com o processo de formação e promoção esportiva mediante um treinamento a longo prazo (TLP) é uma estratégia mais efetiva para a formação de atletas do que uma eventual detecção e seleção precoces. Um trabalho de TLP bem planejado e bem realizado poderá contribuir significativamente para que os jovens atletas tenham condições, de acordo com suas condições pessoais, o meio social em que vivem e a modalidade esportiva pela qual optarem, de apresentar resultados adequados e compatíveis com seu estágio de desenvolvimento. Esse trabalho poderá ser realizado por meio da integração dos diferentes locais de prática esportiva, como a escola, os clubes, as associações esportivas, os centros esportivos e os centros de treinamento, assim como pela ação conjunta dos diferentes níveis de organização política, desde as comunidades locais, os municípios, os estados e a federação.

Dentro desse contexto, considerando os pressupostos teóricos e conceituais de talento esportivo, desempenho esportivo e treinamento a longo prazo, o presente capítulo tem por objetivo apresentar as relações entre detecção, formação, seleção e promoção de talentos esportivos e o treinamento a longo prazo.

TALENTO ESPORTIVO

O termo "talento", genericamente, refere-se ao indivíduo que possui uma aptidão acima da média em determinado

> O processo de formação e promoção esportiva, mediante um treinamento a longo prazo (TLP) é uma estratégia mais efetiva para a formação de atletas do que uma eventual detecção e seleção precoces.

campo de ação ou aspecto de atividade humana considerada – seja nas artes, nas ciências, no esporte –, que é possível de ser detectada, treinada e consequentemente melhor desenvolvida. Ele depende e está relacionado com aspectos genéticos e do meio ambiente, ou seja, da constituição herdada, das aptidões motora, cognitiva e afetiva favoráveis, assim como de condições sociais, culturais e geográficas propícias para o seu desenvolvimento.

Na área do esporte de rendimento, utiliza-se o termo *talento esportivo* para designar aquelas pessoas que têm um potencial, uma aptidão especial ou uma grande aptidão para o desempenho esportivo. Em termos teóricos, são encontradas diferentes conceituações referentes a talento esportivo na literatura da área. Para Carl (1988 apud Böhme, 1994),

> é a denominação dada a uma pessoa, na qual se aceita, com base em seu comportamento/atitudes ou com fundamento em suas condições de comportamento herdadas e adquiridas, que possui uma aptidão especial ou uma grande aptidão para o desempenho esportivo.

Singer (1981 apud Martin et al., 1999) apresenta uma definição analítica do termo:

> talento esportivo é uma pessoa cuja estrutura de características anatomofisiológicas, de capacidades e de outras qualidades da personalidade permite, com grande probabilidade, esperar-se que, com determinado treinamento e condições do meio, possa alcançar o nível de desempenho de atletas nacionais e internacionais.

Joch (2005) considerou dois componentes na conceituação de talento, o que denominou de componentes estático e dinâmico. O componente estático compreende quatro aspectos: a disponibilidade e a disposição, ou seja, o poder e a vontade do praticante de realizar e submeter-se a um treinamento com vistas a desenvolver o seu potencial esportivo; as possibilidades reais do meio ambiente onde está inserido, incluídas as condições de TLP; e a apresentação de resultados adequados de acordo com a etapa do TLP. O componente dinâmico relaciona-se com os processos ativos e com as mudanças biopsicossociais pelos quais o talento passa, em decorrência do seu desenvolvimento. Esse desenvolvimento deve ser conduzido por meio de treinamento e de competição realizados adequadamente, de acordo com princípios e métodos pedagógicos adequados.

Segundo as conceituações apresentadas, fica claro que a definição de talento esportivo está vinculada ao seu processo de desenvolvimento, no qual se destacam as condições ambientais propícias, como a quantidade e a qualidade do treinamento. Portanto, um programa de TLP adequado tem relação direta com o talento esportivo.

> A definição de talento esportivo está vinculada ao seu processo de desenvolvimento, no qual se destacam as condições ambientais propícias, como a quantidade e a qualidade do treinamento.

DESEMPENHO ESPORTIVO

Tendo em vista que o talento esportivo tem um potencial para realizar um desempenho esportivo acima da média, é necessário entendermos o que é desempenho esportivo.

O desempenho é considerado como componente integral do esporte, tanto como processo quanto como resultado de ações esportivas. Além disso, desempenho esportivo é também considerado, sob o ponto de vista normativo, como a execução ótima de uma tarefa de movimento. Diferentes modelos de desempenho esportivo são encontrados na literatura de teoria do treinamento (Carl, 1988; Friedrich et al., 1988; Martin et al., 1991, 1999); alguns desses foram descritos por Böhme (1994, 1999, 2000).

Martin e colaboradores (1999) apresentaram uma forma de operacionalização do conceito de desempenho esportivo para o treinamento infanto-juvenil na qual sua complexidade pode ser considerada por meio de três aspectos básicos: capacidade de desempenho esportivo, pressupostos individuais de desempenho e solicitações de desempenho (Figura 12.1).

A capacidade de desempenho esportivo é a forma de apresentação do desempenho esportivo que pode ser analisada por meio da observação e da mensuração de seus elementos e componentes. Pode ser verificada também por meio da realização ótima e da resolução de tarefas/atividades esportivas que possam ser observadas, medidas e avaliadas/julgadas, como, por exemplo, o desempenho esportivo em uma apresentação de ginástica artística, o resultado de um velocista, de um levantador de pesos ou de um atleta de

> A forma e o grau de expressão da capacidade de desempenho esportivo dependem de como se desenvolvem os pressupostos individuais de desempenho – psíquico-cognitivos, neuromusculares, orgânico-energéticos e constitucionais.

Capacidade de desempenho esportivo
- Capacidade de aprendizagem de habilidades e técnicas
- Capacidades coordenativas
- Capacidades de velocidade
- Capacidades de força
- Capacidades de flexibilidade
- Capacidades de resistência
- Capacidade de competição na modalidade esportiva específica

Pressupostos individuais de desempenho
- Psicocognitivos
- Neuromusculares
- Orgânico-energéticos
- Constitucionais

Solicitações de desempenho
- Treinamento
- Competições
- De acordo com os objetivos da etapa do TLP

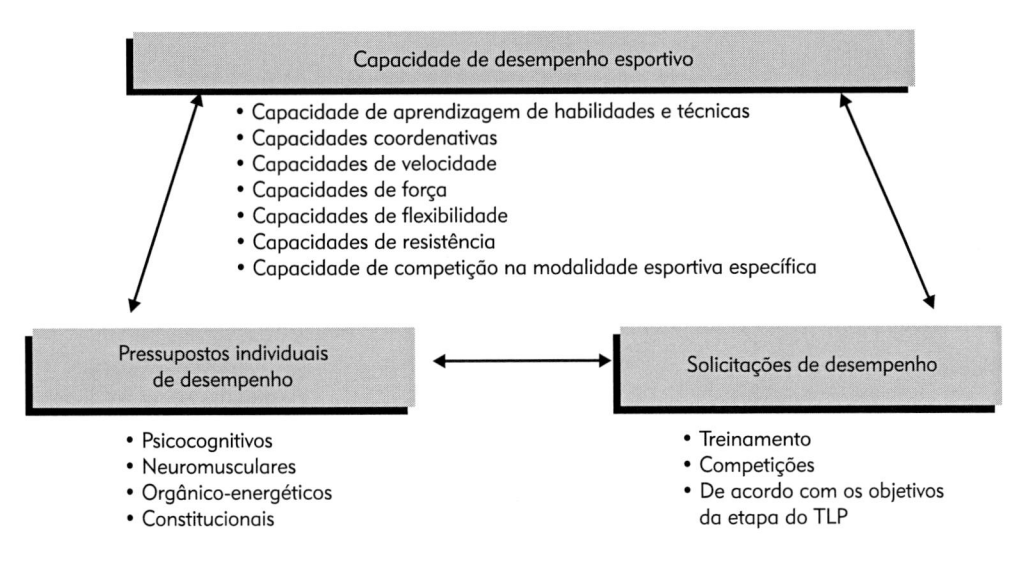

Figura 12.1 Modelo das relações dos componentes de desempenho esportivo no treinamento a longo prazo.
Fonte: Adaptada de Martin e cols. (1999).

voleibol. A forma e o grau de expressão da capacidade de desempenho esportivo dependem de como se desenvolvem os pressupostos individuais de desempenho.

Os pressupostos individuais de desempenho referem-se aos aspectos e ao potencial de adaptação genéticos e fenotípicos disponíveis no organismo do indivíduo que possibilitam a realização de um determinado desempenho esportivo. De acordo com Martin e Nicolau (1998 apud Martin et al., 1999), os pressupostos relevantes para o desempenho esportivo são: psíquico-cognitivos, neuromusculares, orgânico-energéticos e constitucionais. Algumas características de pressupostos de desempenho individuais podem ser medidas diretamente por meio de parâmetros fisiológicos, como o consumo energético e os aspectos bioquímicos (orgânico-energéticos); a coordenação inter e intramuscular, por meio de métodos indiretos (neuromusculares); e outros, por meio de medidas antropométricas (constitucionais).

> Os pressupostos relevantes para o desempenho esportivo são: psíquico--cognitivos, neuromusculares, orgânico--energéticos e constitucionais.

As solicitações de desempenho são alcançadas mediante treinamento e competições para crianças e jovens, idealmente por meio do alcance de objetivos bem definidos no decorrer das diferentes etapas do processo de TLP. Elas podem ser realizadas por meio da aplicação e do desenvolvimento de diferentes habilidades e capacidades motoras, da solicitação dos pressupostos psíquicos, neuromusculares, orgânico-energéticos e da utilização de cargas adequadas ao aparelho locomotor. As solicitações de desempenho baseiam-se nos pressupostos de treinamento, como volume, graus de dificuldade de aprendizagem e cargas crescentes.

> As solicitações de desempenho baseiam--se nos pressupostos de treinamento, como volume, graus de dificuldade de aprendizagem e cargas crescentes.

Vale destacar que a capacidade de desempenho e os pressupostos individuais de desempenho desenvolvem-se somente na dependência de solicitações objetivas de desempenho, as quais são obtidas ao longo de um processo que inclui o TLP e a competição. Logo, é fundamental que essas solicitações sejam planejadas de acordo com a etapa de treinamento em que o jovem se encontra.

DETECÇÃO, FORMAÇÃO, SELEÇÃO E PROMOÇÃO DE TALENTOS ESPORTIVOS

Detecção, busca ou procura de talentos esportivos são sinônimos utilizados na especificação de todas as medidas e dos meios utilizados, com o objetivo de detectar um número suficientemente grande de pessoas – em regra crianças e adolescentes –, as quais estão dispostas e prontas para a admissão em um programa de formação esportiva geral básica, o que é considerado como primeira etapa do TLP. Tendo em vista o caráter multifatorial e dinâmico do desempenho esportivo, a possível exclusão de alguns indivíduos é considerada um dos principais problemas da detecção de talentos esportivos, muitas vezes limitando a geração de futuros atletas (Abbott; Collins, 2002).

A formação de talentos esportivos visa a desenvolver todo o potencial esportivo dos jovens por meio do TLP. Para isso, são necessários paciência e esforço por parte do praticante, métodos pedagógicos de treinamento adequados e também apresentação de sucessos competitivos no decorrer do processo, de forma gradativa e, principalmente, sem "queimar" etapas do processo de treinamento. Isso significa que, nas crianças, o resultado competitivo não é um indicador confiável da qualidade do treinamento.

Como seleção de talentos esportivos, entendem-se os meios utilizados para a determinação dos indivíduos com condições de serem admitidos/aceitos em níveis mais altos de TLP, o qual objetiva um desempenho esportivo de alto nível. Quanto mais cedo for realizado o processo de seleção, maior a probabilidade de erro.

> Quanto mais cedo for realizado o processo de seleção, maior a probabilidade de erro.

A promoção de talentos esportivos envolve a utilização dos procedimentos de treinamento e outras medidas para se obter o desempenho esportivo ideal a longo prazo. A promoção é dependente de condições adequadas de treinamento, com treinadores devidamente capacitados para trabalhar no processo de TLP, além de diversos fatores psicossocioculturais, como a motivação, as condições de acesso aos locais de treino, o apoio familiar, a valorização cultural do esporte, a massificação, entre outros.

> A promoção é dependente de condições adequadas de treinamento, com treinadores devidamente capacitados para trabalhar no processo de TLP.

O TREINAMENTO A LONGO PRAZO

O treinamento a longo prazo, realizado de forma planejada e sistemática, pode ser uma estratégia efetiva para o aumento do número de envolvidos com o esporte como opção de lazer e prática de atividades físicas, e desempenha papel preponderante na formação e na promoção dos talentos esportivos, auxiliando a formação de futuras gerações de atletas.

A prática esportiva mundial demonstra que o desempenho esportivo para o alto nível de rendimento só pode ser obtido quando os seus fundamentos são desenvolvidos durante os períodos da infância e da juventude, o que pressupõe o planejamento sistemático de um TLP (Weineck, 1999).

> O desempenho esportivo para o alto nível de rendimento só pode ser obtido quando os seus fundamentos são desenvolvidos durante os períodos da infância e da juventude.

Dessa maneira, o treinamento para o esporte de alto nível fundamenta-se em um processo de treinamento a longo prazo (em média de 6 a 10 anos de duração, conforme a modalidade esportiva), o qual, normalmente, de acordo com a literatura (Barbanti, 1997; Bompa, 2002; Carl, 1988; Joch, 2005; Martin et al., 1991, 1999; Weineck, 1999), é dividido em três níveis:

formação básica geral, treinamento específico (subdividido em treinamento básico, treinamento de síntese e treinamento de transição) e treinamento de alto nível.

Formação básica geral

Envolve principalmente o desenvolvimento das capacidades coordenativas. A formação básica geral deve ocorrer até aproximadamente os 10 anos de idade, utilizando-se a maior variabilidade possível de movimentos e materiais e possibilitando o desenvolvimento de um amplo leque de habilidades motoras. Portanto, é fundamental o conhecimento dos fatores que influenciam a aquisição e desempenho de habilidades motoras.

> A formação básica geral deve ocorrer até aproximadamente os 10 anos de idade, utilizando-se a maior variabilidade possível de movimentos e materiais.

A execução correta de uma habilidade motora (HM) depende da adequada coordenação de movimentos corporais para atingir determinado objetivo. Evidentemente, para que esse movimento aconteça, é necessária liberação de energia do organismo, ou seja, a execução de HM depende do metabolismo energético (aeróbio, anaeróbio lático e/ou alático). Além da coordenação e do metabolismo energético, também é necessário destacar a influência da decisão correta sobre o movimento a ser executado, o que implica decidir qual ação motora é mais adequada em determinado contexto.

Resumidamente, pode-se afirmar que a execução de habilidades motoras relaciona-se com as capacidades motoras condicionais (dependentes da capacidade metabólica de geração de energia), com as capacidades motoras coordenativas (dependentes da capacidade de organização e controle do movimento) e também com o conhecimento cognitivo (decisão da ação motora adequada em determinado contexto).

> A execução de habilidades motoras relaciona-se com as capacidades motoras condicionais (dependentes da capacidade metabólica de geração de energia), com as capacidades motoras coordenativas (dependentes da capacidade de organização e controle do movimento) e também com o conhecimento cognitivo (decisão da ação motora adequada em determinado contexto).

Força, velocidade, resistência (e, para alguns autores, flexibilidade) são as capacidades motoras condicionais (Ré; Barbanti, 2006). Qualquer HM depende dessas variáveis para ser executada; por exemplo, saltar, correr, chutar, recepcionar, sacar, rebater, andar, equilibrar-se, etc. É necessário deixar claro que as capacidades motoras condicionais são altamente dependentes do sistema muscular e, portanto, apresentam maior treinabilidade a partir do momento em que este atinge o padrão maduro, ao final da puberdade.

As capacidades coordenativas são determinadas essencialmente por componentes nos quais predominam os processos de condução nervosa, organizando e controlando o movimento. Em outras palavras, são dependentes de comandos emitidos pelo SNC. Em termos maturacionais, o SNC apresenta uma rápida taxa de desenvolvimento, apresentando-se maduro por volta dos 10 anos de idade. Em virtude dessa rápida velocidade de desenvolvimento, é adequado que a criança seja exposta a movimentos que exijam um eleva-

> Em termos maturacionais, o SNC apresenta uma rápida taxa de desenvolvimento, apresentando-se maduro por volta dos 10 anos de idade.

do grau de organização e controle (coordenação).

Somando-se a esses fatores, as habilidades motoras devem ser executadas em resposta a determinada solicitação, ou seja, existe a necessidade de decidir qual movimento deve ser realizado e o momento correto de realizá-lo ("o que fazer" e "quando fazer", respectivamente). Utilizando o voleibol como exemplo, observa-se que o ataque pode ser executado com uma cortada ou uma "largada", com o movimento mais ou menos acelerado, em determinada região da quadra adversária, ou ainda "explorando" o bloqueio, etc. Portanto, fica evidente que a execução motora (técnica) correta não necessariamente terá sucesso se o processo de tomada de decisão não for adequado. Assim, o sucesso na execução de determinada HM depende da ótima integração das capacidades motoras condicionais, coordenativas e do conhecimento cognitivo.

> O sucesso na execução de determinada HM depende da ótima integração das capacidades motoras condicionais, coordenativas e do conhecimento cognitivo.

A integração desses fatores deve ser considerada durante o processo de TLP, pois não existe nenhuma HM que dependa apenas de um fator isolado. Todavia, as habilidades motoras podem apresentar uma predominância de determinado fator. Por exemplo, caminhar tem importante predominância coordenativa em uma criança de um ano de idade, mas não apresenta tal predominância em um adolescente de 15 anos – apesar de a tarefa ser a mesma, a estrutura do indivíduo faz com que a predominância seja diferente; entender o contexto tático de um jogo talvez não seja um grande desafio cognitivo para um atleta profissional, mas a mesma situação pode exigir uma grande participação cognitiva em um jovem de 10 anos.

Durante a fase básica geral, a criança passa por um período adequado de exposição a tarefas com predominância coordenativa, uma vez que apresenta uma rápida taxa de desenvolvimento do SNC. Do mesmo modo, a solução de problemas motores (desafio cognitivo) induz a criança a "pensar" antes de executar determinado movimento, evitando sua "mecanização" e estimulando a integração cognição-ação. Portanto, é muito importante que, desde o nascimento até os 10 anos de idade, ocorra uma ampla exposição a habilidades motoras que priorizem os aspectos coordenativo e cognitivo. Idealmente, essa exposição deve ser proporcionada não apenas pelo treinamento formal, mas também por outros setores da sociedade, como a família. A escola, por meio da educação física, ocupa um espaço privilegiado e pode desempenhar um papel fundamental dentro desse contexto formativo.

> A solução de problemas motores (desafio cognitivo) induz a criança a "pensar" antes de executar determinado movimento, evitando sua "mecanização" e estimulando a integração cognição-ação.

Treinamento específico

Essa etapa engloba a faixa etária aproximada de 11 a 16 anos de idade. Tem por objetivos gerais a melhoria planejada a longo prazo do desempenho esportivo específico da modalidade escolhida até um nível que possibilite: o início do treinamento de alto nível, a estabilização de uma motivação para o desempenho voltada para uma determinada modalidade esportiva e uma participação bem-sucedida nas categorias competitivas de idade e de desempenho semelhantes.

Entre os 11 e 16 anos de idade (período pubertário), ocorrem importantes alterações morfológicas e funcionais, que interferem diretamente na capacidade de desempenho esportivo. Somando-se a isso, a velocidade e o momento em que essas alterações ocorrem não são os mesmos em todos os indivíduos, por isso é fundamental que os responsáveis pelo treinamento estejam familiarizados com os princípios básicos de crescimento e desenvolvimento humano e suas relações com o desempenho esportivo (ver Capítulo 11) (Böhme, 1999; Ré et al., 2005).

> É fundamental que os responsáveis pelo treinamento estejam familiarizados com os princípios básicos de crescimento e desenvolvimento humano e suas relações com o desempenho esportivo.

De modo geral, a fase de treinamento específico pode ser subdividida em três etapas que facilitam o planejamento e a execução do treinamento, descritas a seguir.

Primeira: Treinamento básico ou de iniciantes (11 a 12 anos de idade)

Objetivos:

- melhorar o estado de desempenho esportivo de modo geral e variado (em diferentes modalidades);
- desenvolver as capacidades básicas da modalidade específica e aprender as técnicas básicas de movimento dessa modalidade;
- despertar uma motivação para o desempenho no esporte, no treinamento e na competição.

Por volta dos 11 anos de idade, inicia-se o treinamento específico de habilidades motoras. Porém, vale ressaltar que esse treinamento específico não é sinônimo de "especialização precoce unilateral", ou seja, de forma geral, ainda não é momento de submeter a criança a processos unilaterais e sistemáticos de treinamento em um número reduzido de habilidades. Em outras palavras, a modalidade esportiva não deveria ser um fim, e sim um meio para a introdução de diversas habilidades motoras. É necessário oferecer oportunidades para a combinação de diferentes habilidades em virtude da resolução de problemas motores variados (p. ex., correr-arremessar; correr-saltar-arremessar; correr-girar-receber-saltar-arremessar, equilibrar-se com diferentes apoios e materiais, etc.), presentes em diversas modalidades esportivas.

> Treinamento específico não é sinônimo de "especialização precoce unilateral".

Nesse sentido, durante a etapa de treinamento básico, deve existir uma gama variada de opções de práticas relacionadas aos elementos das modalidades esportivas, aproveitando seus gestos, variações, espaços e materiais para combinar e refinar habilidades na execução de movimentos gradualmente mais complexos, em ambientes variados e com diferentes possibilidades de resolução de problemas (estímulos cognitivos).

Segunda: Treinamento de síntese ou de adiantados (13 a 14 anos de idade)

Objetivos:

- melhorar o desempenho esportivo específico da modalidade;
- dominar as técnicas mais importantes do esporte;
- conhecer os métodos de treinamento específicos do esporte;
- iniciar a participação em competições visando à vitória, porém o resultado ainda não deve ser utilizado como único meio de avaliação do processo de treinamento.

Durante essa etapa, o treinamento das capacidades condicionais deve ocupar um lugar de destaque; porém elas devem ser treinadas de modo indireto, com tarefas que exijam elevada participação de aspectos coordenativos e cognitivos. O treinamento deve ter elevada relação com a especificidade da modalidade.

Terceira: Treinamento de transição (15 a 16 anos de idade)

Objetivos:

- desenvolver as capacidades condicionais, considerando-se a especificidade da modalidade esportiva;
- dominar o repertório das técnicas específicas da modalidade esportiva;
- tolerar as cargas de treinamento exigidas nos diferentes ciclos de treinamento;
- obter participações bem-sucedidas em campeonatos nacionais e internacionais da sua faixa etária e categoria.

Nessa fase, é necessário o máximo aperfeiçoamento de movimentos específicos a determinada modalidade, enfatizando ainda o treinamento das capacidades motoras condicionais.

Treinamento de alto nível

Essa fase (a partir dos 17 anos) tem por objetivos gerais o alcance do alto desempenho individual; o aumento otimizado do volume e da intensidade de treinamento; a perfeição, a estabilização e a disponibilidade máxima da técnica esportiva; a melhoria e a manutenção da mais alta capacidade de desempenho pelo maior período de tempo possível. O treinamento deve ter total relação com a especificidade da modalidade.

As formas de planejamento de TLP, com as possibilidades de objetivos, de conteúdos e de métodos de treinamento de cada componente da capacidade de desempenho esportivo almejado, são descritos na literatura (Bompa, 2002; Carl, 1988; Joch, 2005; Martin et al., 1999; Weineck, 1999).

RELAÇÕES ENTRE DETECÇÃO, FORMAÇÃO, SELEÇÃO E PROMOÇÃO DE TALENTOS ESPORTIVOS COM O TLP

O processo de detecção, formação, seleção e promoção de talentos esportivos está altamente interligado com o TLP. Hofmann e Schneider (1985 apud Weineck, 1999) apresentaram, em um modelo esquemático na forma de pirâmide, o processo de seleção e de formação esportiva (Figura 12.2). Nele estão representados os papéis dos diferentes segmentos da organização da sociedade, como a escola, o clube e os grupos comunitários, assim como os três níveis do TLP, desde a iniciação até o alto nível, e os respectivos períodos médios de duração de cada um.

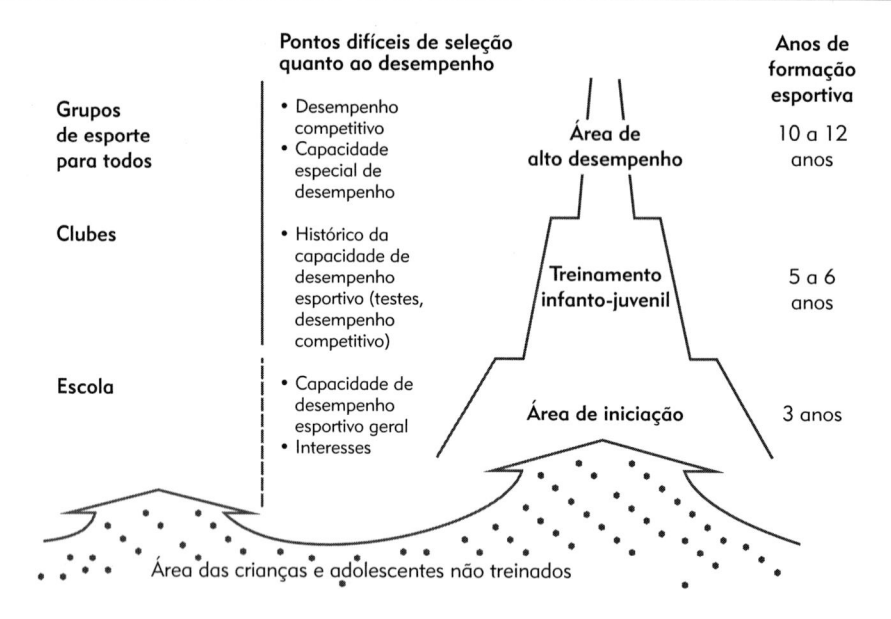

Figura 12.2 Processo de seleção e de formação esportiva.
Fonte: Adaptada de Hofmann; Schneider (1981 apud Weineck, 1999).

Carl (1988) representou graficamente, sob a forma de um funil, as fases principais da detecção e da seleção de talentos esportivos, desde a iniciação até o esporte de alto nível, fundamentadas no TLP (Figura 12.3).

Entre as diversas modalidades esportivas, há uma variação quanto ao início e à duração do TLP e de seus respectivos níveis, assim como dos processos de detecção, de seleção e de promoção de talentos esportivos. Na Tabela 12.1, são apresentados os valores médios e os desvios-padrão das idades de início do segundo nível, ou treinamento específico, de atletas alemães de nível internacional, assim como a idade dos primeiros melhores resultados, com base em um levantamento feito pelo Instituto Alemão de Ciência do Esporte. Já Bompa (2002) apresentou um guia das idades recomendadas de início, de especialização e de alto rendimento de 38 modalidades esportivas.

O planejamento do TLP para cada modalidade esportiva deve ocorrer do final para o começo, ou seja, com base na idade de início do alcance dos melhores resultados, faz-se uma retrospectiva de qual deve ser a idade de início do treinamento para a formação específica na modalidade considerada. Desse modo, as faixas etárias apontadas no presente capítulo não podem ser entendidas de modo inflexível, pois podem variar em virtude da modalidade e das próprias características do indivíduo.

Os níveis e as respectivas etapas do TLP estão intimamente relacionados e não

> Entre as diversas modalidades esportivas, há uma variação quanto ao início e à duração do TLP e de seus respectivos níveis, assim como dos processos de detecção, de seleção e de promoção de talentos esportivos.

Esporte e atividade física na infância e na adolescência **181**

Detecção de talentos

- Detecção de talentos
- Categoria infantil
- Categoria juvenil
- Categoria adulto

- Formação básica geral
- Treinamento básico
- 1º nível de formação específica
- 2º nível de formação específica
- Treinamento de alto desempenho

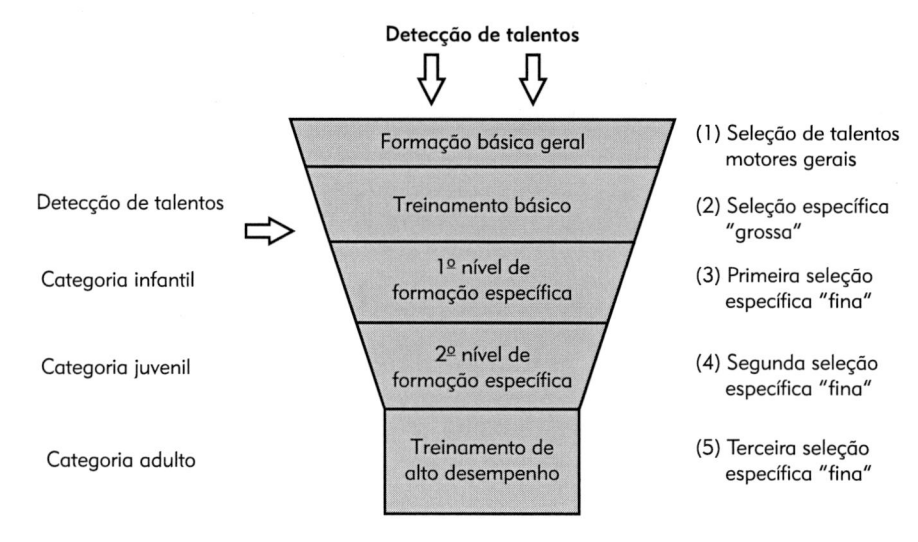

(1) Seleção de talentos motores gerais
(2) Seleção específica "grossa"
(3) Primeira seleção específica "fina"
(4) Segunda seleção específica "fina"
(5) Terceira seleção específica "fina"

Figura 12.3 Principais fases de detecção e de seleção de talentos esportivos.
Fonte: Adaptada de Carl (1988).

TABELA 12.1 Idades médias de início do treinamento e início dos melhores resultados de atletas alemães (adaptada de Martin et al., 1991)

Esporte	Masculino				Feminino			
	Início		Melhores resultados		Início		Melhores resultados	
	Média	Desvio-padrão	Média	Desvio-padrão	Média	Desvio-padrão	Média	Desvio-padrão
Boxe	12,7	3,3	20,3	2,0				
Esgrima	10,7	2,1	19,2	1,3				
Judô	7,1	2,3	19,8	2,1	8,1	1,0	17,9	1,3
Levantamento de peso	13,1	2,5	18,8	1,0				
Atletismo	13,3	2,7	19,1	1,6	12,6	2,3	17,9	1,4
Ciclismo	10,6	3,2	18,4	2,0	11,2	3,2	18,1	1,4
Remo	14,2	0,9	19,4	1,4	15,6	2,4	20,0	2,1
Canoagem	13,1	2,5	19,6	2,3	12,3	2,4	19,0	2,5
Natação	9,8	2,3	16,9	0,8	9,4	1,9	15,6	0,9
Tênis de mesa	7,6	1,8	13,6	1,7	8,6	1,2	14,6	1,2
Voleibol	11,6	1,6	17,1	0,7	12,0	2,3	17,1	0,9
Ginástica olímpica	8,9	1,8	16,9	2,0	7,9	2,0	13,3	1,3
Saltos ornamentais	9,7	1,9	17,4	2,4	9,3	2,7	16,6	1,7
Polo aquático	10,7	1	17,4	0,2	0,9			

> Os níveis e as respectivas etapas do TLP estão intimamente relacionados e não ocorrem independentemente um do outro.

ocorrem independentemente um do outro; o que pode acontecer é que o(a) jovem atleta não tenha vivenciado de maneira apropriada uma ou mais etapas na sequência temporal adequada, e que a(s) sua(s) deficiência(s) de formação esportiva tenha(m) que ser de algum modo "compensada(s)" posteriormente. Em termos ideais, o(a) jovem atleta deveria passar por um processo completo de formação esportiva, no(s) período(s) adequado(s) para esse fim.

CONSIDERAÇÕES FINAIS

O processo de detecção, de formação, de seleção e de promoção de talentos esportivos está altamente relacionado com o TLP, desde que ocorram de modo integrado e com base em um planejamento bem executado. Considerando-se as limitações no processo de detecção e seleção, a preocupação com a aplicação adequada de um TLP parece ser mais confiável e eficaz para a geração de futuros atletas.

> O processo de detecção, de formação, de seleção e de promoção de talentos esportivos está altamente relacionado com o TLP.

Existem ainda outros modelos de TLP descritos na literatura. Greco (1997), por exemplo, sugeriu um "sistema de formação e de treinamento esportivo" diante do qual o TLP é apresentado como uma estrutura "temporal". Dentro dessa concepção, o autor relata nove fases de rendimento esportivo, sendo que a fase universal equivale ao primeiro nível; as fases de orientação, direção, especialização e aproximação, ao segundo nível; e a fase de alto nível, ao terceiro nível. Um aspecto importante da proposição de Greco é que ela prevê a formação esportiva orientada não só para o esporte de alto nível, mas também o encaminhamento da grande maioria dos participantes do processo de TLP para o esporte participativo, de lazer, pois, no processo de "afunilamento" da pirâmide do esporte de alto nível, somente os indivíduos realmente talentosos no esporte alcançarão o sucesso. No modelo proposto, o autor ainda sugere a reintegração do atleta de alto nível no esporte participativo, após o término de sua vida esportiva no esporte de alto rendimento.

Alguns autores russos (Filin, 1996; Matveev, 1997) apresentam como proposta quatro etapas para o TLP. Filin (1996) as denomina de:

a) etapa preliminar de preparação;
b) etapa inicial de especialização esportiva;
c) etapa de aprofundamento do esporte; e
d) etapa de aperfeiçoamento esportivo.

O autor faz também indicações quanto às idades propícias para cada etapa, respeitando-se o sexo e a especificidade de algumas modalidades esportivas. Matveev (1997) faz uma descrição semelhante dessas fases, apresentando as seguintes etapas:

a) preparação esportiva prévia;
b) especialização inicial;
c) aperfeiçoamento profundo; e
d) longevidade esportiva.

Comparando-se as diferentes fases, níveis ou etapas de TLP descritos na literatura da área de ciência/teoria do treinamento, observa-se que, de modo geral, são semelhantes, porém com terminologias diferenciadas, podendo ser organizados em três principais níveis: de iniciação, infanto-juvenil e de alto nível – correspondentes ao primeiro, ao segundo e ao terceiro níveis anteriormente descritos, respectivamente (formação básica geral, treinamento específico – com três etapas – e treinamento de alto nível). Além disso, verifica-se que as definições operacionais de talento esportivo e de capacidade de desempenho esportivo são similares, pois ambos são considerados como resultados das relações entre os aspectos internos (genotípicos) e as condições oferecidas pelo meio ambiente.

Concluindo, o profissional que trabalhar com o treinamento de crianças e adolescentes deve ter um bom conhecimento sobre o processo de crescimento e desenvolvimento biopsicossocial do ser humano e também sobre princípios pedagógicos e métodos de treinamento. Tais conhecimentos possibilitam o planejamento de um TLP com objetivos, conteúdos e métodos adequados aos seus diferentes níveis e etapas.

REFERÊNCIAS

ABBOTT, A.; COLLINS, D. A theoretical and empirical analysis of a 'state of the art' talent identification model. *High Ability Studies*, v. 13, p. 156-178, 2002.

_____. Eliminating the dichotomy between theory and practice in talent identification and development: considering the role of psychology. *J. Sports Sci.*, v. 22, p. 395-408, 2004.

ABBOTT, A. et al. Unnatural selection: talent identification and development in sport. *Nonlinear Dynamics Psychol. Life Sci.*, v. 9, p. 61-88, 2005.

ARAÚJO, D. A insustentável relação entre talentos e peritos: talento epigenético e desempenho emergente. *Treino Desportivo*, v. 6, p. 46-58, 2004.

BARBANTI, V. J. *Teoria e prática do treinamento esportivo*. São Paulo: E. Blucher, 1997.

BÖHME, M. T. S. *Aptidão física de jovens atletas do sexo feminino analisada em relação a determinados aspectos biológicos, idade cronológica e tipo de modalidade esportiva praticada*. São Paulo, 1999. Tese (Livre-Docência). Escola de Educação Física e Esporte da Universidade de São Paulo, 1999.

_____. O treinamento a longo prazo e o processo de detecção, de seleção e de promoção de talentos esportivos. *Rev. Bras. Cien. Esporte*, v. 21, p. 4-10, 2000.

_____. Talento esportivo I: aspectos teóricos. *Rev. Paul. Educ. Fis.*, v. 8, p.90-100, 1994.

BOMPA, T. O. *Treinamento total para jovens campeões*. São Paulo: Manole, 2002.

CALVO, A. L. Detección o desarrollo del talento? Factores que motivan una nueva orientación del proceso de detección de talentos. *Apunts – Educacion Física y Deportes*, v. 71, p. 23-28, 2003.

CARL, K. *Talentsuche, Talentauswahl und Talentförderung*. Schorndorf: Hofmann-Verlag, 1988.

FILIN, W. P. *Desporto juvenil*: teoria e metodologia. Londrina: CID, 1996.

FRIEDRICH, E. et al. *Einführung in die Ausbildung von Trainern an der Trainerakademie*. Schorndorf: Hofmann-Verlag, 1988.

GRECO, P. J. I. D. U. Fase central do sistema de formação e treinamento desportivo. In: GRECO, P. J. et al. (Ed.). *Temas atuais em educação física e esportes*. Belo Horizonte: Health, 1997.

JOCH, W. *O talento esportivo*: identificação, promoção e perspectivas do talento. Rio de Janeiro: Lobmaier, 2005.

MARTIN, D. et al. *Handbuch Kinder-und Jugendtraining*. Schorndorf: Verlag Hofman, 1999.

MARTIN, D. et al. *Handbuch Trainingslehre*. Schorndorf: Verlag Karl Hofmann, 1991.

MARTINDALE, R. J. J.; COLLINS, D.; DAUBNEY, J. Talent development: a guide for practice and research within sport. *Quest*, v. 57, p. 353-375, 2005.

MATVEEV, L. P. *Treino desportivo*: metodologia e planejamento. São Paulo: FMU, 1997.

PEARSON, D. T.; NAUGHTON, G. A.; TORODE, M. Predictability of physiological testing and the role of maturation in talent identification for adolescent team sports. *J. Sci. Med. Sport*, v. 9, p. 277-287, 2006.

RÉ, A. H. N.; BARBANTI, V. J. Uma visão macroscópica da influência das capacidades motoras no desempenho esportivo In: SILVA, L. R. R. (Ed.). *Desempenho esportivo*: treinamento com crianças e adolescentes. São Paulo: Phorte, 2006.

RÉ, A. H. N. et al. Relações entre crescimento, aptidão física, maturação biológica e idade cronológica em jovens do sexo masculino. *Rev. Bras. Educ. Fis. Esporte*, v. 19, p. 153-162, 2005.

TRANCKLE, P.; CUSHION, C. J. Rethinking giftedness and talent in sport. *Quest*, v. 58, p. 265-282, 2006.

WEINECK, J. *Treinamento ideal*. São Paulo: Manole, 1999.

POSTURA NA INFÂNCIA E NA ADOLESCÊNCIA: CARACTERÍSTICAS BIOMECÂNICAS E DO COMPORTAMENTO MOTOR

Aline Bigongiari
Renata Garrido Cosme
Luis Mochizuki

O ser humano passa de uma postura horizontal para uma vertical nos primeiros 12 meses de vida. Essa alteração exemplifica o desenvolvimento motor, que é um processo temporal no qual o comportamento motor de uma pessoa se modifica, e que ocorre pela interação das exigências da tarefa, do organismo individual e das condições ambientais (Gallahue; Ozmun, 2003).

Uma ação motora envolve um conjunto de posturas e movimentos para realizar uma tarefa e atingir uma meta. Logo, a ação motora depende do controle de movimentos e da postura. A sinergia é a ação integrada de elementos motores (grupos musculares, músculos, articulações e segmentos corporais) para a execução de uma meta motora. As funções do controle postural são equilíbrio, suporte do peso e estabilização (Rothwell, 1994). A principal forma de equilíbrio é o controle da postura ereta. Esse controle usa informações sobre a posição do centro de massa do corpo (COM) (Horstmann; Dietz, 1990), com base nas informações sensoriais para relatar e reconhecer a posição e o movimento de cada parte do corpo (Mochizuki, 2002). O monitoramento indica quando é necessário alterar a postura. O controle do equilíbrio se dá por meio do equilíbrio estático e dinâmico. No equilíbrio estático, o corpo permanece parado sobre a base de apoio, enquanto no equilíbrio dinâmico partes do corpo se movimentam. O objetivo básico do equilíbrio é manter a posição horizontal do COM dentro da base de apoio.

A estabilidade postural permite que segmentos do corpo permaneçam estáveis enquanto ocorre o movimento focal. A estabilidade postural é provida pelos ajustes posturais realizados antes do início do movimento focal (ajuste postural antecipatório, APA) e por aqueles realizados depois do início desse movimento (ajuste postural compensatório, APC). Logo, o controle postural envolve a capacidade de

> Uma ação motora envolve um conjunto de posturas e movimentos para realizar uma tarefa e atingir uma meta. Logo, a ação motora depende do controle de movimentos e da postura. A sinergia é a ação integrada de elementos motores (grupos musculares, músculos, articulações e segmentos corporais) para a execução de uma meta motora.

se recuperar da instabilidade, de antecipá-la e de evitá-la (Shumway-Cook; Woollacott, 2003).

O suporte do peso é uma função do controle postural que permite a sustentação do peso enquanto nos movimentamos. Para o funcionamento do controle postural, é necessária a integração entre os sistemas musculoesquelético, neuromotor e sensorial (somatossensorial, vestibular e visual).

Para o entendimento do movimento, é necessário conhecer as restrições mecânicas que o ambiente e o corpo humano apresentam. O tema central deste capítulo se baseia na abordagem biomecânica da postura (Mochizuki, 2002). Discutiremos como o conhecimento da biomecânica e do controle motor pode explicar os fenômenos que afetam a postura na infância e na adolescência.

COMO A POSTURA ERETA SE DESENVOLVE?

O desenvolvimento motor sofre influências endógenas (maturação) e exógenas (ambiente) e promove o desenvolvimento das habilidades motoras inatas e das dependentes da prática. A postura ereta é uma das posturas mais comuns, e sua combinação com diferentes movimentos gera muitas atividades da vida diária. A sua manutenção depende da estabilidade do tronco, do pescoço e da cabeça; da estabilidade de membros inferiores e tronco; do posicionamento adequado dos pés e do posicionamento adequado do COM em relação à base de apoio. Na infância e na adolescência, diferentes fatores comportamentais, de desenvolvimento e condições patológicas podem afetar e prejudicar a manutenção da postura.

A postura bípede é importante nos primeiros meses de vida de uma criança (Assaiante, 1998). O desenvolvimento da criança nos primeiros meses favorece a estabilização da cabeça em relação ao resto do corpo. Essa estabilização permite a fixação do olhar para um alvo e desenvolve as ações motoras que envolvem a observação e a tentativa de agarrar um objeto. A estabilidade da cabeça, do pescoço e do tronco permite à criança uma maior interação com o meio e com outras pessoas, e o consequente desenvolvimento motor, socioafetivo e comportamental.

A seguir, é necessário dominar a relação entre membro inferior e tronco. Isso favorece a aquisição da postura ereta e as primeiras formas de locomoção (rastejar, rolar, engatinhar e andar). Até os 6 anos de idade, a criança coordena as partes do corpo de maneira conjunta e não consegue mexer seus segmentos de maneira independente, de forma que o movimento acontece "em bloco" (Assaiante et al., 2005). Na adolescência, o controle postural ocorre de maneira segmentada, e o corpo interage com o meio de maneira articulada, mostrando o amadurecimento do SNC.

Após a aquisição das diversas formas de locomoção terrestre, a criança fica apta a torná-las mais complexas e mais combinadas com outras formas de movimento. As restrições que podem ocorrer nesse repertório motor podem ser causadas por fatores intrínsecos ou extrínsecos. Os fa-

> A manutenção da postura ereta combinada com diferentes movimentos é a base das atividades da vida diária e depende da estabilidade do eixo (cabeça e tronco) e dos segmentos, do posicionamento adequado dos pés e do centro de massa na base de suporte. Na infância e na adolescência, diferentes fatores comportamentais, de desenvolvimento e patológicos podem afetar a manutenção da postura.

tores intrínsecos são doenças, lesões ou traumas que afetam músculos, ossos, articulações e sistema nervoso e que modificam o funcionamento do controle motor ou postural, além dos déficits provocados por atrasos no desenvolvimento ou aprendizagem motora. Os fatores extrínsecos são provocados pelo ambiente ou pela tarefa motora executada.

O papel das informações sensoriais no desenvolvimento do controle postural

A predominância do sistema visual para a manutenção do equilíbrio ocorre em crianças, mas não em adolescentes, que utilizam muito mais os sistemas somatossensorial e vestibular para perceber as alterações desestabilizadoras (Assaiante; Amblard, 1996). A visão é uma informação dominante para compensar perturbações temporárias em crianças que estão aprendendo a ficar em pé e que estão nos estágios iniciais da marcha até os 2 anos de idade (Sparto et al., 2006). Crianças de 1 ano de idade, dentro da sala móvel, mostram respostas motoras para a ilusória perda do equilíbrio que as faz cair (Shumway-Cook; Woollacott, 2003).

A propriocepção se desenvolve por volta dos 3 ou 4 anos de idade (Steindl et al., 2006). A partir dos 4 ou 5 anos, as crianças adquirem um comportamento postural mais avançado; porém ainda com consideráveis oscilações posturais. Entre 7 e 12 anos de idade, a criança usa todas as informações sensoriais disponíveis para a estabilização como um adulto, com a mesma latência e padrão distal-proximal de ativação muscular. Porém, não usa a propriocepção para estabilizar a postura como um adulto quando há o conflito de informações dos sistemas visual e somatossensorial (Sparto et al., 2006; Bair et al., 2007). O sistema visual adquire o padrão adulto perto dos 15 ou 16 anos de idade; o somatossensorial, entre 9 e 12 anos de idade; enquanto o vestibular ainda está se desenvolvendo (Steindl et al., 2006).

O aperfeiçoamento desses sistemas ocorre de maneira diferente entre os sexos. Até os 11 ou 12 anos, as meninas desenvolvem os sistemas sensoriais mais rapidamente do que os meninos (Steindl et al., 2006). Entre 9 e 11 anos, as meninas apresentam um maior equilíbrio, indicado por uma menor oscilação do COM em relação aos meninos (Lee; Lin, 2007).

As oscilações na postura ereta

A oscilação postural diminui rapidamente dos 3 aos 5 anos, e, após os 6 anos, ela diminui lentamente. Por volta dos 11 anos, a criança desenvolve um padrão mais maduro de controle da oscilação postural (Blanchard et al., 2007). Riach e Hayes (1987) mostram a oscilação decrescente do COM em crianças com idades de 2 a 14 anos. Essa oscilação também é correlacionada com o peso corporal e a estatura. A oscilação do COM diminui com a idade, porque crianças jovens não tiram proveito da fixação visual em um objeto estacionário como as crianças mais velhas para reduzir a oscilação do COM. A oscilação postural em crianças entre 9 e 11 anos, diferentemente dos idosos, não é afetada por ambientes com pouca luz (Blanchard et al., 2007), mostrando que o sistema visual na infância também se adapta ao escuro.

COMO A LOCOMOÇÃO SE DESENVOLVE?

A locomoção humana é definida como o deslocamento do corpo no meio aquático, terrestre ou aéreo. Os primeiros tipos de locomoção que as crianças exibem são rastejar com o tronco no chão, engatinhar com padrão simétrico e não alternado dos membros inferiores, balançar para a frente e para trás na posição de engatinhar alto e engatinhar em um padrão transversal (alternando os movimentos dos membros). A criança pode começar a andar sem nunca ter passado pelo estágio do rastejar e engatinhar, sem comprometer seu desenvolvimento motor e cognitivo.

Uma criança com 1 ano de idade inicia a marcha com base alargada, quadris e joelhos hiperfletidos, braços mantidos em extensão e abdução e movimentos abruptos. O padrão dessa marcha é chamado *toddler*. Com o amadurecimento do sistema nervoso central (SNC) e dos músculos, a largura da base diminui. Surge o balanço recíproco dos membros superiores, o aumento do comprimento do passo e da velocidade da marcha e a inconsistência nos parâmetros temporais musculares e a variabilidade da marcha diminuem (Tachdjian, 1995; Rose; Gamble, 1998). O equilíbrio é desenvolvido para compensar a transferência de peso de um apoio para outro e para reagir a situações inesperadas do ambiente.

Quando a postura ereta se torna mais estável, mais a base de apoio pode ser reduzida, sem prejuízo no equilíbrio, permitindo maior mobilidade e capacidade do controle postural em situações que ameaçam a estabilidade, e experimenta-se o APA no apoio e na oscilação da perna para o próximo passo. Assim, o desenvolvimento do padrão da locomoção avançada é gradativo (Woollacott; Assaiante, 2002; Haywood; Getchell, 2004) e contém marcos motores (Tabela 13.1).

Com 2 anos de idade, uma criança mantém o equilíbrio ao caminhar rápido com forte ativação de todos os músculos dos membros inferiores (sendo maior para os músculos extensores) e com grande grau de coativação muscular (Berger et al., 1995). A organização da estabilização corporal nessa idade é proximal-distal;

TABELA 13.1 Marcos motores típicos no desenvolvimento da marcha em crianças normais

Marco motor	Idade
Rotação pélvica e inclinação da coxa de apoio para avançar o outro membro inferior	13 meses
Flexão de joelho no apoio médio	16 meses
Contato do pé com a base de apoio na largura do tronco	17 meses
Sincronização do balanço dos braços e apoio do pé no padrão calcanhar-ponta do pé	18 meses
Aumento gradativo do tempo em que um pé sustenta o peso enquanto o outro pé balança	1-2 anos
Aumento da velocidade da passada	1-3 anos
Melhoria no ritmo e coordenação do andar	Até os 5 anos
Amadurecimento do padrão rítmico de ativação dos músculos do membro inferior	A partir dos 4-5 anos
Habilidade de reagir efetivamente a perturbações durante a locomoção	
Aprimoramento da estabilização da cabeça	A partir dos 6-7 anos
Aumento do comprimento da passada devido à maior amplitude de movimento do quadril, joelho e tornozelo, e ao aumento do comprimento das pernas	Até a adolescência

Fonte: Adaptada de Assaiante e Amblard (1996); Assaiante; Woollacott e Amblard (2000); Haywood e Getchell (2004); Woollacot e Assaiante (2002).

porém, quando o equilíbrio é ameaçado, ela passa a ter uma estratégia de organização em bloco (Assaiante et al., 2005).

A partir dos 4 ou 5 anos de idade, o aperfeiçoamento dos marcos motores (Tabela 13.1) e o desenvolvimento da força muscular e de controle postural promovem o desenvolvimento da locomoção, levando a criança a deixar de se mover no padrão "em bloco" para o padrão articulado, no qual os segmentos têm um controle independente (Assaiante, 1998). Finalmente, aos 7 anos, ela é capaz de estabilizar a cabeça, os ombros e a pelve em situações de instabilidade e de controlar suas articulações independentemente (Assaiante et al., 2005).

Crianças no início do andar independente não mostram domínio das rotações articulares e de suas consequências para o movimento nos diferentes planos de movimento (Holt et al., 2006). Assim, o padrão de aceleração angular do COM apresenta grande variabilidade de intensidade e tempo.

A oscilação do tronco e da cabeça afeta o equilíbrio na infância (Assaiante; Amblard, 1996). A posição da cabeça é uma referência para a estabilização do corpo na locomoção, e seu controle se dá a partir de informações da visão. A visão tem grande importância na locomoção durante a infância (Grasso et al., 1998). Até os 7 anos, a criança se organiza no espaço de maneira egocêntrica e, após essa idade, ela já começa a ser capaz de organizar o corpo e os movimentos a partir do ambiente externo, ou seja, com melhor organização espacial, até que, com cerca de 10 anos, já apresenta comportamentos antecipatórios (Vallis; McFadyen, 2005).

As principais diferenças do andar de uma criança em fase inicial de desenvolvimento e um adulto estão na Tabela 13.2. Os fatores para a desestabilização das crianças de 1 a 4 anos são o aumento da oscilação horizontal do tronco e da perna de balanço, o padrão de coativação dos músculos agonistas e antagonistas do joelho e do tornozelo e o aumento da força de reação ao solo no primeiro passo. As crianças não separam as partes do corpo para fazer o ajuste da trajetória (Vallis; McFadyen, 2005), são mais dependentes da visão para

TABELA 13.2 As diferenças entre o andar de uma criança e o de um adulto

	Criança	Adulto
Mudar de direção durante o andar	Cabeça, tronco e COM movimentam-se em bloco	Antecipação visual por meio da rotação da cabeça em relação à mudança de trajetória do COM
	Ausência da antecipação visual	
	Coordenação do corpo em bloco	Coordenação segmentar do corpo
Andar no escuro	Redução 40% maior que o adulto na velocidade do andar	Redução da velocidade do andar do claro para o escuro
Responder a perturbações durante o andar	APA típico de adultos a partir dos 4-5 anos	APA
Preparação para o início do andar	APA	APA

Fonte: Adaptada de Vallis e McFadyen (2005); Grasso e cols. (1998); Assaiante (1998).

a estabilização (Assaiante; Amblard, 1996) e só usam o APA para reduzir o efeito de perturbação no andar a partir dos 4 ou 5 anos de idade (Woollacott; Assaiante, 2002).

A locomoção é inata ou aprendida? O recém-nascido apresenta um comportamento motor conhecido como reflexo da marcha ou a marcha do recém-nascido. Ao manter-se o neonato na posição ereta, com os pés encostados no chão, estimulam-se movimentos de flexão e extensão alternados dos membros inferiores, semelhantes à marcha adulta, com flexão simultânea de quadril, joelho e tornozelo, concomitantes à extensão de quadril, joelho e flexão plantar de tornozelo contralateral (Rose; Gamble, 1998). O significado dessa marcha precoce não é bem esclarecido, pois desaparece próximo aos dois meses de vida, e o padrão de marcha somente reaparece perto dos nove meses de idade. A adição de carga no tornozelo de recém-nascidos que apresentavam ainda o reflexo da marcha diminuiu ou até eliminou o reflexo, e, em contrapartida, quando bebês com mais de dois meses foram colocados em tanques de água, o padrão de marcha precoce reaparecia. Isso sugere que a força muscular não acompanha a massa crescente dos membros inferiores, e que os movimentos cessam por uma fraqueza muscular relativa durante o desenvolvimento motor do recém-nascido (Rose; Gamble, 1998).

COMO OS PROBLEMAS NO DESENVOLVIMENTO AFETAM A POSTURA E A LOCOMOÇÃO?

A integração entre postura e movimento é essencial para o desenvolvimento da locomoção. Essa integração acontece no SNC e é restrita pelo ambiente, pelo estágio de desenvolvimento, pela tarefa, pela atuação dos sistemas corporais e pela presença de doenças, lesões, síndromes, incapacidades ou deformidades que modifiquem o funcionamento dos sistemas corporais. A seguir, apresentamos algumas disfunções musculoesqueléticas e neurológicas e suas consequências para a postura e locomoção.

Os problemas posturais e de locomoção decorrentes de doenças, lesões, disfunções e deformidades do sistema musculoesquelético são diversos. As alterações musculoesqueléticas também incorporam modificações sensoriais, uma vez que ossos, articulações e músculos são estruturas ricas em receptores sensoriais sobre o ambiente e o próprio corpo.

A deformidade mais comum no pé é o pé plano. A depressão do arco longitudinal do pé, ou pé plano valgo flexível, é comum até os 6 anos de idade, e decorre da frouxidão ligamentar. Em casos graves (aqueles que não se resolvem até os 10 anos de idade), o pé plano pode causar deformidade nos joelhos e necessitar de intervenção cirúrgica (Tachdjian, 1995) para correção. O tratamento nos casos leves visa ao fortalecimento da musculatura intrínseca do pé, a partir de estímulos sensoriais e motores.

As anomalias congênitas correspondem a qualquer alteração da estrutura e do metabolismo presente ao nascimento cuja causa é genética ou é resultado da

> A deformidade mais comum no pé é o pé plano. A depressão do arco longitudinal do pé, ou pé plano valgo flexível, é comum até os 6 anos de idade, e decorre da frouxidão ligamentar. Em casos graves (aqueles que não se resolvem até os 10 anos de idade), o pé plano pode causar deformidade nos joelhos e necessitar de intervenção cirúrgica (Tachdjian, 1995) para correção. O tratamento nos casos leves visa ao fortalecimento da musculatura intrínseca do pé, a partir de estímulos sensoriais e motores.

influência ambiental durante o desenvolvimento do feto ou no período de embriogênese. Um exemplo é o pé torto equino varo, cuja incidência no Brasil é 2:1.000 crianças nascidas vivas. A causa mais aceita é a parada do desenvolvimento do pé durante a fase embrionária. A deformidade provoca a inversão do calcanhar e a inversão e adução do mediopé, antepé e tornozelo (Tachdjian, 1995). A intervenção para essa deformidade é geralmente cirurgia e aparelhos gessados. Essas crianças apresentam enfraquecimento muscular e mudança na mobilidade das articulações do joelho e tornozelo (Soares, 2007), provocando uma alteração no controle protetor do aparelho locomotor, e por isso necessitam de maiores compensações e estão mais suscetíveis a lesões ao longo da vida.

Os desvios posturais no joelho acompanham o desenvolvimento físico da criança. A postura intrauterina pode favorecer o aparecimento do arqueamento fisiológico medial leve do membro inferior logo após o nascimento. Na infância, os arqueamentos medial (varo) e lateral (valgo) leves são retificados espontaneamente com o desenvolvimento da postura ereta e da locomoção (Tachdjian, 1995). Se o geno varo não se resolver até os 2 anos e meio, e o geno valgo por volta dos 7 anos, é necessário acompanhamento e intervenção terapêutica, pois poderão produzir alterações nos pés e no quadril (Tachdjian, 1995).

O desenvolvimento torcional e angular inadequado dos membros inferiores pode promover alterações na marcha. As deformidades torcionais no pé, na tíbia e/ou no fêmur representam variações do desenvolvimento normal dos membros inferiores, e muitos casos são corrigidos com o crescimento (Tachdjian, 1995). A seguir, são apresentadas algumas dessas deformidades.

- Metatarso aduzido postural ou *Metatarsus adductus* – adução do antepé, com retropé neutro ou ligeiramente valgo. Provavelmente a criança nasce com essa deformidade por causa da postura intrauterina. A correção espontânea pode ocorrer e depende da flexibilidade do pé. Alongamentos passivos e/ou talas gessadas seriadas são orientados para esse desvio.
- Torção interna da tíbia – rotação medial excessiva da unidade tibiofibular. Correção espontânea com o crescimento. A evolução natural da tíbia é rodar lateralmente com a progressão da idade. Aparece mais comumente em crianças com até 3 anos de idade.
- Torção interna do fêmur – anteversão exagerada do colo do fêmur em relação ao joelho; é a causa mais comum de se pisar pra dentro depois da idade de 3 anos. Hábitos da forma de se sentar geralmente estão associados a essa torção.

Os problemas nos ligamentos e nas articulações também afetam o sistema musculoesquelético. O termo displasia enfatiza a natureza dinâmica das alterações dos componentes osteocondrais em desenvolvimento do quadril da criança e a resposta a fatores biomecânicos anormais. A mais comum é a displasia congênita do quadril, que engloba anormalidades desde a instabilidade do quadril com frouxidão capsular até a luxação completa do fêmur. Sua origem pode estar na hiperfrouxidão ligamentar; em defeitos na cápsula, no fêmur proximal e no acetábulo, que podem levar à instabilidade do quadril; na má posição intrauterina; além de influências genéticas e fatores ambientais pós-natais.

A luxação congênita não é uma malformação embriogênica, mas a deformidade progressiva de uma estrutura previamente bem formada. A luxação congênita pode ocorrer nos períodos pré-natal, perinatal e pós-natal, e pode ser dividida em quadril luxado, luxável e quadril subluxado. O seu diagnóstico envolve a identificação de encurtamento aparente do membro inferior luxado, adução passiva do quadril envolvido (limitada na posição de flexão a 90 graus), sinal de Galleazzi positivo e extrema mobilidade. Se a displasia do quadril permanecer não diagnosticada até que a criança inicie a marcha, haverá claudicação típica, caracterizada por inclinação contralateral da pelve e desvio lateral da coluna no sentido do lado afetado, na fase de apoio de cada passo, no quadril luxado. Na luxação bilateral, a marcha é descrita como a de pato ou marinheiro (Tachdjian, 1995). Com a recuperação das relações articulares normais entre a cabeça femoral e o acetábulo, as alterações anatômicas são reversíveis com o crescimento.

Desvios da coluna vertebral também podem prejudicar a postura da criança em desenvolvimento. Escolioses idiopáticas e a doença de Shermaan são exemplos desses desvios que, de acordo com sua gravidade, exigem tratamentos conservadores e até cirúrgicos.

O sistema nervoso é importante no gerenciamento de estratégias sensório--motoras em todas as tarefas realizadas no dia a dia do ser humano. As anomalias das estruturas do SN podem provocar diferentes tipos de prejuízos para a postura e a locomoção. O prejuízo sensório-motor causado pela paralisia cerebral (PC) é amplamente pesquisado devido a sua incidência e prevalência mundial. Ela é caracterizada pela encefalopatia crônica não progressiva (ECNP), pelas alterações de tônus muscular, postura e movimento, entre outros fatores. Devido à etiologia multifatorial, à condição e à localização variada, as limitações provocadas por ela são muitas. As crianças com PC conseguem andar, porém mostram déficits qualitativos no controle de múltiplos segmentos. Os distúrbios motores encontrados na PC incluem falta de coordenação, espasticidade, distonia, hipercinesia, encurtamentos e fraquezas musculares, paresias e limitações funcionais. Metade das crianças com PC apresenta espasticidade devido à lesão no trato corticospinal. Alguns autores acreditam que a disfunção nos mecanismos de controle postural é o principal distúrbio encontrado nessas crianças (Brogren; Hadders-Algra; Forssberg, 1998; Rose; Gamble, 1998; Woollacott et al., 1998; Shumway-Cook; Woollacott, 2003).

Crianças com PC mais grave, com tetraparesia espástica e com lesão cerebelar e dos núcleos da base muitas vezes não realizam tarefas simples, como deglutir ou segurar um talher, por não manterem a retificação cervical e do tronco. A incapacidade e a dependência são muito maiores, e se fazem necessárias grandes adaptações mecânicas no mobiliário.

Woollacott e colaboradores (1998) relatam que os problemas de controle postural que ocorrem na PC se devem a cinco fatores:

- recrutamento defeituoso das unidades motoras;
- recrutamento anormal dependente da velocidade durante o estiramento muscular (espasticidade);
- ativação não seletiva da musculatura antagonista;
- interferência de programas motores imaturos ou não pertinentes; e
- mudanças nas propriedades mecânicas dos músculos.

Os ajustes posturais dependem da direção da perturbação e se modulam por meio da latência de ativação muscular e pela amplitude da resposta muscular (van Der Fits; Hadders-Algra, 1998). Crianças com PC leve e moderada (Shumway-Cook; e Woollacott, 2003; Brogren; Hadders--Algra; Forssberg, 1998; Woollacott et al., 1998) não apresentaram diferenças em relação à escolha da direção específica de ativação muscular das crianças com o desenvolvimento normal; apenas na PC grave houve alterações (Brogren; Hadders-Algra;

Forssberg, 1998). Porém, elas têm problemas para se adaptarem e modularem as características temporais, durante mudanças no contexto da tarefa, na postura bípede com perturbações externas (Shumway-Cook; Woollacott, 2003; Brogren; Hadders-Algra; Forssberg, 1998; Woollacott et al., 1998) ou estática (Rose; Gamble, 1998).

Hadders-Algra e colaboradores (1999) e van Der Heide e colaboradores (2004) relataram a não utilização do APA na PC, na postura sentada para agarrar um objeto. Brogren, Hadders-Algra e Forssberg (1998), Hay e Redon (1999)e Bigongiari (2006) relatam o aumento do APA em virtude da idade em crianças saudáveis. Brogren, Hadders-Algra e Forssberg (1998) e Hadders-Algra e colaboradores (1999) não mostraram mudanças no APA com a idade, enquanto Bigongiari (2006) mostrou que o APA reduz e o APC aumenta com a idade em crianças com PC.

Outra condição clínica na infância é a síndrome de Down (SD). Sua incidência varia de 1:1.000 a 1:700 nascidos vivos. Ela está associada ao comprometimento cognitivo e ao atraso no desenvolvimento motor. A hipotonia muscular e a frouxidão ligamentar podem originar a displasia acetabular e a instabilidade do segmento vertebral atlantoaxial (primeira e segunda vértebras cervicais), comprometendo e retardando ainda mais as aquisições motoras nas crianças com SD.

Crianças com SD usam preferencialmente a coativação durante o APA (Aruin; Almeida, 1997) para aumentar a rigidez articular. Os autores sugerem que o SNC dos indivíduos com SD prefere não arriscar e assim manter o controle postural estável. Looper e colaboradores (2006) mostraram que crianças com SD e normais têm menor variabilidade na amplitude de passo em comparação aos adultos e que crianças com SD diminuíram a variabilidade dos seus padrões de marcha com o treino, o que sugere o importante papel da prática na tarefa.

Para entender as diferentes manifestações clínicas dos problemas neurológicos, é preciso entender cada estrutura do SNC envolvida no planejamento e na execução das ações motoras. O cerebelo segue a organização médio-lateral: a zona medial é responsável pelo controle da postura e da locomoção; a zona intermediária controla movimentos finos de alcance e preensão; e a zona lateral participa no planejamento motor, na produção de linguagem e nos processos cognitivos e memória (Konczak et al., 2005). As lesões cerebelares degenerativas provocam alterações no controle postural e na marcha (Bakker et al., 2006).

As crianças e os adolescentes com cerebelopatia apresentaram maior amplitude nas oscilações corporais e maior risco de queda em comparação a um grupo controle saudável (Konczak et al., 2005). As principais diferenças ocorreram quando as condições visuais e vestibulares foram manipuladas nos pacientes com lesão dos núcleos fastigiais e interpostos. Os resultados mostraram que os sinais não estão relacionados à idade de intervenção, mas ao local de lesão no cerebelo (Konczak et al., 2005).

A ataxia espinocerebelar modifica o controle postural. A análise de COM na postura ereta parada, perturbada na base de suporte, mostrou que pessoas com ataxia espinocerebelar (Bakker et al., 2006) tiveram grandes instabilidades após perturbações posteriores e laterais. As respostas musculares desses pacientes apresentaram-se atrasadas na ativação que corrige o desequilíbrio. Uma causa da instabilidade postural em pacientes com ataxia espinocerebelar é o bloqueio do joelho, que pode refletir a compensação ou o controle vestibulocerebelar reduzido sobre os músculos posturais. Os indivíduos saudáveis que simularam o bloqueio do joelho (Oude Nijhuis et al., 2008) compensaram uma perturbação postural com respostas que não foram vistas nos pacientes com ataxia. Esses estudos corroboram a ideia de que o cerebelo é um órgão importante para comparar e corrigir erros, por meio das aferências dos receptores periféricos e de suas aferências para o córtex motor.

Outras estruturas importantes na execução do movimento e do controle da postura são os núcleos basais (O'Sullivan; Schmitz, 2004). Os sinais encontrados em pessoas com lesão dos núcleos basais dependem do local de lesão. Localizados na base do córtex cerebral, eles regulam o início dos movimentos intencionais, o planejamento e a ação de respostas motoras complexas e ajustes posturais (O'Sullivan; Schmitz, 2004). Entre crianças com PC, é possível encontrar lesões nos núcleos basais. Essas crianças podem apresentar grave incapacidade, com dificuldade para manter as posturas sentada e bípede. Elas também mostram movimentos involuntários, como atetose, coreia e distonias, e necessitam de adaptações para permanecerem na postura ereta e se locomoverem.

QUAIS SÃO OS PRINCIPAIS PROBLEMAS POSTURAIS QUE AFETAM A LOCOMOÇÃO?

A estrutura óssea se torna mais rígida com a idade, e a correção de desvios posturais é mais difícil. A aplicação de uma sobrecarga durante a infância e a adolescência, como no caso de pesos sustentados, pode causar alterações na postura e provocar consequências negativas para a coluna vertebral, como dor lombar ou desvio postural.

Uma boa postura é estabelecida por critérios biomecânicos e fisiológicos para o menor custo energético e máxima sustentação. Mota e colaboradores (2002) mostraram que crianças de 8 a 9 anos de idade que usam mochila de duas alças com 12% da massa corporal têm o COM deslocado posteriormente, e, para manter o equilíbrio, há um ajuste compensatório da postura, inclinando o tronco para a frente e flexionando mais o quadril, o que pode acarretar futuras algias lombares.

O aumento da sobrecarga pelo uso da mochila nas costas em adolescentes (Chow et al., 2005) causa redução da lordose, aumento da cifose torácica e compensação cervical com extensão da cabeça e do pescoço. A velocidade, o comprimento do passo e a cadência da marcha diminuem, e o tempo de duplo apoio aumenta quanto maior for a sobrecarga transportada (10 a 15% do peso corporal) (Chow et al., 2005). A função pulmonar é comprometida, o volume expiratório e a capacidade vital são reduzidos (Li; Hong; Robinson, 2003). A inclinação do tronco para a frente, gerada pela flexão do tronco e pela extensão da cabeça em relação ao tronco, aumenta quanto maior for a sobrecarga (Hong; Cheung, 2003) e causa um aumento da oscilação anteroposterior do centro de pressão (COP), o que prejudica o equilíbrio e aumenta o risco de quedas (Chow et al., 2006).

Crianças nos estágios iniciais da marcha (1 a 2 anos de idade), quando andam com uma carga além de seu próprio corpo, tendem a cair ainda mais (Garciaguirre; Adolph; Shrout, 2007), pois não têm pleno controle das distribuições das forças para a manutenção do seu equilíbrio.

Os adolescentes tendem a usar mochilas de duas alças, mas carregam-nas usando apenas uma alça, o que pode causar uma escoliose. A criança e o adolescente passam vários anos carregando mochilas na escola, e o transporte inadequado dessa carga pode gerar deformidades definitivas, dores crônicas e prejudicar a saúde corporal. A atividade física pode ajudar a diminuir essas consequências por meio de programas que fortaleçam a musculatura paravertebral e o abdome e que trabalhem a flexibilidade e o alinhamento postural.

CONSIDERAÇÕES FINAIS

O desenvolvimento inicial da postura e da locomoção na infância depende do domínio da coordenação do movimento da cabeça em relação ao tronco e do ganho inicial de força muscular para suportar o peso corporal. Em seguida, a habilidade de coordenar o corpo em partes, e não apenas em blocos, aproxima o padrão de movimento da criança ao de um adulto.

Conhecer como anormalidades no desenvolvimento físico e neurológico podem afetar a postura e a locomoção é fator importante para se traçar estratégias de intervenção com base em programas de atividade física supervisionada.

Finalmente, os efeitos da carga externa ao corpo podem provocar deformações na postura, que no futuro provocarão mudanças no próprio padrão de locomoção do adulto.

REFERÊNCIAS

ARUIN, A. S.; ALMEIDA, G. L. A coativation strategy in anticipatory postural adjustment in persons with down syndrome. *Motor Control*, v. 1, p. 178-191, 1997.

ASSAIANTE, C. Development of locomotor balance control in healthy children. *Neurosci. Biobehav. Rev.*, v. 22, p. 527-532, 1998.

ASSAIANTE, C.; AMBLARD, B. Visual factors in the child's gait: effects on locomotor skills. *Percept. Mot. Skills*, v. 83, p. 1019-1041, 1996.

ASSAIANTE, C.; WOOLLACOTT, M.; AMBLARD, B. Development of postural adjustment during gait initiation: kinematic and EMG analysis. *J. Mot. Behav.*, v. 32, p. 211- 226, 2000.

ASSAIANTE, C. et al. Development of postural control in healthy children: a function approach. *Neural Plast.*, v. 12, p.109-118, 2005.

ASSAIANTE, C.; WOOLLACOT, M.; AMBLARD, B. Development of postural adjustment during gaint initiation: kinematic and EMG analysis. *J. Motor Behavior*, v. 32, n. 3, p. 211-226, 2000.

BAIR, W. et al. Development of multisensory reweighting for posture control in children. *Exp. Brain Res.*, v. 183, p. 435-446, 2007.

BAKKER, M. et al. Postural responses to multidirectional stance perturbations in cerebellar ataxia. *Exp. Neurol.*, v. 202, p. 21-35, 2006.

BERGER, W. et al. Developmental aspects of equilibrium control during stance: a kinematic and EMG study. *Gait & Posture*, v. 3, p. 149-155, 1995.

BIGONGIARI, A. *Análise de ajustes posturais em crianças com paralisia cerebral*. Dissertação (Mestrado em Educação Física) – Universidade São Judas Tadeu, 2006.

BLANCHARD, Y. et al. The influence of ambient lighting levels on postural sway in healthy children. *Gait & Posture*, v. 26, p. 442-445, 2007.

BROGREN, E.; HADDERS-ALGRA, M.; FORSSBERG, H. Postural control in sitting children with cerebral palsy. *Neurosci. Biobehav. Rev.*, v. 22, p. 591-596, 1998.

CHOW, D. H. K. et al. The effect of backpack load on the gait of normal adolescent girls. *Ergomics*, v. 48, p. 642-656, 2005.

CHOW, D. H. K. et al. The effect of backpack weight on the standing posture and balance of schoolgirls with adolescent idiopathic scoliosis and normal controls. *Gait & Posture*, v. 24, p. 173-181, 2006.

GALLAHUE, D. L.; OZMUN, J. C. *Compreendendo o desenvolvimento motor*. 2. ed. São Paulo: Phorte, 2003. p. 2-27.

GARCIAGUIRRE, J. S.; ADOLPH, K. E.; SHROUT, P. E. Baby carriage: infants walking with loads. *Child Dev.*, v. 78, p. 664-680, 2007.

GRASSO, R. et al. Development of anticipatory orienting strategies during locomotor tasks in children. *Neurosci. Biobehav. Rev.*, v. 22, p. 533-539, 1998.

HADDERS-ALGRA, M. et al. Development of postural adjustments during reaching in infants with CP. *Dev. Med. Child. Neurol.*, v. 41, p. 766-776, 1999.

HAY, L.; REDON, C. Feedforward versus feedback control in children and adults subjected to a postural disturbance. *Exp. Brain Res.*, v. 125, p. 153-162, 1999.

HAYWOOD, K. M.; GETCHELL, N. *Desenvolvimento motor ao longo da vida*. 3. ed. Porto Alegre: Artmed, 2004.

HOLT, K. G. et al. Discovery of the pendulum and spring dynamics in the early stages of walking. *J. Mot. Behav.*, v. 38, p. 206-218, 2006.

HONG, Y.; CHEUNG, C. Gait and posture responses to backpack load during level walking in children. *Gait & Posture*, v. 17, p. 28-33, 2003.

HORSTMANN, G.A.; DIETZ, V. A basic posture control mechanism: the stabilization of the centre of gravity. *Electroencephalogr. Clin. Neurophysiol.*, v. 76, p. 165-176, 1990.

KONCZAK, J. et al. Functional recovery of children and adolescents after cerebellar tumour resection. *Brain*, v. 128, p. 1428-1441, 2005.

LEE, A. J. Y.; LIN, W. The influence of gender and somatotype on single-leg upright standing postural stability in children. *J. Appl. Biomech.*, v. 23, p. 173-179, 2007.

LI, J. X.; HONG, Y.; ROBINSON, P.D. The effect of load carriage on movement kinematics and respiratory parameters in children during walking. *Eur. J. Appl. Physiol.*, v. 90, p. 35-43, 2003.

LOOPER, J. et al. Changes in step variability of new walkers with typical development and with down syndrome. *J. Mot. Behav.*, v. 38, p. 367-372, 2006.

MOCHIZUKI, L. *Análise biomecânica da postura humana*: estudos sobre o controle do equilíbrio. 2002. Tese (Doutorado) – Escola de Educação Física e Esporte, USP, São Paulo, 2002.

MOTA, C. B. et al. Análise cinemática do andar em crianças transportando mochilas. *Rev. Bras. Biomec.*, ano 3, p. 15-20, 2002.

O'SULLIVAN, A.; SCHMITZ, J. *Fisioterapia*: avaliação e tratamento. 3. ed. São Paulo: Manole, 2004.

OUDE NIJHUIS, L. B. et al. The influence of knee rigidity on balance corrections: a comparison with responses of cerebellar ataxia patients. *Exp. Brain Res.*, 5 Feb. 2008. Epub ahead of print.

RIACH, C. L.; HAYES, K. C. Maturation of postural sway in young-children. *Dev. Med. Child. Neurol.*, v. 29, p.650-658, 1987.

ROSE, J.; GAMBLE, J. G. *Marcha humana*. 2. ed. São Paulo: Premier, 1998.

ROTHWELL, J. *Control of human voluntary movement*. 2nd ed. London: Chapmann & Hall, 1994.

SHUMWAY-COOK, A.; WOOLLACOTT, M. H. *Controle motor*: teoria e aplicações práticas. 2. ed. São Paulo: Manole, 2003.

SOARES, R. J. *Análise de parâmetros biomecânicos na locomoção de crianças portadoras de pé torto congênito*. 2007. Tese (Doutorado) – Escola de Educação Física e Esporte (EEFE), 2007.

SPARTO, P. J. et al. The influence of dynamic visual cues for postural control in children aged 7-12 years. *Exp. Brain Res*, v. 168, p. 505-516, 2006.

STEINDL, R. et al. Effect of age and sex on maturation of sensory and balance control. *Developmental Medicine and Child Neurology*, v. 48, p. 477-482, 2006.

TACHDJIAN, M. O. *Ortopedia pediátrica*. 2.ed. São Paulo: Manole, 1995.

VALLIS, L. A.; McFADYEN, B. J. Children use different anticipatory control strategies than adults to circumvent and obstacle in the travel path. *Exp. Brain. Res.*, v. 167, p. 119-127, 2005.

VAN DER FITS, I. B.; HADDERS-ALGRA, A. The development of postural response patterns during reaching in healthy infants. Neurosci Biobehav Rev. v. 22, n. 4, p. 521-526, 1998.

VAN DER HEIDE, J. C. et al. Postural control during reaching in preterm children with cerebral palsy. *Dev. Med. Child. Neurol.*, v. 46, n. 4, p. 253-266, 2004.

WOOLLACOTT, M. H. et al. Development of postural responses during standing in healthy children and children with spastic diplegia. *Neurosci. Biobehav. Rev.*, v. 22, n. 4, 583-539, 1998.

WOOLLACOTT, M.; ASSAIANTE, C. Developmental changes in compensatory responses to unexpected resistance of leg lift during gait initiation. *Exp. Brain Res*, v. 144, p. 385-396, 2002.

LESÕES E ALTERAÇÕES OSTEOMUSCULARES NA CRIANÇA E NO ADOLESCENTE ATLETA

14

Victor Matsudo

Neste capítulo, procuramos apresentar problemas que comprometem crianças e adolescentes esportistas, principalmente os que atingem o sistema musculoesquelético. Esses problemas foram divididos em três grandes grupos: microtraumas, macrotraumas e alterações posturais. Cada um deles representa situações em que medidas preventivas poderiam colaborar para que os momentos de envolvimento com a prática esportiva representassem efetivamente unidades de saúde a essa faixa etária, que infelizmente está se tornando cada vez mais sedentária.

É preciso salientar, no entanto, que, ao descrevermos os problemas, não devemos transformá-los em mais uma justificativa para afastar crianças e adolescentes da atividade física esportiva. Qualquer eventual risco aqui mencionado é menor que as consequências de uma infância e uma adolescência perdidas em frente a aparelhos de televisão, vídeo, computadores ou devido a outros comportamentos sedentários, que levam a sociedade a alcançar níveis terríveis de doenças crônico-degenerativas, como diabete, hipertensão, obesidade, hipercolesterolemia, osteoporose, entre outras. Os benefícios da atividade física e esportiva superam de longe seus eventuais riscos.

> Os benefícios da atividade física e esportiva superam de longe seus eventuais riscos.

MICROTRAUMAS

Microtrauma por definição é um trauma que por si só não causa dor, edema ou impotência funcional, mas que, pela repetição excessiva, irá produzir lesão no tecido, surgindo, assim, as lesões por *overuse*. Pelo seu caráter silencioso e pela gravidade que pode representar quando se manifesta clinicamente, é considerado o "câncer" da prática esportiva. Devido à sua alta prevalência, pois é a mais frequente causa de queixas em ambulatórios de traumato-ortopedia, pode ser considerado o mais grave problema da criança e, principalmente, do adolescente que se envolve em práticas esportivas.

Os microtraumas são perigosos por não causarem dor nem inchaço.

> Os microtraumas são perigosos por não causarem dor nem inchaço.

> As lesões por *overuse* são consequências da má avaliação dos microtraumas.

As lesões por *overuse* são consequências da má avaliação dos microtraumas.

A seguir, serão discutidos os diferentes tipos de microtraumas, que, de acordo com o tecido comprometido, podem ser divididos em:

- articulares: osteocondrites, condromalacia;
- ósseos: periostites, fratura por estresse;
- musculares: miosites, roturas parciais, roturas totais;
- tendinosos: tenopatias, roturas parciais, roturas totais.

Microtraumas articulares

Osteocondrites

Osteocondrites são alterações que comprometem as epífises ósseas, em particular a região de crescimento rápido. Como consequência de microtraumas frequentes, essa região passa a sofrer processo inflamatório-degenerativo que pode evoluir para necrose do tecido adjacente, o qual pode apresentar regeneração total ou parcial. Em outras palavras, passado o período inicial com quadro doloroso, principalmente devido à sobrecarga decorrente da combinação de excesso de estímulo extensor e falta de alongamento, a criança/adolescente pode evoluir para um quadro de recuperação total, especialmente nas articulações sob menor carga física, como o cotovelo, ou de sequela séria naquelas sob maior carga, como acontece no quadril. Essas moléstias também são impropriamente chamadas de doenças do crescimento, por acontecerem em torno da fase do estirão de crescimento peripubertário. Como praxe de um período antigo da Medicina, recebiam o nome dos autores que as descreviam, como Legg-Calvé-Perthes, na osteocondrite do quadril; doença de Scheuermann, na coluna vertebral; de Sever, no calcanhar; ou Osgood-Schlatter, no comprometimento da tuberosidade anterior da tíbia, que é a mais frequente de todas as epifisites. Nos casos mais suaves, a simples redução do treinamento e o uso de gelo podem ser a melhor indicação, mas, nos mais intensos, a suspensão do treinamento, o uso de anti-inflamatórios e até mesmo a imobilização poderão ser necessários.

Condromalacia

A sobrecarga sucessiva na superfície cartilaginosa, principalmente na articulação patelofemoral, por compressão ou impactos seguidos, moderados e/ou intensos, pode levar ao desgaste progressivo desse tecido na fase peripubertária, que recebe o nome de *condro* (cartilagem) *malacia* (desgaste, amolecimento), em particular quando alcança o tecido subcondral. Ela é muito comum entre aqueles que praticam esportes em que os saltos são frequentes (p. ex., basquetebol, voleibol, ginástica e balé), ou esportes com sobrecarga postural, como em alguns exercícios de força muscular (p. ex., a chamada mesa romana), e ainda quando iniciada precocemente e sem os cuidados de execução e cargas adequadas. É também prevalente entre os praticantes de danças e esportes radicais. Como a regeneração cartilaginosa é tarefa de difícil obtenção, se não impossível, é fundamental o afastamento de práticas esportivas que envolvam a região da patela, e, em alguns casos, a imobilização parcial ou total será necessária. Em geral, o ortopedista indicará a melhor proposta depois de uma análise das imagens de radiografia simples ou da ressonância magnética nuclear, que confirmará a hipótese diagnóstica. O trabalho fisioterapêutico estará indicado não só na redução de sintomas dolorosos, mas também no retorno à prática esportiva. Em alguns casos, o uso de instrumentos de alinhamento patelofemoral, como as tiras subpatelares, poderão ser úteis; nos casos mais graves, nos quais, por exemplo, ocorre presença de corpo livre intra-articular, procedimentos cirúrgicos são indicados.

Microtraumas ósseos

Periostites

Embora raras entre crianças ou adolescentes, as periostites podem representar um sinal importante no caminho para a fratura por estresse, e assim merecem toda atenção. Mais frequentemente, comprometem as pernas, quando poderão aparecer queixas dolorosas, principalmente na transição do terço médio para o inferior, sendo popularmente chamadas de "canelites". Correspondem às manifestações clínicas de uma inflamação do periósteo, membrana que envolve os ossos. Alguns acreditam que já indicariam um dano ao tecido ósseo e que corresponderiam aos estágios II e III de reação óssea, segundo a classificação de Jones. Seu aparecimento deve ser interpretado como consequência a excesso de treinamento, que precisa ser imediatamente diminuído ou, nos casos mais sérios, suspenso, pois a manutenção do programa de exercícios poderá acarretar uma evolução do quadro para uma fratura por estresse, cada vez mais comum entre adolescentes que se submetem a treinamentos intensos ou atividades radicais. O uso de gelo local contribui para a diminuição do quadro clínico, mas não deve retardar ações mais diretas em relação às causas, que, além do tipo de treinamento, envolvem tipo de piso ou solo, calçado, mau alinhamento ou assimetrias musculares ou ósseas.

Fraturas por estresse

Como dito anteriormente, o agravamento da resposta óssea ao microtrauma de repetição poderá levar ao aparecimento da fratura por estresse, que representa uma desorganização bem mais intensa das trabéculas ósseas, o que corresponderia aos graus IV e V de Jones. Compromete mais a tíbia e os metatarsais, sendo mais frequente entre as moças. No passado, praticamente não se encontravam casos entre jovens, mas infelizmente, nos dias atuais, é cada vez mais comum, embora sua prevalência, comparada à de outros problemas aqui mencionados, continue sendo pequena. Todos os cuidados recomendados nos casos de periostite podem ser também aqui aplicados, sendo que, nessa afecção, maiores serão os períodos de afastamento e de reabilitação. O diagnóstico deverá ser confirmado por um ortopedista, que lançará mão de exames de imagem, como a radiografia simples, a cintilografia, a tomografia e/ou a ressonância magnética nuclear. A observação de longos períodos de retirada de carga sobre o foco da fratura, com atenção ao combate ao risco de perda do condicionamento concomitante, e um apropriado protocolo de retorno à pratica esportiva são fundamentais para o sucesso no tratamento.

Microtraumas musculares

Miosites

O microtrauma de repetição poderá levar ao aparecimento de uma inflamação nas miofibrilas, o que recebe o nome de miosite. Não é uma afecção tão frequente e, como em geral tem evolução positiva (boa), não costuma merecer tanta atenção. O quadro clínico se compõe de dor suave a moderada em grupos musculares que foram mais exigidos na realização dos exercícios. Muitas vezes, sucede o quadro de cãibras, espasmos musculares que acontecem em decorrência de recrutamento inadequado de grupos musculares, nos quais a falta de hidratação adequada é uma das razões propostas, mas cuja origem continua controversa. O repouso, o gelo e a hidroterapia são em geral procedimentos suficientes para esse quadro.

Microtraumas tendinosos

Lesões tendinosas/tenopatias

Os tendões são locais comuns de diversos problemas ortopédicos, mesmo nesse grupo etário, particularmente na forma de inflamação, as famosas "tendinites", nome popular das tenopatias. As regiões mais comumente afetadas são os tendões patelares, do calcâneo (Aquiles) e do manguito rotador dos ombros. Enquanto os dois primeiros são mais comprometidos no futebol e em esportes que envolvem saltos ou saltitamentos, como o basquetebol e o voleibol, o último é afetado mais na natação, no voleibol e nos esportes de arremesso. Já as roturas parciais ou totais são bem menos frequentes em crianças; quando acontecem, comprometem exatamente esses mesmos tendões. Enquanto as tenopatias respondem bem à diminuição ou à suspensão do treinamento, acompanhada de medidas fisioterápicas, como a crioterapia e a eletroterapia, os casos de rotura são em geral de indicação cirúrgica, embora nessa idade cada vez mais se observem casos de evolução positiva mesmo em condutas não cirúrgicas.

MACROTRAUMAS

Os macrotraumas são divididos em:

- contusões;
- roturas musculares;
- ferimentos;
- lesões articulares: entorses, subluxações, luxações;
- lesões ósseas: fraturas;
- lesões nervosas.

Contusões

Dentro desse rótulo, poderíamos agrupar os problemas mais corriqueiros na prática esportiva de crianças e adolescentes. O trauma involuntário ou voluntário levaria a dano de maior ou menor dimensão de tecidos, em geral tegumentar ou muscular, e, mais raramente, ósseo ou nervoso. Como a quantidade de energia envolvida é insuficiente para provocar uma lesão mais grave, mas suficiente para provocar sinais inflamatórios que as distinguem dos microtraumatismos, as contusões, em sua grande maioria, têm um quadro inicial de dor súbita, com evolução extremamente positiva em um espaço de tempo relativamente curto. Por isso, as contusões são frequentes em crianças, mas dificilmente têm consequências mais sérias.

Roturas musculares

São quadros mais raros entre crianças e adolescentes atletas. Quando a solução de continuidade compromete apenas parte do segmento transverso do músculo, é denominada de rotura muscular parcial, que, no meio esportivo, tem recebido o nome de "estiramento". Quando compromete totalmente o segmento transverso, é chamada de "rotura muscular total", que, no meio esportivo, é conhecida por "distensão" muscular. O quadro clínico inclui dor muscular súbita, em geral a esforços intensos, acompanhada de impotência funcional, hematoma e depressão no local da lesão, que pode aumentar com o tempo de evolução. Tão raras quanto graves nessa faixa etária, devem ser encaminhadas para serviços de emergência ortopédica.

Não confundir contratura com rotura muscular parcial.

> Não confundir contratura com rotura muscular parcial.

Ferimentos

Quando houver solução de continuidade da pele, teremos o ferimento, que pode ser "cortocontuso" no caso mais linear, "cortolacerante" no caso de maior desorganização da lesão, e "cortoperfurante" no caso de ferimento profundo. No caso em que a lesão acontece mais por atrito, teremos o ferimento "abrasivo" ou "abrasão", que ocorre mais diretamente em virtude da ação das altas temperaturas provocadas pelo atrito súbito sobre a pele, como no caso dos "peixinhos" do voleibol.

Lesões articulares

A dor na criança deve ser sempre valorizada, especialmente nas articulações.

> A dor na criança deve ser sempre valorizada, especialmente nas articulações.

a) *Entorse*: definida como um estresse sobre os ligamentos de uma articulação, sem levar à perda da congruência articular. Pode ser classificada como: *leve*, quando não ocorre solução de continuidade; *moderada*, quando ocorre rotura parcial do ligamento; *grave*, quando ocorre rotura total do ligamento. É a mais frequente lesão articular, sendo que o afastamento da prática esportiva para tratamento é proporcional à gravidade da lesão.
b) *Subluxações*: ocorrem quando há rotura parcial ou total dos ligamentos, com perda parcial da congruência articular. São raras e comprometem mais as articulações interfalângicas dos pés e das mãos, assim como a acromioclavicular, principalmente no judô.
c) *Luxações*: correspondem à perda total da congruência articular em consequência de rotura total dos ligamentos, sendo condição de alta urgência, pois a redução anatômica precisa ser obtida rapidamente para evitar as sequelas articulares ou, mais raramente, vasculares ou neurológicas. Os locais mais acometidos são as articulações interfalângicas das mãos, escapuloumerais, acromioclaviculares e, mais raramente, as patelofemorais; já as mais graves são as do cotovelo.

Não confundir entorse com luxação.

> Não confundir entorse com luxação.

Lesões ósseas

a) *Fraturas incompletas*: são as mais típicas entre as fraturas que acontecem em crianças, algumas chamadas de "fraturas em galho-verde", pois radiologicamente parecem não comprometer a área cortical de forma completa, lembrando um galho verde quebrado. Podem mostrar o resultado de uma grande força de compressão, quando se denominam "fratura por impacção". Normalmente, atingem o antebraço, comprometendo o rádio e/ou a ulna.

b) *Fraturas completas*: nessa faixa etária, acometem mais os membros superiores, mesmo em um país do futebol, o que, de certa maneira, denota que, paradoxalmente, apesar dos longos períodos de treinamento, não se inclui um cuidado com o exercício no sentido de "saber cair". Os ossos dos antebraços, dos cotovelos, dos dedos e dos braços são os mais atingidos, vindo a seguir o tornozelo e, menos frequentemente, as pernas e as coxas. Como comprometem mais os membros superiores, é fundamental que se observem sinais de vascularização e inervação adequados, pois, nessa idade e nessa região, podem acontecer compressões vasculares ou nervosas em consequência da fratura. A mais temível de todas é a síndrome de Volkmann, que pode acontecer como sequela de fratura de cotovelo. Sendo uma urgência, requerem que o profissional tenha conhecimento dos princípios de imobilização provisória e presteza nas ações necessárias de transporte ao pronto-socorro, assim como na notificação de familiares desses menores. São lesões que vão requerer um tratamento mais prolongado, em que a reabilitação merece um cuidado todo especial para que a criança retorne à prática esportiva recuperada física e emocionalmente.

c) *Fratura epifisária*: nessa faixa etária, é bom lembrar que, em algumas ocasiões, a fratura pode comprometer a linha de crescimento, podendo levar a deformidades nos casos de evolução mais negativa, exigindo, assim, um maior cuidado desde o diagnóstico até o retorno à prática esportiva.

d) *Fratura-escorregamento epifisário*: um caso especial é o que pode acontecer na epífise proximal do fêmur, principalmente entre adolescentes acima do peso, que recebe o nome de epifisiólise, situação que deve ser acompanhada por um ortopedista.

e) *Fratura exposta*: quando o foco da fratura tiver contato perfurante com a pele, mesmo que transitoriamente, temos um dos casos mais delicados de manejo: a fratura exposta. É uma "urgência urgentíssima", na qual a ênfase nos primeiros socorros deve ser na redução das chances de infecção, e não em qualquer tentativa de redução da fratura. Assim, cubra imediatamente a lesão e não tente "colocar o osso no lugar" ou "limpar uma sujeirinha"; encaminhe a criança ou o adolescente imediatamente para um serviço de emergência ortopédica, pois a osteomielite poderá ser uma das complicações mais sérias.

No caso de fratura, não se deve tentar colocar o osso no lugar. As consequências podem ser maiores do que a lesão original.

> No caso de fratura, não se deve tentar colocar o osso no lugar. As consequências podem ser maiores do que a lesão original.

Lesões nervosas

Felizmente, não são lesões frequentes nesse grupo etário, e as que merecem atenção podem ser divididas em:

a) *Periféricas*: podem corresponder a apenas uma compressão nervosa (neuropraxia) até uma secção parcial (axonotmese) ou total (axotomia) da fibra nervosa.

b) *Centrais*: têm na concussão cerebral seu caso mais grave, em que o trauma na caixa craniana pode levar a uma perda da consciência momentânea ou prolongada e, nos casos mais sérios, até a morte, fato muito raro, mas que ressalta a importância do uso de capacetes nos esportes com maior risco, como o ciclismo, o esqueitismo, o automobilismo e mesmo a aparentemente inocente patinação.

ALTERAÇÕES POSTURAIS

As alterações posturais podem ser classificadas em:

a) coluna vertebral: hipercifose dorsal, hiperlordose lombar, escoliose toracolombar, espondilólise/espondilolistese;
b) quadril: anteversão, retroversão;
c) joelhos: geno valgo, geno varo, joelho recurvado;
d) pés: plano, cavo, hálux valgo;
e) assimetrias.

Coluna vertebral

A coluna vertebral é sede das queixas dolorosas mais frequentes em ambulatórios médicos. No entanto, grande parte desses problemas começa na infância ou na adolescência, quando o professor de educação física tem contato muito mais constante com os alunos, devendo assim estar atento a um diagnóstico precoce; até porque muitas das alterações têm caráter progressivo, ou seja, pioram com o crescimento da criança. Assim, uma pequena alteração aos 7 anos pode ser bem grave aos 10 ou 11 anos de idade.

Hipercifose dorsal

A acentuação da cifose fisiológica dorsal dá um aspecto à criança ou ao adolescente que os pais e professores referem como "corcunda". A hipercifose dorsal, ou dorso curvo, como também é conhecida entre os profissionais da saúde, é rara nos primeiros anos da infância e aumenta sua prevalência a partir da pré-puberdade, alcançando picos na adolescência. O dano à estética nessa época é muito maior do que as queixas dolorosas, que, quando presentes, geralmente representam um caso com maior gravidade. Embora presente nos dois sexos, no feminino costuma ser atribuída a uma má adaptação ao novo esquema corporal, em virtude do rápido desenvolvimento mamário, que resultaria em uma posição de defesa; à postura na leitura em carteiras escolares não apropriadas; à postura dos pais, ou mesmo a atitudes de ídolos desses *teenagers*. No caso dos meninos, o crescimento rápido e de maior dimensão em altura poderia gerar uma maior dificuldade de adaptação ao novo esquema corporal, como também, no imaginário, uma negação dessa nova e difícil fase da vida, buscando uma postura de menor estatura, mais próxima à fase infantil.

Evidentemente, existe um componente genético que pode ser mais ou menos intenso, mas, dos desvios posturais aqui mencionados, o "dorso curvo" é talvez o mais reversível, desde que diagnosticado precocemente e submetido a uma adequada terapia. O tratamento deve envolver o fortalecimento dos músculos paravertebrais dorsais e o alongamento dos peitorais e isquiotibiais, que pode ser obtido por exercícios tradicionais na piscina, mediante o estilo de nado de costas ou a hidroterapia. Nos casos em que socialmente seja possível, podem-se usar técnicas de RPG (reeducação postural global), GDS (*global dynamic stretching*), *iso-stretching* ou Pilates, entre outras. Nas situações mais graves, podem ser necessários coletes, imobilizações gessadas e até mesmo cirurgia corretiva.

Hiperlordose lombar

A acentuação da lordose lombar fisiológica, por conferir à portadora uma exacerbação da região glútea, pode ser interpretada, principalmente em nosso meio, como uma grande "qualidade" da graciosa menina que, no entanto, poderá ter sérias consequências. Em algumas modalidades, como na ginástica olímpica ou artística, chega a ser pré-requisito para facilitar maior pontuação. Existe evidentemente um forte fator genético por trás dessa deformidade, mas o atual estado de valores em nossa cultura tem valorizado inadequadamente os glúteos mais pronunciados, principalmente em meninas, muitas vezes obtidos por acentuação da lordose lombar. Essa posição não trará, em um primeiro momento, maiores problemas, mas pode representar a porta de entrada de um maior risco de espondilólise ou espondilolistese ainda nessa faixa etária e, a longo prazo, de hérnia de disco, artritismo e finalmente artrose da região. Por isso merece ser tratada o mais precocemente, indicando-se o alongamento de paravertebrais lombares e iliopsoas, assim como dos isquiotibiais. Hidroterapia, RPG, GDS, Pilates e *iso-stretching* poderão enriquecer a abordagem, mas dependem das condições especiais da família e da região de moradia.

Escoliose toracolombar

O desvio laterolateral da coluna vertebral é chamado de escoliose, denominação dada por lembrar a forma da letra S. Quando esse desvio é acompanhado de um desvio rotacional, temos o quadro denominado escoliose verdadeira. A primeira pode ser consequência de um simples encurtamento de um dos membros inferiores, problema bem mais frequente do que se imaginava, e que é abordado em outra parte deste capítulo. A segunda tem etiologia idiopática, com forte tendência hereditária, comprometendo pouco mais meninas que meninos. Pode surgir desde os primeiros anos de vida, sendo, nesse caso, bem mais grave. Na maioria das vezes, o quadro se torna mais visível a partir da fase escolar e, principalmente, na peripuberdade, quando o crescimento rápido pode imprimir o temível caráter progressivo da enfermidade. Em pouco tempo, às vezes meses, uma escoliose leve pode tornar-se moderada e, em seguida, passar a intensa, necessitando, portanto, de especial atenção dos profissionais da área. Esses profissionais provavelmente são os mais indicados para fazer o primeiro diagnóstico ou pelo menos levantar a suspeita, uma vez que nesse período as crianças nem sempre estão despidas em frente aos pais e nem sempre estes prestam atenção a essas alterações. O bom exame inicial poderá evitar o dissabor de, pelo caráter evolutivo da enfermidade, atribuir-se ao programa de exercícios a causa da deformidade. A simples observação da coluna, anterior e posteriormente, pode fornecer os elementos para o diagnóstico, sendo que o uso de um quadro quadriculado (estadiômetro) pode facilitar essa tarefa, além do chamado triângulo do talhe, formado pela borda interna dos braços e antebraços e pela borda lateral do tronco. Completa-se a avaliação com a realização do chamado teste de um minuto, com o jovem atleta em flexão do tronco de aproximadamente 70 a 90°, ficando o avaliador postado anterior ou posteriormente, tentando determinar assimetrias principalmente de músculos paravertebrais, da caixa torácica, assim como angulações da coluna. Tanto nos casos diagnosticados como nos suspeitos, deve-se encaminhar a criança ou o adolescente para o ortopedista, que é o profissional que poderá não só monitorar o tratamento, mas também indicar a possibilidade de prática esportiva concomitante. Nos casos leves e estáveis, a participação será permitida e, em algumas modalidades, como a natação, até estimulada. Nos casos moderados, a supervisão médica será fundamental, enquanto nos casos graves ou instáveis, de evolução progressiva, o mais prudente é a observação, mantendo-se o jovem atleta afastado do esporte mais intenso por alguns meses. Ressalte-se que isso não significa que ele não poderá tomar parte em atividades moderadas, com menor sobrecarga na região da coluna, estando ainda mais indicado nesses casos o trabalho em meio líquido, particularmente a hidroterapia. Via de regra, a ginástica corretiva, em que as técnicas de RPG, GDS, Pilates e *iso-stretching* têm tido bons resultados, deve ser indicada a partir do momento em que a criança pode colaborar mais com o terapeuta, o que, na prática clínica, observa-se a partir dos 10 anos de idade. Caminhar, dançar ou pedalar de forma recreativa podem ser opções preciosas não para a correção da deformidade, mas para a manutenção da aptidão física e da saúde como um todo. Em outras palavras, o portador de escoliose grave não pode ser considerado, como no passado, um condenado à inatividade física. Nos casos mais graves, coletes podem ser tentados. Além disso, podem ser necessárias cirurgias, que, pela complexidade, riscos e custos, reforçam ainda mais a necessidade de medidas preventivas. A escoliose tem que ser monitorada, pois a leve de hoje pode ser a grave de amanhã.

> A escoliose tem que ser monitorada, pois a leve de hoje pode ser a grave de amanhã.

Espondilólise/Espondilolistese

É sem dúvida o menos frequente dos problemas de coluna mencionados neste capítulo. No entanto, merece uma atenção especial pelo caráter progressivo e pelo risco de graves complicações, principalmente neurológicas. Corresponde a uma falha na consolidação ("soldadura") do arco posterior das vértebras (espondilólise), que pode vir ou não acompanhada de deslizamento (espondilolistese), e pode ser leve (grau I), moderada (II), grave (III) ou gravíssima (IV). Embora possa ocorrer em toda a coluna, compromete mais frequentemente a transição entre as vértebras L5-S1 e L4-L5. A manifestação clínica de dor não é tão comum, podendo se iniciar principalmente no final da puberdade e início da adolescência. O diagnóstico não é tão difícil, obtido em geral por radiografia simples, mas a etiologia envolve grande controvérsia, tendo de um lado aqueles que apontam sua origem congênita e de outro os que sustentam ser uma fratura de estresse, decorrente de microtraumas de repetição. Essa última hipótese se sustenta também pelas modalidades esportivas em que o problema é mais prevalente: ginástica olímpica, balé, hipismo e esportes coletivos que envolvem mais saltos, como o voleibol. Por isso, recomenda-se a suspensão total desses esportes até que os controles radiológicos demonstrem estabilidade por pelo menos seis meses a dois anos. Trabalho de alongamento de paravertebrais lombares, hidroterapia, GDS, *iso-stretching*, Pilates e RPG estão indicados mesmo em idade infantil, sendo que, nos casos mais graves, coletes e mesmo cirurgia poderão ser necessários, mostrando assim a importância da ação preventiva do profissional de ciências do esporte.

Quadril

Muitas das alterações do quadril são percebidas logo no berçário, como a displasia ou a luxação congênita. Outras irão manifestar-se somente mais tarde, muitas vezes com repercussões para os pés, chamando, assim, a atenção dos familiares ou professores.

Anteversão do quadril

Também conhecida como "pés em periquito", corresponde a um aumento da rotação interna do quadril associado a uma diminuição da rotação externa, o que confere aos pés uma posição peculiar em que a parte anterior volta-se internamente, principalmente ao caminhar e, de forma mais acentuada, ao correr. Por essa situação de maior expressão durante atividade física, é o profissional de ciências do esporte que muitas vezes detecta essa anomalia e/ou deveria estar atento a ela, principalmente entre crianças, nas quais o fenômeno é mais frequente. É fundamental a recomendação de não dormir em decúbito ventral e a utilização de palmilhas para acomodação biomecânica mais anatômica e correção parcial ou total, que pode ser obtida se as medidas forem tomadas precocemente. Exercícios de rotação externa, como os típicos do balé (para meninas) e do artista Chaplin (para meninos), têm sua função, sendo que a RPG tem colaborado efetivamente, podendo ser uma alternativa importante, porém ainda de alto custo.

Retroversão de quadril

O aumento da rotação externa do quadril, associado a uma diminuição da rotação interna, confere aos pés uma posição em que a parte anterior fica voltada para fora, correspondendo ao que a população costuma chamar de "dez para as duas", porque os pés ficariam na posição correspondente à dos ponteiros do relógio nesse horário. Como no caso da anteversão, também se acentua clinicamente, embora de forma um pouco menos intensa, com a marcha e principalmente a corrida. Nesse caso, não é recomendado o decúbito dorsal ao dormir, sendo que palmilhas para a acomodação biomecânica, correção parcial ou mesmo total devem ser indicadas o mais precocemente possível. Exercícios de rotação interna, como os realizados na natação no estilo *crawl*, devem ser recomendados, assim como a RPG, para aqueles que tiverem condições econômicas apropriadas.

Joelhos

Sem dúvida, essa articulação é a que mais recebe atenção em estudos ortopédicos ou traumatológicos, pela complexidade de sua estrutura e alta prevalência de micro e macrolesões que a comprometem.

Geno valgo

"Joelho em X", como a população se refere ao joelho (genu) valgo, é o afastamento das pernas em relação ao eixo principal do corpo, problema mais prevalente entre meninas, que pode ser nos casos leves e na criança considerado fisiológico, mas que nos casos mais intensos e na adolescência tem implicação direta na aptidão antropométrica e neuromotora, particularmente na adiposidade e na velocidade de corrida de 50 m, como revelado em estudos recentes no Laboratório de Aptidão Física de São Caetano do Sul (CELAFISCS). O diagnóstico pode ser determinado pelo aumento do ângulo Q, mas, na prática, o mais fácil é observar a medida da distância intermaleolar (distância em cm entre os dois maléolos mediais dos tornozelos, com a criança em posição ortostática). O uso de palmilhas tem um efeito na correção de muitos casos e, mais relevante ainda, na compensação do desalinhamento da articulação do joelho, responsável pela diminuição do espaço interarticular, que poderá levar à sintomatologia dolorosa (sinovite), acompanhada ou não de lesão

> O joelho valgo prejudica a velocidade dos adolescentes.

meniscal, ligamentar ou cartilaginosa (condromalacia). É mais comum em praticantes de basquetebol e entre nadadoras. O joelho valgo prejudica a velocidade dos adolescentes.

Geno varo

Também conhecido como "joelho de *cowboy*", é a aproximação das pernas em relação ao eixo principal do corpo, problema mais prevalente entre meninos. É, em geral, menos frequente que o geno valgo, mas com repercussões maiores sobre a saúde do joelho. Em outras palavras, nossa espécie parece que se adaptou melhor ao valgo do joelho que ao varo; ou seja, menores valores de varo precipitam consequências mais danosas à articulação do joelho que maiores índices de valgismo. A sintomatologia dolorosa pode estar refletindo a compressão das estruturas do compartimento medial dos joelhos. O diagnóstico também pode ser definido pela redução do ângulo Q ou pelo índice KVV, dado pela subtração da distância intercondilar da distância intermaleolar. No entanto, na prática, o mais simples é observar a medida da distância entre os côndilos femorais (distância intercondilar), em que qualquer resultado diferente de zero representa geno varo presente. Recentemente, apuramos, em nosso laboratório (CELAFISCS), uma relação positiva entre a presença de varo discreto e o desempenho em testes de agilidade e velocidade, o que reforçaria a crença de treinadores, em especial de futebol, de que garotos com essa alteração poderiam representar melhor potencial para esse espor-

te, fato que merecerá mais estudos. Um pouco de varo poderá ajudar na agilidade.

Joelho recurvado

Muito menos frequente que os dois problemas anteriores, o joelho recurvado se caracteriza pela hiperextensão dos joelhos, que pode ser melhor dimensionado com o esportista examinado em posição lateral. É mais comum em ginastas, bailarinas e nadadoras. Na criança, pode estar relacionado a um aumento de flexibilidade geral, muito comum nessa faixa etária. No entanto, precisa ser diferenciado de moléstias do tecido elástico, como o Ehlers-Danlos, em que ocorre um aumento patológico da flexibilidade, inclusive do joelho. Em geral, um reforço na musculatura posterior da coxa e um alongamento do quadríceps são as medidas práticas que o profissional de ciências do esporte pode indicar.

Pés

Parece que por permanecerem os pés, no mundo moderno, mais dentro de calçados, subestimamos a importância da parte do corpo que nos mantém em contato direto com este planeta.

Planos

Popularmente conhecida como "pé chato", a queda do arco interno dos pés representou o primeiro dos problemas de alinhamento merecedor da atenção de médicos e de esportistas, talvez pelo desconforto maior ou menor que os portadores referiam, principalmente quando submetidos a esforços físicos mais intensos e, em especial, mais prolongados. Embora nos casos mais graves possa merecer indica-

> Um pouco de varo poderá ajudar na agilidade.

ção cirúrgica, na maioria das vezes, o uso de palmilhas ortopédicas parece acomodar (na adolescência) ou até corrigir (principalmente na infância) adequadamente essa alteração ortopédica, a qual já foi usada como justificativa de exclusão do serviço militar. A combinação entre o uso de palmilhas e exercícios parece ser a melhor conduta na maioria dos casos leves e moderados.

Cavos

Também conhecida por "pé alto", a exacerbação do arco do pé, além de ser considerada por alguns como motivo de beleza, poderia dar certas vantagens de *performance* esportiva, particularmente nos eventos que exigissem velocidade em terra (como em corridas de curta distância) ou ainda nos movimentos do salto (como na ginástica olímpica e no basquetebol). No entanto, a queda progressiva do arco anterior que acompanha essa afecção implicará dor, principalmente, na projeção da cabeça dos metatarsianos, clinicamente conhecida como "metatarsalgia", que, na maioria das vezes, é acompanhada de calosidades nas plantas dos pés e mesmo no dorso dos artelhos. O uso de palmilhas, combinado com procedimentos fisioterapêuticos nas fases agudas do problema, é o procedimento com maior sucesso; a cirurgia raramente é indicada, mesmo nos casos mais graves.

Hálux valgo

Conhecido pela população como "joanete", corresponde a uma valgização (desvio lateroexterno) do hálux em relação ao primeiro metatarsiano, que confere ao pé um aspecto de pouca estética e, na maioria dos casos, incomoda até mais que a dor que pode instalar-se progressivamente com o passar dos anos e/ou a provocada por atividade esportiva excessiva, ou ainda pelo uso de calçados que comprimem o antepé. A utilização de carretel ou de tutores noturnos, associado a exercícios de abdução passiva e ativa do hálux, com o uso de calçados confortáveis e que não comprimam o antepé, propiciará o melhor resultado no tratamento dessa deformidade, reservando-se a cirurgia para quadros álgicos mais intensos ou de estética totalmente comprometida.

Assimetrias (encurtamentos de membro inferior)

Um dos problemas mais frequentes e, infelizmente, pouco valorizado é a assimetria de membros inferiores; ou seja, por motivos genéticos ou ambientais, o fêmur e/ou o conjunto tíbia-fíbula apresentam diferenças no seu comprimento. Essa diferença pode passar despercebida por toda a infância e mesmo pela adolescência. No entanto, como nessa última fase o crescimento dos segmentos apendiculares é mais rápido, o problema pode exacerbar-se, resultando assim em um quadro clínico mais claro. Essas assimetrias podem criar forças de cisalhamento que comprometem as estruturas próximas e mesmo as mais distantes do corpo. Muitas dessas alterações, com exceção do aspecto estético, passam despercebidas durante muito tempo, pois sua repercussão nociva para os tecidos pode levar anos ou mesmo décadas. Por isso é fundamental o diagnóstico precoce que permita o monitoramento, a compensação com órteses (palmilhas) ou mesmo a cirurgia, nos casos mais graves. Esse último procedimento é bem mais raro na prática esportiva, principalmente de alto rendimento, com exceção daqueles atletas envolvidos em programas para grupos especiais.

Assim, são os casos de assimetrias leves e moderadas que merecem a maior atenção dos profissionais de ciências do esporte. De forma prática, diferenças menores que 0,5 cm poderiam ser desprezadas, ou pelo menos consideradas dentro das diferenças naturais entre os dois hemicorpos. Diferenças de 0,5 a 2 cm poderiam ser facilmente compensadas com o uso de palmilhas e/ou saltos. As de 2 a 4 cm precisariam de um acompanhamento mais rigoroso, sendo a cirurgia em geral indicada para diferenças superiores a 4 cm.

O diagnóstico é realizado a partir do exame clínico-ortopédico, com a determinação do comprimento real e aparente dos membros inferiores e, posteriormente, confirmado com o auxílio de uma escanometria de membros inferiores.

Muitas vezes, pais e filhos ficam na dúvida se é necessário o uso de palmilhas também durante a prática esportiva. Evidentemente que a resposta é sim, principalmente naqueles esportes realizados em posição ortostática.

CONSIDERAÇÕES FINAIS

Como mencionado no início deste capítulo, esperamos que os conhecimentos aqui apresentados sejam um instrumento útil não para o afastamento, mas para a inclusão de crianças e adolescentes na prática regular de atividade física.

As evidências epidemiológicas que consideram a relação custo (risco)/benefício permitem concluir que qualquer pessoa deveria acumular pelo menos 30 minutos de atividade física diária de intensidade moderada na maioria dos dias da semana (cinco dias), se possível todos, de forma contínua ou acumulada, como preconiza o Programa Agita São Paulo, o American College of Sports Medicine, o CDC e a American Heart Association. Para crianças e adolescentes, a duração deveria ser de pelo menos 60 minutos de atividade física moderada, sendo recomendável também que se envolvam em atividades vigorosas, durante 20 minutos, duas ou três vezes por semana.

LEITURAS COMPLEMENTARES

CARVALHO, C. S.; MATSUDO, V. K. R.; MATSUDO, S. M. M. Intercorrências de saúde em atletas de alto nível de ginástica aeróbica de competição. *Rev. Bras. Ortop.*, v. 30, p. 735-740, 1995.

CELAFISCS. *Isto é agita São Paulo*. São Paulo, 2002.

GARCIA, N. et al. Relação entre a aptidão física e geno valgo em crianças e adolescentes (Ilhabela-SP). In: SIMPÓSIO INTERNACIONAL DE CIÊNCIAS DO ESPORTE, 23., 2000. Anais... [São Paulo: CELAFISCS, 2000]. p. 142.

HASKELL, W. L. et al. Physical activity and public health updated recommendation for adults from the American College of Sports Medicine and the American Heart Association. *Circulation*, v. 116, p. 1081-1093, 2007.

MATSUDO, V. K. R. Características epidemiológicas e ortopédicas do trauma esportivo. *Rev. Bras. Med. Esporte*, v. 3, p. 41-43, 1975.

_____. Espondilólise e esporte. *Rev. Bras. Cien. Mov.*, v. 4, p. 63-64, 1990.

_____. Lesões osteomusculares e a prática da aeróbica. *Rev. Bras. Cien. Mov.*, v. 4, p. 62-70, 1990.

MEJIA, C. G. et al. Incidência de alterações posturais em escolares de ambos os sexos de 10-14 anos. In: BIENAL DE CIÊNCIAS DO ESPORTE, 1989, São Paulo. Anais... São Caetano do Sul: Celafiscs, 1989. p. 33.

OLIVEIRA, A. C. et al. Relação entre geno varo e aptidão física em crianças e adolescentes. *Rev. Bras. Cien. Mov.*, v. 14, p. 149, 2006. Suplemento Especial.

OROZCO, G. P. O. et al. Incidência das alterações posturais por nível socioeconômico em escolares do sexo feminino de 10-14 anos. In: BIENAL DE CIÊNCIAS DO ESPORTE, 1990, São Paulo. Anais... São Paulo. 1990. p. 32.

STRONG, W. B. et al. Evidence based physical activity for school-age youth. *J. Pediatr.*, v. 146, p. 732-737, 2005.

> Para crianças e adolescentes, a duração deveria ser de pelo menos 60 minutos de atividade física moderada, sendo recomendável também que se envolvam em atividades vigorosas, durante 20 minutos, duas ou três vezes por semana.

ATIVIDADE FÍSICA E PESO CORPORAL NA INFÂNCIA E NA ADOLESCÊNCIA

Fabiana de Sant'Anna Evangelista

A prática regular de atividade física tem sido amplamente indicada para a promoção da saúde, a prevenção e o tratamento de diversas patologias nas diferentes faixas etárias. Nos últimos anos, os estudos envolvendo o uso da atividade física como ferramenta para o controle do peso corporal na infância e na adolescência ganharam grande destaque, especialmente em virtude do aumento da prevalência de obesidade nessa população. Segundo dados do Ministério da Saúde de 2004, estima-se que 15 milhões de crianças e adolescentes no Brasil, isto é, 25% da população infanto-juvenil, estejam com o peso corporal acima do ideal, e 1,5 milhão seja considerado obeso.

A crescente prevalência de obesidade na infância e na adolescência é observada em todo o mundo. Desde o início da década de 1990, a Organização Mundial de Saúde demonstrou grande preocupação ao estimar 18 milhões de crianças menores de cinco anos classificadas com sobrepeso (Childhood obesity: an emerging public-health problem, 2001). Ainda, conforme observado em 2005 pela Organização Mundial de Saúde, nos últimos 10 anos houve aumento entre 10 e 40% da obesidade infantil na maioria dos países europeus. Dados epidemiológicos da International Obesity Task Force (IOTF) de 2005 estimaram que 155 milhões de crianças no mundo, em idade escolar, estejam com sobrepeso ou obesidade.

Por se tratar de um período importante para o desenvolvimento de características biológicas que refletirão nos padrões de composição corporal e estado de saúde de um indivíduo adulto, identificar os fatores etiológicos e as intervenções mais adequadas para a prevenção e o tratamento da obesidade é fundamental para diminuir a prevalência e os fatores de risco associados ao excesso de peso corporal na infância e na adolescência, tais como hipertensão arterial, diabete melito e distúrbios do metabolismo de lipídeos.

A atividade física regular na infância e na adolescência resulta em benefícios para a saúde que vão além do controle de

> Por se tratar de um período importante para o desenvolvimento de características biológicas que refletirão nos padrões de composição corporal e estado de saúde de um indivíduo adulto, identificar os fatores etiológicos e as intervenções mais adequadas para a prevenção e o tratamento da obesidade é fundamental para diminuir a prevalência e os fatores de risco associados ao excesso de peso corporal na infância e na adolescência.

peso corporal. Uma relação inversa entre atividade física e gordura corporal, lipídeos totais e pressão arterial é observada em crianças e adolescentes fisicamente ativos (Strong et al., 2005; Flynn et al., 2006). Além disso, a promoção de um estilo de vida ativo tem forte influência no padrão de crescimento e desenvolvimento e na melhora da aptidão física e do desempenho. Acrescida aos benefícios para a saúde, a atividade física oferece oportunidade de lazer e socialização, além de agregar valores como autoestima, confiança e motivação para a participação futura em programas de atividade física.

> Uma relação inversa entre atividade física e gordura corporal, lipídeos totais e pressão arterial é observada em crianças e adolescentes fisicamente ativos.

No presente capítulo, serão discutidas as características do balanço energético durante o crescimento e o desenvolvimento da criança e do adolescente, os fatores determinantes para o desenvolvimento da obesidade nessa faixa etária, a repercussão da alteração de peso corporal, a associação de fatores de risco ao longo da vida e, finalmente, a aplicabilidade da atividade física para a prevenção e o tratamento da obesidade na infância e na adolescência.

BALANÇO ENERGÉTICO NA INFÂNCIA E NA ADOLESCÊNCIA

O balanço energético, determinado pela diferença entre a ingestão calórica e o gasto metabólico energético, é fundamental para a homeostase de peso corporal. Alterações no balanço energético provocadas pelo excesso ou pela falta de ingestão e/ou de gasto energético podem influenciar diretamente o peso corporal. Pode-se observar um aumento do peso corporal quando o balanço energético é positivo, ou seja, a ingestão calórica é superior ao gasto energético. Em contrapartida, a perda de peso corporal está associada ao balanço energético negativo (ingestão calórica inferior ao gasto energético).

Com o aumento da idade, a quantidade de ingestão calórica diária absoluta aumenta; porém, quando corrigida pelo peso corporal, diminui com a idade. Na adolescência, as demandas energéticas estão mais relacionadas à maturidade biológica do que à idade cronológica. Normalmente, os picos de consumo calórico são coincidentes com os picos de velocidade de crescimento (Malina; Bouchard, 2002).

> Na adolescência, as demandas energéticas estão mais relacionadas à maturidade biológica do que à idade cronológica. Normalmente, os picos de consumo calórico são coincidentes com os picos de velocidade de crescimento (Malina; Bouchard, 2002).

Os principais fatores determinantes do gasto energético são a taxa metabólica basal, o efeito térmico dos alimentos e o gasto energético resultante da atividade física. Entretanto, na infância e na adolescência, as demandas energéticas para o crescimento contribuem para elevar significativamente o gasto metabólico energético. De fato, entre o nascimento e os quatro primeiros meses de vida, 33% do consumo de energia é destinado para o crescimento; entre os 4 e os 12 meses, 7%; entre os 12 e os 24 meses, 1,5%; e entre 24 e 36 meses de idade, apenas 1%. Dessa forma, a taxa metabólica basal aumenta proporcionalmente ao aumento do peso corporal; porém, quando expressa por quilograma de peso corporal, diminui durante o crescimento, sendo maior no início da infância e menor na adolescência. Embora a massa muscular seja semelhante entre meninos e meninas, uma ligeira diferença no peso corporal associada ao gênero pode ser consequência da maior atividade física realizada por meninos nessa faixa etária (Malina; Bouchard, 2002).

> A taxa metabólica basal aumenta proporcionalmente ao aumento do peso corporal; porém, quando expressa por quilograma de peso corporal, diminui durante o crescimento, sendo maior no início da infância e menor na adolescência.

Conforme ilustrado na Figura 15.1, na infância e na adolescência, a resposta do balanço energético é consequência tanto do aumento da ingestão calórica quanto do aumento de gasto energético. No entanto, outros fatores ainda exercem influência direta sobre o gasto energético, como a atividade física e o sedentarismo.

A prática regular de atividade física contribui diretamente para o aumento do gasto energético, interferindo no balanço energético e, consequentemente, no controle do peso corporal e da adiposidade. De fato, a atividade física pode contribuir em até 15% do gasto energético diário, tornando-se uma importante ferramenta para a prevenção e o tratamento da obesidade. Em contrapartida, a adoção de um estilo de vida sedentário, caracterizado por longos períodos de lazer com televisão, computador e *video games*, está associada à redução do gasto energético diário e ao aumento do peso corporal (Epstein et al., 2008).

FATORES DETERMINANTES DO DESENVOLVIMENTO DA OBESIDADE

A obesidade, definida como o acúmulo excessivo de tecido adiposo, é um distúrbio complexo resultante do desequilíbrio do balanço energético, com elevado índice de incidência nas populações. Entre as principais causas, são incluídos o desequilíbrio nutricional e o gasto metabólico energético reduzido (causas exógenas), e as alterações neuroendócrinas de origem genética e/ou ambiental e hereditariedade (causas endógenas) (Soares; Petroski, 2003). Condição socioeconômica, fatores

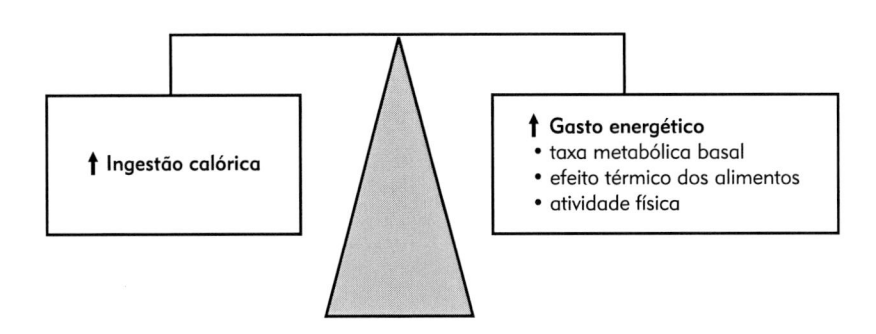

Figura 15.1 Fatores determinantes do balanço energético na infância e na adolescência.

psicológicos e etnia também devem ser considerados, segundo Fisberg (2004).

Mudanças no padrão alimentar nos primeiros meses de vida podem provocar alterações de peso corporal que refletirão ao longo de toda a vida do indivíduo. Segundo Fisberg (2004), o abandono precoce do aleitamento materno e a substituição por alimentos com alta densidade calórica, em quantidades superiores que as necessárias para o crescimento e desenvolvimento, são determinantes para o início da obesidade no primeiro ano de vida.

> Mudanças no padrão alimentar nos primeiros meses de vida podem provocar alterações de peso corporal que refletirão ao longo de toda a vida do indivíduo.

Durante a infância, o comportamento alimentar sofre maior influência a partir da idade escolar, quando maior socialização e independência promovem aceitação, seleção e acesso a diferentes tipos de alimentos. Nessa etapa, é comum a rejeição de alimentos ricos em fibra (hortaliças e frutas) e o apetite por guloseimas, que acabam interferindo na refeição principal e sendo consumidas em excesso, levando ao aumento de peso corporal (Fisberg; Pádua; Souza, 2007).

De acordo com Souza e colaboradores (2007), na adolescência, os requerimentos calóricos estão aumentados, com consequente aumento do apetite e ganho de peso. Nessa etapa, as características de comportamentos atípicos e a influência da mídia e do grupo favorecem o consumo alimentar não balanceado, com dietas hipercalóricas, excesso de alimentos do tipo *fast food* e lanches com alto valor calórico, ricos em açúcar, carboidratos refinados e gorduras saturadas, em detrimento do consumo de frutas, vegetais, peixe, leite e cereais integrais. A forma de preparo dos alimentos e o aumento do tamanho das porções também são determinantes para o desenvolvimento da obesidade.

A contribuição do estilo de vida para a epidemia de obesidade na infância e na adolescência tem sido marcante nos últimos anos. A diminuição do gasto metabólico energético, consequência do sedentarismo e da diminuição na quantidade de atividade física habitual, completa o cenário para o aumento da obesidade nessas faixas etárias. Uma pesquisa realizada no Brasil mostrou prevalência de sedentarismo em 58% dos adolescentes entre 10 e 12 anos de idade (Hallal et al., 2006). De acordo com Taylor e colaboradores (1999), crianças obesas tendem a ser menos ativas, e, com o passar do tempo, a necessidade energética para o crescimento diminui, favorecendo a redução do gasto energético diário e, consequentemente, o acúmulo de gordura corporal.

> A contribuição do estilo de vida para a epidemia de obesidade na infância e na adolescência tem sido marcante nos últimos anos. A diminuição do gasto metabólico energético, consequência do sedentarismo e da diminuição na quantidade de atividade física habitual, completa o cenário para o aumento da obesidade nessas faixas etárias.

O menor gasto energético diário também é consequente do excesso de atividades de lazer sedentárias, tais como horas despendidas em frente à televisão, ao *video game* e ao computador. Klein-Platat e colaboradores (2005) mostraram associação entre o índice de massa corporal (IMC) e circunferência abdominal e o tempo de atividades de lazer classificadas como sedentárias por promover baixo gasto energético. O efeito negativo para a saúde ainda é maior quando a redução do gasto energético vem acompanhada de hábitos alimentares inadequados, normalmente divulgados pela televisão e associados às atividades de lazer sedentárias. Um resumo das principais causas exógenas para o desenvolvimento excessivo de peso corporal na infância e adolescência pode ser observado na Figura 15.2.

> O efeito negativo para a saúde ainda é maior quando a redução do gasto energético vem acompanhada de hábitos alimentares inadequados, normalmente divulgados pela televisão e associados às atividades de lazer sedentárias.

Embora os fatores exógenos tenham sido consistentemente estudados na literatura, nos últimos anos tem-se observado o crescente número de investigações sobre a contribuição genética para o desenvolvimento da obesidade. Kliegman e Gross (1985) mostraram a importância do histórico familiar para a determinação da suscetibilidade ao desenvolvimento de obesidade dos filhos. Quando os pais são obesos, o filho possui 80% de chances de desenvolver obesidade. Quando apenas um dos pais apresenta obesidade, as chances caem para 40%, mas, se nenhum dos dois for obeso, as chances de o filho ser obeso se reduzem para 7%.

Perusse e Bouchard (2000), estudando gêmeos monozigóticos, demonstraram que a tendência ao aumento de gordura

Fatores exógenos

Hábitos alimentares
- Abandono precoce do aleitamento materno
- Alimentos com alta densidade calórica em grandes quantidades
- Excesso de guloseimas
- Excesso de alimentos tipo *fast food*
- Lanches com alto valor calórico, ricos em carboidratos refinados e gorduras saturadas
- Detrimento do consumo de frutas, vegetais, peixes, leite e cereais integrais
- Forma de preparo dos alimentos
- Tamanho das porções

Estilo de vida
- Sedentarismo
- Diminuição na quantidade de atividade física habitual
- Excesso de atividades de lazer sedentárias, tais como televisão, *video game* e computador

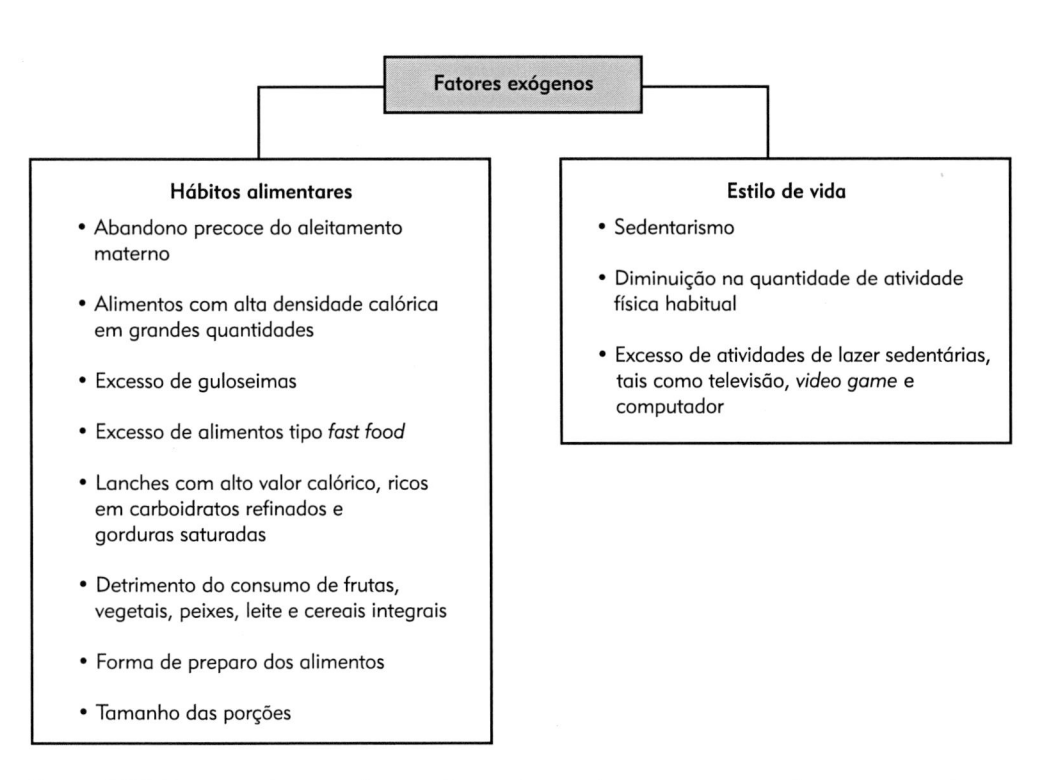

Figura 15.2 Fatores exógenos relacionados ao desenvolvimento excessivo de peso corporal na infância e adolescência.

na região abdominal visceral pode ser geneticamente determinada. Esses dados ganharam maior importância com o avanço de técnicas de biologia molecular e a descoberta do genoma humano. Diversos genes e regiões cromossômicas associados ao fenótipo de peso corporal foram identificados e compõem o mapa genético da obesidade humana (Rankinen et al., 2006).

Embora, isoladamente, a genética seja incapaz de explicar o aumento da prevalência mundial de obesidade, o perfil genético do indivíduo pode torná-lo mais suscetível ao desenvolvimento de obesidade quando exposto aos fatores ambientais, como padrão alimentar e estilo de vida, o que explicaria por que alguns indivíduos desenvolvem obesidade e outros não. Segundo Price (2002), os fatores genéticos podem influenciar entre 24 e 40% da variância no IMC, por determinarem diferenças na taxa metabólica basal em resposta à dieta hipercalórica. Nesse sentido, hábitos alimentares e estilo de vida sedentário poderiam atuar sobre o perfil de expressão de genes candidatos para o desenvolvimento de obesidade, contribuindo para o aumento dessa epidemia. Assim, a obesidade na infância e na adolescência seria, então, produto da integração de fatores determinados pela expressão de múltiplos genes e o meio ambiente favorável.

> Embora, isoladamente, a genética seja incapaz de explicar o aumento da prevalência mundial de obesidade, o perfil genético do indivíduo pode torná-lo mais suscetível ao desenvolvimento de obesidade quando exposto aos fatores ambientais, como padrão alimentar e estilo de vida.

REPERCUSSÃO DA OBESIDADE AO LONGO DO CICLO VITAL

O desenvolvimento do tecido adiposo depende do aumento do número e do tamanho das células adiposas, denominado hiperplasia e hipertrofia, respectivamente. Apesar de os estágios de adipogênese em humanos não serem plenamente definidos, momentos críticos para hiperplasia de adipócitos, como o último trimestre de gestação, primeiro ano de vida e puberdade, podem ser determinantes para o estabelecimento da obesidade nessas faixas etárias. Posteriormente, a permanência da obesidade durante a vida adulta acaba sendo resultante principalmente da hipertrofia das células adiposas existentes (Garcia; Chaves; Azevedo, 2002).

Apesar de a obesidade em adultos ter sido associada exclusivamente à hipertrofia de adipócitos por um longo período na literatura, dados mais recentes mostram que o aumento do número de células adiposas pode acontecer também na fase adulta. Essa resposta seria possível devido ao esgotamento da incorporação de lipídeos nas células adiposas existentes, associado ao estímulo para a diferenciação de células precursoras de adipócitos para adipócitos maduros (Garcia; Chaves; Azevedo, 2002).

Por serem períodos críticos para o aumento permanente do peso corporal e o estabelecimento da obesidade, um desequilíbrio do balanço energético na infância e na adolescência, provocado pela ingestão calórica excessiva e pela inatividade física, pode aumentar o risco de sobrepeso ou obesidade na vida adulta.

Nos últimos anos, o entendimento funcional do tecido adiposo como um órgão endócrino, e não apenas como reservatório de lipídeos, revelou que, por meio da atividade secretora e de interações com reguladores neuroendócrinos, o adipócito exerce um papel ativo em processos fisiológicos e patológicos referentes ao metabolismo energético, e a ingestão alimentar, consequentemente, no controle de peso corporal (Kershaw; Flier, 2004). Sob esse ponto de vista, a associação do tecido adiposo com processos patológicos presentes na síndrome metabólica, como a obesidade, o diabete, a hipertensão arterial, e nas cardiomiopatias está cada vez mais evidente.

> A associação do tecido adiposo com processos patológicos presentes na síndrome metabólica, como a obesidade, o diabete, a hipertensão arterial, e nas cardiomiopatias está cada vez mais evidente.

Entre as inúmeras adipocinas (proteínas secretadas pelo tecido adiposo), destacam-se a leptina e a adiponectina, especialmente por refletirem o estado nutricional do organismo e regularem o balanço energético (Kershaw; Flier, 2004). A leptina promove diminuição da ingestão alimentar e aumento do gasto energético. No obeso, os níveis de leptina estão aumentados; porém observa-se redução da sensibilidade dos receptores e resistência à ação da leptina, contribuindo para o aumento da adiposidade. Já a adiponectina está associada à melhora da sensibilidade à insulina, além de atuar na proteção cardiovascular por meio da inibição da sinalização inflamatória no endotélio. Uma correlação negativa entre o grau de obesidade e os níveis circulantes de adiponectina foi demonstrada, apontando-se aumento na sua concentração, com a redução de peso corporal e baixos níveis de resistência à insulina e hiperinsulinemia (Fonseca-Alaniz et al., 2006).

Outras adipocinas secretadas pelo tecido adiposo ainda podem exercer controle sobre a pressão arterial (angiotensinogênio) e os processos inflamatórios (TNF-α e interleucina 6), confirmando a direta associação entre tecido adiposo e outras patologias cardiovasculares e metabólicas (Fonseca-Alaniz et al., 2006).

O excesso de tecido adiposo está associado ao aumento precoce de riscos de doenças cardiovasculares, respiratórias e ortopédicas. Styne (2001) mostrou a existência de pelo menos um fator de risco para as doenças cardiovasculares (hipertensão, dislipidemia ou hiperinsulinemia) em 60% de crianças e adolescentes com excesso de peso corporal, e 20% destes apresentam dois ou mais fatores de risco.

> Styne (2001) mostrou a existência de pelo menos um fator de risco para as doenças cardiovasculares (hipertensão, dislipidemia ou hiperinsulinemia) em 60% das crianças e adolescentes com excesso de peso corporal, e 20% destes apresentam dois ou mais fatores de risco.

Há uma associação positiva entre peso corporal e dislipidemia em crianças e adolescentes. Carvalho e colaboradores (2007) encontraram redução do colesterol HDL e aumento do colesterol LDL e dos triglicerídeos em adolescentes com sobrepeso. Esses dados ficam mais preocupantes ao lembrar que os níveis de triglicerídeos estão associados à doença cardiovascular aterosclerótica e a outros distúrbios metabólicos. Considerando que as estrias gordurosas precursoras das placas ateroscleróticas começam a ser formadas ainda na infância e aumentam significativamente a partir dos 15 anos, a presença de obesidade e outros fatores de risco pode contribuir para potencializar esse processo.

Uma relação direta entre obesidade e resistência à insulina e ao diabete do tipo II também está bem estabelecida na literatura. Indivíduos obesos apresentam elevada secreção de TNF-α pelo tecido adiposo. Além de participar do processo aterogênico, o TNF-α interfere na sinalização de insulina via fosforilação do receptor de insulina (IRS-1), diminuindo a captação de glicose mediada pela insulina e, consequentemente, aumentando a resistência à insulina.

O impacto da obesidade na qualidade de vida da criança e do adolescente ainda se faz pelo maior risco de comprometimento físico em decorrência de alterações musculoesqueléticas, intolerância ao calor, cansaço e falta de ar. De acordo com o Projeto Diretrizes para o Diagnóstico e Tratamento da Obesidade na Criança e no Adolescente da Sociedade Brasileira de Endocrinologia e Metabolismo (2005), podem ser observadas morbidades ortopédicas, morbidades gastrintestinais (p. ex., esteatose hepática, refluxo gastrofágico, colelitíase), morbidades do sistema reprodutor do tipo ovário policístico e pseudoginecomastia.

> O impacto da obesidade na qualidade de vida da criança e do adolescente ainda se faz pelo maior risco de comprometimento físico em decorrência das alterações musculoesqueléticas, intolerância ao calor, cansaço e falta de ar.

Em síntese, a obesidade na infância e na adolescência está relacionada com o aparecimento precoce de fatores de risco para o desenvolvimento e o agravamento de diversas disfunções cardiovasculares e metabólicas, e também com a maior prevalência de obesidade e fatores de risco associados na fase adulta. Somados aos

> A obesidade na infância e na adolescência está relacionada com o aparecimento precoce de fatores de risco para o desenvolvimento e o agravamento de diversas disfunções cardiovasculares e metabólicas, e também com a maior prevalência de obesidade e fatores de risco associados na fase adulta.

efeitos biológicos, Fisberg (2004) cita ainda que os problemas psicossociais, como discriminação pelo grupo e afastamento das atividades sociais, devem ser amplamente considerados.

PAPEL DA ATIVIDADE FÍSICA NA PREVENÇÃO E NO TRATAMENTO DA OBESIDADE

Considerando o papel da obesidade para o desenvolvimento de fatores de risco para a saúde e o fato de que, quando iniciada nas primeiras fases da vida, ela tende a permanecer ou se agravar com o aumento da idade, desenvolver estratégias e ações para a prevenção primária e o tratamento precoce da obesidade é fundamental para a redução da prevalência e dos fatores de risco associados na infância e na adolescência.

Estratégias para a prevenção devem englobar a promoção de um estilo de vida saudável, especialmente no ambiente familiar e escolar. De acordo com a American Academy of Pediatrics (2000), essas ações envolvem a identificação de pacientes de risco, o encorajamento das famílias para

> Estratégias para a prevenção devem englobar a promoção de um estilo de vida saudável, especialmente no ambiente familiar e escolar.

hábitos alimentares saudáveis, a promoção de atividade física regular, a redução de atividades de lazer consideradas sedentárias e o auxílio a educadores e pessoas para a discussão sobre hábitos saudáveis com crianças e adolescentes.

Para o tratamento da obesidade, as recomendações sugeridas pelo Projeto Diretrizes para o Diagnóstico e Tratamento da Obesidade na Criança e no Adolescente, da Sociedade Brasileira de Endocrinologia e Metabolismo (2005), estão voltadas para o controle clínico do excesso de peso corporal por meio do monitoramento do ganho ponderal e das comorbidades associadas. O tratamento convencional, que engloba redução da ingestão calórica, aumento do gasto energético, modificação dos hábitos diários e participação familiar nesse processo, deve ser iniciado logo após o diagnóstico da obesidade e mantido por um longo período.

> O tratamento convencional, que engloba redução da ingestão calórica, aumento do gasto energético, modificação dos hábitos diários e participação familiar nesse processo, deve ser iniciado logo após o diagnóstico da obesidade e mantido por um longo período.

A adequação da dieta deve suprir as necessidades nutricionais para a idade. Ajustar a proporção de macronutrientes conforme as recomendações das diretrizes para alimentação saudável é fundamental para atender as demandas energéticas e evitar prejuízos para o crescimento e desenvolvimento da criança e do adolescente, em virtude da insuficiência de nutrientes ocasionada por dietas muito restritivas.

Medidas para o aumento do gasto energético diário, como a redução dos hábitos sedentários e o aumento da atividade física regular, são primordiais para o controle e/ou a perda de peso corporal. A substituição das atividades de lazer sedentárias amplamente realizadas por crianças e adolescentes (televisão, *video game* e computador) por atividades físicas pode contribuir para o aumento do gasto energético diário, evitando o balanço energético positivo e, consequentemente, o acúmulo de gordura corporal. De fato, conforme ilustrado na Figura 15.3, a redução do tempo em frente à televisão e ao computador durante dois anos foi suficiente para diminuir o IMC de crianças entre 4 e 7 anos, com IMC igual ou acima do percentil 75 para idade e sexo, quando comparadas ao grupo de crianças sem restrição de tempo (Epstein et al., 2008).

> Medidas para aumento do gasto energético diário, como a redução dos hábitos sedentários e aumento da atividade física regular, são primordiais para o controle e/ou perda de peso corporal. A substituição das atividades de lazer sedentárias amplamente realizadas por crianças e adolescentes (televisão, *video game* e computador) por atividades físicas pode contribuir para o aumento do gasto energético diário, evitando o balanço energético positivo e, consequentemente, o acúmulo de gordura corporal.

As crianças e os adolescentes devem ser estimulados a praticar, de forma prazerosa, atividade física não estruturada, jogos, exercícios físicos programados ou atividades esportivas, por no mínimo 30 minutos diariamente, de acordo com o Colégio Americano de Medicina Esportiva. As necessidades individuais devem ser respeitadas, como gênero, idade, grau de maturação sexual, presença de limitações físicas ou mentais, nível econômico, fato-

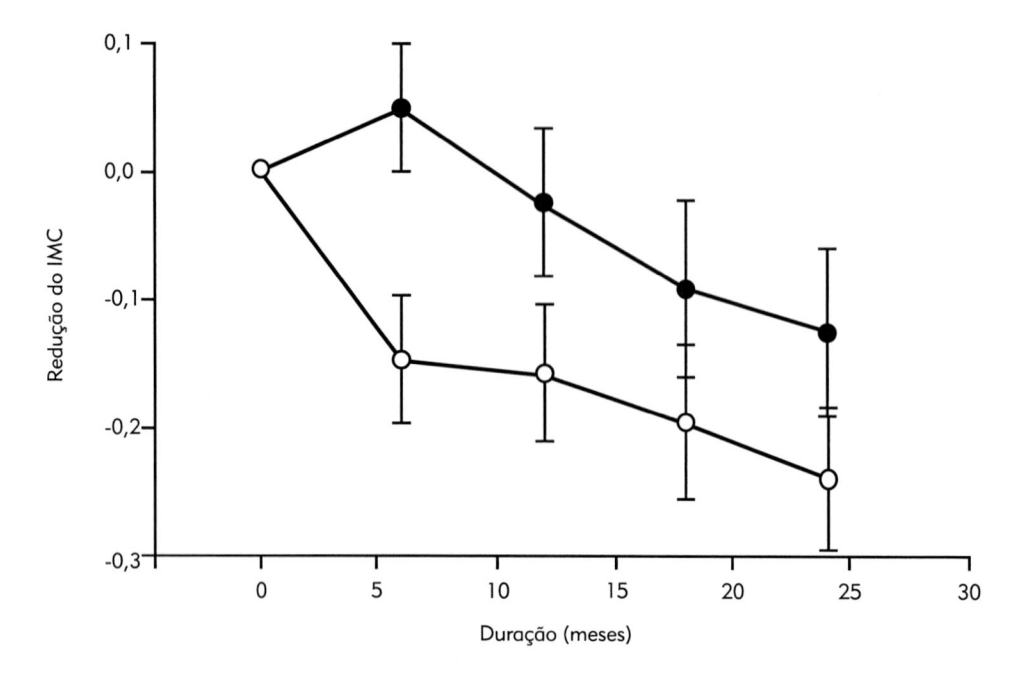

Figura 15.3 Redução do Índice de Massa Corpórea (IMC) em crianças submetidas à restrição do tempo de televisão (o) comparadas a um grupo de crianças com tempo irrestrito de televisão (●).
Fonte: Adaptada de Epstein e cols. (2008).

> As crianças e os adolescentes devem ser estimulados a praticar, de forma prazerosa, atividade física não estruturada, jogos, exercícios físicos programados ou atividades esportivas, por no mínimo 30 minutos diariamente.

res familiares e do ambiente da criança e do adolescente. Alguns cuidados devem estar voltados para a garantia de acesso aos locais próprios para a prática de atividades físicas e avaliação física completa para a identificação de restrições para a prática, como risco cardiovascular e necessidades especiais.

CONSIDERAÇÕES FINAIS

Tendo em vista a crescente prevalência de obesidade e fatores de risco associados na infância e na adolescência, monitorar o peso corporal desde os primeiros dias de vida pode gerar benefícios para todo o ciclo vital. A prática de atividade física por crianças e adolescentes contribui não apenas para o controle de peso corporal, mas também para uma série de fatores determinantes da saúde individual e coletiva. A promoção de um estilo de vida ativo tem forte influência positiva no padrão de crescimento e desenvolvimento; favorece a manutenção de articulações, músculos e ossos saudáveis; previne ou retarda o aparecimento de fatores de risco cardiovasculares, como hipertensão arterial, diabete e dislipidemia; promove adaptações metabólicas e cardiovasculares condizentes ao melhor estado de saúde; melhora o relacionamento no grupo; minimiza a depressão; e aumenta a autoestima. Dessa forma, o desfecho para esse conjunto de adaptações é um indivíduo com melhor qualidade de vida e bem-estar.

Finalmente, os profissionais da área de educação física, atividade física e esporte desempenham um papel fundamental no processo de combate à obesidade e na promoção da saúde na infância e na adolescência. Suas ações devem estar direcionadas para o aluno, para os familiares e para as instituições, e integradas com uma equipe multidisciplinar, como médicos, nutricionistas e terapeutas. Cabe a esses profissionais orientar a prática de atividade física, divulgar o papel da atividade física para a promoção de saúde, encorajar a mudança de comportamento, incentivar a aquisição de hábitos saudáveis, planejar campanhas educativas e escolher locais adequados para a prática esportiva com segurança e equipamentos necessários.

REFERÊNCIAS

AMERICAN ACADEMY OF PEDIATRICS (APA). Physical fitness and activity in schools. *Pediatrics*, v. 105, p. 156-1157, 2000.

CARVALHO, D. F. et al. Perfil lipídico e estado nutricional de adolescentes. *Rev. Bras. Epidemiol.*, v. 10, p. 491-498, 2007.

CHILDHOOD obesity: an emerging public-health problem. *Lancet*, v. 357, p. 1989, 2001.

EPSTEIN, L. H. et al. A randomized trial of the effects of reducing television viewing and computer use on body mass index in young children. *Arch. Pediatr. Adolesc. Med.*, v. 162, p. 239-245, 2008.

FISBERG, M. Primeiras palavras: uma introdução ao problema do peso excessivo. In: FISBERG, M. *Atualização em obesidade na infância e adolescência*. São Paulo: Atheneu, 2004. p. 1-10.

FISBERG, M.; PÁDUA, I.; SOUZA, P. M. Obesidade na infância e adolescência. In: DE ANGELIS, R. C.;

TIRAPEGUI, J. *Fisiologia da nutrição humana:* aspectos básicos, aplicados e funcionais. São Paulo: Atheneu, 2007. p. 431-435.

FLYNN, M. A. T. et al. Reducing obesity and related chronic disease risk in children and youth: a synthesis of evidence with 'best practice' recommendations. *Obes. Rev.*, v. 7, p. 7-66, 2006. Suppl. 1.

FONSECA-ALANIZ, M. H. et al. O tecido adiposo como centro regulador do metabolismo. *Arquivos Brasileiros de Endocrinologia e Metabolismo*, v. 50, p. 216-229, 2006.

GARCIA, M. P.; CHAVES, S. B.; AZEVEDO, R. B. O tecido adiposo. In: CURI, R. et al. *Entendendo a gordura: os ácidos graxos*. 1. ed. São Paulo: Manole, 2002. p. 161-172.

HALLAL, P. C. et al. Adolescent physical activity and health: a systematic review. *Sports Med.*, v. 36, p. 1019-1030, 2006.

KERSHAW, E. E.; FLIER, J. S. Adipose tissue as an endocrine organ. *J. Clin. Endocrinol. Metab.*, v. 89, p. 2548-2556, 2004.

KLEIN-PLATAT, C. et al. Physical activity is inversely related to waist circumference in 12-y-old French adolescents. *Int. J. Obes.*, v. 29, p. 9-14, 2005.

KLIEGMAN, R. M.; GROSS, T. Perinatal problems of the obese mother and her infant. *Obstet. Ginecol.*, v. 66, p. 299-306, 1985.

MALINA, R. M.; BOUCHARD, C. Necessidades energéticas e nutricionais. In: MALINA, R. M.; BOUCHARD, C. *Atividade física do atleta jovem: do crescimento à maturação*. 1. ed. São Paulo: Roca, 2002. p. 335-350.

PERUSSE, L.; BOUCHARD, C. Gene-diet interactions in obesity. *Am. J. Clin. Nutr.*, v. 72, p. 1285S-1290S, 2000.

PRICE, R. Genetics and common obesities: background, current status, strategies and future prospects. In: WADDEN, T.; STUNKARD, A. J. *Handbook for obesity tratament*. New York: Guilford, 2002. p. 73-94.

RANKINEN, T. et al. The human obesity gene map: the 2005 update. *Obesity*, v. 14, p. 529-644, 2006.

SOARES, L. D.; PETROSKI, E. L. Prevalence, etiological factors and the treatment of infant exogenous obesity. *Revista Brasileira de Cineantropometria e Desempenho Humano*, v. 5, p. 63-74, 2003.

SOCIEDADE BRASILEIRA DE ENDOCRINOLOGIA E METABOLISMO. Projeto diretrizes para o diagnóstico e tratamento da obesidade na criança e no adolescente. 2005. Disponível em: <www.projetodiretrizes.org.br/4_volume/21-Obesiddia.pdf>.

SOUZA, D. P. et al. Etiologia da obesidade em crianças e adolescentes. *Revista Brasileira de Nutrição Clínica*, v. 23, p. 72-76, 2007.

STRONG, W. et al. Evidence based physical activity for school-age youth. *J. Pediatr.*, v. 146, p. 732-737, 2005.

STYNE, D. M. Childhood and adolescent obesity: prevalence and significance. *Pediatr. Clin. North Am.*, v. 48, p. 823-853, 2001.

TAYLOR, W. C. et al. Childhood and adolescent physical activity patters and adult physical activity. *Med. Sci. Sports Exerc.*, v. 31, p. 118-123, 1999.

ATIVIDADES FÍSICAS E ESPORTIVAS PARA CRIANÇAS E ADOLESCENTES COM DEFICIÊNCIA

16

Márcia Greguol Gorgatti

Anderson, 12 anos, adora jogar futebol. Com apenas 1 ano de idade, já ganhou a primeira bola do pai, que sempre levava o garoto a quadras públicas para praticar o esporte. Nas aulas de educação física, na escola, sempre que possível, Anderson aproveita para jogar com os colegas de classe. Ao chegar em casa, é só almoçar para já colocar a bola embaixo do braço, passar pela vizinhança chamando os outros amigos e marcar encontro no campinho próximo à sua casa, onde "bate uma bola" por pelo menos outras três horas. Já seu irmão Henrique, apenas um ano mais novo, nasceu com uma lesão da medula e nunca pôde andar. Para sua locomoção, utiliza cadeira de rodas. Nunca jogou bola. Embora estude na mesma escola do irmão, na maior parte das vezes, apenas "assiste" às aulas de educação física, pois o professor tem medo que ele se machuque. Mesmo gostando de esportes, Henrique nunca brincou com os meninos da rua, pois nem ele nem os outros meninos sabiam que poderiam brincar juntos.

Histórias como esta infelizmente são mais comuns do que se pode imaginar e trazem à tona uma alarmante dúvida: embora seja de conhecimento geral que a prática de atividades físicas e esportivas é de fundamental importância para a promoção da saúde de crianças e adolescentes, por que aqueles que têm algum tipo de deficiência são em geral impedidos de tal prática ou desestimulados a realizá-la? Justamente eles que não têm no dia a dia quaisquer oportunidades de brincar livremente com seus amigos e de experimentar uma ampla gama de movimentos? A resposta para tal questão é complexa e passa por uma triste realidade de falta de preparo dos profissionais de educação física e esporte para lidar com jovens com deficiência, de escassez de espaços acessíveis e de carência de informações por parte dos pais e dos próprios jovens sobre suas reais potencialidades.

Independentemente das razões, o fato é que, historicamente, crianças e adolescentes com deficiência têm limitadas oportunidades de participação em programas de atividades físicas e esportivas, o que certamente traz consequências danosas para seu desenvolvimento físico, cognitivo e afetivo-social. Além disso, a tendência é que se tornem adultos com maior predisposição ao sedentarismo e, consequentemente, ao desenvolvimento de condições crônico-degenerativas, tais como obesidade, diabete, hipertensão, cardiopatia e distúrbios ósseos e articulares (Blinde; McCallister, 1998; Gorgatti, 2003; Winnick; Short, 2001).

Embora a legislação brasileira garanta, há mais de 10 anos, o acesso de jovens com deficiência ao ensino regular, percebe-se que muitos ainda são dispensados das aulas de educação física, ou então participam, porém sem atuação efetiva. Atribuir a culpa desse fato apenas ao professor é uma visão simplista e que não traduz a realidade. Na verdade, mais do que superar barreiras arquitetônicas, é preciso que, por meio da informação, sejam superadas visões ultrapassadas de currículo e de modelos de aula, para que assim seja possível incutir também nas crianças e nos adolescentes com deficiência o hábito e o prazer de se exercitar, seja com o objetivo de promoção da saúde, rendimento ou lazer.

> Embora a legislação brasileira garanta, há mais de 10 anos, o acesso de jovens com deficiência ao ensino regular, percebe-se que muitos ainda são dispensados das aulas de educação física ou, então, participam, porém sem atuação efetiva.

Com o intuito de oferecer informações sobre o tema, o objetivo deste capítulo é abordar o conceito de "deficiência", bem como destacar, dentro de cada categoria, as possibilidades e potencialidades diferenciadas das crianças e dos adolescentes com essa condição.

CRIANÇAS E ADOLESCENTES COM DEFICIÊNCIA – DO EXTERMÍNIO À INCLUSÃO

O termo deficiência pode ser conceituado como uma condição que impõe ao indivíduo certas restrições, devido a limitações de ordem sensorial, motora, intelectual ou múltipla. Tais limitações podem levar o indivíduo com deficiência a situações de desvantagem, embora estas estejam altamente relacionadas ao contexto social em que se vive (Gorgatti, 2005). A deficiência pode ser classificada como congênita, caso tenha origem na fase pré-natal ou no momento do nascimento, ou adquirida, caso seja originada após o nascimento.

> A deficiência pode ser classificada como congênita, caso tenha origem na fase pré-natal ou no momento do nascimento, ou adquirida, caso seja originada após o nascimento.

Ao longo da história da humanidade, diferentes foram as formas de tratamento da sociedade com as pessoas com deficiência. Em um primeiro momento, pôde ser observado o extermínio de crianças que nasciam com deficiências, sendo que, em algumas culturas atuais, tal prática ainda é admitida. Em um segundo momento, embora fosse permitida a sobrevivência dessas crianças, elas não compartilhavam do convívio social com as demais. Nessa situação, foram criadas as primeiras instituições voltadas ao atendimento e apoio às crianças com deficiência. Tais instituições tinham caráter segregatório, ou seja, direcionavam suas ações para crianças com determinado tipo de deficiência. Embora representassem um grande avanço, falhavam ao não estimular o convívio social com outras pessoas sem deficiência.

A partir da década de 1980, teve início uma forte discussão de âmbito mundial sobre a necessidade e a viabilidade de se inserirem crianças e adolescentes com deficiência nas escolas regulares. Esse pro-

> A partir da década de 1980, teve início uma forte discussão de âmbito mundial sobre a necessidade e a viabilidade de se inserirem crianças e adolescentes com deficiência nas escolas regulares.

cesso começou a se tornar realidade no Brasil em meados da década de 1990, com a promulgação da LDB 9394/96 (Brasil, 1996), que garantia o direito de inclusão de alunos com deficiência no sistema regular de ensino. Entretanto, o que na teoria parecia perfeito, na prática mostrou-se de difícil implementação. De um lado, estavam pais e alunos cheios de dúvidas; do outro, professores e dirigentes escolares temerosos, despreparados e questionando a validade do processo de inclusão.

Na área de educação física, a partir da década de 1980, muitos cursos de graduação incluíram, em sua grade, uma disciplina específica tratando das adaptações de programas para pessoas com deficiência. No entanto, mesmo esse reforço não se mostrou suficiente para preparar profissionais aptos a lidar com a diversidade de condições impostas por uma escola que atue em um sistema inclusivo. A falta de formação e informação certamente tem sido a grande responsável pelas dificuldades encontradas pelos professores. Por serem escassas as oportunidades de programas de atividades físicas e esportivas externos voltados às suas necessidades e potencialidades, crianças e adolescentes com deficiência, ao não encontrarem situações propícias dentro da escola, acabam por se tornarem sedentários. Essa situação, aliada à superproteção por parte da família, claramente torna-se a grande responsável, muito mais do que a deficiência em si, pelos atrasos no desenvolvimento global observados nessa população.

ATIVIDADES FÍSICAS E ESPORTIVAS PARA CRIANÇAS E ADOLESCENTES COM DEFICIÊNCIA – PROMOÇÃO DA SAÚDE E INCLUSÃO SOCIAL

Vislumbrar possibilidades de programas de atividades físicas e esportivas para jovens com deficiência, para muitos profissionais, é uma realidade distante. Em uma situação de inclusão com outros jovens sem deficiência, então, é ainda mais remoto. É preciso que o professor, para promover programas com qualidade e segurança, conheça algumas características fundamentais sobre cada deficiência e, sobretudo, consiga perceber as potencialidades diferenciadas presentes nos jovens, independentemente das deficiências que possam apresentar.

Potencialidades diferenciadas de jovens com deficiência auditiva

A deficiência auditiva é conceituada como a perda total ou parcial da capacidade de conduzir e perceber sinais sonoros. Pode manifestar-se antes da aquisição da fala, quando então é chamada de pré-lingual, ou após a aquisição da fala, sendo nesse caso denominada pós-lingual. As perdas pré-linguais, embora possam dificultar em muito a aquisição da linguagem e da formação de conceitos, podem ter suas consequências amenizadas por meio de programas de estimulação precoce, sendo necessária, para tanto, sua detecção o quanto antes (Winnick, 2005).

Quanto às causas, a surdez pode ser provocada por lesões decorrentes de problemas pré, peri ou pós-natais que afetem as regiões do ouvido externo ou médio, sendo, nesse caso, chamada de surdez condutiva, ou que afetem a região do ouvido interno, sendo, neste último caso, chamada de surdez neurossensorial. A surdez neurossensorial, como é gerada por uma lesão no ouvido interno, pode ter como consequência eventuais distúrbios no equilíbrio estático e dinâmico, por possíveis danos ao aparelho vestibular. Já a surdez condutiva afeta basicamente a condução e amplificação do som, podendo ter seus efeitos abrandados pelo uso de aparelhos auditivos.

Algumas possíveis defasagens podem acompanhar a deficiência auditiva, tais como atrasos no desenvolvimento motor e tendência à ansiedade e ao isolamento social. Certamente, entretanto, essas defasagens devem-se muito mais à superproteção e à falta de informações por parte dos pais e aos problemas de comunicação do que à deficiência em si. Algumas estratégias no trabalho com crianças e adolescentes com deficiência auditiva podem ser muito úteis na elaboração de programas de atividades físicas e/ou esportivas:

- O professor deve inicialmente ter conhecimento sobre as causas da deficiência de seu aluno e em que época ela surgiu, a fim de que possa antecipar eventuais problemas no controle do equilíbrio ou na aquisição de conceitos verbais;
- O aprendizado será fortemente facilitado pelo uso de dicas visuais e cinestésicas durante as instruções;
- Quando o professor for se dirigir aos alunos com deficiência auditiva, deve sempre fazê-lo de frente para o aluno, de forma a facilitar uma eventual leitura labial. É importante também que o professor conheça pelo menos noções básicas de LIBRAS (Linguagem Brasileira de Sinais), o que certamente potencializará sua comunicação. Por fim, o professor deve lembrar-se de usar expressões faciais e gestos que possam auxiliar na compreensão do significado, uma vez que seus alunos não poderão perceber a entonação da voz;
- Os programas deverão enfatizar preferencialmente atividades em grupos, buscando promover a integração social.

Jovens com deficiência auditiva podem e devem ser estimulados para a prática esportiva. Além de poderem participar das atividades esportivas convencionais, existem eventos competitivos específicos para atletas surdos, administrados no Brasil pela Confederação Brasileira de Desportos para Surdos (CBDS) e, internacionalmente, pela Confederação Internacional de Esportes para Surdos (CISS).

> Jovens com deficiência auditiva podem e devem ser estimulados para a prática esportiva.

Potencialidades diferenciadas de jovens com deficiência visual

A deficiência visual pode ser conceituada como uma limitação na visão que, mesmo com recursos corretivos, afeta negativamente o desempenho de uma criança durante a sua educação. Do ponto de vista educacional, essa condição pode ser classificada como:

- *Cegueira*: representa a perda total ou o resíduo mínimo da visão. O indivíduo cego, embora em alguns casos até tenha uma percepção de luz que possa ajudá-lo, não consegue utilizá-la em seus movimentos, na sua orientação e na aprendizagem por meios visuais. Esse

> Algumas possíveis defasagens podem acompanhar a deficiência auditiva, tais como atrasos no desenvolvimento motor e tendência à ansiedade e ao isolamento social.

> O indivíduo cego, embora em alguns casos até tenha uma percepção de luz que possa ajudá-lo, não consegue utilizá-la em seus movimentos, na sua orientação e na aprendizagem por meios visuais.

indivíduo necessita do código braille como meio de leitura e escrita, além de outros recursos didáticos e equipamentos especiais para sua educação.

- *Baixa visão ou visão subnormal*: representa a existência de resíduo visual que permite ao aluno ler textos impressos à tinta, desde que com recursos didáticos e equipamentos especiais. A pessoa com baixa visão tem dificuldade em desempenhar tarefas visuais, mesmo com a prescrição de lentes corretivas, mas pode aprimorar sua capacidade de realizar tais tarefas com a utilização de estratégias visuais compensatórias e modificações ambientais.

> A pessoa com baixa visão tem dificuldade em desempenhar tarefas visuais, mesmo com a prescrição de lentes corretivas, mas pode aprimorar sua capacidade de realizar tais tarefas com a utilização de estratégias visuais compensatórias e modificações ambientais.

Existe também a classificação utilizada na prática esportiva para classificar os atletas de acordo com sua acuidade e seu campo visual:

- B1: totalmente cegos; aqueles que podem ter percepção de luz, mas não são capazes de reconhecer as formas das mãos a qualquer distância;
- B2: aqueles que percebem as formas das mãos, mas com acuidade visual não superior a 20/600 pés, ou aqueles com menos de 5º de campo visual;
- B3: aqueles com acuidade visual de 20/599 até 20/200 pés e/ou aqueles com 5 a 20º de campo visual.

Crianças e adolescentes com deficiência visual, na maior parte das vezes, são desencorajados da prática de atividades físicas e esportivas, o que em geral ocorre por falta de informação por parte dos pais e professores. Essa atitude protetora faz com que a maioria apresente atrasos visíveis no seu desenvolvimento motor e social, o que dificulta em grande medida sua plena inserção na sociedade.

> Crianças e adolescentes com deficiência visual, na maior parte das vezes, são desencorajados da prática de atividades físicas e esportivas, o que em geral ocorre por falta de informação por parte dos pais e professores.

O atraso no desenvolvimento motor de crianças cegas pode estar relacionado à "passividade motora" (ficarem mais sentadas, movimentarem-se menos), aos comportamentos estereotipados ou "maneirismos" (gestos rígidos e repetitivos) e às experiências limitadas com o ambiente que as cerca (Warner, 2001). Especialmente para aquelas que nasceram cegas, é preciso que se ofereçam orientações sobre controle e postura corporal e como caminhar, já que elas jamais puderam observar os padrões de movimento de outras pessoas. Também o nível de aptidão física de jovens com deficiência visual é em geral inferior ao de outros que enxergam; entretanto, essa diferença deve ser atribuída à falta de vivências motoras e não à falta de visão. Esse fato ressalta ainda mais a responsabilidade do profissional de educação

> Também o nível de aptidão física de jovens com deficiência visual é em geral inferior ao de outros que enxergam; entretanto, essa diferença deve ser atribuída à falta de vivências motoras e não à falta de visão.

física em fornecer experiências de movimentos e em estimular e motivar essas crianças a se movimentarem.

Quando devidamente estimulados, jovens com deficiência visual podem tornar-se muito independentes na sua locomoção e na realização das atividades de vida diária, especialmente por meio da estimulação dos demais sentidos. Algumas estratégias que podem potencializar a aprendizagem de jovens com deficiência visual, em programas de atividades físicas ou esportivas, são elencadas a seguir:

- É altamente recomendável que o professor de educação física, ao iniciar um programa de exercícios ou esporte para jovens com deficiência visual, permita que estes conheçam o ambiente onde serão ministradas aulas ou treinos. Quando o indivíduo que não enxerga tem a oportunidade de explorar o ambiente, certamente torna-se mais confiante e autônomo na sua orientação;
- Ainda tratando do ambiente de aula/treino, deve-se ter especial atenção na remoção de quaisquer obstáculos que possam colocar o jovem com deficiência visual em uma situação de risco. Também é de grande ajuda a instalação de equipamentos para sinalização, tais como marcas em relevo no piso, barras e placas em braille. Essas informações são de grande utilidade para evitar acidentes;
- É fundamental que o professor encoraje constantemente a participação de todas as crianças nas aulas de educação física e evite a superproteção. A criança com deficiência visual deve ser estimulada a realizar todas as atividades da forma mais independente possível;
- Para facilitar a comunicação e a compreensão por parte do aluno ou do atleta, o professor deve priorizar estímulos auditivos, táteis e cinestésicos. Para aqueles que têm resíduo visual, os materiais e as demarcações no espaço de aula devem ser de cores fortes e chamativas, a fim de aguçar a percepção. As informações auditivas devem ser claras e objetivas. Já quanto ao tato e à cinestesia, é crucial que o jovem seja estimulado a conhecer seu próprio corpo e suas possibilidades de movimentação. A maioria deles têm uma péssima consciência corporal, e isso prejudica a aquisição de habilidades motoras.

Para crianças e adolescentes com deficiência visual que desejam se tornar atletas, existem atualmente várias opções de modalidades esportivas adaptadas ou especialmente criadas para suas potencialidades (Gorgatti; Costa, 2005). As mais difundidas no Brasil são a natação, o atletismo, o judô, o ciclismo com bicicleta do tipo Tandem (guia sentado no banco da frente e atleta no banco de trás), a escalada, o futebol (bola com guizo) e o golbol (modalidade jogada em uma quadra com as dimensões da quadra de vôlei, três jogadores contra três, em que o atleta lança uma bola com guizo de forma rasteira para o campo adversário na tentativa de fazer o gol; os três jogadores adversários tentam impedi-lo projetando seus corpos no chão). No âmbito nacional, o esporte é organizado pela Confederação Brasileira de Desporto para Cegos (CBDC), que se vincula internacionalmente à Federação Internacional de Esportes para Cegos (IBSA).

Muitas instituições especializadas no trabalho com pessoas com deficiência visual têm, nos últimos anos, implementado programas de iniciação esportiva para crianças e adolescentes. Além de favorecer o desenvolvimento motor e social, esses programas têm revelado grandes talentos no esporte e mostrado à sociedade que, quando oferecidas as oportunidades, a ausência da visão não é empecilho para a obtenção de altos desempenhos.

Potencialidades diferenciadas de jovens com deficiência intelectual

Define-se deficiência intelectual como uma condição de grande déficit cognitivo, manifestada durante o período de desenvolvimento, e que interfere de maneira significativa no comportamento adaptativo do indivíduo, ou seja, lhe impede de levar uma vida plena e autônoma. Durante muitos anos, utilizou-se como critério o teste de QI para avaliação da inteligência, porém atualmente é levado em conta no diagnóstico o que o indivíduo consegue executar de maneira independente e para quais tarefas do dia a dia ele precisa de apoio e/ou supervisão (Gimenez; Manoel, 2005).

Um fato sobre o tema que deve ser esclarecido é que as crianças com deficiência intelectual crescem e se tornam adolescentes e adultos com deficiência intelectual; eles não permanecem como "eternas crianças". Esse entendimento é importante por parte do professor e da família, para que o sujeito não seja infantilizado, o que dificultará ainda mais sua inserção social. Outro ponto a ser elucidado é que jovens com deficiência intelectual podem, por meio de programas ou reforços específicos, aprender diversas atividades.

> Um fato sobre o tema que deve ser esclarecido é que as crianças com deficiência intelectual crescem e se tornam adolescentes e adultos com deficiência intelectual; eles não permanecem como "eternas crianças".

De modo geral, o indivíduo com deficiência intelectual apresenta maior dificuldade com raciocínios lógicos e abstratos, o que faz com que sua aprendizagem seja mais facilitada com a utilização de conceitos concretos. Embora existam níveis diferentes de déficits cognitivos, a maioria dos indivíduos acometidos têm restrições leves e podem, com algum reforço específico, dominar disciplinas acadêmicas básicas e frequentar programas educacionais comuns.

> Embora existam níveis diferentes de déficits cognitivos, a maioria dos indivíduos acometidos têm restrições leves e podem, com algum reforço específico, dominar disciplinas acadêmicas básicas e frequentar programas educacionais comuns.

Uma criança com deficiência intelectual pode ser categorizada, de acordo com sua capacidade de aprender, em uma das três classes:

- Educável: esse termo refere-se à criança com restrição leve e boa capacidade de ajuste social e de aprendizagem, embora em um ritmo diferenciado. Normalmente, obtém bons resultados frequentando uma escola comum e não apresenta restrições motoras significativas;
- Treinável: a criança nessa categoria tem um déficit moderado e capacidade de aprendizagem mais restrita, obtendo maior sucesso em programas sistematizados. Pode, especialmente por meio de trabalhos condicionados, desenvolver diversas habilidades. Quanto ao aspecto motor, a criança nesse nível apresenta restrições mais evidentes, sobretudo quanto às capacidades coorde-

nativas, tais como ritmo, coordenação motora, equilíbrio, agilidade, tempo de reação, entre outras;
- Dependente: essa categoria define uma criança com perda extremamente acentuada na capacidade de aprender e que precisa de apoio e supervisão constante em praticamente todas as tarefas do comportamento adaptativo. Uma criança nesse nível apresenta dificuldades na aquisição de habilidades motoras, mesmo com programas sistematizados.

Dentre as causas da deficiência cognitiva, pode ser destacada a síndrome de Down, provocada por uma alteração na contagem no 21º par de cromossomos das células (trissomia do 21). Essa síndrome, multifacetada, denota ao indivíduo características típicas, tanto do ponto de vista fisionômico quanto estrutural, comportamental e orgânico.

> Dentre as causas da deficiência cognitiva, pode ser destacada a síndrome de Down, provocada por uma alteração na contagem no 21º par de cromossomos das células (trissomia do 21).

Existem algumas características comuns da síndrome de Down que devem ser de conhecimento do professor de educação física, a fim de que sua prescrição de exercícios possa ser segura e eficiente para todas as crianças. São algumas delas:

- Hipotonia muscular e hipermobilidade articular generalizadas: a criança apresenta baixo tônus muscular e suas articulações em geral são exageradamente móveis. Esse quadro pode gerar instabilidades e lesões. Portanto, o fortalecimento muscular deve ser uma opção nos programas de exercícios físicos, a fim de que o tônus muscular possa ser aumentado e que as articulações possam ficar mais protegidas;
- Instabilidade atlantoaxial: 10%, em média, dos indivíduos com síndrome de Down têm grande instabilidade entre atlas e áxis (primeiras vértebras cervicais), devendo, dessa forma, evitar atividades de impacto ou grande mobilidade nessa região;
- Obesidade: muitos jovens com síndrome de Down demonstram maior predisposição à obesidade, o que é explicado em parte pela hipotonia muscular e, em alguns casos, pela presença de hipotireoidismo;
- Distúrbios cardíacos: mais de um terço dos indivíduos com síndrome de Down apresenta quadros de malformações cardíacas congênitas, muitas das quais podem ser corrigidas com procedimentos cirúrgicos nos primeiros anos de vida. Por essa razão, é altamente indicado que o profissional de educação física que irá trabalhar com jovens nessas condições peça um encaminhamento de um médico cardiologista, com a liberação para que possam praticar exercícios físicos;
- Deficiência imunológica: crianças com síndrome de Down podem apresentar deficiências imunológicas e, em decorrência disso, maior predisposição ao desenvolvimento de infecções respiratórias e dermatites, que devem ser motivo de preocupação por parte do professor, especialmente quando as atividades físicas são desenvolvidas em ambientes de piscina;
- Alterações no equilíbrio e na visão: a imaturidade vestibular e alguns distúrbios visuais, tais como miopia e astigmatismo, podem estar presentes com maior frequência nesse grupo, gerando déficits sensoriais. Muitos desses déficits, no entanto, podem ser minimizados por meio de programas de atividades físicas e de estimulação precoce.

Quer seja em instituições especializadas, quer seja em academias ou escolas comuns, o fato é que cada vez mais jovens com deficiência intelectual têm buscado praticar algum tipo de atividade física ou esportiva, com a motivação para o lazer, a saúde e/ou o desempenho. Ao conduzir as atividades para jovens com deficiência intelectual, algumas estratégias podem ser utilizadas pelo professor de educação física a fim de que seu trabalho seja potencializado.

Um cuidado inicial seria o professor apresentar poucas informações por vez durante as atividades e sempre da maneira mais clara possível. O professor, ao ensinar uma tarefa motora, deve buscar concisão em suas informações. A instrução deve ser apresentada de maneira clara, e o ideal é que seja colocada apenas uma informação por vez. Outra estratégia que pode ser muito útil é utilizar diferentes vias de comunicação e enfatizar exemplos concretos. Pela dificuldade mencionada anteriormente de esses indivíduos realizarem abstrações, é importante o professor tornar sua instrução a mais concreta possível para seu aluno. O professor deve explorar diferentes meios para passar a informação. Além da instrução verbal, o movimento a ser executado deve ser demonstrado para o aluno (o que ajuda a torná-lo concreto), e, em algumas situações, o professor pode favorecer o aluno com instruções também cinestésicas, fazendo com que o aluno sinta inicialmente o movimento a ser executado.

O professor deve ter certeza de que os alunos compreenderam a atividade. Especialmente nos casos mais graves, é preciso trabalhar de forma sistematizada, enfocando repetições de uma mesma tarefa e criando padrões consistentes durante as aulas (rotina). Os alunos com déficits cognitivos mais graves, diferentes daqueles educáveis, terão mais chances de sucesso no processo de aprendizagem caso lhes seja dada a oportunidade de participarem de programas mais repetitivos. Em algumas situações, o professor poderá optar por dividir uma determinada atividade em outras menores, o que facilitará a assimilação por parte do aluno.

Por fim, cabe ao professor saber lidar com a possível instabilidade emocional. Alguns comportamentos agressivos por parte do aluno podem exigir algumas ações diferenciadas por parte do professor. Em casos mais extremos de agressividade ou outros distúrbios no comportamento, é de fundamental importância o auxílio de um monitor para a realização das atividades. Por vezes, o afastamento temporário do aluno das atividades é necessário para garantir sua própria segurança e a dos demais. Evidentemente, cabe também ao professor refletir se a forma como a atividade está sendo estruturada é mais adequada para seus alunos. O uso de punições e recompensas também pode ser de grande ajuda, mas é preciso que alguns cuidados sejam tomados. A simples punição ou recompensa pode ser danosa se o aluno não compreender claramente que esta está associada ao seu comportamento e não a ele próprio.

É importante lembrar que as estratégias podem variar de acordo com o nível de comprometimento intelectual, a idade dos participantes e o tipo de atividade a ser desenvolvida. Em todas as situações, no entanto, o desenvolvimento do programa é muito facilitado quando se pode contar com o apoio de equipes multidisciplinares, com médicos, psicólogos e fonoaudiólogos.

> É importante lembrar que as estratégias podem variar de acordo com o nível de comprometimento intelectual, a idade dos participantes e o tipo de atividade a ser desenvolvida.

Para aqueles que optarem pela prática esportiva com foco em competições, uma ótima opção são os eventos da Special Olympics International. A entidade, fundada em 1968, nos Estados Unidos, dissemina a prática esportiva para atletas com deficiência intelectual por todo o mundo. No Brasil, o movimento foi reestruturado em 2002, com o nome Special Olympics Brasil, e desde então organiza eventos regionais, nacionais e internacionais para indivíduos com deficiência intelectual a partir dos 8 anos de idade (Special Olympics Brasil, 2008).

Potencialidades diferenciadas de jovens com deficiência motora

O termo deficiência motora designa uma condição de origem ortopédica ou neurológica que leva a alguma restrição de movimento e/ou locomoção. Diversas são as causas de deficiências motoras na infância e na adolescência; porém certamente destacam-se as de origem congênita, provocadas por problemas durante a gestação ou no momento do parto (Rodrigues, 2006).

Entre os acometimentos congênitos que podem levar a restrições motoras, destacam-se a paralisia cerebral (encefalopatia não progressiva da infância), as deformidades congênitas (como o pé torto congênito, os encurtamentos ósseos, a ausência congênita de membros, entre outras) e a espinha bífida (especialmente a mielomeningocele). Todas essas condições, de diferentes maneiras, podem afetar o desenvolvimento motor das crianças e levar à necessidade de adaptações nos programas de atividades físicas e esportivas.

A paralisia cerebral é uma condição resultante de uma lesão no cérebro, que afeta principalmente o controle da postura e da motricidade. Algumas características marcantes da paralisia cerebral são a hiper-reflexia (reflexos persistentes de grande magnitude), os distúrbios de coordenação motora e os problemas de ajuste do tônus muscular. A maioria dos jovens com essa condição apresenta quadro de espasticidade, com tônus muscular extremamente elevado. O acometimento pode se dar em um ou mais membros, podendo atingir ainda um lado do corpo ou, nos casos mais graves, os quatro membros.

Já a mielomeningocele é também uma lesão de origem neurológica que deixa sequelas motoras, porém o distúrbio ocorre na medula espinal. Por um problema durante a gestação, um ou mais arcos vertebrais não se fecham completamente, o que pode tornar o canal medular desprotegido e lesionado. Essa condição pode levar à paralisia abaixo do nível em que ocorre a lesão (geralmente torácico ou lombar), além de outras condições associadas, como por exemplo maior predisposição ao desenvolvimento de hidrocefalia. A criança com mielomeningocele geralmente dependerá de cadeira de rodas para sua locomoção e poderá apresentar sequelas associadas à lesão medular, tais como perda de sensibilidade, de controle de bexiga e esfincter e dificuldades no controle da temperatura corporal. Essas possíveis sequelas exigem atenção redobrada por parte do professor de educação física, a

> A paralisia cerebral é uma condição resultante de uma lesão no cérebro, que afeta principalmente o controle da postura e da motricidade.

> A criança com mielomeningocele geralmente dependerá de cadeira de rodas para sua locomoção e poderá apresentar sequelas associadas à lesão medular, tais como perda de sensibilidade, de controle de bexiga e esfincter e dificuldades no controle da temperatura corporal.

fim de que este não exponha as crianças a situações de risco durante a prática de atividades físicas ou esportivas.

Dependendo da condição motora apresentada, o uso de próteses ou órteses é indicado para que se facilite a locomoção e/ou a movimentação do corpo. Além disso, a prática de atividades físicas na escola, em clubes ou centros especializados é de fundamental importância para garantir o desenvolvimento motor o mais próximo possível do normal. Com materiais adequados e algumas estratégias simples, o professor de educação física é capaz de introduzir a criança com deficiência motora no universo do movimento com grande êxito, o que trará um impacto muito positivo tanto do ponto de vista da aptidão física e motora quanto dos aspectos afetivos e sociais (Block; Zeman, 1996).

Alguns pontos merecem especial atenção quando jovens com deficiência motora buscam a prática de atividades físicas:

- O professor deve estar atento aos problemas de tônus muscular, especialmente o hipertônus manifestado por muitos alunos com paralisia cerebral. Embora a condição seja crônica, exercícios de alongamento muscular e propriocepção podem trazer alívio a alguns desconfortos e ganhos na amplitude de movimento. Atividades aquáticas em piscinas aquecidas também são de grande valia, pois proporcionam relaxamento natural do tônus muscular;
- Ainda se tratando de paralisia cerebral, é importante que o professor de educação física esteja atento ao fato de que as maiores perdas não são da força muscular, mas sim do controle motor. O trabalho no programa de atividades físicas deve ser voltado para o aprimoramento da coordenação motora, partindo-se sempre dos movimentos mais grosseiros para os mais simples e dos grandes grupos musculares para os menores;
- No que se refere aos jovens com mielomeningocele, o professor deve estar atento à possibilidade de o aluno fazer uso de válvula no caso de hidrocefalia, a qual não pode sofrer impactos. Além disso, é fundamental um bom posicionamento da criança na cadeira de rodas durante as aulas, a fim de se evitar futuras deformidades posturais. A cadeira de rodas utilizada na prática de atividades físicas deve ser preferencialmente a de modelo esportivo, com rodas cambadas e rolamentos específicos, o que facilitará os deslocamentos do aluno durante os exercícios;
- Quanto aos alunos com malformações congênitas, especificamente aqueles que fazem uso de próteses, é preciso que se esteja atento ao fato de que o tamanho e o peso das próteses devem acompanhar os estágios de crescimento da criança. Uma prótese mal ajustada pode trazer prejuízos significativos à estabilidade, à postura e à movimentação da criança. Especialmente durante o estirão de crescimento, as dimensões da prótese em uso devem ser revistas periodicamente pelo médico, e cabe ao professor alertar os pais quando observadas quaisquer irregularidades.

A prática de atividades esportivas por jovens com deficiência motora tem crescido muito nos últimos anos, especialmente por iniciativas de instituições que atuam com esporte adaptado. Infelizmente, muitos jovens ainda não têm conhecimento de

> A prática de atividades esportivas por jovens com deficiência motora tem crescido muito nos últimos anos, especialmente por iniciativas de instituições que atuam com esporte adaptado.

que podem praticar uma ampla gama de modalidades esportivas, muitas das quais com pequenas adaptações quando comparadas às modalidades convencionais. As modalidades esportivas mais procuradas por essa população são a natação, o basquete em cadeira de rodas, o vôlei paraolímpico (sentado) e a bocha. No Brasil, diversas entidades regem a prática do esporte adaptado para atletas com deficiência motora, mas ainda praticamente não existem competições com estratificação por faixa etária. Dessa forma, crianças e adolescentes com deficiência motora, quando querem participar de competições, precisam fazê-lo na mesma categoria que atletas adultos. Alguns projetos encabeçados pelo Comitê Paraolímpico Brasileiro (CPB) tentam modificar essa realidade. Entre estes, destaca-se o "Paraolímpicos do Futuro", um projeto que incentiva a prática de modalidades esportivas por crianças e adolescentes com deficiência, tanto nas escolas como em centros especializados.

CONSIDERAÇÕES FINAIS

Percebe-se que, de modo geral, as maiores restrições impostas ao pleno desenvolvimento de crianças e adolescentes com deficiência não são advindas da deficiência em si, mas sim da falta de oportunidades e estímulos apropriados. Para esses jovens, que no seu dia a dia têm poucas oportunidades de brincarem e de praticarem atividades físicas, as aulas de educação física escolar e a criação de programas de atividades físicas e esportivas inclusivos ou específicos tornam-se cruciais.

Como visto anteriormente, a simples criação de instrumentos legais não é capaz de garantir o acesso irrestrito de jovens com deficiência à prática de atividades físicas e esportivas. Para tanto, é preciso ter professores capacitados e comprometidos com o desenvolvimento de programas que atendam à diversidade dos indivíduos. Verifica-se, dessa forma, que a inserção de crianças e adolescentes com deficiência em programas de atividades físicas e esportivas demanda obrigatoriamente a quebra de estigmas enraizados em nossa cultura, para que possamos enxergar pessoas, e não apenas muletas ou cadeiras de rodas, e, principalmente, para que possamos vislumbrar possibilidades no lugar de incapacidades.

REFERÊNCIAS

BLINDE, E. M.; MCCALLISTER, S. G. Listening to the voices of students with physical disabilities. *JOPERD*, v. 66, p. 64-68, 1998.

BLOCK, M. E.; ZEMAN, R. Including students with disabilities in regular physical education: effects on nondisabled children. *Adapt. Phys. Activ. Q.*, v. 13, p. 38-49, 1996.

BRASIL. *Lei de diretrizes e bases da educação*. Brasília: Imprensa Oficial, 1996.

GIMENEZ, R.; MANOEL, E. J. Desenvolvimento motor de pessoas com deficiências. In.: TANI, G. *Comportamento motor:* aprendizagem e desenvolvimento. Rio de Janeiro: Guanabara-Koogan, 2005. p. 243-265.

GORGATTI, M. G. *Educação física escolar e inclusão*: uma análise a partir do desenvolvimento motor e social de adolescentes com deficiência visual e das atitudes dos professores. 2005. Tese (Doutorado) – Programa de Pós-graduação em Educação Física e Esporte, Universidade de São Paulo, São Paulo, 2005.

GORGATTI, M. G.; COSTA, R. F. *Atividade física adaptada:* qualidade de vida para pessoas com necessidades especiais. São Paulo: Manole, 2005.

GORGATTI, T. Ferramenta para a felicidade e bem-estar. *Educação & Família*, v. 1, p.40-41, 2003.

RODRIGUES, D. *Atividade motora adaptada:* a alegria do corpo. São Paulo: Summus, 2006.

SPECIAL OLYMPICS BRASIL (SOB). *Homepage*. Disponível em: http://www.specialolympicsbrasil.org.br. Acesso em: 25 mar. 2008.

WARNER, R. Physical education for children with visual impairments. *Br. J. Teach. Phys. Educ.*, v. 14, p. 17-20, 2001.

WINNICK, J. P. *Adapted physical education and sports*. Champaign: Human Kinetics, 2005.

WINNICK, J. P.; SHORT, F. X. *Testes de aptidão física para jovens com necessidades especiais*: manual Brockport de testes. São Paulo: Manole, 2001.

ASPECTOS SOBRE A RELEVÂNCIA DO CAMPO DO LAZER NA ADOLESCÊNCIA

17

Ricardo Ricci Uvinha

A relação entre adolescência e lazer pode sugerir que tal público seria privilegiado no acesso a atividades de tempo livre, já que parece não existir melhor momento para a diversão e a transgressão de uma ampla gama de obrigações impostas pela sociedade moderna. Contudo, entende-se que tais reflexões devem ser vistas academicamente com o devido cuidado, a fim de que não se assuma um discurso reducionista quanto ao adolescente e seu papel na sociedade, ao atrelá-lo unicamente a uma concepção funcionalista de lazer pautada em um conteúdo romântico, hedonístico e irremediavelmente suscetível às amarras moralistas do complexo meio social em que está inserido.

Elementos como isolamento social, horizontes limitados, dificuldades em estabelecer um estilo próprio e um sentimento negativo com relação à vida são comumente reportados por adolescentes e tornam-se um grande desafio para os educadores e para os responsáveis por políticas públicas para tal grupo. Mostra-se necessário identificar de forma mais atenta a qual adolescência nos referimos, reconhecendo a significativa dificuldade em pensá-la de forma unívoca enquanto fase de vida com início, meio e fim estabelecidos, já que esta se concebe nos mais distintos ambientes, dada a complexidade da atual sociedade.

Este capítulo destacará a importância de vivenciar experiências atreladas ao campo do lazer como elemento de formação da identidade do adolescente no meio sociocultural no qual está inserido. Para tal, serão elencadas teorias que ressaltam o universo de valores e o modo de vida do adolescente, associando tal discussão à necessidade de compreender sua cultura corporal e demais elementos, fundados em uma multiplicidade de opções em atividade física e outras formas de lazer.

IMPLICAÇÕES SOCIOCULTURAIS NA ADOLESCÊNCIA

A adolescência é uma fase da vida que tem sua ocorrência diretamente atrelada ao ambiente sociocultural ao qual está vinculada. O fenômeno biológico da puberdade, considerado como ponto de partida da adolescência, é, de certo modo, tido como um acontecimento universal, já que é característico em toda a espécie humana. No entanto, como tal fase ocorre, em quais circunstâncias e como é passível de interpretação em um dado grupo é que varia intensamente de uma sociedade para outra.

Estudos empíricos, em sociedades ditas primitivas, sobre o ciclo da vida a partir da Antropologia constataram uma

> A adolescência é uma fase da vida que tem sua ocorrência diretamente atrelada ao ambiente sociocultural ao qual está vinculada. O fenômeno biológico da puberdade, considerado como ponto de partida da adolescência, é, de certo modo, tido como um acontecimento universal, já que é característico em toda a espécie humana. No entanto, como tal fase ocorre, em quais circunstâncias e como é passível de interpretação em um dado grupo é que varia intensamente de uma sociedade para outra.

> A transição da fase adolescente para a adulta em determinadas sociedades pode ter como duração apenas poucos dias, configurada por um único ritual de passagem, como estar apto à caça, à guerra, ou ainda, realizar alguma prova de força.

rica multiplicidade de ocorrência do período chamado "adolescência". Trabalhos como o de Margareth Mead e de Ruth Benedict, realizado com jovens da ilha de Samoa, descreveram detalhadamente a vida deles neste ambiente social, defendendo que o curso do desenvolvimento deve ser gradual e contínuo durante todas as etapas da vida, principalmente na adolescência, em que pode ocorrer uma certa descontinuidade no processo, variável de cultura para cultura. Assume-se que, nas sociedades primitivas, simples ou de pequena escala, a passagem do adolescente para a vida adulta era realizada por meio de ritos, muitas vezes caracterizados por intenso sofrimento físico ou psíquico. A submissão a tais ritos significava, para o então adolescente, uma busca de dignidade, consideração e aceitação pelos adultos, desenvolvendo sentimentos de segurança, autoestima e confiança (Muuss, 1976).

Desse modo, a transição da fase adolescente para a adulta em determinadas sociedades pode ter como duração apenas poucos dias, configurada por um único ritual de passagem, como estar apto à caça, à guerra, ou ainda, realizar alguma prova de força.

Cardoso e Sampaio (1995) defendem que não somente a Antropologia mas as Ciências Sociais como um todo dedicaram-se a estudar a adolescência e a juventude, destacando que o tema é consideravelmente antigo e que conquistou, no século XX, uma cadeira cativa no meio universitário, intitulada "Sociologia da Juventude".

Se nas sociedades simples a adolescência manifesta-se com intenso significado e tem sua passagem para a fase adulta simbolizada por um rito, nas sociedades complexas tal fase da vida pode durar muitos anos sem se precisar exatamente um final. Desse modo, é possível encontrar nas sociedades complexas atuais diversas interpretações sobre o período da adolescência, que pode ser vivenciada dos 15 aos 25 anos, a partir do enfoque da Organização das Nações Unidas para a Educação, Ciência e Cultura (UNESCO); dos 13 aos 18 anos, nos estudos de Erikson sobre os estágios do desenvolvimento humano; ou ainda dos 12 aos 20 anos, pelo enfoque da medicina, com o início marcado pela puberdade (Orsini, 1977).

Em seus estudos sobre as idades do homem na Roma antiga, Fraschetti (1996) demonstra que os romanos se baseavam na *puer*, que durava até os 7 anos; na *pueritia*, dos 7 aos 14 anos; na *adulescentia*, dos 14 aos 28 anos; e na *iuventus*, dos 28 aos 50 anos.

Já Pastoureau (1996) identifica emblemas da juventude a partir de seus atributos e representações na imagem medieval em iconografia do período, em quadros, afrescos, esculturas e gravuras, enfatizando as representações recorrentes de "valete" e "cavaleiro", destacando que a passagem de uma para outra marcaria a transição da infância para o mundo adulto.

Ao analisar a juventude europeia da década de 1970, Bourdieu (1983) aponta que a idade é um dado biológico socialmente manipulado e manipulável, dado o fato de que a relação entre idades biológica e social apresenta-se de forma muito complexa. Já De Grazia (1966) destaca que a relação com o tempo é decisiva para a interpretação da adolescência, sendo que, em sociedades em que a influência do tempo cíclico é predominante ao tempo linear, com menor dependência do relógio, é possível se observar uma maior consciência da idade apegada ao ritmo das estações.

As sociedades complexas vão apresentar, assim, uma multiplicidade de ocorrência com tal fase da vida, muitas vezes apresentando uma imprecisão sobre seu final e sua entrada definitiva para a fase adulta. Featherstone (1994, p. 51) sugere um "embaçamento de fronteiras" entre a infância e a maturidade, já que em algumas sociedades pode-se tentar adotar os valores e hábitos do velho e ser jovem, em outras os velhos podem tentar assumir os valores dos jovens, ou ainda pode-se ter a ocorrência de uma sociedade forjando uma imagem jovem para todas as fases da vida por meio de tendências de *marketing* e costumes.

As imprecisões quanto à adolescência que caracterizam tal fase nas sociedades complexas também se manifestam na realidade brasileira. No código penal do país, é adulto aquele que tiver idade igual ou superior a 18 anos, sendo este passível de julgamento e punição quando realizar algum ato infrator. É necessário ter a mesma idade para obter carteira de motorista conforme a legislação de trânsito vigente. No entanto, para o direito de voto em eleições, curiosamente, antecipa-se a idade adulta para os 16 anos.

As relações estabelecidas com as esferas sociais do trabalho e da família podem colaborar com a imprecisão do final da adolescência na nossa sociedade. Isso porque o discurso de ter um emprego, deixar o conforto da casa dos pais e tornar-se definitivamente um adulto mostra-se em desuso diante da inserção cada vez mais precoce dos adolescentes no mercado de trabalho. Tal fato ocorre por uma expectativa depositada pelos pais na preparação para um futuro profissional, ou ainda pela necessidade cada vez mais frequente da inserção no trabalho ainda quando criança, em famílias brasileiras que apresentam baixa colocação socioeconômica (Spindel, 1989).

> As relações estabelecidas com as esferas sociais do trabalho e da família podem colaborar com a imprecisão do final da adolescência na nossa sociedade. Isso porque o discurso de ter um emprego, deixar o conforto da casa dos pais e tornar-se definitivamente um adulto mostra-se em desuso diante da inserção cada vez mais precoce dos adolescentes no mercado de trabalho.

Pais (1993) faz uma análise sobre o processo de adolescência em Portugal, destacando que, além do trabalho e da família, elementos na vida do jovem, como o cumprimento do serviço militar para os rapazes e o matrimônio, em geral eram, há algumas décadas, indicadores marcantes da passagem para a vida adulta, pois significavam para aqueles em tal fase da vida símbolos de emancipação. Entretanto, o autor questiona se de fato tais elementos indicariam uma inserção do jovem como um adulto na sociedade, considerando que a experiência de sê-lo é, em si, heterogênea e bastante difícil de situar em um claro limite de fase da vida.

Analisando o desenvolvimento da adolescência enquanto categoria teórica nos Estados Unidos e sua relação em especial com o trabalho, Edginton, Kowalski e Randall (2005) discorrem sobre as dificuldades em lidar com tal público na realidade norte-americana. Identificam elementos que estabelecem grandes desafios para os educadores, em que se destacam sentimentos negativos de isolamento social, horizontes limitados e dificuldades em estabelecer um estilo que lhe é próprio.

Será desenvolvida, a seguir, uma reflexão sobre o papel do lazer na adolescência, entendendo o impacto da vivência desse elemento no tempo livre dos jovens.

A ADOLESCÊNCIA E SUA RELAÇÃO COM O LAZER E O LÚDICO

Entende-se como fundamental a compreensão das múltiplas experiências de lazer vivenciadas pelo adolescente no seu tempo livre, atribuindo a esses momentos acentuada relevância em termos de valores e expressão de signos sociais, revelando uma cultura juvenil multifacetada e em constante transformação.

As questões que envolvem o tempo livre e suas características em termos de vivência na sociedade moderna vão sugerir que um grupo em especial seria privilegiado no acesso ao lazer: o adolescente. Isso porque, de acordo com o senso comum, parece não haver melhor fase da vida para se divertir e transgredir distintas obrigações, como a trabalhista, a estudantil e a familiar.

> Entende-se como fundamental a compreensão das múltiplas experiências de lazer vivenciadas pelo adolescente no seu tempo livre, atribuindo a esses momentos acentuada relevância em termos de valores e expressão de signos sociais, revelando uma cultura juvenil multifacetada e em constante transformação.

Tal concepção sugere uma forma romântica e hedonística de entendimento da adolescência, em geral, e do tempo livre/lazer, em particular, que deve ser vista com o devido cuidado, caso se pretenda realizar uma análise crítica dessa relação. Pais (1993) destaca que, pelas práticas culturais juvenis ocorrerem em grande parte no domínio do lazer, elas sugerem a noção de que tal fase da vida é vivida sob a égide da diversão e do prazer.

Também em um viés que tende a ser funcionalista, a vivência do lazer no tempo liberado das obrigações pelo adolescente pode sugerir uma experiência conturbadora e transgressora da ordem social vigente, fato que é visto com preocupação por setores que procuram prezar pela segurança e conformidade no *status quo*. Nesse sentido, uma faceta moralista pode ser empregada sobre as atividades de lazer dos adolescentes, sugerindo ser um tempo de vivência excessiva do ócio, da vagabundagem, de não privilegiar dimensões prioritárias como os trabalhos e estudos, entre outros (Requixa, 1980).

Autores diversos verificaram como o moralismo e o preconceito com relação ao lazer juvenil historicamente estiveram presentes em suas sociedades. De Grazia (1966), por exemplo, ressaltou uma juventude americana na década de 1960 que não podia formar suas próprias normas, pois a sociedade a considerava como "menor", sugerindo no termo empregado um certo estado de inferioridade. Isso acabou por acarretar uma vigilância social também no tempo livre, desempenhada por pais, professores e tutores na busca de uma educação considerada adequada para o adolescente na época. Cursos de lazer, artesanato e treinamento de *hobbies* foram desenvolvidos nessa lógica de controle e bons modos do tempo livre do adolescente.

Em oposição ao reducionismo romântico e moralista que alguns setores podem conferir ao lazer vivenciado na adolescência, vemos estudos que reforçam tal esfe-

> Em oposição ao reducionismo romântico e moralista que alguns setores podem conferir ao lazer vivenciado na adolescência, vemos estudos que reforçam tal esfera social como decisiva na formação do jovem, em seus hábitos de saúde e até mesmo na minimização da violência.

ra social como decisiva na formação do jovem, em seus hábitos de saúde e até mesmo na minimização da violência.

McLean, Hurd e Rogers (2005) apontam que, nos Estados Unidos, cresce fortemente a parcela da população adolescente, tendo como projeção para 2045 um contingente acima dos 51 milhões de pessoas entre 10 e 19 anos. Afirmam os autores que as pesquisas realizadas no país convergem para o fato de que os hábitos relacionados à recreação e ao lazer no tempo livre desses jovens têm relação direta com seu desenvolvimento emocional e social.

Em um estudo de um grupo composto por 426 estudantes com idades entre 17 e 23 anos do primeiro ano do Ensino Superior em Portugal, Santos e Pais-Ribeiro (2006) objetivavam verificar a noção de lazer como um modo de *coping* (redutor de estresse) para os jovens abordados na amostragem. Os resultados apontaram para o fato de que a participação em atividades de lazer tem uma relação positiva com estratégias de *coping* mais ativas e com o estado de saúde, tanto referente ao componente físico quanto ao mental.

Ainda na literatura acadêmica de Portugal, tem recebido especial atenção no estudo do tempo livre do adolescente o conceito de *bullying*, adaptado para a língua portuguesa para denotar qualquer tipo de comportamento agressivo ou de vitimação, em que o agressor utiliza um certo poder ou autoridade sobre a vítima com intencionalidade. O termo vem sendo utilizado na reflexão sobre o papel da escola em atenuar esse comportamento, em especial em momentos como o recreio, em que podem ser utilizados já desde a infância com materiais lúdicos, desenvolvendo sentimentos de autoconfiança, autoestima e entreajuda (Ferreira; Pereira, 2001).

Pesquisas realizadas no Reino Unido com adolescentes na educação formal revelaram o importante papel desempenhado pela escola na educação para o lazer, identificando evidente correlação entre as atividades desempenhadas no tempo livre e a educação gerada na escola. Em um desses estudos, ressalta-se que alunos que permaneceram e vivenciaram atividades em tempo integral na escola participavam mais ativamente de atividades diversas de lazer em seu tempo livre (leituras, atividades em ambientes *outdoor*, esportivas, voluntariado) comparativamente àqueles que não tiveram tais experiências na educação formal (Bull; Hoose; Weed, 2003).

O elemento lúdico, também presente na educação formal e em outras distintas experiências ligadas à obrigação estudantil, pode contribuir sobremaneira para a formação do adolescente, sem necessariamente adequá-lo aos valores sociais vigentes, atuando como uma poderosa ferramenta de contraposição à ordem estabelecida e potencialmente propulsora de transformações em busca de uma sociedade mais justa e igualitária.

> O elemento lúdico, também presente na educação formal e em outras distintas experiências ligadas à obrigação estudantil, pode contribuir sobremaneira para a formação do adolescente, sem necessariamente adequá-lo aos valores sociais vigentes, atuando como uma poderosa ferramenta de contraposição à ordem estabelecida e potencialmente propulsora de transformações em busca de uma sociedade mais justa e igualitária.

O lazer poderia assim desempenhar uma importante função no contato do adolescente com o grupo, denotando uma forma de se expressar socialmente seja no momento da vivência do lúdico, em experiências concebidas no espaço da educação formal, seja em atividades recheadas de valores e significados no tempo liberado das obrigações. Verificaremos a seguir a atividade física e sua relação com o lazer do adolescente.

LAZER E ATIVIDADE FÍSICA NA ADOLESCÊNCIA

Em pesquisa com adolescentes brasileiros de distintas classes socioeconômicas, Zagury (1996) identifica que a prática de atividades físicas aparece apenas em quarto lugar nas atividades preferidas ligadas ao tempo livre dos jovens, com 52%. As opções de "ouvir música" (72,9%), "ver TV" (61%) e "bater papo com os amigos" (58,2%) lideram a referida pesquisa em termos de respostas. É interessante notar que o esporte recebe menção especial no quesito da prática de atividades físicas, não ficando claro, porém, no estudo, se é o caso de um formato competitivo ou recreacional.

Ainda na realidade nacional, Cavichiolli (2006) também identifica o item "ouvir música" e assistir "TV/vídeo/DVD" como atividades lúdico-recreativas de destaque no tempo livre de jovens, em pesquisa realizada no estado do Paraná. Os esportes recebem menção na pesquisa, com ênfase em práticas como voleibol e futebol. Os autores postulam o grande desafio para os gestores públicos a partir desses resultados, já que devem pensar em formas de implementar as oportunidades de lazer para os jovens também levando em conta as atividades realizadas substancialmente no espaço doméstico.

Tais dados coadunam resultados de trabalhos realizados em outros países. Em Portugal, Esculcas e Mota (2005) realizaram uma pesquisa com uma amostra constituída por 594 alunos com idades entre 12 e 20 anos. Os autores verificaram que as atividades de lazer mais vivenciadas (presentes em mais de 9 a cada 10 adolescentes) foram não ativas, como "ouvir música" e "ver televisão ou vídeo" (Tabela 17.1). Atividades ligadas diretamente à prática de atividades físicas ou esportes vão surgir somente na 14ª opção. Os autores identificaram ainda um grande componente de tempo livre não estruturado entre os adolescentes, o que sugere a necessidade de programas para tal público que atentem para essas características.

Na Austrália, Veal e Lynch (2001) ressaltam igualmente a relevância das atividades de entretenimento eletrônico no tempo livre de adolescentes entre 13 e 17 anos de idade, em especial (e nessa ordem): "ver televisão" e "ouvir música". Como complemento, apontam que entre 1995 e 1997 o acesso pelos jovens a equipamentos de tecnologia tradicional de mídia, como rádio, CD/*cassette players* e aparelhos de televisão, continuou relativamente constante entre essa parcela da população. Contudo, o acesso a algumas novas tecnologias de mídia, como *video games*, sistemas de jogos interativos em computadores pessoais e sistema *Pay-per-view* na televisão, cresceu significativamente no tempo livre dos adolescentes australianos, principalmente daqueles do gênero masculino.

Ainda conforme os autores, os grandes conglomerados vinculados ao *marketing* e aos meios de comunicação de massa estão atentos a tais resultados, intensificando as propagandas endereçadas aos adolescentes seja por TV, rádio ou, mais recentemente, pela internet. Segundo eles, um sofisticado mercado de produtos tem sido associado ao tempo livre do jovem, com destaque para os refrigerantes, cigarros, álcool, moda, tênis esportivos, programas televisivos, entre outros.

Evidentemente, fenômeno semelhante acontece no mundo todo, inclusive em

TABELA 17.1 Tendências das práticas de lazer para os intervalos de idade e médias das práticas para a população

	Intervalos de Idade				
	12-14 (n = 198)	15-17 (n = 198)	18-20 (n = 198)		(N = 594)
Ouvir música	94,4%	95%	93,4%	S = 0,445	94,3%
Trabalhos para a escola	95,5%	92%	89,3%	S = 2,270**	92,2%
Ver televisão ou vídeo	90,9%	90,5%	90,4%	S = 0,188	90,6%
Conversar com os amigos(as)	90,4%	90,5%	89,3%	S = 0,352	90,1%
Estar só	88,9%	83%	83,8%	S = 1,442	85,3%
Ler	90,9%	82%	77,7%	S = 3,542****	83,5%
Trabalhos domésticos	83,3%	78,5%	83,8%	S = − 0,105	81,8%
Jogar: cartas, vídeos, computador	85,9%	76%	67,5%	S = 4,290****	76,4%
Visitar pessoas conhecidas	79,8%	62,5%	58,9%	S = 4,418****	66,9%
Fazer compras ou ver montras*	68,2%	61%	62,9%	S = 1,086	64,1%
Assistir a acontecimentos esportivos	69,7%	58,5%	59,9%	S = 6,587**	62,9%
Ir ao cinema, concertos, teatro	60,1%	57%	54%	S = 1,161	57%
Tocar música ou cantar	56,1%	55%	49,2%	S = 1,357	53,3%
Esporte não orientado	49,5%	42,5%	34,5%	S = 3,011***	42,2%
Esporte orientado ou de competição	35,9%	47%	40,1%	S = − 0,861	41%
Namorar	29,3%	33,5%	48,7%	S = − 3,989****	37,3%
Ir à discoteca	20,7%	29%	42,6%	S = − 4,727****	30,5%
Jogos ou movimentos de juventude	18,2%	29%	26,4%	S = − 1,901	24,5%
Trabalhar	18,7%	22%	24,9%	S = − 1,498	21,8%
"Arte e expressão"	17,2%	17%	19,8%	S = − 0,681	17,7%
Trabalho de solidariedade social	16,2%	17,5%	16,8%	S = − 0,157	16,9%

Fonte: Esculcas e Mota (2005). Utilizada com permissão dos autores.
* Vitrinas, ** $p < 0,05$, *** $p < 0,01$, **** $p < 0,001$.

países orientais como a China. Segundo Wang (2005), com a importância mercadológica do lazer reconhecida pelo Estado chinês, cresce naquele país o acesso especialmente dos jovens a produtos e serviços associados ao entretenimento, como internet e jogos de computador, até então impensáveis em um país sob um regime político e econômico diferenciado e declaradamente não capitalista.

Seguindo a tendência mundial, no Brasil temos a "imagem jovem" como elemento relevante na sociedade, presente em mensagens impregnadas nas mais variadas propagandas de produtos para atender demandas de mercado, não somente atreladas ao público adolescente, mas à sociedade em geral (Uvinha, 1996).

Mesmo sugerindo um desapego de lazeres mais "ativos" no tempo livre dos adolescentes ao redor do mundo, excessivamente associado à indústria do entretenimento midiático, é inegável que formas variadas de atividade física associadas a valores de grupo assumem importância igualmente significativa no tempo livre dos mesmos. Atividades como o *hip hop*, a dança, o *parkour* e os esportes radicais ganham considerável adesão e tendem a crescer, manifestando-se como uma expressão forjada no compartilhamento de signos concebidos em distintos grupos de jovens da sociedade atual.

Tendo como exemplo os esportes radicais, verificou-se em estudo anterior a relevância da compreensão do *skate* en-

> Mesmo sugerindo um desapego de lazeres mais "ativos" no tempo livre dos adolescentes ao redor do mundo, excessivamente associado à indústria do entretenimento midiático, é inegável que formas variadas de atividade física associadas a valores de grupo assumem importância igualmente significativa no tempo livre dos mesmos. Atividades como o *hip hop*, a dança, o *parkour* e os esportes radicais ganham considerável adesão e tendem a crescer, manifestando-se como uma expressão forjada no compartilhamento de signos concebidos em distintos grupos de jovens da sociedade atual.

quanto prática no tempo livre, tendo como amostragem jovens praticantes da modalidade no ABC paulista. Os resultados sugeriram a necessidade de compreensão do adolescente tendo em tal atividade física a expressão de uma identidade juvenil manifestada por valores grupais, seja na vestimenta, na linguagem ou ainda na música (Uvinha, 1997).

Em 2002, o número de adeptos ao *skate* no Brasil superou a ordem de 2,7 milhões de pessoas, sendo que 6% dos domicílios brasileiros apresentaram ao menos um praticante, posicionando a modalidade em 2006 como o segundo esporte mais praticado na cidade de São Paulo (São Paulo [cidade], 2007).

Seja no *skate*, nas modalidades anteriormente citadas ou nos esportes ditos "convencionais", como o futebol e o voleibol, a relação do adolescente com o grupo e consigo mesmo é um forte elemento que deve ser somado aos comprovados benefícios da prática da atividade física. O pertencimento a um grupo pode denotar um modo bem peculiar de comportamento em relação aos outros e à natureza, e entende-se aqui que tal fato esteja especialmente presente no período associado à adolescência.

Também a relação com o próprio corpo deve receber especial menção na aproximação entre adolescente, lazer e atividade física. O jovem encontra-se em um período de intensas alterações orgânicas em um curto espaço de tempo, e a atividade física pode contribuir de forma significativa para levá-lo a compreender as relações desse novo corpo com o seu meio. Com isso, não se pretende reduzir o corpo a uma "metáfora metodológica" recortada da complexidade do cotidiano dos jovens, como bem nos alerta Toledo (2007), mas sim entendê-lo em sua associação com a atividade física para além das meras mudanças fisiológicas, em uma expressiva representação perante seu grupo e a sociedade mais ampla.

> Também a relação com o próprio corpo deve receber especial menção na aproximação entre adolescente, lazer e atividade física. O jovem encontra-se em um período de intensas alterações orgânicas em um curto espaço de tempo, e a atividade física pode contribuir de forma significativa para levá-lo a compreender as relações desse novo corpo com o seu meio.

CONSIDERAÇÕES FINAIS

Como visto, as distintas concepções sobre adolescência, presentes nas mais variadas sociedades, devem ser levadas em consideração para o entendimento sobre o jovem na sintonia com o seu meio. A passagem para a fase adulta pode demandar desde um rito de passagem até um verdadeiro embaçamento de fronteiras, não se precisando muito bem o final desse período da vida.

Para compreender o jovem na sociedade complexa atual, defende-se como fundamental refletir sobre o papel do lazer na adolescência, entendendo o impacto da vivência dessa esfera social no tempo livre de tal público. Isso ocorre porque, em tais vivências, pode-se ter acesso a manifestações recheadas de valores e significados, que outros campos, como o dos estudos e do trabalho, poderiam omitir.

Apesar de formas mais ativas de lazer não serem mencionadas como prioritárias em pesquisas sobre o tempo livre do adolescente oriundas de distintos países, é possível configurar a atividade física como uma poderosa ferramenta de compreensão das mais distintas formas de expressão do jovem.

> Apesar de formas mais ativas de lazer não serem mencionadas como prioritárias em pesquisas sobre o tempo livre do adolescente oriundas de distintos países, é possível configurar a atividade física como uma poderosa ferramenta de compreensão das mais distintas formas de expressão do jovem.

Tais atividades não seriam concebidas tão-somente para "curar" a violência ou afastá-los das drogas, visto que dessa forma incorrer-se-ia fatalmente em um discurso assistencialista, sustentado por um lazer de cunho funcionalista. O que se sugere é verificar, tanto em atividades lúdicas vivenciadas na educação formal quanto nas multifacetadas experiências do cotidiano relacionadas ao tempo livre do jovem, uma relevante oportunidade para educadores, gestores ligados a políticas públicas e privadas ou até mesmo os próprios pais de compreender o adolescente em uma sociedade heterogênea, complexa e dinâmica.

REFERÊNCIAS

BOURDIEU, P. A juventude é apenas uma palavra. In: _____. *Questões de sociologia*. Rio de Janeiro: Marco Zero, 1983.

BULL, C.; HOOSE, J.; WEED, M. *An introduction to leisure studies*. Harlow: Pearson, 2003.

CARDOSO, R.; SAMPAIO, H. *Bibliografia sobre a juventude*. São Paulo: Edusp, 1995.

CAVICHIOLLI, F. R. Juventude, esporte e lazer: perspectivas e desafios para as políticas públicas. In: MEZZADRI, F. M.; CAVICHIOLLI, F. R.; SOUZA, D. L. de. (Org.). *Esporte e lazer*: subsídios para o desenvolvimento e a gestão de políticas públicas. Jundiaí: Fontoura, 2006.

DE GRAZIA, S. *Tiempo, trabajo y ocio*. Madrid: Tecnos, 1966.

EDGINTON, C. R.; KOWALSKI, C. L.; RANDALL, S. W. *Youth work*: emerging perspectives in youth development. Champaign: Sagamore, 2005.

ESCULCAS, C.; MOTA, J. Actividade física e práticas de lazer em adolescentes. *Rev. Port. Cienc. Desporto*, v. 5, jan. 2005. Disponível em:< www.scielo.oces.mctes.pt>. Acesso em: 01 jun. 2008.

FEATHERSTONE, M. O curso da vida: corpo, cultura e o imaginário no processo de envelhecimento. In: DEBERT, G. G. (Org.). *Antropologia e velhice*. Campinas: IFCH/UNICAMP, 1994. (Textos Didáticos).

FERREIRA, A.; PEREIRA, B. Os materiais lúdicos nos recreios e a prevenção do *bullying* na escola. In: PEREIRA, B.; PINTO, A. P. (Coord.). *A escola e a criança em risco*: intervir para prevenir. Porto: Asa, 2001.

FRASCHETTI, A. O mundo romano. In: LEVI, G.; SCHMITT, J. C. (Org.). *História dos jovens*: da antiguidade à era moderna. São Paulo: Companhia das Letras, 1996. v. 1.

MCLEAN, D. D.; HURD, A. R.; ROGERS, N. B. *Kraus' recreation and leisure in modern society*. 7th ed. Sudbury: Jones and Bartlett, 2005.

MUUSS, R. *Teorias da adolescência*. 5. ed. Belo Horizonte: Interlivros, 1976.

ORSINI, M. S. *A juventude paulista, suas atitudes e sua imagem*. 1977. Tese (Doutorado em Psicologia) – Instituto de Psicologia, Universidade de São Paulo, USP, São Paulo, 1977.

PAIS, J. M. *Culturas juvenis*. Lisboa: Imprensa Nacional Casa da Moeda, 1993.

PASTOUREAU, M. Os emblemas da juventude: atributos e representações dos jovens na imagem medieval. In: LEVI, G.; SCHMITT, J. C. (Org.). *História dos jovens*: da antiguidade à era moderna. São Paulo: Companhia das Letras, 1996. v. 1.

REQUIXA, R. Juventude e tempo livre em países em desenvolvimento. *Boletim de Intercâmbio*, jan./mar. 1980.

SANTOS, L.; PAIS-RIBEIRO, J. Estilos de lazer, saúde e estratégias de *coping*. In: PEREIRA, B. O.; CARVALHO, G. S. de. (Org.). *Actividade física, saúde e lazer*: infância e estilos de vida saudáveis. Porto: Lidel, 2006.

SÃO PAULO (Cidade). Prefeitura Municipal. Secretaria de Esportes. *Sampa Skate 2007 promete muita adrenalina*. Portal do Município de São Paulo. Disponível em: <http://www6.prefeitura.sp.gov.br/noticias/sec/esportes/2007/04/0063>. Acesso em: 20 abr. 2007.

SPINDEL, C. R. *Crianças e adolescentes no mercado de trabalho*: família, escola e empresa. São Paulo: Brasiliense, 1989.

TOLEDO, L. H. de. Corporalidade e festa na metrópole. In: MAGNANI, J. G. C.; SOUZA, B. M. de. (Org.). *Jovens na metrópole*: etnografias de circuitos de lazer, encontro e sociabilidade. São Paulo: Terceiro Nome, 2007.

UVINHA, R. R. Corpo-imagem jovem e o fenômeno do consumo. *Revista Movimento*, v. 3, p. 49-51, 1996.

_____. *Lazer na adolescência*: uma análise sobre os skatistas do ABC paulista. 1997. Dissertação (Mestrado em Educação Física) – Faculdade de Educação Física, Universidade Estadual de Campinas, UNICAMP, Campinas, 1997.

VEAL, A. J.; LYNCH, R. *Australian leisure*. 2nd ed. Frenchs Forest: Longman, 2001.

WANG, N. From leisure as ideology to leisure as industry: changing leisure policies in China. *World Leis. J.*, v. 47, p. 5-11, 2005.

ZAGURY, T. *O adolescente por ele mesmo*. Rio de Janeiro: Record, 1996.

AS ATIVIDADES FÍSICAS COMO FORMA DE MEDIAÇÃO DAS RELAÇÕES INTERGERACIONAIS NA ESCOLA

18

Patrícia Junqueira Grandino

São inúmeros os problemas apontados na atualidade no campo da educação. Os resultados pífios dos alunos em diversos instrumentos de avaliação do desempenho escolar suscitam debates calorosos sobre as causas do insucesso da aprendizagem, acentuando desmensuradamente o paradoxo da educação: ao mesmo tempo em que a sociedade deposita expectativas de superação dos mais variados problemas atuais na formação das novas gerações, as escolas, os professores e os alunos vivenciam, no cotidiano escolar, toda sorte de precariedade e problemas que impedem a efetivação de qualquer projeto pedagógico.

> Ao mesmo tempo em que a sociedade deposita expectativas de superação dos mais variados problemas atuais na formação das novas gerações, as escolas, os professores e os alunos vivenciam no cotidiano escolar toda sorte de precariedade e problemas que impedem a efetivação de qualquer projeto pedagógico.

Neste capítulo, procuraremos iluminar alguns aspectos de pouco destaque no debate atual: tomando as queixas de indisciplina como sintoma de um mal-estar relativo às demandas de reconhecimento das crianças, procuraremos refletir sobre o sentido das expressões corporais desse mal-estar a partir das contribuições da psicanálise, destacando as aulas de educação física como potenciais para o enfrentamento e a superação de parte das dificuldades vividas nas escolas.

O SINTOMA ESCOLAR DA INDISCIPLINA

Tema frequente no cotidiano escolar, a indisciplina ganha espaço nas queixas dos professores, exaustos por não conseguirem "controlar" seus alunos. Manifestam-se perplexos diante do comportamento de crianças e adolescentes, sem compreenderem o que consideram ser um excesso de atitudes agressivas entre eles. Mesmo em brincadeiras, são constantes os xingamentos, empurrões e gritos.

Acompanhando reuniões pedagógicas de professores em escolas públicas[1], é possível perceber um clima de estranhamento e distância nos relatos dos educadores em relação a seus alunos. A angústia que emerge da relação tumultuada entre eles revela um mal-estar presente na educação, e, talvez, ainda muito pouco discutido, das transformações nas relações de cuidado entre gerações.

A indisciplina na escola, nesse sentido, aparece como sintoma desse mal-estar e a estranheza defensiva dos professores diante das crianças e de adolescentes que deveriam cuidar surge como a contraface de adultos sem recursos para assumirem seu papel de preceptores da nova geração.

> A indisciplina na escola, nesse sentido, aparece como sintoma desse mal-estar, e a estranheza defensiva dos professores diante das crianças e de adolescentes que deveriam cuidar surge como a contraface de adultos sem recursos para assumirem seu papel de preceptores da nova geração.

Tomar a indisciplina como ponto de reflexão permite também olhar a experiência infanto-juvenil da atualidade sob outras perspectivas, na tentativa de compreender lógicas e significados presentes nas formas de expressão dos jovens, buscando decifrar o não dito presente nas atitudes. Em outras palavras, o que será que podemos aprender com esse fenômeno incômodo e persistente presente nas escolas de hoje?

Sabemos que a universalização do acesso à educação em nosso país aconteceu de modo a efetivar quantitativamente as vagas para a população, sem a correspondente preocupação de garantir a qualidade e redefinições programáticas do conteúdo e de metodologias de ensino do sistema educacional. Desse fato, percebemos ainda nos dias de hoje, a despeito das mudanças na legislação[2] e do amplo debate que permeia o campo educacional, que, mesmo considerando superados alguns modelos de postura pedagógicos, mesmo tendo em conta a necessidade de reconhecer a singularidade dos alunos, seu contexto sociocultural e familiar e, principalmente, reconhecendo a importância de trazer o aluno para o centro do processo de ensino-aprendizagem, a escola permanece presa a práticas educativas anacrônicas e obsoletas.

Assim, talvez a indisciplina possa revelar uma demanda não dita dos alunos, que, pela impossibilidade de nomear seu mal-estar, expressam-no por meios de linguagem corporal, nos gestos e atitudes relacionais com colegas e professores, como procuraremos demonstrar neste capítulo.

O termo indisciplina permite perceber a diversidade de representações associadas que dependerão do contexto cultural, dos pressupostos e das expectativas dos professores que nomeiam, sob a mesma alcunha, situações distintas e significados ambivalentes. De modo geral, essas repre-

---

[1] Essas participações em reuniões pedagógicas aconteceram em diferentes momentos e por razões variadas, seja como pesquisadora, como professora convidada ou supervisora de estágio.

[2] Referimo-nos, particularmente, ao Estatuto da Criança e do Adolescente (Brasil, 1990), que abordaremos com mais detalhes a seguir, mas também à LDB (Brasil, 1996), que introduziu parâmetros mais atuais no sistema educacional brasileiro, com vistas a aproximar a escola e seus projetos pedagógicos da realidade dos alunos.

sentações podem estar associadas desde a aspectos relacionados à agitação motora dos alunos, ao modo como se expressam (bem como aos termos empregados, via de regra de baixo calão), até a demonstrações de agressividade entre os próprios colegas, ou dirigidas aos adultos, professores e demais profissionais presentes na escola.

A diversidade de significados do termo, por si só, revela uma das faces desse mal-estar, na medida em que permite vislumbrar as dissincronias entre aquilo que o professor espera, frustrado, de seus alunos e o modo como estes conseguem manifestar seus descontentamentos. Muitas vezes, os professores queixam-se de indisciplina diante de situações em que não conseguem a obediência de seus alunos, seja pela contenção da fala ou da atividade motora. Professores queixam-se de que seus alunos se levantam e caminham pela sala enquanto a aula está sendo ministrada, ou conversam com colegas, provocam-se mutuamente e recusam a se manterem em silêncio dentro da sala de aula.

As escolas de hoje, à semelhança das de décadas atrás, via de regra operam com a noção de que o estudo "não é brincadeira". Portanto, contrapondo-se à dinâmica lúdica, de maior flexibilidade, liberdade de expressão e autonomia – como se o aprendizado implicasse desprazer –, na sala de aula exige-se que os alunos sentem-se enfileirados, atentos ao quadro negro e à professora que discursa à frente da sala.

As aulas expositivas, mesmo considerando o empenho dos docentes em incrementar o conteúdo com vídeos, músicas e outras estratégias pedagógicas mais dinâmicas, ainda enfatizam o modelo tradicional da transmissão de conteúdos. A insistência nesse modelo de ordem corresponde às formas de controle social que passaram, ao longo da história, do controle do corpo, de caráter público e exemplar, àquelas correspondentes à dimensão do poder disciplinar, que se caracteriza pela vigilância e pela observação dos princípios reconhecidos socialmente, bem como pelas sanções normatizadoras que visam à garantia desses procedimentos, como demonstrou Foucault (1987).

Se a escola legitima o espaço da sala de aula como aquele onde a ordem e a obediência são os parâmetros válidos e reconhecidos, qualquer transgressão da norma passa a ser considerada como agressão aos princípios da educação e, portanto, comprometedora do sucesso da empreitada educativa. A indisciplina passa a ser, assim, uma ameaça que deve ser combatida; do mesmo modo, os alunos indisciplinados podem ser considerados como "desinteressados nos estudos".

Entretanto, do ponto de vista do aluno, é possível identificar outra interpretação para os mesmos gestos e posturas indisciplinadas. A transgressão que a indisciplina comporta não deixa de ser um revide ou uma recusa a algo presente no cotidiano escolar, em relação ao qual o mal-estar vivido pelo aluno se expressa na mobilidade do corpo, no uso de linguagem imprópria ou em expressões afetivas transgressivas, pela impossibilidade de articular racionalmente e nomear.

A indisciplina pode ser compreendida como um alerta ou uma demanda reflexiva daquilo que não tem lugar na sala de aula, ou seja, do reconhecimento e da singularidade do aluno em toda sua complexidade. Não sendo possível falar, porque em sala de aula não há espaço para outra voz que a do professor, não sendo possível registrar sua existência, o corpo

> A indisciplina pode ser compreendida como um alerta ou uma demanda reflexiva daquilo que não tem lugar na sala de aula, ou seja, do reconhecimento e da singularidade do aluno em toda sua complexidade.

parece agitar-se buscando contorno e pertencimento. Pela via da ruptura o aluno consegue ser visto. Mesmo criticado e por vezes punido, ele encontra ali o reconhecimento que falta no silêncio da obediência.

Não por acaso, as aulas de Educação Física são comumente festejadas e valorizadas pelos alunos. No espaço menos estruturado das atividades físicas, no qual o corpo encontra razão de expressão, os alunos parecem encontrar o sentido que escapa no interior das quatro paredes da sala de aula. Aprender ganha propósito, as normas servem para regular o jogo, e o exercício físico promove prazer. O contato com colegas e com o professor encontra a legitimidade do grupo e do compartilhamento.

É importante destacar, porém, que o descompasso entre a expectativa dos professores em sala de aula e o comportamento dos alunos ilustra as dissincronias de um momento histórico de transição. A noção de infância e juventude sofreu mudanças importantes nas três últimas décadas, e a nova geração chega à escola informada por essas mudanças, enquanto os adultos responsáveis por elas mantêm-se em outro registro.

Antes, portanto, de buscar proposições dentro do espaço das aulas de educação física, vale destacar alguns aspectos que mudaram a noção da infância e da adolescência atuais, a fim de auxiliarem nossa análise.

DE QUAIS CRIANÇAS E ADOLESCENTES FALAMOS HOJE?

As últimas décadas transformaram a noção de infância e juventude, na medida que novos conhecimentos sobre a especificidade do desenvolvimento humano passaram a se difundir popularmente, indicando que crianças e adolescentes têm, em cada etapa de vida, modos específicos de pensar e sentir, e que os contextos cultural e social, bem como as experiências vividas, são determinantes para seu pleno desenvolvimento.

Em diversas áreas do conhecimento, estudos passaram a revelar a complexidade do processo de desenvolvimento humano. Gradualmente, essas informações e novos conceitos passaram a influir nos modos como os adultos se relacionam com os mais jovens, acentuando a noção dos cuidados necessários a se oferecer e a responsabilidade dos mais velhos na educação dos mais novos.

Paralelamente, a cena social contemporânea passou a destacar a juventude como modelo privilegiado de bem viver. O que antes era valorizado na maturidade, como a experiência e a sabedoria que se alcança com os anos, passou a ser preterido pela vitalidade da juventude, pela força da energia e pela disposição atribuídas aos jovens. A infância e a juventude ganharam centralidade social e adquiriram o estatuto de modelo paradigmático de vida. Hoje, adultos e idosos aspiram à eternização da juventude, com esforços que se refletem nos modos de se vestir, nos cuidados com o corpo e com a estética, e nos imperativos da mídia, que apelam para que todos "mantenham a mente e o corpo jovens".

Há ainda outro aspecto que permite compreender a intensidade e a rapidez das mudanças observadas nas últimas décadas. As novas tecnologias têm propiciado a difusão e o acesso a informações que antes seriam impensáveis. A televisão difunde aspectos culturais de massa em quantidades enormes e alcança milhões de telespectadores. A rapidez com que as notícias chegam aos lares dilui fronteiras e acelera os tempos de elaboração. A possibilidade de acompanhar os acontecimentos de outras partes do mundo em tempo real provoca mudanças nos modos de pensar, agir e atribuir sentido à existência humana. As culturas não estão mais demarcadas por fronteiras geográficas, e os valores são impregnados por incertezas. Assim, as crianças e os adolescentes de hoje têm muito mais acesso à informação, e não há assunto que não chegue até seus ouvidos e não suscite sua curiosidade, a despeito do que os pais ou professores considerem pertinentes a eles.

A CONQUISTA DE DIREITOS

Além de todos os aspectos antes mencionados, no conjunto de transformações que se verificou no último século está o alargamento da noção de direitos humanos, amplamente conquistados por meio de mobilizações sociais em todo o mundo e formalizados na Declaração Universal dos Direitos Humanos, em 1948, pela Organização das Nações Unidas (ONU). Ao ser ratificada pelos países membros, cada nação assumiu compromissos de efetivar, no interior de suas sociedades, o cumprimento desse acordo, por meio de políticas públicas sociais.

No Brasil, o período extenso de ditadura militar brecou o avanço da implementação dos direitos humanos, mas os movimentos de resistência, sociais e populares, tiveram um papel determinante nas décadas de 1970 e 1980 pela retomada da democracia, alcançada em meados da década de 1980. É nesse período de redefinição política e de ampla participação da população que também se organizaram os grupos de defesa dos direitos da criança e do adolescente. Por meio deles, foi possível a ampliação do debate, incluindo discussões sobre o processo e as condições necessárias ao pleno desenvolvimento de crianças e adolescentes.

Era preciso que, coerentemente ao novo momento que se iniciava na sociedade brasileira, também a legislação referente à infância e à juventude atendesse às mudanças mais amplas de reconhecimento das singularidades dessa etapa do ciclo vital, e que correspondesse à condição de pessoas em desenvolvimento.

Foi a partir da convergência dessas diferentes dimensões – de reconhecimento da especificidade dessa faixa etária, da compreensão de suas potencialidades, da compreensão daquilo que é necessário para garantir o desenvolvimento pleno e digno a todas as crianças e adolescentes de nosso país, bem como assegurar-lhes direitos civis, que foram estendidos a todos os cidadãos brasileiros – que, em 1990, o Brasil promulgou o Estatuto da Criança e do Adolescente (ECA) (Brasil, 1990).

> Foi a partir da convergência dessas diferentes dimensões – de reconhecimento da especificidade dessa faixa etária, da compreensão de suas potencialidades, da compreensão daquilo que é necessário para garantir o desenvolvimento pleno e digno a todas as crianças e adolescentes de nosso país, bem como assegurar-lhes direitos civis, que foram estendidos a todos os cidadãos brasileiros – que, em 1990, o Brasil promulgou o Estatuto da Criança e do Adolescente (ECA).

Rompendo com o modelo anterior, o Estatuto está sustentado na Doutrina da Proteção Integral, dirigindo sua atenção a toda a população brasileira infanto-juvenil. Sem discriminar nenhuma parcela, reconhece a criança e o adolescente em sua condição especial de pessoas em desenvolvimento e lhes assegura direitos individuais e específicos. Dividindo-se em medidas protetivas e socioeducativas, contempla todas as dimensões necessárias ao pleno desenvolvimento humano, indicadas nos direitos fundamentais de garantia "à vida, à saúde, à alimentação, à educação, ao esporte, ao lazer, à profissionalização, à cultura, à dignidade, ao respeito, à liberdade, à convivência familiar e comunitária" (ECA, artigo 4).

Ao nos referirmos às crianças e aos adolescentes de hoje, então, reconhecemos uma mudança no lugar social e nos modos como as novas gerações se constituem como sujeitos. Falamos de novas gerações que surgem mergulhadas em uma nova concepção de direitos e que se desenvolvem em meio a um turbilhão de informações e tecnologias que lhes facilitam o acesso a outros contextos, mesmo se considerarmos crianças e adolescentes oriundos de parcelas menos favorecidas economicamente de nosso país. São, portanto, crianças e adolescentes familiarizados com o questionamento, que não se aquietam diante de respostas rasas, e que demandam e reivindicam seu lugar e o reconhecimento de sua singularidade.

A obediência, em um contexto democrático, transforma-se em adesão às regras pela compreensão e pela legitimidade com que elas possam ser postuladas. Em outras palavras, para as crianças e os adolescentes de hoje, não basta dizer que deve ser de tal modo porque é assim que se espera. É necessário demonstrar à criança ou ao adolescente o sentido e a importância da regra, tendo em vista os objetivos que se queira alcançar.

Tais modificações exigem dos adultos responsáveis pelas crianças e pelos adolescentes um investimento de peso, seja no esforço necessário a aclarar todo o tempo aquilo que se espera, indicando as razões e as perspectivas (nem sempre claras para esses adultos), bem como uma disponibilidade para ser interpelado constantemente e de se abrir ao diálogo, ouvindo e argumentando para buscar um consenso. Vale destacar que, mesmo considerando o interesse e a dedicação dos adultos em incorporar esse novo papel, mais horizontal e simétrico (Rios, 2002) em relação a crianças e adolescentes, soma-se ao peso do investimento mencionado o fato de que os adultos de hoje tiveram pouca ou nenhuma experiência de diálogo com seus pais e professores. Educados em um tempo em que os adultos ditavam as regras que seriam obedecidas, podemos supor que cresceram em ambiente mais autoritário, sem repertórios que lhes sirvam de suporte para construir esse novo lugar.

É desse modo que, muitas vezes, podemos ouvir e compreender as queixas de professores quando se referem, saudosos, aos "velhos tempos", em que os professores eram mais respeitados e os alunos portavam-se de maneira mais adequada em sala de aula. Esse apelo nostálgico remete a uma lembrança em que os papéis e as atribuições pareciam mais claros e as relações menos conflituosas. O que se esquece, entretanto, são as lembranças de um tempo de desrespeito e violência contra crianças, as quais eram desconsideradas em sua especificidade.

Na tentativa de entabular o diálogo e adequar-se, desse modo, aos preceitos democráticos de relação com as novas gerações, professores, pais, mães e outros adultos mencionam reiteradamente seus esforços de "conversar" e "dialogar" com seus filhos e alunos. Entretanto, quando procuramos compreender as características dessas conversas e diálogos, percebemos que, em verdade, o que acontece são tentativas de convencimento, por meio de monólogos nos quais os adultos apresentam os motivos pelos quais os mais novos devem (ou não devem) fazer tais coisas e, via de regra, ameaças veladas de consequências que virão caso descumpram o que está sendo ditado.

Mesmo imbuídos de genuína intenção dialógica, a unilateralidade desses (pseudo)diálogos é denunciada pelas crianças e pelos adolescentes, que se percebem negados nessas situações. Podemos exemplificar essa situação mencionando resultados de pesquisa recentemente concluída em uma escola pública do município de São Paulo. Entrevistados sobre as relações que alunos do Ensino Fundamental II mantêm com pais e professores, alguns deles revelaram:

> "Ah, é. Minha mãe conversa comigo, sim. Ela fala, fala, e eu tenho que escutar e concordar com ela."

Esses descompassos evidenciam o mal-estar na dimensão relacional da educação (Grandino, 2004). Verificamos que a distância entre as expectativas dos adultos e a experiência infanto-juvenil acirra os conflitos entre as gerações, muitas vezes resultando em um abismo geracional (Peralva, 1996). Nesse embate, todos perdem. É flagrante o mal-estar que atravessa os docentes e que emerge nas queixas sucessivas e no sentimento de impotência que demonstram. Também se revela no corpo, nas somatizações que retiram o professor do exercício e agravam as condições da educação, notadamente a pública, no país.

É preciso refletir, no entanto, sobre os efeitos que se desdobram nos alunos e buscar possibilidades de reconhecer sinais que permitam encontrar, no cotidiano escolar, modos de superação dessa impossibilidade de contato, de comunicação e, portanto, de cuidado. Para tanto, além de outras contribuições possíveis ao campo da educação que a psicanálise tem procurado oferecer, apesar das dificuldades e da distância entre seus registros epistemológicos (Millot, 1982; Kupfer, 2001), podemos buscar nos excessos de agitação e nas expressões do corpo dos alunos o questionamento desse sintoma, assim como fez Freud ao inaugurar a psicanálise.

O ATO ANTES DO VERBO

A psicanálise ficou conhecida por seu método clínico que privilegia a fala, reconhecendo que o sintoma se estrutura como linguagem e que, ao falar, o paciente diz mais do que ele próprio pensa saber a seu respeito. Mesmo sendo verdadeira essa ênfase na fala, cabe destacar que a psicanálise tem origem no questionamento do sintoma formado no corpo (Birman, 2003).

Freud inaugura a psicanálise a partir de seu interesse pela histeria, que é uma patologia caracterizada fundamentalmente pela formação dos sintomas no corpo. Embora desde o início o corpo não tenha sido objeto de análise específica da psicanálise, Freud contribui para reformular radicalmente o sentido original do corpo orgânico ao postular sua teoria da sexualidade e, a partir dela, constatar a presença das pulsões, que, para ele, estão no limite entre o psíquico e o somático.

Ao reconhecer o corpo erógeno como morada da libido, as pulsões tornam-se conceitos fundamentais da teoria psicanalítica. Essa energia original desloca-se por diferentes pontos do corpo, investindo-os e retirando-os do sentido estrito da satisfação orgânica. O corpo humano, para a psicanálise, mantém relação indissociável entre a subjetividade e a corporeidade. Ele é atravessado pelo inconsciente e está inscrito na linguagem, na possibilidade de simbolizar a partir das representações constituídas pela experiência.

Freud (1996) afirma que as pulsões deslocam-se para diferentes zonas do corpo em busca de uma satisfação que não é apenas orgânica, mas impregnada de desejo. Para ele, a energia sexual não guarda apenas o caráter genital que a biologia confere, mas o desdobramento que se dá a partir da fantasia e, portanto, da representação da sensação de prazer que a satisfação produz.

Assim, se ao nascer a criança é pura excitação, mergulhada em um caos desorganizado de energia libidinal, ao longo do desenvolvimento as pulsões sexuais se deslocarão para diferentes regiões do corpo, que a cada etapa estarão mais fortemente associadas a determinadas funções vitais e que desempenharão papel importante no desenvolvimento psicológico. As pulsões, que são sempre parciais e erráticas, ficam concentradas em uma determinada região, que corresponde àquela cujas funções produzem mais excitação corporal. Cada uma dessas etapas, na teoria da sexualidade psicanalítica, corresponderia a uma fase do desenvolvimento humano.

Essa noção foi ampliada por Lacan, quando ele destacou que a incidência em determinadas regiões do corpo está relacionada às trocas com o Outro (Jorge, 2000). Em outras palavras, sendo a pulsão a fronteira entre o somático e o psíquico, a erogeneização do corpo está indissociavelmente ligada aos modos como os outros e, especificamente, a mãe demandam a criança e a reconhecem por meio de seu corpo.

Com isso, queremos destacar que as manifestações do corpo são expressões do sujeito, de algo que ele tem a dizer, mesmo sem poder nomear. Considerando a criança e o adolescente como sujeitos em formação, conforme compreende a doutrina da proteção integral que fundamenta o Estatuto da Criança e do Adolescente, reconhecemos que esses sujeitos ainda não desenvolveram alguns recursos internos que lhes garantiriam a possibilidade de colocar em palavras aquilo que emerge da subjetividade. Nem sempre o mal-estar e o sofrimento das crianças e dos adolescentes podem ser expressos pela fala, mas a emergência desses conteúdos encontra nas manifestações do corpo seu canal de expressão e apelo de continência.

É o processo de deslocamento das pulsões que possibilita ao sujeito, ao longo de seu desenvolvimento, mediar a demanda interna de satisfação imediata em troca de outras formas possíveis de prazer, que a criança passará a encontrar em outros registros, como no brincar, no

> Nem sempre o mal-estar e o sofrimento das crianças e dos adolescentes podem ser expressos pela fala, mas a emergência desses conteúdos encontra nas manifestações do corpo seu canal de expressão e apelo de continência.

aprender e no estabelecimento de relações com outras pessoas que lhe serão significativas, além de outras modalidades socialmente reconhecidas. É assim também que a civilização humana se torna possível, ou seja, pela condição de "negociação" das pulsões, em que, diante do princípio de realidade, consegue-se postergar a realização do desejo, transmutando-o em outros objetos. É condição essencial da civilização o recalque, ou seja, situações que cerceiam a dinâmica pulsional, permitindo, entretanto, que ela se desloque, via sublimação, para outros objetos.

A sociedade atual, entretanto, a pretexto de alcançar a pacificidade (Crochik, 2000), tem gerado restrições opressivas, na medida em que impõe padrões de conduta rígidos, impedindo, desse modo, que os sujeitos consigam escapar do imediatismo da realidade concreta.

A contemporaneidade está marcada pela hegemonia do discurso de homogeneização dos sujeitos e por processos de dessubjetivação (Crochik, 2000; Enriquez, 2001). Para Crochik (2000), os castigos corporais foram substituídos por "tortura psicológica", que se revela por trás dos imperativos para boa saúde, qualidade de vida, bem-estar. Os padrões de cuidado são declinados como modelos de conduta que devem ser seguidos rigorosamente. Nesse sentido, tudo aquilo que escapa a esses modelos tende a ser considerado como grave desvio, como ameaça, e são rechaçados.

A escola, com sua cultura disciplinadora, não percebe que "com o aumento de regras, incrementa-se o sofrimento humano" (Crochik, 2000, p. 35). Aquilo que as crianças sentem, mas não conseguem expressar em palavras por sua condição peculiar de desenvolvimento – e em razão da rigidez das normas, das expectativas depositadas nelas e por não encontrarem ressonância e acolhimento nos adultos –, aumenta-lhes a angústia e, consequentemente, o potencial destrutivo da dor que suportam.

Fazendo distinção entre a dor e o sofrimento, Birman (2003) afirma que o mal-estar de agora se manifesta no corpo e na ação. Para ele, a passagem ao ato é uma descarga somática com nulo potencial de simbolização, resultado do empobrecimento dos registros de simbolização dos discursos, pois esses já não conseguem regular os impulsos. A dor está no registro da sensação e fica aprisionada em si mesma por não poder ser simbolizada. Para que pudesse ser transformada em sofrimento, seria necessária a sua elaboração, no sentido de que fosse possível superá-la pelo discurso.

O sofrimento contempla a dimensão do outro, a quem se endereça uma demanda de reconhecimento. As crianças sentem dor, mas não conseguem representá-la e, portanto, não conseguem transformar a dor desse mal-estar em sofrimento. Por isso, colocam em atos aquilo que não conseguem organizar no discurso. O vazio que encontram na falta de interlocução com os adultos responsáveis por elas aumenta suas angústias e transborda nas relações com os pares e com os professores na escola.

A dor, quando restrita a si mesma, impede o sujeito de produzir sentido para seu mal-estar, pois sabemos que a produção de sentido (Spink; Medrado, 2004), que regula e fundamenta a experiência humana, só se tece na relação com o outro, pela interlocução entre os sujeitos inscritos na cultura.

A IMPOSSIBILIDADE DE INTERLOCUÇÃO EM UM MUNDO FRAGMENTADO

A contemporaneidade está marcada pela fragmentação de valores e pela incerteza diante de uma crise ética que não deixa claro o que se deve ou não se deve fazer (Khel, 2002). Essa incerteza está capilarizada em todo o tecido social, irradiando-se nas instituições e grupos, transformando os vínculos e os modos de regulação das relações sociais, incluindo aqui a escola e a família (Roudinesco, 2003). É bom lembrar que também os adultos estão envolvidos em condições precárias de produção de sentido coletivo, e a responsabilidade de cuidar dos mais novos muitas vezes amplia a angústia diante da situação de não saber como lidar com as questões que surgem no cotidiano e não compreender seus significados.

Referimo-nos aos adultos como categoria geral, pois essa dificuldade intergeracional também pode ser percebida nas falas das mães, dos pais e demais familiares das crianças. O sentimento de impotência dos adultos diante das solicitações de crianças e adolescentes revela uma fragilidade dos responsáveis pelas novas gerações. A impossibilidade de reconhecimento e acolhimento desse mal-estar agrava o caráter destrutivo anunciado no ato e cria um círculo vicioso no qual o sujeito caminha para a desestruturação.

Retomando o sintoma da "indisciplina escolar" que trabalhamos anteriormente, as manifestações de agitação motora, de agressividade, que tanto angustiam os professores, podem significar um apelo não articulado em discurso de crianças que buscam reconhecimento e contorno para suas questões não formuladas. Os adultos, por sua vez, inundados de incertezas e sem repertórios que lhes permitam dar voz àquilo que dizem as crianças e adolescentes, corroboram a gravidade dos conflitos intergeracionais.

AS ATIVIDADES FÍSICAS COMO ESTRATÉGIAS DE MEDIAÇÃO E INTERLOCUÇÃO COM OS ALUNOS

Já vimos que o cotidiano e a cultura escolares não favorecem espaços de mediação para que os alunos consigam, por meio das atividades pedagógicas, encontrar canais de elaboração de seus conteúdos de modo a favorecer que o verbo substitua o ato. A escola, que reproduz em seu interior as lógicas pulverizadas da contemporaneidade, percebe aquilo que destoa da norma como ameaça à integridade do projeto que visa a empreender. À medida que a escola não pode reconhecer isso que é dito pelo ato, as crianças e adolescentes gritam com os corpos, demandando cuidados e apoio.

Por outro lado, o lugar privilegiado que as aulas de educação física ocupam no cotidiano escolar pode apresentar alternativas para enfrentar a problemática das relações intergeracionais. Por garantir um espaço onde os corpos ganham mais liberdade de expressão, a interpretação corriqueira é de que ali os problemas não aparecem, pois não há necessidade da organização rígida das aulas. Curioso, entretanto, é o modo como a escola se relaciona com a essa constatação. As aulas de educação física tornam-se alheias e estranhas ao restante do trabalho pedagógico, e até os professores responsáveis por elas se mantêm distantes das questões que afligem os colegas, quase constrangidos por oferecerem um oásis de prazer aos alunos. Pois parece ser justamente o reconhecimento desse lugar diferenciado que abre possibilidades para que o que surge ali seja valorizado pela escola e, podendo ser incorporado ao conjunto, favoreça a articulação entre os outros conteúdos curriculares.

Se nessas aulas os alunos encontram espaço para a expressão de seus corpos, seria importante saber "ouvir" o que estão dizendo, para que essa tradução servisse de mediação para outros domínios. Concordamos, portanto, com a afirmação de Crochik (2000, p. 28):

> Se o pensamento e a teoria são fiadores da liberdade em um mundo não livre em contraposição a uma práxis imediata, irrefletida [...] o prazer e o potencial de expressividade do corpo, que podem denunciar o sofrimento existente, não devem ser negados, mas refletidos.

Quais atividades podem ser pertinentes, de modo que a expressão corporal, possível nas aulas de educação física, pudesse aclarar as demandas dos alunos? As atividades previstas poderiam ser organizadas de maneira a possibilitar que a expressão corporal desse lugar, gradualmente, à fala. Por meio dos jogos, por exemplo, as regras e a organização das equipes podem servir de espaço de interlocução entre situações que acontecem fora da quadra esportiva.

Pode não haver novidade nessa sugestão, uma vez que os esportes e as atividades físicas já alcançaram legitimidade como estratégia socioeducacional, sobretudo em projetos voltados para adolescentes em situação de vulnerabilidade. Mas o que estamos chamando a atenção aqui, nesse contexto, é que o potencial das atividades físicas vai além do registro de conscientização sobre o papel das normas e de adaptação ao coletivo.

Considerar a expressão do corpo como dito não nomeado não significa discipliná-lo de modo a outra vez adaptar-se aos comandos; tampouco deve servir para extenuar os corpos infantis, vencendo-os pelo cansaço para garantir sossego aos adultos. Trata-se de, inicialmente, acolher a demanda infantil e construir um espaço em que a agitação e a excitação motora possam dar lugar a um grau de experiência elaborativa, que sirva de mediação entre aquilo que a criança ainda não consegue dizer (senão colocando em ato) e o restante da escola.

Para que seja possível funcionar como espaço de mediação do mal-estar, é necessário que as atividades físicas sejam planejadas para garantir voz aos alunos. Nessa direção, os professores de educação física podem reconhecer nos interesses dos alunos os motes para ajudá-los, por meio da organização e da disciplina, a encontrarem na resposta do corpo a via de produção de sentido para a vida. Devem permitir que os alunos assumam a centralidade do processo educativo e, por meio da organização de equipes e jogos, consigam encontrar os canais para traduzir em palavras aquilo que estão sentindo. Trata-se, portanto, de instituir a dialogicidade nas atividades físicas e de valorizar a disciplina como instrumento por meio do qual a expressão corporal dê lugar à linguagem. Assim, o controle do corpo e dos desejos não servirá para suprimi-los ou contê-los, mas para melhor satisfazê-los.

> Para que seja possível funcionar como espaço de mediação do mal-estar, é necessário que as atividades físicas sejam planejadas para garantir voz aos alunos. Nessa direção, os professores de educação física podem reconhecer nos interesses dos alunos os motes para ajudá-los, por meio da organização e da disciplina, a encontrarem na resposta do corpo a via de produção de sentido para a vida. Trata-se, portanto, de instituir a dialogicidade nas atividades físicas e de valorizar a disciplina como instrumento por meio do qual a expressão corporal dê lugar à linguagem.

A disciplina, nessa perspectiva, não serve para calar e negar, mas para legitimar as demandas infanto-juvenis, servindo para organizar (interna e externamente) os apelos e auxiliar os alunos a se apropriarem e se responsabilizarem por seus desejos e reivindicações. Desse modo, as aulas de educação física podem tornar-se o momento de superação da dicotomia entre o corpo (que se expressa desordenadamente) e a mente (que se alheia em devaneios no corpo aprisionado, na sala de aula). O trabalho com a expressão dos corpos pode favorecer a instituição do diálogo entre os alunos e destes com os adultos.

O professor de educação física, responsável pela condução das atividades, também passa a ter seu estatuto alterado, deixando o lugar adjacente que normalmente ocupa no grupo docente para tornar-se o interlocutor privilegiado entre as falas dos alunos e demais professores. Por essa via, torna-se possível, ainda, pensar em projetos pedagógicos interdisciplinares que incluam os esportes e as atividades físicas nessa dimensão mediadora, para que o corpo e a fala estejam reunidos a favor da melhoria das condições de ensino-aprendizagem e da legitimação de crianças e adolescentes como sujeitos de direitos, conforme preconiza o ECA.

REFERÊNCIAS

BIRMAN, J. *Dor e sofrimento num mundo sem mediação*. In: ESTADOS GERAIS DA PSICANÁLISE: II ENCONTRO MUNDIAL. Rio de Janeiro, 2003. Disponível em: http://www.estadosgerais.org/mundial_rj/download/5c_Birman_02230503_port.pdf>. Acesso em: 02 jun. 2007.

BRASIL. *Lei de diretrizes e bases da educação*. Brasília: Imprensa Oficial, 1996.

BRASIL. Lei n. 8.069, de 13 de julho de 1990. Estatuto da criança e do adolescente. Diário Oficial da União, Brasília, 16 jul. 1990.

CROCHIK, J. L. A corporificação da psique. *Revista Educar*, n. 16. p. 27-41, 2000.

ENRIQUEZ, E. A interioridade está acabando? In: LEVY, A. et al. *Psicossociologia*: análise social e intervenção. Petrópolis: Vozes, 2001.

FOUCAULT, M. *Vigiar e Punir*: história da violência nas prisões. Petrópolis, Rio de Janeiro: Vozes, 1987.

FREUD, S. Tres ensayos para una teoria sexual. In: _____. *Obras completas*. Madrid: Biblioteca Nueva, 1996.

GRANDINO, P. J. *A dimensão relacional na educação:* análise de uma experiência formativa entre professores e educadores sociais. Tese (Doutorado) – São Paulo, FEUSP, 2004.

GRANDINO, P. J. *Educação comunitária e a construção de valores de democracia e de cidadania*: a dimensão relacional entre adultos, crianças e adolescentes. Pesquisa financiada pela Fapesp. 2007.

JORGE, M. A. C. *Fundamentos da psicanálise:* de Freud a Lacan. Rio de Janeiro: J. Zahar, 2000.

KHEL, M. R. *Sobre ética e psicanálise*. São Paulo: Companhia das Letras, 2002.

KUPFER, M. C. *Educação para o futuro:* psicanálise e educação. São Paulo: Escuta, 2001.

MILLOT. C. *Freud antipedagogo*. Buenos Aires: Paidós, 1982.

PERALVA, A. T. *A juvenização da violência e a angústia da morte*. In: ENCONTRO NACIONAL DA ANPOCS, 20., 1996. Caxambu.

RIOS, T. A. *Compreender e ensinar:* por uma docência da melhor qualidade. São Paulo: Cortez, 2002.

ROUDINESCO, E. *A família em desordem*. Rio de Janeiro: J. Zahar, 2003.

SPINK, M. J.; MEDRADO, B. Produção de sentidos no cotidiano: uma abordagem teórico-metodológica para a análise das práticas discursivas. In: SPINK, M. J. (Org.). *Práticas discursivas e produção de sentidos no cotidiano*: aproximações teóricas e metodológicas. São Paulo: Cortez, 2004.

LEITURAS COMPLEMENTARES

BIRMAN, J. *Corpos e formas de subjetivação em psicanálise*. In: ESTADOS GERAIS DA PSICANÁLISE: II ENCONTRO MUNDIAL. Rio de Janeiro, 2003. Disponível em: http://www.estadosgerais.org/mundial_rj/download/3_Birman_38020903_port.pdf>.

CURY, M.; AMARAL E SILVA, A. F.; MENDEZ, E. G. (Coord.). *Estatuto da criança e do adolescente comentado:* comentários jurídicos e sociais. São Paulo: Malheiros, 1992.

FREUD, S. Una relación entre un símbolo y un sintoma. In: _____. *Obras completas*. Madrid: Biblioteca Nueva, 1996.

GRANDINO, P. J. *Estatuto da criança e do adolescente:* o sentido da lei para as relações intergeracionais. 2007. Disponível em: <http://mec.gov.br/seb/arquivos/pdf/Etica/12_junqueira.pdf>.